U1069651

权威·前沿·原创

皮书系列为
“十二五”“十三五”国家重点图书出版规划项目

经济信息绿皮书
GREEN BOOK OF
ECONOMIC INFORMATION

中国与世界经济发展报告（2017）

ANNUAL REPORT ON CHINA AND THE WORLD ECONOMIC DEVELOPMENT (2017)

主　编／杜　平
副主编／马忠玉　祝宝良　张亚雄

社会科学文献出版社
SOCIAL SCIENCES ACADEMIC PRESS (CHINA)

图书在版编目（CIP）数据

中国与世界经济发展报告．2017／杜平主编．--北京：社会科学文献出版社，2016.12
（经济信息绿皮书）
ISBN 978－7－5201－0014－4

Ⅰ．①中… Ⅱ．①杜… Ⅲ．①中国经济－经济发展－研究报告－2017 ②世界经济－经济发展－研究报告－2017 Ⅳ．①F124 ②F112

中国版本图书馆CIP数据核字（2016）第296846号

经济信息绿皮书
中国与世界经济发展报告（2017）

主　　编／杜　平
副 主 编／马忠玉　祝宝良　张亚雄

出 版 人／谢寿光
项目统筹／邓泳红
责任编辑／宋　静

出　　版／社会科学文献出版社·皮书出版分社（010）59367127
地址：北京市北三环中路甲29号院华龙大厦　邮编：100029
网址：www.ssap.com.cn
发　　行／市场营销中心（010）59367081　59367018
印　　装／三河市尚艺印装有限公司

规　　格／开　本：787mm×1092mm　1/16
印　张：29　字　数：439千字
版　　次／2016年12月第1版　2016年12月第1次印刷
书　　号／ISBN 978－7－5201－0014－4
定　　价／89.00元

皮书序列号／PSN G－2003－023－1/1

本书如有印装质量问题，请与读者服务中心（010－59367028）联系

版权所有 翻印必究

《中国与世界经济发展报告（2017）》
编　委　会

主　编　杜　平

副主编　马忠玉　祝宝良　张亚雄

编审组　（按姓氏笔画排序）

马忠玉　王远鸿　牛　犁　刘　菊　杜　平
陈　强　张亚雄　张　鹏　张　峰　胡少维
祝宝良　高辉清

主要编撰者简介

杜　平　研究员，国家信息中心常务副主任兼国家电子政务外网管理中心主任。兼任中国人力资源开发研究会副会长、中国信息协会副会长、中国区域经济学会副理事长、中国可持续发展研究会常务理事、中国地理学会理事，还担任中国科学院地理资源研究所兼职研究员和浙江大学管理学院兼职教授。曾在国家发改委、国务院西部开发办等单位工作。主要负责和参与有关区域经济发展、国土开发、生态与环境保护、可持续发展、西部大开发等领域的国家规划、计划、战略和政策等文件（报告）研究起草及业务管理工作。曾经主持或合作主持完成各级政府委托的研究报告30多项，获得省部级科技成果一等奖1次、二等奖2次、三等奖3次。主持完成亚洲开发银行、联合国开发计划署（UNDP）、德国经济技术合作公司（GIZ）、日本海外协力机构（JICA）委托的研究咨询报告。

马忠玉　博士，研究员，国家信息中心副主任。先后在中国农业科学院农业自然资源与区域规划研究所、中国人民大学环境学院、宁夏回族自治区发展和改革委员会、宁夏回族自治区政府研究室、国家信息中心任职。主要从事农业生态系统、区域规划、环境经济学、气候变化以及宏观经济研究，先后主持国家科技攻关项目、国家自然科学基金项目、国家重点社科基金项目、国际合作研究项目50余项，获得各种省部级科技进步奖、部委优秀成果奖10项，出版或合作出版著作20部，在国内外公开发表学术论文50余篇。目前兼任中国人民大学环境学院教授、博士生导师，德国弗赖堡大学（Freiburg University）环境与资源学院客座教授，合作培养博士研究生。

祝宝良 研究员，国家信息中心经济预测部主任，享受国务院政府特殊津贴。从事宏观经济和数量经济研究，主持20多个国内外研究项目，获国家重大科技成果进步奖1次，环保部科技进步一等奖1次，国家发改委优秀研究成果二等奖2次。在《宏观经济研究》《金融研究》《数量经济与技术经济》《人民日报》《经济日报》等刊物发表文章150余篇。出版专著三本。

张亚雄 研究员，国家信息中心经济预测部副主任，享受国务院政府特殊津贴，百千万人才工程国家级人选，中国投入产出学会副理事长，中国能源研究会能源系统工程专业委员会副主任。从事宏观经济与数量经济、能源与气候变化等研究。曾获国家发改委优秀研究成果三等奖（三项）、国家发改委第四届中青年干部经济研讨会优胜奖、首届国家信息中心创新奖等。主持或参加国家重大科学研究计划（973）、科技部软科学、国家社科基金、自然科学基金及政府、社会和国际合作课题多项。在《经济研究》、《统计研究》、*Economic System Research*、*Asian Economic Journal*、*Energy Economics*、*Energy Policy* 等期刊发表论文多篇，撰写、编辑《区域间投入产出分析》等专著。

摘要

《中国与世界经济发展报告（2017）》由国家信息中心组织编撰，对2017年国内外经济发展环境、经济运行中的突出矛盾和问题、宏观经济发展趋势、产业经济和区域经济热点、宏观调控政策取向等进行了系统的分析预测。内容涵盖我国主要宏观经济领域、重点行业、经济地区及世界主要经济体，并对国际贸易、国际金融、国际大宗商品、国际油价的走势进行了分析和预测。

2016年，国际环境复杂多变，世界经济增长动力不足，金融市场反复动荡，国际贸易和投资持续低迷。国内也出现了经济增长速度下降、企业利润下降、工业生产者出厂价格下降、财政收入增幅下降以及经济金融风险发生概率上升等问题。我国在坚持适度扩大总需求的同时，着力加强供给侧结构性改革，宏观经济运行缓中趋稳，就业形势保持总体稳定，居民消费物价温和上涨，工业生产者出厂价格连续下跌54个月之后由跌转升，国际收支基本平衡。预计全年GDP将增长6.7%左右，可以实现预期调控目标，为“十三五”规划打下坚实基础。

展望2017年，全球经济延续温和复苏态势。据国际货币基金组织预测，2017年，世界经济将增长3.4%，略好于上年，但其预测值存在向下调整的较大可能；与此同时，美元加息，英国脱欧谈判，美、德、法等国大选，中东、东欧以及亚太地缘政治局势紧张等不确定性因素将导致全球经济不确定性增大。

报告认为，2017年，受国内具有龙头带动作用的新的经济增长支撑点缺乏、民间投资动力不足、房地产市场波动较大、资金“脱实向虚”、金融风险加大、居民收入增长减速、部分领域改革推进缓慢等因素叠加影响，我国经济仍将面临较大下行压力。但经济发展长期向好的基本面没有变；经济韧性好、潜力足、回旋余地大的基本特征没有变；持续增长的良好支撑基础和条件没有变；经济结构调整优化的前进态势没有变。同时，供给侧结构性改革发力显成效、企业效益改善增强投资意愿、工业领域有望进入补库存周期、宏观调控政策仍有一定空间等因素将支撑我国经济稳定增长。

报告建议，考虑我国潜在经济增长水平和需求变化趋势，以及现实的需要和可能，把2017年经济增长调控目标定在6.5%左右，居民消费价格指数涨幅控制在2.5%左右，城镇新增就业1000万人以上。考虑我国经济惯性下滑压力依然较大，要实现预期增长目标，需要充分调动各方积极性，继续坚持“稳中求进”的工作总基调，切实把握好稳增长、防风险、促改革和惠民生的平衡关系，采取更加积极的财政政策、稳健合理的货币政策，特别需要加强综合施策，财政、货币政策应与规划、区域、产业、价格、外贸等政策相向而行，相互紧密协调配合，着力推动财税、金融、国有企业等体制改革方案落地，激发市场活力，释放制度创新红利。

本报告出版目的是为各级政府部门、企业、科研院所和大专院校开展经济形势研判和政策分析提供较为全面系统的参考资料。

Abstract

Annual Report on China and the World Economic Development (2017), written by an expert team organized by the State Information Center, conducts systematic analysis and forecasting on the domestic and international economic environment, the trend of macroeconomic development, major problems in the economy, hot topics in industrial and regional economy, and the orientation of future macroeconomic policies. The analysis covers major macroeconomic issues, industries, countries in the world and in addition, it contains the analysis and forecasting for international trade, financial markets, commodity markets, and oil prices. The Report provides systematic and comprehensive materials and references for governments, enterprises, research institutions and universities in their analysis of the economy and relevant policies.

In 2016, the international economic environment is complex and unstable, global economic growth is losing momentum, financial turmoil appeared frequently, international trade and investment continued to slump. The domestic economy also sees the declines in GDP growth rate, enterprise profits, and fiscal revenue and a higher possibility of financial turmoil. Chinese government continued to promote a moderate expansion of aggregate demand, and at the same time, accelerate the supply side structural reform. The economic growth is relatively slow but the medium – term growth trend is steady. The labor markets remain stable, consumer prices modestly rose, PPI ended up 54 months contraction, and the balance of international payments keep stable. In 2016, GDP is expected to grow by about 6. 7%, achieving the government target and laying a solid foundation for the 13th Five – Year Plan.

Looking ahead to 2017, the global economy could continue a moderate recovery. IMF forecasted that the world economy will grow by 3. 4% in 2017, slightly better than the previous year, but the forecasting could suffer downward risks. U. S. A interest rate hike, Brexit, the general elections in the U. S. A, Germany and France, the geopolitical tensions in the Middle East, Eastern Europe and in the Asia Pacific could increase uncertainty of the global economy.

In 2017, China's economy faces many challenges. The economic growth lacks locomotives, private investment is unsufficient, the real estate market is highly volatile, capitals flow out real economy and into virtual economy, financial risks are increasing, household income growth is slowing down, and some reforms proceed slower than expected. Obviously, China's economy faces greater downward pressure. However, the fundamentals of China's economic development have not changed greatly, and the basic characteristics such as good economic resilience, great potential and great room for maneuver, are still good in condition. Because the supply side structural reforms have been accelerating, higher profitability enhanced business' investment willingness, industrial sectors are expected to enter the restocking cycle, and there is still room for policy stimulus, China's economy could keep stable.

In 2017, taking into account of the potential of China's economic growth and demand changes, we set the GDP growth rate target around 6. 5% , CPI around 2. 5% and new urban employment around 10 million. Since the downward pressure is still large, to achieve the expected growth target, China needs to make full use of a variety of methods. The government should adhere to "to make progress while ensuring stability" as general work guideline, The government should attach great importance to the relationship among steady growth, risk prevention, and promote reforms and improve people's livelihood, take a more proactive fiscal policy and prudent monetary policy, especially need to implement comprehensive measures, strengthen the coordination between the fiscal, monetary, regional, industry, price and foreign trade policies. Government need to strive to promote financial, fiscal, state – owned enterprises and other reforms to stimulate market activity and release institutional innovation bonus.

序

关于2016年的经济社会发展情况，政府主管部门和社会上都已经有大量讨论。国家信息中心的团队长期跟踪和研究分析国际、国内宏观经济形势，自然也会有自身的思考和评价。当然，由于现在无论是国际还是国内发展态势，都存在不确定性和复杂性，各位角度不同、目的不同、方法论不同，自然也会有不同的判断和结论。正所谓仁者见仁，智者见智。至于我个人，是基本认同本书作者们大的判断的，这也是我接受写下这个序的主要因素。

2017年，注定又是一个非常不平凡的年份。世界范围内的经济及贸易、政治及外交、环境及气候、局部战争及军事等一系列重大问题都有可能因为若干突发性事件或者黑天鹅事件而改变本来的演化方向、速度和力道。仅仅列举2016年的英国公投脱欧结果和美国总统大选结果，虽然对于一大批靠政治预测和社会预测吃饭的精英们、媒体们而言，实在是感到了难堪甚至是些许耻辱。但是，对于这样事件所带来的和将要带来的影响却还远远没有完结。回到国内2017年的趋势判断上来吧，现在市面上谈矛盾和问题的比较多，这本书里也有具体讨论，我就不凑这个热闹了，想谈谈一些积极的因素，供大家参考或者是批判。我认为，我们可以关注以下几个有利于我国宏观经济保持平稳向好的积极因素，这与我们同时也高度警惕并且防范面临的重大挑战和困难并不矛盾。正视矛盾的普遍性、客观性，再抓住主要矛盾和矛盾的主要方面来不断解决旧矛盾和新矛盾，这正是人类在思维和采取行动时对现实客观世界所应该表现出来的敬畏和尊重。否则，任何矛盾都可能无解。

1.2016年陆续出台的一些重大政策已经逐步显效，未来一段时期继续发力增效实可期待

供给侧领域有了许多新的变化，钢铁和煤炭等领域化解过剩产能完成

2016年目标，一些高耗能、高污染产业发展在明显减速，产业结构优化升级在越来越多的地方已经成为显著事实，一线和部分二线城市的商品房库存出现实质性减少，上中游工业企业效益因生产价格上涨而有所好转，以全面营改增为代表的降成本行为对企业减免税赋有了实质性利好，以商事制度改革和放管服为标志的放开市场准入系列政策推动了大众创业和万众创新，等等。显然，上述工作2016年已经启动起来并且有了早期收获，如果没有大的意外将会继续扩大其政策效应。同时，需求侧领域的政策取向也有亮点，如推进十大扩消费行动、培育新兴消费和扩大基建投资等比较明确的需求管理政策，再如现在开始全面实施瞄准技能人才、新型职业农民、科技人员等增收潜力大、带动能力强的七类群体的激励计划，以及放宽科技人才兼职和课题管理等方面的措施真正到位落地，既可以提高城乡居民收入增长的可持续性，还有利于稳定提升居民消费水平，也有利于充分保护科研人才主动参与科技创新实践的积极性。

2. 新技术继续得到广泛深度应用，加快培育新动能进而催生新经济已经进入良性循环轨道

伴随大数据、云计算及云服务、移动互联网、物联网、北斗卫星和航空航天等空间技术民用化、人工智能及机器人、基因工程及生物医药、新材料及智能硬件、新能源及智能电网、创意设计等新技术的广泛普及和深度应用，通过全面推进“互联网+”、“双创”及“四众”模式、工业制造2025行动等，将可以更加有效地促进信息化与工业化、农业现代化、新型城镇化在广度和深度上进一步融合发展，催生新商业模式、新业态的日新月异、层出不穷。现在这些领域已经使得越来越多的企业投入和风投资本得到回报，并且对未来的投资空间和预期明显向好。2017年在继续落实“五证合一”“一窗一号一网”信息惠民等重大举措的基础上，市场活力将继续增强，分享经济将健康快速发展。

3. 区域战略及其重点区域分类指导效应开始显现，将会带来新增长极和消费空间

京津冀协同发展、长江经济带从总体规划和顶层设计阶段已经开始进入全面实施阶段，新一轮东北振兴、贫困地区全面脱贫等重点区域政策通过提高其精准性和可操作性也将会产生实质性效应，一批新区、开发区、创新试点示范区（城市）、中小特色城镇以及国家自由贸易区有关经验加快推广应用步伐，都将会引导我国生产力布局更加优化，同时也会使得我国经济社会发展更加适应现代城镇化发展规律而产生应有的巨大集聚效应和极化效应。

4. 企业效益在总体上出现改善苗头的积极信号有利于提升信心，工业领域有望进入补库存周期

近两年工业品库存持续减少，2016 年 1 ~9 月处于历史低位，按照规律将有可能进入库存回补周期。如若 2017 年坚持“三去一降一补”，并且进一步完善政策措施和强化工作力度，部分行业产能过剩情况将会进一步改善，然后是拉动工业品价格回升，再就是带来企业盈利能力增强，进而提升企业扩大库存和再投资意愿，最后是提高企业员工收入水平以及居民消费，这样就会形成一个比较好的良性工业大循环和企业家良好预期。

5. 宏观调控工具还有不少，真正解决好政府部门间相向着力、协同发力将会释放出更多意想不到的生产力

一方面，继续通过督办检查公示等举措，促进现有政策落实到位并尽快显现政策效应。另一方面，要紧紧跟踪研判国际国内大的走势和重大风险隐患，基于发展是硬道理这一最大政治，通过打破部门利益和地区利益格局来推动各方面同心协力做好本职工作，通过打破精英决定政策思维定式和追求政策数量政绩模式来促进创新务实现代政府治理，通过打破部门和地区之间信息分割和数据封锁来调动全社会参与应对经济下行压力的积极性。我们应该理直气壮地坚持一点，即在新常态下，只能用具有中国特色的社会主义政治经济学才能真正解决好中国自己的问题。

杜 平

2016 年 11 月

目 录

Ⅰ 总报告

Ⅱ 综合篇

Ⅲ 产业篇

Ⅳ 中国经济区域篇

Ⅴ 世界经济篇

皮书数据库阅读使用指南

CONTENTS

I General Report

II Overall Reports

Ⅲ Industry Reports

Ⅳ Reports on Regional Economics of China

总　报　告

General Report

G.1

2017年中国经济展望和宏观调控政策建议

国家信息中心*

摘　要：　总体判断2016年的国际国内经济形势，世界经济复苏缓慢，国际贸易缺乏亮点；国内经济运行缓中趋稳，经济结构有所优化，居民消费价格温和上涨，民生福祉稳定改善，预计全年GDP增长6.7%左右，实现政府年初确定的预期调控目标。但是一些深层次矛盾特别是一些重大的两难、多难选择问题依然没有得到有效缓解，引起社会上对2017年我国经济下行压力继续加大的忧虑。展望2017年，全球经济增长仍然是一个继续在艰难努力中寻求稳定复苏的过程，也是一个因国别发展走势加剧分化并导致重要国家宏观政策也加剧分化的过

* 执笔人：杜平，研究员，国家信息中心常务副主任兼国家电子政务外网管理中心主任；祝宝良，研究员，国家信息中心经济预测部主任；牛犁，副研究员，国家信息中心经济预测部宏观经济研究室主任。

程，还是一个国际政治经济外交及其地缘政治环境基本格局继续向复杂多变演化的过程。其主要表征包括国际经济“实虚不配”及其结构调整任务仍然十分艰巨，发展的新动能和新的增长空间都仍然不足，投资和贸易增长仍然疲弱，还存在如一些主要西方大国因大选结果导致国内国际经济政策出现变数、英国脱欧程序正式启动的延后影响有待发酵、东北亚和南海安全形势走势不确定性增加等复杂因素。显然，上述国际因素的叠加影响，都会使得我国经济社会发展的外部环境进一步显现出复杂性、多变性及其难以预测性，但最终都会传导并影响国内经济和社会发展。国内方面，2015 年对我国经济稳定增长做出主要贡献的金融业和 2016 年的房地产业、汽车业等支撑点将都会在 2017 年不再复制，而新的具有更多产业关联性和较大经济拉动规模效应的增长支撑点尚无明显后补对象。同时，国际经济以及投资贸易继续低迷使得我国商品货物贸易进出口增长空间有限，经济下行预期及体制机制因素引发实体经济缺乏活力以及民间投资不振，房地产调控新政以及深化去杠杆都可能增加防范金融风险的压力，居民收入特别是农民收入减速带来消费增长乏力，结构性失业数量增长诱发社会问题，农村绝对贫困人口脱贫等民生改善任务都十分艰巨等。这些客观存在的不利因素将使得我国宏观经济运行将继续面临较大下行压力，迫切需要针对性更强和执行力度更大的宏观调控政策来有效对冲这一压力。关于 2017 年发展主要思路，建议坚持“稳中求进”“稳中有好”的工作总基调，在继续扩大有效需求的同时，着力推动供给侧结构性改革，着力推进已出台各项改革举措落地见效，跟踪研判形势发展中出现的苗头性、倾向性、潜在性重大问题并及时推出基于区间调控、定向调控、同向发力的组合政策。改善和强化预期管理。考虑到各方面不再绷得太紧以及保持调控目标的相对灵活性，建议2017年经济增长预期目标为6.5%左右，但实际运行中力争超过6.5%。

关键词：　中国经济　宏观调控　经济展望

一　2016年宏观经济运行基本特征及其主要走势预测

2016年以来，宏观调控政策取向主要围绕适度扩大总需求和推进供给侧结构性改革以及深化其他重点领域改革陆续展开。特别是相继出台并强化实施了诸如扩大专项建设基金规模，实质性推动煤炭和钢铁领域去产能，全面推进营改增领域大范围扩容，继续降低中小企业税费成本和部分企业债务成本，深化放管服改革及强化重点工作督促检查等重大举措，有效延缓了2015年以来我国经济持续下滑的势头。同时，在商品住房和汽车市场全面回暖的拉动下，工业品价格跌幅收窄使得相关企业效益回升，工业生产出现小幅回升，供给侧出现平稳运行态势。但是，值得指出的是，自二季度始我国金融政策逐步加大去杠杆力度，层层分解去产能任务带来结构性失业加剧及其债务风险加大信号，10月全面实施历史上最严的以控房价为主要取向的房地产新政，以及1.6升及以下排量乘用车购置税优惠政策到期是否续期不明等容易影响市场甚至是引发市场恐慌的一些信号，也导致需求侧出现走弱态势，特别是民间投资出现大幅减速、房地产和汽车增长势头下调、消费增长不旺等问题。

从1~9月的主要情况来看，全国经济社会发展形势主要有如下特征。

1.供给侧结构性改革初显成效，生产端形势趋于稳定

自2016年以来，我国供给侧结构性改革取得积极进展，“三去一降一补”五大歼灭战全面发力，推动工业生产企稳回升特别是工业结构继续改善和优化。1~9月规模以上工业生产增长6%，连续7个月保持在6%以上。其中，高新技术和装备制造业分别增长10.6%和9.1%。战略性新兴产业领域一些具有代表性的新产品高速增长，如1～9月新能源汽车增长83.7%、工业机器人增长30.8%。另外，发电量和铁路货运量等实物量指标也反映出生产端好转的态势。1～9月发电量增长3.4%，同比提高3.3个百分点；铁路货运量下降4.8%，降幅同比收窄6.6个百分点，8月起增速由负转正。尽管相较于2015年同期全国金融业增速减慢而使第三产业同比放缓0.8个百分点，但第三产业仍然是拉动经济稳定增长的主导产业。三次产业在前三季度对经济增长的贡献率分别为4.1%、37.4%和58.5%，分别拉动GDP提高0.3个、2.5个和3.9个百分点。

2. 内外部市场需求仍然低迷，需求端形势有所走弱

二季度以来，世界经济复苏乏力、国内全面加力供给侧结构性改革、金融政策明显收紧等因素更加显现，在这些因素叠加影响下，国际国内市场需求都有所放缓，我国需求端呈现出走弱态势。看投资需求，自4月起再次出现逐月放缓走势，特别是民间投资减速缩量更加明显。1～9月全国固定资产投资和民间投资分别增长8.2%和2.5%，名义增幅同比放缓2.1个和7.9个百分点，实际增速分别放缓2.4个和8.3个百分点。但是若考虑到辽宁省投资断崖式下跌对全国投资增长造成较大冲击的影响（剔除辽宁投资后，2014年、2015年、2016年1～9月全国投资分别增长12.8%、12.0%和11.4%），全国增速下滑幅度还是一个缓慢的过程。另外，存货投资延续自2014年8月以来的减速态势，1～9月产成品库存同比下跌0.8%，增幅同比放缓5.7个百分点。再看消费需求，居民收入增速放缓以及房地产市场火爆的挤出效应，加之消费环境改善缓慢，全国零售消费实际增速有所下降。1～9月社会消费品零售总额实际增长10.4%，增幅同比放缓0.7个百分点。从外需来看，我国主要贸易对象国家经济疲软消费乏力，外贸出口延续低迷走势。1～9月出口下降7.5%，降幅同比扩大5.4个百分点。从前三季度情况看，我国最终消费、固定资本形成和净出口三大需求对经济增长的贡献率分别为71.0%、36.8%和－7.8%，分别支撑GDP增长4.76个、2.47个和－0.52个百分点。

3. 消费物价温和上涨，工业品价格跌幅收窄

自2016年以来，居民消费价格呈现温和上涨走势。年初因春节因素和猪肉等食品价格上涨，CPI涨幅一度突破2%，5月以来随着总需求趋弱，猪肉、鲜果等食品价格回稳，CPI出现回落。1~9月CPI上涨2.0%，涨幅同比提高0.6个百分点。工业品价格跌幅不断收窄。随着国际上大宗初级产品价格的波动式反弹，以及我国供给侧结构性改革加快推进，一些工业品特别是原材料市场供过于求的状况出现较大缓解，特别是下半年煤炭、钢铁、原油等生产资料价格大幅上涨，带动PPI跌幅不断收窄，并在9月出现由跌转升，扭转了延续54个月的负增长。1~9月PPI下跌2.9%，跌幅同比收窄2.1个百分点。商品房价格大幅上涨。9月全国70个大中城市中，新建商品住宅价格同比上涨的有64个，下降的仅有6个。其中，北、上、广、深等一线热点城市同比分别上涨27.8%、32.7%、23.0%和34.1%，全国涨幅前三的城市合肥、厦门和南京同比分别上涨46.8%、46.5%和40.6%。按照销售额和销售面积增速推算，1~9月全国商品房价格同比上涨11.3%，涨幅同比加快4.1个百分点。为遏制这一趋势，20多个涨幅过快的城市于10月重新实施控制房价导向的以限购限贷等为主基调的调控政策。

4. 就业形势基本稳定，企业效益有所改善

2016年，面临着安置765万大学应届毕业生、推进去产能增加大量结构性下岗失业人员、裁军30万人转业安置以及实施逐步吸纳1亿人进城的新型城镇化规划等因素，客观上带来较大的就业压力。但主要基于市场自动调节并结合各级政府的就业促进工作，全国就业总体情况基本稳定。1~9月城镇新增就业达到1067万人，提前完成全年预期目标，31个大城市城镇调查失业率首次回落至5.0%以下。工业企业利润有所回升。随着工业生产稳中略升，降成本取得进展，特别是下半年以来工业生产者出厂价格降幅不断收窄，工业企业利润明显改善。1~9月规模以上工业企业利润增长8.4%，增幅同比加快10.1个百分点，其中，制造业利润同比增长13.5%。财政收入稳定增长。1~9月财政收入增长5.9%，尽管增幅同比放缓1.7个百分点，但是也超过3%的预算目标。有必要指出，因前三季度房地产市场全面回暖、国有土地出让收入大增，政府性基金收入增长11.3%，初步估计全年政府性基金收入将超过预算1万亿元左右。

5. 房市和车市繁荣成为支撑2016年经济增长的重要因素，对稳增长的贡献十分明显

在新动能新经济虽然加速增长但规模太小的背景下，房市和车市规模的扩张成为主要贡献经济增长增量的动力。由于系列商品房政策松绑和大量投资性资金流入以及我国居民投资空间不足和部分刚需增长等综合因素影响，2016年以来，房地产市场全面回暖。1~9月商品房销售面积和销售额同比分别增长26.9%和41.3%，增幅同比提高19.4个和26个百分点。房地产投资增长也相应有所加快，改变了2015年以来逐月下滑的态势，1~9月同比增长5.8%，增幅同比提高3.2个百分点。另外，实施1.6升及以下排量乘用车购置税减半征收政策，明显刺激了汽车市场产销两旺。根据中国汽车工业协会统计，1~9月汽车产销同比分别增长13.3%和13.2%，高于上年同期14.1个和12.9个百分点。其中1.6升及以下排量乘用车销售同比增长22.1%，占乘用车销量的比重提高至71.8%，同比增加4.1个百分点。

基于前三季度全国经济社会发展的“形”和“势”，预测2016年宏观经济运行将保持总体比较稳定、结构有所改善的基本态势，实现全年几个重要的预期目标没有悬念。具体分析四季度发展趋势，虽然投资、消费等需求有些走弱，经济增长的下行压力仍然较大，但是随着去产能、去库存、降成本、补短板和去杠杆等供给侧结构性改革成效逐步显现，企业效益可能保持近期有所回升态势，生产端形势保持相对稳定，加之近期外贸出口降幅有所收窄，内需出现回稳迹象，特别是因工业企业库存已处于较低水平而使库存回补成为短期内支撑需求的重要因素。预计四季度和全年我国GDP将分别增长6.6%和6.7%左右，居民消费价格将均上涨2.0%左右。

表 1 2016 年四季度及全年中国主要宏观经济指标预测

指标	2016 年 1 ~9 月实际		2016 年第四季度预测		2016 年预测	
	绝对值	增速(%)	绝对值	增速(%)	绝对值	增速(%)
GDP(亿元)	529971	6.7	209340	6.6	739311	6.7
一产	40666	3.5	23586	3.9	64252	3.7
二产	209415	6.1	84107	6.1	293522	6.1
三产	279890	7.6	101646	7.7	381536	7.6
规模以上工业增加值(亿元)	—	6.0	—	6.1	—	6.1
城镇固定资产投资(亿元)	426906	8.2	170535	8.6	597441	8.3
房地产投资(亿元)	74598	5.8	27631	8.6	102229	6.5
社会消费品零售总额(亿元)	238482	10.4	93575	10.3	332056	10.3
出口(亿美元)	15370	-7.5	5783	-5.5	21224	-6.6
进口(亿美元)	11407	-8.2	4216	-3.5	15623	-7.0
居民消费价格指数	102.0	2.0	98.0	2.0	102.0	2.0
工业生产者出厂价格指数	97.1	-2.9	102.0	2.0	98.3	-1.7

二 2017年中国经济发展环境及趋势展望

（一）国际经济发展环境

2017 年，总体上判断，世界经济将延续温和低速增长态势。国际货币基金组织预期 2017 年世界经济增长 3.4%，略好于 2016 年增长水平。但同时有可能出现突发性因素而带来较大的不确定性、复杂性，其预测值也存在向下调整的可能性。贸易环境略有改善。世界贸易组织秋季报告预测，2016 年世界货物贸易量将增长 1.7%，为国际金融危机爆发以来最低水平。预测 2017 年世界贸易量将增长 1.8% ~3.1%，相较于 2016 年虽然略有改善，但难以从根本上扭转世界贸易低迷的态势。同时，2016 年以来，石油、铁矿石等大宗初级产品价格触底反弹和美元加息政策于年内落地，有可能反而使得国际金融市场因预期不明而产生的动荡和资本外流冲击现象有所减弱。还有中国周边地缘政治变化既有更加严峻的走向，也有明显改善的迹象，都会对我国经济外贸产生较大影响。

美国经济复苏相对平稳，劳动力市场继续改善，消费支出稳步增长，货币政策缓慢回归正常化，预测 2016 年和 2017 年美国经济将分别增长 1.6% 和 2.2%。但是美国新总统任职后其实际政策走向现在还具有不确定性，进而对美国经济发展走势也将带来新的不确定影响；欧元区继续实行宽松货币政策并希望通过欧元贬值刺激出口等，也可能推动欧元区经济缓慢前行。但英国脱欧全面启动正式谈判将有可能打击投资者信心，并且与德国、意大利等国家的重要银行的危机相呼应而引发欧洲银行业风险发酵。一些国家不断加剧的难民危机也将为经济复苏增添变数。预测 2016 年和 2017 年欧元区经济将分别增长 1.7% 和 1.5%；日本经济仍难以真正摆脱停滞局面，避险因素导致日元升值抑制出口，制造业长期不景气，投资持续低迷，物价下行压力仍然较大等都是客观存在的困难和挑战，预测 2016 年和 2017 年日本经济将分别增长 0.5% 和 0.6%，仍然是一个低水平的增长速度。世界上主要新兴经济体经济增长有望加快。IMF 秋季报告预计，2016 年和 2017 年新兴经济体经济将分别增长 4.2% 和 4.6%，表明对 2017 年总体情况的预期好于 2016 年。俄罗斯、巴西等部分新兴经济体经济下滑已经到达谷底，有可能出现走出深度衰退显现恢复性增长苗头。预测 2017 年印度经济将增长 7.6%，印度成为全球增长最快的经济体。中国将会继续保持中高速经济增长水平，特别是由于经济体量较大，中国对全球经济净增长将继续做出最大贡献。

（二）当前及2017年我国国内经济社会发展面临的主要问题和潜在风险

客观分析，2017 年我国经济运行中仍有需要加大力度持续推进有效缓解的深层次矛盾和结构性问题，比如，经济增长仍然处于一个继续换挡减速的长周期，长期存在的不合理经济结构的调整转型还只是处于艰难攻坚阶段，国际金融危机后主要发达国家和经济体复苏进度之缓慢超出普遍预期等，应该说，上述三大类因素是困扰并且制约我国宏观经济健康、较快、有效发展的主要矛盾或者是矛盾的主要方面。但是同时，当前以及 2017 年也需要特别重视一些新情况、新问题，尤其是重点考虑以下几个问题及其潜在风险如何能够得到有效管控。

1. 2016年10月开始实行的房地产新政对2017年宏观经济稳定增长的影响

近两年来，因各地陆续实行了包括商品房首付比例和利率下调、购置税减免、限购限贷放宽、场外配资等政策松绑措施，到2016年明显带来政策放大效应，加之上年从股灾退出的巨量社会资金转入房市，2016年初以来包括刚性需求和投资投机购房需求都大幅上升，吸引大量社会资金流入，房地产市场全面回暖，大部分城市的商品房价出现新一轮暴涨。1～9月新增房贷占全部新增信贷的比重高达43.9%，较上年同期增加了18.8个百分点。高房价推高了企业经营成本和城市居民生活成本，创业十年不抵买房一套和上市公司一年盈利买不了京、沪、深一套房等故事的不断演化，谋求通过投资投机商品房实现快速致富的愿望和行为实际上已经成为大批投资者、企业、居民的一致共识，从某种意义上讲，严重损害了“大众创业、万众创新”的积极性和可持续性。正因为如此，2016年国庆长假期间，全国20多个城市紧急出台了以控制房价、抑制需求为主导的所谓历史上最严的调控政策。但是，鉴于房地产既有消费属性也有投资属性，包括占有资金资源的规模和在拉动相关行业发展中的贡献以及形成国民财产性收入的重要意义都在相当时期内难有任何行业可以替补、替代。特别是2016年的新政作为一个突变性信号，必然会对短期经济增长造成明显冲击。若下一步各地再出现政策执行走样、调控过度、反复折腾，则会对2017年的房地产及其相关产业稳定增长、后续投资安排、社会安定、居民安居等带来不利影响和严重后患。甚至可以说，2017年的增长速度能否稳定在6.5%以上在很大程度上取决于2016年房地产调控政策的滞后影响。

2. 社会资金继续“脱实向虚”的规模和速度

2015年以来的连续五次降息和五次降准，证明我国货币政策的宽松度及其流动性加大都比较明显，但由于各种原因我国当前采取的金融输血实体经济的效果并不理想，反而有可能带来流动性陷阱风险。其主要原因在于以下几方面，一是从宏观层面看到的金融市场利率和企业融资成本确有下降，但传导机制存在着的障碍使得大批民营企业和小微企业融资难、融资贵问题依旧突出，民营投资需求仍在放缓。二是由于投资效率低下以及大批行业平均利润率下降，单位社会融资规模所产生的 GDP 增长量继续减少，社会资金使用效率下降又进一步反过来影响投资信心。2016 年上半年社会融资规模增量与 GDP 之比已经达到0.29，为2011 年以来同期最低水平（上年同期比例为0.31），浪费性投资、低效投资、无效投资等情况都非常普遍。三是社会资金因实体经济不振、投资回报率预期低下而加快“脱实向虚”，由上年大规模涌入资本市场到 2016 年大量进入房地产市场，以及通过各类理财产品、产业基金、互联网金融（P2P）等路径进入虚拟经济，推动了 2016 年国内房地产、大宗商品等资产价格再次快速膨胀。2017 年，预期包括房地产、金融及资本市场、大宗商品领域的监测监管工作将得到完善和加强，但是近几年累积增加的货币流动性以及城乡居民不断累积的巨额存款，都很难在实体经济领域找到公平合理可持续的投资出口，主管部门稍稍出现监管缺口和漏洞，社会资金“脱实向虚”的倾向和实际行为都依然很难扭转。做好这方面的防范工作也是 2017 年实体经济能否尽快趋稳并持续增强发展活力的重要关键因素。

3. 部分领域和地区有可能增加新的金融风险隐患

据初步了解，现在又出现一些新情况新问题。关于政府债务，一些地方政府因财政收入下降、土地财政受到抑制、银行贷款控制较严等因素影响，一些已经开工的重点建设项目和工程出现资金缺口，进而使得政府盲目举债的冲动有所抬头。比如，有的地方政府将 PPP 方式当成一种单纯的融资手段，只顾当期融资而不合理地确定各方权责，给予社会资本远超风险对价的优厚回报；有的地方政府设立的投资基金的风险控制机制不完善，做出诸如违规担保、明股实债、兜底回购、固定回报等内部安排和承诺，又将形成新的隐性地方政府债务。关于机构和企业债务，问题更加突出，如制造业贷款不良率上升，企业债违约事件不断增多，保险公司利用万能险高杠杆资金举牌上市公司等事件增多，互联网金融等领域违约“跑路”事件频发而诱发社会矛盾激化。还如，一些房地产企业与金融机构已经形成高度关联的一损俱损关系，2016 年的房地产新政在实施过程中，将有可能在 2017 年加大其关联金融机构的债务风险。总之，2016 年以来，加大化解地方政府融资平台债务力度、推进重点去产能企业债务包袱、市场化推进债转股和投贷联动试点等去杠杆政策举措，应该说在缓解地方政府和企业既有债务的问题上已经产生较好正面效应。但是，因为与此密切相关的现有财政体制、金融体制、投资体制等并没有产生实质性深化改革进展，以企业债务为主体的高杠杆问题也并没有从根本上解决问题，若再加上当前在新增债务上出现的新情况新问题，一旦 2017 年主管部门和债务承担人防控风险预测预警跟不上、应急处理失措、依法治理不到位而出现行政过度干预现象以及诱发社会大面积恐慌局面，则有可能出现各类敏感领域金融风险积聚和交叉感染，增加系统性金融风险隐患显现的可能性。

4. 民营企业家预期不好、信心不足导致民间投资缺乏活力以及实体经济不振的局面

2016 年以来，民间投资增速大幅下滑，1～9 月仅增长 2.5%，同比回落7.9 个百分点，其中7 月下降1.2%，为2012 年正式开展民间投资统计以来的首次下降。为改变这一局面，2016 年国家陆续采取了一系列重要举措，如修改完善鼓励和支持民营投资的综合性政策措施（包括“双创”、PPP、降杠杆、降成本、减免税费、营改增等），全面开展了第三方评估活动并且组织全国性督查检查相关政策落实情况。应该说情况有所好转，否则民营投资增长下滑情况可能更加严重。但是，一方面，在国际投资贸易低迷和国内经济增长周期性结构性矛盾尚未得到根本缓解的情况下，部分产能严重过剩的行业及其企业正处于艰难地去产能、去库存阶段，投资回报预期很差。同时，对于资金转为投向代表新动能新经济的产业和领域这一合理选择，但也由于大部分民间投资者都十分缺乏决策判断力和抗投资风险实力。当前国际国内宏观经济背景下经济规律和市场规律所决定的对我国实体经济发展预期不好和信心不足，必然会严重影响民营投资积极性。这一点不会以人们的主观意志为转移。另一方面，影响和制约民间投资可持续增长的体制机制问题仍然还没有得到根本解决，企业特别是民营中小企业融资成本偏高、融资难度大、“玻璃门”、“弹簧门”、“旋转门”，甚至是“没有门”等情况都在不同地区客观存在，2016 年新出台的一系列利好民间投资的政策措施由于最后一公里问题还有待发挥应有效应。在 2017 年经济社会发展的下行压力仍然较大的背景下，如何将政府引导、鼓励和支持民间投资在适度扩大总需求和全面推进供给侧结构性改革的各方面政策措施再落实，才有可能使得民间投资者能够尽快获得制度变革及其改革红利，这是 2017 年促进民间投资快速可持续回升的一个重大命题。

5. 居民收入增速放缓包括农民增收困难而引发社会问题以及抑制消费需求的苗头

主要由于经济增长放缓带来的企业盈利下降以及结构性下岗转岗失业等情况加剧，当前城乡居民收入增速出现放缓苗头，特别是农民稳定增收情况不容乐观，对消费增长的负面影响也开始显现。1 ~9 月全国居民人均可支配收入实际增长 6. 3%，增幅同比放缓 1. 4 个百分点。农村外出务工劳动力月均收入同比增长 5. 9%，增幅同比放缓 3. 2 个百分点。还有因粮价下降，农民增产难以增收问题。对此情况，地方政府主管部门实际上已经做出了反映，如各省市最低工资标准上调的个数和幅度均有所减少，2016 年上调最低工资标准的省市仅有 9 个，较上年减少了 16 个，平均上调幅度为 11. 6%，较上年放缓了 4. 9 个百分点。近期，国务院印发《关于激发重点群体活力带动城乡居民增收的实施意见》，其目的就是重点针对技能人才、新型职业农民、科技人员等七大重点群体实施激励计划，进而带动城乡居民实现总体增收，2017 年是具体落实实施意见的关键之年，同时还要面临有效解决诸如确保完成 2017 年的农村贫困人口脱贫目标，确保对特殊地区特定去产能行业下岗失业人员、城镇弱势群体基本生活保障水平不下降等重要民生任务，这些不仅仅是会影响 2017 年居民消费潜力稳定释放的重大问题，也是保障社会稳定并营造迎接十九大召开良好政治社会氛围的重大问题。

三　2017年中国经济增长预测和目标建议

2017 年，我国宏观经济运行在总体上仍面临严峻的挑战和不利因素，但是，客观上也存在重大机遇和有利条件。仅仅就国内而言，我国作为发展中大国，新型城镇化、工业化、信息化、农业现代化都在继续向前推进，各自领域自身的潜在增长率仍然保持在较高水平，特别是在“互联网+”大背景下这四化已经进入加快融合和同步发展阶段，所带来的新动能及其新的增长空间远远没有显现出来。区域、行业和企业间发展分化问题虽然政府部门需要重视统筹协调，但这种生产力发展不平衡规律可以激励生产力布局优化及经济结构深度调整、促进要素资源整合及优化配置等的正向激励效应也还远没有充分发挥出来。同时，基于全面创新驱动而拓展的以“双创”、“互联网+”、大数据、云服务、移动互联、物联网、战略性新兴产业、“工业2025”等为核心的新动能、新经济已经迈出坚实步伐，业界特别是民间资本的积极主动参与并且引导现有企业转型升级的预期放大也已经成为客观现实。因此，从完善和加强宏观调控的角度讲，2017年政府工作的关键是要做好因势利导，在充分尊重市场规律和经济规律的前提下，务必采取更加精准有效有力的政策措施和体制机制安排，强化推动政策显效和改革举措务实落地，这样才可以抓住机遇克服挑战，有效对冲经济下行压力，稳定健康可持续地实现经济社会发展预期目标。

（一）固定资产投资领域

总体上保持平稳增长，其主要依据包括以下几点。一是新开工项目计划总投资快速增长，对后续投资稳定增长形成重要支撑。2016年1~9月，新开工项目计划投资额同比增长22.6%，增幅同比加快19.8个百分点。二是工业企业效益有所好转带来的新增投资能力。随着供给侧结构性改革全面推进，以及工业生产者出厂价格跌幅不断收窄，工业企业利润逐月回升，有利于增强制造企业的投资意愿及其能力。三是工业企业库存处于历史较低位而拉动的补库存投资，特别因一些上游产业去产能带来的市场供求紧平衡预期，一些企业库存回补的存货投资将呈回升态势。四是已经安排和将继续推进落实的巨额国家专项建设基金、PPP项目等补短板系列措施，将使得基建投资能够保持在较快增长水平。五是民间投资积极性和投资预期有望得到改善。全面落实《国务院办公厅关于进一步做好民间投资有关工作的通知》，强化了督查整改落实、深化放管服改革、营造公平竞争市场环境、缓解融资难融资贵、减轻企业成本负担等方面的配套联动，有助于提升社会投资信心并且调动民营企业积极性，围绕"双创"和企业技术改造加大民间投资。六是培育壮大新动能、新经济的系列政策措施将催生新的投资热点，借力"互联网+"行动、"四众"、（众创、众包、众筹、众扶）模式、新型智慧城市建设、大数据等新技术应用，新产业、新业态、新模式将吸引更多增量投资。

但是，也存在一些影响投资增长的因素，比如，一是实体企业投资收益预期并不巩固，相关鼓励和支持民间投资的政策措施落地见效尚需要继续解决好"最后一公里"的问题，稳定持续地吸引社会资金大规模流入的大环境还不具备；二是金融对实体经济的扶持办法和力度都仍然面临着不到位的问题，特别是融资难融资贵、企业经营成本较高等仍然十分严重；三是传统行业规模大，退出成本大、耗时长、程序复杂，新旧动能转化需要时间和经验积累，新产业、新业态新增投资难以抵消传统行业投资减量；四是新一轮房地产调控政策将会使房地产市场降温，导致房地产投资呈回落趋势，也相应地会连带诱发相关行业投资回落。预计2017年全国固定资产投资增长8.5%左右。

（二）消费领域

总需求将稳中略降。其主要依据包括以下几点。一是旅游与休闲、文化与创意文化、体育与健康、医疗与养老、教育与培训、即时通信与信息内容服务等个性化、多元化新兴消费模式和消费热点比较活跃，现实增长及其潜力都十分巨大。二是基于"互联网+"的各类电子商务业态（如O2O、"电商+物流"、电商加支付加信用等）迅速发展，创新了消费理念，增加了消费供给，网购实际上已经成为城镇以及部分农村居民重要的消费方式和行为。三是2017年随着社会保障体系继续完善，总体保障水平逐步提高，社保覆盖面不断拓宽，将在某种程度上继续缓解部分居民扩大消费的后顾之忧。加上实行允许生二胎政策使得2016年新增加百万人以上人口，也必然增加新的消费。

但同时，抑制消费增长的因素也较多，一是从根本上讲，居民消费增长与宏观经济走势高度正相关，2017 年面临的经济下行压力所带来的企业增收困难，也必然影响居民收入增长，最终将抑制消费增长。二是，2016 年居民收入增速放缓、最低工资标准上调的省份减少、上调幅度减小等减弱居民消费能力的现实也会对 2017 年消费产生不利影响。三是 2016 年施行的商品房调控政策，不仅会影响销售面积的增长，也将会抑制与住房相关的家具、家电、建材等关联性很强的商品消费。四是我国汽车等耐用消费品现行政策的调整改变将会明显影响 2017 年的汽车市场消费行情，特别是现行的对政策依赖性较强的 1.6 升及以下排量乘用车购置税优惠政策能否延续或者调整幅度都将会影响 2017 年的消费，同时影响家用汽车配套产业发展。五是消费大环境仍然有待改善，包括产品质量、有效商品和优质服务供给、消费者权益保护、消费体验满意度等问题都还难以满足消费需求变化和升级，都会明显影响消费水平的稳定增长。预计 2017 年社会消费品零售总额将增长 10% 左右。

（三）外经外贸领域

进出口总体上仍将处于低迷低速态势。首先，2017 年的全球贸易总量将继续减少。发达国家将继续经济复苏缓慢态势，从而难以快速增加其居民收入以及相应的消费增长。同时，经济危机以来西方发达国家大批消费者加快从信用透支型、浪费型、奢侈型消费理念和模式向体验式实用型消费理念和模式转化，也使得世界性货物商品相对过剩问题 2017 年将继续积累，试图通过本币贬值谋求扩大贸易出口和强化贸易保护主义限制进口实际上已经成为许多发达国家和新兴国家首选的对外贸易工具，2017 年这一问题不会缓解，世界贸易增长乏力将会持续下去。其次，我国货物商品贸易竞争形势十分严峻，近年来，我国包括人力、土地、环境治理成本明显加大，使得“中国制造”参与世界分工体系的传统比较优势逐步削弱，在中低端产品出口市场上面临大批发展中国家的激烈竞争，以及国际上越来越多的贸易争端。而同时，具有自主知识产权的高端装备、智能制造等高技术产品出口，也需要一个打破封锁、战胜对手、拓展市场、巩固阵地的漫长过程，特别是还要受到地缘政治因素而与一些发达国家开展不公平竞争，短期内很难形成新的对外投资和贸易增长点。

但是，2017 年也有一些可以有所作为的方面，比如，通过继续务实推进“一带一路”和国际产能合作等战略，借助于亚投行、丝路基金、东盟合作基金、中非产业合作基金、中东欧合作基金等融资平台和各类金融工具拓展对外投资新空间，同时通过加快推进“五通”带动商品出口和服务贸易。再如，积极主动调整出口结构并与对外投资参与兼并重组、建立营销网络和研发中心等结合起来，促进进出口稳定上规模、上水平。预计 2017 年我国对外贸易出口将下降 3% 左右，进口将下降 4% 左右。相较于 2016 年下降幅度均明显收窄。

（四）物价领域

居民消费价格温和上涨，工业品价格难以持续稳定回升。居民消费价格走势上，主要由于劳动力成本呈刚性上涨势头，服务价格将小幅上涨，猪肉价格高位企稳，蔬菜、鲜果等食品价格受天气等因素影响有较大的不确定性。另外，2017 年国家有可能陆续推出一些价格改革举措以及落实 2016 年电价、医药等价格改革政策，也有可能拉动价格小幅升高。但是，因社会总供给大于总需求的基本状况没有改变，消费物价缺乏大幅上涨的基础。从工业品价格看，国际大宗商品价格进一步大幅反弹的动能不足，我国产能过剩问题仍比较突出，工业品供过于求的状况也难以出现根本性改变，其价格持续回升的基础也不牢靠。考虑到工业品翘尾因素明显升高情况，2017 年工业品价格翘尾较上年回升约 4 个百分点。预计 2017 年 CPI 将上涨 1.8% 左右，PPI 将上涨 1.0% 左右。

（五）主要预期调控目标

主要考虑到我国潜在经济增长水平和 2017 年的需求变化趋势，以及当前宏观经济下行压力仍然较大的现实，同时也考虑到2017年工作不宜各方面绷得太紧，建议把2017年经济增长调控目标定在6.5%左右。但是，若考虑到全国迎接十九大和在国际国内引导积极预期以及深化改革有可能释放出来更多红利的可能性，2017年增长速度超过6.5%也是一个具有较大概率的事件。建议居民消费价格指数涨幅控制在2.5%左右，城镇新增就业1000万人以上。

表2　2016～2017年中国主要宏观经济指标预测

指标	2016年预测		2017年预测	
	绝对值	增速(%)	绝对值	增速(%)
GDP(亿元)	739311	6.7	798942	6.5
一产	64252	3.7	67694	3.8
二产	293522	6.1	309578	6.0
三产	381536	7.6	421670	7.3
规模以上工业增加值(亿元)	—	6.1	—	5.9
固定资产投资(不含农户)(亿元)	597441	8.3	648223	8.5
房地产投资(亿元)	102229	6.5	104274	2.0
社会消费品零售总额(亿元)	332056	10.3	365262	10.0
出口(亿美元)	21224	-6.6	20587	-3.0
进口(亿美元)	15623	-7.0	14998	-4.0
居民消费价格指数	102.0	2.0	101.8	1.8
工业生产者出厂价格指数	98.3	-1.7	101.0	1.0

四　宏观调控政策建议

顺利实现2017年预期增长目标，工作难度不小。为此，务必要充分调动各方面特别是民间资本和民营企业的积极性，采取更加积极的财政政策和稳健合理的货币政策，同时加强综合施策并且采取更加精准、力度适宜的组合式政策工具，着力推进财政政策、货币政策与规划、区域、产业、价格、外贸等方面的政策同向发力，并且结合深化放管服、财税、金融、国有企业、投资等体制改革，进一步激发市场活力和释放制度创新红利。

（一）适度扩大财政赤字规模，实施更加积极的财政政策

一是适当扩大财政赤字和国债发行规模。这既是通过适度扩大政府投入带动民间资本投入增长之必要举措，也是补民生改善短板之合理选择。同时强化提高投资效率。建议2017年全国财政赤字率控制在3.5%左右，或者考虑发行一定规模的长期建设国债（特别建设国债）。增加安排地方政府一般债券发行规模。二是实施普遍性减税措施。建议降低增值税税率2个百分点，并整合简化税率；尽快出台个人所得税综合征收改革方案。三是实施功能性减税措施，对市场有效供给不足且国家引导发展的行业和小微企业全面减税，支持企业进行创新投资。四是实施专项性减税措施，比如，继续延长1.6升及以下排量乘用车购置税减半征收政策至2017年底。

（二）积极创新金融政策工具，实施稳健合理的货币政策

一是建议社会融资总量和广义货币增长12%左右，保持适度合理的流动性规模。同时着力推进向实体经济传导。二是运用再贷款、抵押补充贷款（PSL）和信贷质押再贷款等创新政策工具，保证社会流动性平稳合理增长。三是两手抓去杠杆。一方面，控制企业融资规模，通过缩小分子降杠杆；另一方面，货币信贷也要支持经济适度稳定增长，通过做大分母来降杠杆，落实2016年出台的企业降杠杆政策措施，切实化解金融风险。四是进一步提高人民币汇率市场化水平，增强人民币汇率弹性。五是密切跟踪美联储加息等重要国际金融动态，防范外汇市场剧烈波动和跨境资金大规模外流等风险。

（三）加快深化国企改革，切实提高经济增长效益

推进国企改革要力求取得实质性进展。建议大规模清除“僵尸企业”并切实推进股权改革。要按照《关于国有企业发展混合所有制经济的意见》的要求，在电力、电信、民航、军工、石化等领域推出一批混合所有制改革的试点示范。同时，选择一些大企业的子公司，推出力度比较大的、以管理

层和员工持股为主的混合所有制改革，可以明确公开地给出股票价格上的优惠。管理层和员工购股资金可用于补充社会养老保险。此外，要按照市场化和法治化原则，加快兼并重组并实施债转股，企业价值应该以市场公允价值而不是企业的总资产或净资产计算。

（四）大力促进居民收入稳定增长，推动消费供给创新

一是积极创造就业机会，稳定居民增收。落实好《国务院关于激发重点群体活力带动城乡居民增收的实施意见》，着力培育中产阶层；进一步通过培训、再教育等方式提高居民增收能力；大力推广节本增效技术，促进休闲农业、乡村旅游等相关产业发展，促进农民增收；做好下岗分流员工安置工作。二是加大消费品供给创新力度。对当前消费品生产领域的共性关键技术集中组织力量进行攻关，研究出台消费品领域的先进技术开发与应用的扶持计划，构建较为完整的消费品供给创新体系。三是大力提升消费供给的质量和标准体系，吸引部分消费回流国内。应尽快对我国12个主要消费品领域770余项指标进行标准升级，特别要提高对有害物质、绿色环保、食品安全等通用性标准；优化标准创新的激励政策，提高企业和社会组织标准创新的动力；在教育、旅游、网络消费等重点领域开展服务业质量提升专项行动；实施品牌价值提升工程，培育一批能够展示“中国制造”和“中国服务”优质形象的消费品品牌与企业。同时，加大对公共产品和服务特别是绝对贫困人口、结构性失业人员、低收入群体的财政支出力度，守住民生和社会保障的底线。

（五）着力提高投资的有效性，保持投资稳定增长

克服一些似是而非的思维模式，进一步发挥好有效投资对稳增长、补短板、调结构、培育经济新动能的特殊重要作用。一是启动一批纳入国家“十三五”规划的重点投资专项和重大基础设施工程建设，条件基本具备的尽快投入开工。二是全面激发民间投资活力。全面放松不公平、不合理的市场准入等形形色色的行政管制和程序化管理，严格督导简政放权，真正能够

落实到“最后一公里”，放开服务行业准入限制，尽快实施市场准入负面清单制度。三是着力深化投融资体制改革。加快地方性中小银行和民营银行发展，发展多业态的普惠金融组织体系。支持民营企业依托资本市场直接融资，扩大中小企业各类非金融企业债务融资工具及集合债、私募债发行。支持并规范移动互联支付、小额贷款等创新性、专业性金融业态发展。

（六）延长加工贸易价值链，稳定外贸出口

一是延长加工贸易价值链。鼓励具有实力的加工贸易企业向周边国家和地区延伸产业链，根据全球价值链配置趋势，将核心环节留在国内，同时利用国际分工扩张海外配套组件生产线。二是培育货物贸易新的增长点。适应国际互联网、大数据、智能制造快速发展的潮流，选择智能家电、智能手机等产品作为未来我国货物贸易出口的重点产品，通过政策引导、财税支持、创新补贴等措施进行大力扶植。三是培育外贸新兴业态。加快发展外贸综合服务企业、跨境电商、海外仓、市场采购模式等新型贸易业态，提高传统贸易效率。四是培育外贸自主品牌。坚持实施国际自主品牌发展战略，支持企业开展国际并购，强化本土品牌创新与“走出去”，拓展品牌国际营销渠道。五是借助“一带一路”战略带动相关商品和服务出口。支持高铁、核电等重点领域重大工程项目合作，带动相关装备制造等商品出口。

综 合 篇

Overall Reports

G.2

2016年固定资产投资分析及2017年展望

胡祖铨*

摘　要：　2016年，固定资产投资增速明显放缓，未能完成10.5%的预期增长目标。从主要投资领域来看，基建投资保持18%左右的快速增长，房地产开发投资增速有所加快，制造业投资大幅减速。当前，专项建设基金“亲国有疏民营”，PPP模式实质性进展缓慢，基建融资保障困难增加，房地产市场波动较大、资本流出等问题比较突出。展望2017年，新开工项目增长较快、投资资金供应可能略有好转、民间投资积极性改善、投资热点涌现等将支撑投资平稳增长。综合判断，固定资产投资将增长8.5%左右，其中，房地产开发投资增长2%左右。建议将固定资产投资政策主基调确定为“补短板，提效

* 胡祖铨，经济学博士，国家信息中心副研究员，主要研究方向为宏观经济、固定资产投资等。

率，稳投资”，发挥好投资补短板、调结构、培育经济新动能的关键作用。

关键词：　固定资产投资　民间投资　专项建设基金

一　2016年固定资产投资的基本特征

在2016年国民经济和社会发展计划中，投资的主基调确定为“着力补短板、调结构，提高投资的有效性”，全社会固定资产投资预期增长10.5%左右。但从当前的投资增速来看，投资增长预期目标无法完成，这样我国已经连续三年未能实现预期目标（见表1）。

表1　全社会固定资产投资的预期目标与完成情况

年份	预期目标	主基调	完成增速	完成情况
2009	20%	保持投资较快增长	30.0%	√
2010	20%	保持合理的投资规模	23.8%	√
2011	18%	保持合理的投资规模	23.8%	√
2012	16%	进一步优化投资结构	20.3%	√
2013	18%	发挥好投资对经济增长的关键作用	19.3%	√
2014	17.5%	促进投资稳定增长和结构优化	15.3%	×
2015	15%	着力保持投资平稳增长	9.8%	×
2016	10.5%左右	着力补短板、调结构，提高投资的有效性	8.5%左右	×

1. 固定资产投资形势整体趋弱

2016年以来，固定资产投资形势整体趋弱。1～9月固定资产投资（不含农户）增长8.2%，较上年同期和全年放缓2.1个和1.8个百分点。剔除价格因素后投资实际增速为9.5%，同比回落2.4个百分点。从月度投资增速的走势来看，3月是最高点，4～7月逐月回落，8～9月有所企稳，总体呈现走弱态势。资金供应充足程度明显不足，1～9月固定资产投资资金来源同比增长5.9%，较上年同期和全年放缓0.9个和1.8个百分点。投资资金过于依赖专项建设基金和商品房销售款，自筹资金逼近零增长。1~9月预算内资金保持两位数增长，促投资力度较大；国内贷款增长8.4%，较上年同期提升12.8个百分点，表明金融系统也在更加积极地支持投资项目；但比重接近七成的自筹资金几乎零增长，增速较上年同期大幅降低8.2个百分点，表明项目主体的投入意愿和能力较弱；其他资金大幅增长33.2%，同比提高26.3个百分点，主要受益于专项建设基金投放和商品房销售火爆。

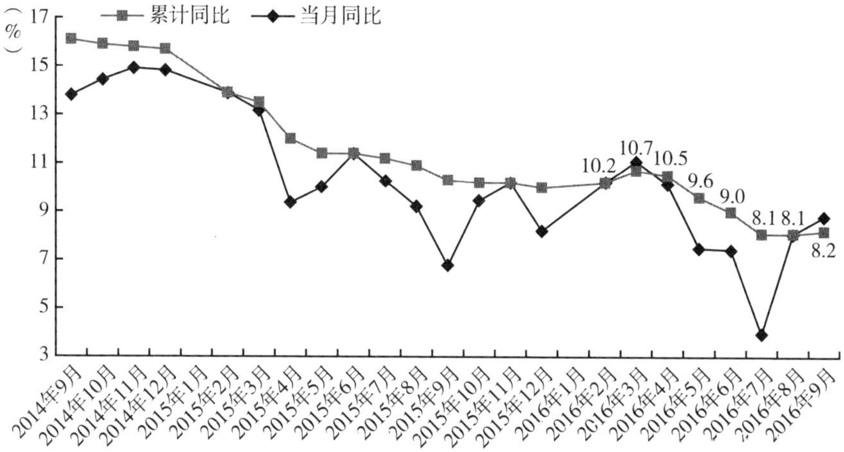

图1　固定资产投资增速走势

2.基础设施建设投资挑大梁

2016年1~9月基础设施建设投资增长17.9%，同比回落0.2个百分点。基础设施建设依然是支撑投资增长的“定海神针”，贡献率达到50.4%。其中，增长较快的行业是公共设施管理业（23.6%）、电力热力的生产和供应业（17.9%），增长相对较慢的行业有铁路运输业（9.4%）、道路运输业（15.0%）。基础设施建设投资是现阶段“促投资、稳增长”的重要抓手，一是因为基础设施属于社会先行资本，尽管收益率较低，但有较强的正外部效应，可以产生较强的挤入效应。二是因为当前我国基础设施仍有较大需求，人均公共设施资本存量与发达国家相比还有很大差距，大概是西欧的38%、北美国家的25%。市政设施、水利工程、交通设施、通信设施、农村基础设施等领域还有较大的投资空间。

3. 房地产开发投资有所改善

2016年1~9月，全国商品房销售面积、销售额分别增长26.9%和41.3%，较上年同期分别提升19.4个和26.0个百分点。受商品房销售向好带动，房地产开发投资增长5.8%，同比加快3.2个百分点，拉动全部投资增长1.04个百分点，高出上年同期0.5个百分点。商品房去库存取得一定进展，去化周期同比显著减少。9月末，广义商品房库存（现房加期房）为26亿平方米，同比减少4.2亿平方米，降低13.9%；去化周期为22.2个月，同比减少10.5个月，降幅达32.1%。但是，一线城市和部分二线热点城市房价过快上涨成为新的风险隐患。9月，4个一线城市新建商品住宅价格同比上涨31.9%，21个二线城市新建商品住宅价格同比上涨16.8%，厦门、南京、合肥等热点城市同比涨幅超过40%。房价过快上涨严重透支居民消费能力，不利于人才流入和实体产业发展，影响城市未来竞争力。

4. 制造业投资困难明显加大

2016年1~9月，制造业投资增长3.1%，同比回落5.2个百分点，呈现低速增长状态。其中，高耗能制造业投资下降2.3%，装备制造业投资增长3.4%，消费品工业增长7.3%，延续消费品制造快于装备制造更快于高耗能制造的行业投资格局。2016年以来，装备制造业投资增速很低，反映出产能过剩矛盾已经基本上蔓延到生产资料制造行业，企业对未来预期悲观，放慢投资扩张步伐。在装备制造业中，越是接近消费端、下游的行业，投资增速相对越稳定也越高。例如，电气机械投资增长12.1%，同比加快2.8个百分点，电子设备制造业投资表现也相对较好。越是接近生产端、中上游的行业，投资增速滑落幅度越大。例如，通用设备投资下降2.1%，专用设备投资下降4.5%，交通运输设备投资下降11.6%。

5. 民间投资增速断崖式下跌

2016年以来，民间投资呈现断崖式下跌，民间投资和国有投资增速剪刀差大幅拉开。1~9月民间投资仅增长2.5%，同比回落7.9个百分点，其中，7 月民间投资同比下降 1.2%，是自 2012 年正式开展民间投资统计以来首次下降，民间投资占全部投资的比重为 61.4%，同比降低 3.4 个百分点，基本上回到 2012 年同期的水平。辩证地看待民间投资下跌现象，主要原因是民间资本积极应对经济转型，市场需求偏弱，产能尚未出清，理性地收缩投资行为。此外，处于相对弱势地位、缺乏公平竞争的市场环境、市场准入门槛高等也制约着民间投资释放更多潜力。

6. 国有投资多领域高速扩张

2016 年 1 ~9 月，国有及国有控股单位投资增长 21.1%，同比加快 9.7 个百分点，高出同期民间投资增速 18.6 个百分点。国有投资在三次产业中增速全面加快，一产、二产、三产同比分别加快 23.8 个、2.6 个、10.3 个百分点。甚至在竞争性领域和非主营业务上，国有资本也是大举扩张。以房地产开发领域为例，以信达地产、水电系（鲁能、电建、葛洲坝）和铁路系（中铁、中铁建）等为代表的国有企业在多个城市的土地市场上摘得“地王”，为不断升温的地王热推波助澜。

二　当前固定资产投资需要关注的六大主要问题

当前，固定资产投资下行压力持续释放，内生增长动力还在衰减，对促投资政策的依赖性持续加大。需要密切关注的问题主要有：专项建设基金“亲国有疏民营”、高耗能制造业推进去产能、PPP 模式实质性进展缓慢、基建融资保障困难增加、房价快速上涨和高库存风险并存以及资本流出态势明显等。

1. 专项建设基金“亲国有疏民营”

专项建设基金是当前促投资、稳增长系列政策中最大的实招，但在实践过程中，基金分配出现明显的“亲国有疏民营”倾向。基金运作采用政银企社的合作模式，在提高风险管控的同时，也导致了基金更多地支持政府项目和国企项目，对民营企业项目鲜有问津。据调研，西部某省基金投向民营企业项目的仅占 10% 左右，支持力度严重不足。民营企业难以获得基金支持的主要原因有以下几点，一是地方政府不提供针对民营企业的担保与回购要约，导致以民营资本为主体申请的基金项目大部分被投放行（国开行和农发行）否决。二是民营企业除承担专项建设基金使用利率 1.2% 外，还需要额外支出担保费。一般地方政府政策性担保机构费率仅为 2%（民企难以获得），市场化担保机构费率达 5% 以上。民企融资贵问题在专项建设基金落实中同样存在。三是我国民营中小企业生命周期较短，一般为 3～6 年，投放行对投向民企的长期贷款（8～20 年）较为谨慎，不愿承担民企项目不成功带来的经济与政治风险。总体而言，专项建设基金未能有效支持民营企业，实质上反映出我国融资体制长期以来“亲国有疏民营”的弊病，导致专项建设基金撬动放大的作用受到制约，民间资本的跟进效应大打折扣。

2. 高耗能制造业推进去产能

高耗能制造业普遍存在产能过剩问题，2015 年产能利用率大概在 70%，其中，粗钢约为 67.0%，水泥约为 73.8%，平板玻璃约为 68.0%，电解铝约为 75.4%。顺利推进高耗能制造业去产能工作，既要寄希望于高耗能产品的需求保持一定增长，更需要减少新增产能投资规模，并加快淘汰落后产能、化解过剩产能等。如果到 2018 年基本完成高耗能制造业的去产能工作，行业整体产能利用率提升到 80% 左右的合理区间，充分考虑去产能、加速折旧、需求增长等因素后，静态测算发现，2017～2018 年高耗能制造业投资需要年均下降 15% 左右，这将直接拉低制造业投资增速约 3.5 个百分点。

3. PPP 模式实质性进展缓慢

近年来，PPP 模式（政府和社会资本合作）成为地方政府力推的公共产品和服务提供方式。截至 2016 年 9 月底，财政部 PPP 中心平台项目库公布 10471 个 PPP 项目，总投资额高达 12.49 万亿元。国家发改委前两批 PPP 项目库纳入 2531 个项目，总投资 4.23 万亿元，9 月推介的传统基础设施 PPP 项目 1233 个，总投资约 2.14 万亿元。但从实际运作来看，项目签约、开工建设情况并不理想，并且大部分社会资本方是国有企业，PPP 异化为地方政府和国有企业之间的合作。据调研，各地优质的 PPP 项目基本上都被国企垄断；民企要投资 PPP 项目的难度较大，取得好项目更是难上加难，争取到的项目更多的是一些规模小、收益低的零散项目。项目收益率不高、政策变动、地方政府信用约束制度尚未建立等是制约PPP模式推进的主要因素。

4. 基建融资保障困难增加

促投资稳增长的关键在于基础设施建设。尽管我国基础设施建设的空间仍然存在，但随着基建投资盘子越来越大，维持当前基建投资高速增长的融资困难明显增多。公共财政赤字、地方政府专项债务、土地出让收入、专项建设基金是政府促进基础设施建设的主要融资方式。2017年基建融资保障困难很大，一是公共财政赤字率已经提升至3%，再扩张的空间缩小。二是地方政府专项债务扩张很快，2015年债务为1000亿元，2016债务为4000亿元，继续扩张的空间不大。三是随着房地产市场调控趋紧，土地出让收入很难再现2016年的高速增长态势。四是专项建设基金逐年增长较快，2015年投放0.8万亿元，2016年投放1.6万亿元左右，考虑到基金存在的一些弊端和控风险因素，2017年投放规模很难扩张。这些融资渠道都将直接或间接增加政府债务负担，对我国财政运行都是巨大的压力，影响财政健康可持续发展。

5. 房价快速上涨和高库存风险并存

2016年以来，一线、部分二线热点城市房价过快上涨已经明显加大了房产价格调整风险，扭曲了金融资源的配置方向。但当前城市间房价涨幅差异仍然较大，热点城市房价暴涨并没有带动三线城市房价上扬，三线城市房地产市场呈现量升价稳的态势。9月，45个三线城市新建商品住宅价格同比仅上涨3.8%，涨幅远低于一、二线城市。同时，商品房库存也呈现地域分化特征。热点城市已经出现库存紧张局面，去化周期低于6个月。而部分二线城市和三、四线城市商品房库存仍然较高，存在消化压力，部分城市去化周期仍然高达20个月以上。总体来看，房地产市场结构性矛盾突出，一线城市和部分二线城市房价暴涨；三、四线城市高库存依然存在。此外，在宽松房市政策带动下，购房需求已经有18个月左右的时间集中释放，房地产市场需求提前透支。

6. 外热内冷资本外流态势明显

2016 年以来，与国内投资增速明显放缓形成鲜明对应，我国对外直接投资实现高速增长，一定程度上分流了部分投资资金。1 ~9 月，非金融类对外直接投资为 1342. 2 亿美元，同比增速高达 53. 7% 。分析其原因，一是企业做大做强，积极扩大海外经营规模；二是为规避人民币贬值，企业加大资产海外配置力度；三是民营资本对国内市场预期不佳，存在向外转移资产倾向。在我国跨国企业对投资地的市场环境、法律环境了解不足，以及潜在风险的防范意识和防范能力有待提升的情况下，对外直接投资超高速增长无疑会增加企业经营难度、放大投资风险。

三　2017年固定资产投资形势展望

当前，我国经济下行压力依然较大，稳增长的关键是稳投资，稳投资的关键是稳基建。通过基建投资的快速增长，以时间换空间，换取高耗能制造业实现去产能降投资，换取房地产市场实现调整到位。展望 2017 年，既有支撑投资增长的有利因素，也有制约投资增长的不利因素，综合判断，固定资产投资增速将有所企稳，预计增长 8. 5% 左右，其中，房地产开发投资增长 2% 左右。

1. 有利因素

（1）新开工项目增长较快支撑后续投资

2016 年 1 ~9 月，新开工项目计划总投资额增长 22. 6% ，同比加快 19. 8 个百分点。新开工项目是判断当前及未来一两年投资是否有明显支撑的重要因素。一般来说，投资项目的平均建设周期在两年半左右，当年新开工项目对本年和下一两年的投资增长影响较大。因此，2016 年新开工项目增长较快，将对 2017 年的投资增长带来积极的支撑作用。

（2）投资资金供应可能略有好转

2017 年投资资金供应总体上可能仍会比较紧张，但预期将略有改观。主要体现在以下几个方面，一是工业企业利润增长由负转正，1 ~9 月规模以上工业企业利润同比增长 8. 4% ，较上年同期加快 10. 1 个百分点。企业盈利能力大幅改善有助于提高投融资能力，提升企业投资意愿。二是积极的财政政策将继续支撑预算内资金快速增长。三是按照营造中性适度货币金融环境、配合财政政策促进基建投资的要求，国内贷款、专项建设基金甚至长期建设国债将继续服务实体项目投资。

（3）民间投资积极性有望得到改善

民间投资专项督查工作将促进营商环境改善，带动民间投资回稳向好。《国务院办公厅关于进一步做好民间投资有关工作的通知》（国办发明电〔2016〕12号）从督查整改落实、深化放管服改革、营造公平竞争市场环境、缓解融资难融资贵、降低企业成本负担等方面做出具体部署，在制度、体制、措施上着力解决制约民企想投资、敢投资、能投资的问题，切实调动民营企业积极性，促进民间投资持续健康发展。

（4）新的投资热点涌现并快速发展

以“旅游、文化、体育、健康、养老”为代表的五大幸福产业发展十分迅速，相关行业投资实现快速增长，在补足短板的同时，正在激活并提升居民的服务需求。新型城镇化较快推进，城镇化率年均提高1个百分点以上，新增2000万城镇人口，重点培育中小城市和发展壮大1000个左右特色小城镇，这些都将带动市政设施建设需求。创业投资不断完善规范，将发挥促进“大众创业、万众创新”的资本引擎作用，推动创业投资实现快速发展。

2. 不利因素

一方面，经济转型要求投资增速的合理回归。在经济新常态下，固定资产投资要告别过去粗放式、重规模、轻效益的增长模式，真正向提高投资增长质量、改善投资结构、注重投资效益等方向转变。这种转变主要看投资能否回归到合理增长区间，因此投资出现换挡减速有一定的合理性。随着当前各级政府考核指标体系不断完善、政府职能转变、政府减少对投资的过度干预，我国投资回归理性增长区间成为现实。根据过往经验，投资增速在GDP名义增速的1.1倍左右比较适当，既不会造成有效需求不足，也不会导致经济过热。

另一方面，投资自主需求不足是当前制约投资增长的主要因素。当前投资增速不断回落，主要原因是市场需求疲弱导致的投资自主需求不足。虽然政府已经用加大基础设施投资力度的方式来支撑投资增长，但目前民间投资比重超过六成，投资自主决策的能力不断提高，项目投资回报率是影响投资决策的主要因素。而产能过剩拉低了投资收益，成为影响投资需求的最主要因素。随着外需低迷和内需不足，前期投资高速增长带来的巨大产能将需要较长时间化解。在化解过剩产能的过程中，调整存量、优化增量是长期政策，在此期间，相关产业投资不可能呈现过去的高速增长态势。当前的产能过剩、投资需求不足主要表现在两个行业，一个是工业，另一个是房地产开发行业。这两个行业投资占全部投资的60%左右，其投资低迷必将制约整体投资增长。

表2　固定资产投资预测

单位：亿元，%

指标	2015年		2016年1~9月		2016年预测		2017年预测	
	规模	增长	规模	增长	规模	增长	规模	增长
总体投资	551590	10.0	426906	8.2	597441	8.3	648223	8.5
制造业	180365	8.1	135250	3.1	186317	3.3	195260	4.8
高耗能制造	44113	-0.3	31776	-2.3	42348	-4.0	39384	-7.0
装备制造	71949	10.4	54025	3.4	74827	4.0	79317	6.0
消费品工业	60343	11.8	46618	7.3	64567	7.0	70378	9.0
基础设施	131265	17.3	107375	17.9	154893	18.0	182773	18.0
房地产开发	95979	1.0	74598	5.8	102229	6.5	104274	2.0
其他投资	143981	12.6	109683	7.7	154002	7.0	165916	7.7

四　政策建议

2017年，建议将固定资产投资政策主基调确定为“补短板，提效率，稳投资”，发挥好投资补短板、调结构、培育经济新动能的关键作用。

1. 推进重大投资项目建设

一是尽快启动一批“十三五”规划确定的重点投资专项和重大工程建

设项目。制订三年滚动投资计划，充实重点产业、基础设施和民生领域的重大项目储备库。二是发挥好政府投资的引导带动作用，重在为社会资本提供更好的外部环境和配套设施，增强挤入效应。加大政府资金在教育、医疗卫生等人力资本以及基础研究、创新公共平台、共性关键技术等领域投入，支持企业技改投入。三是鼓励金融机构建立绿色通道，加快重大项目等领域的贷款审评审批。四是用好用足专项建设基金，简化基金投放手续，扩大基金支持领域，提高改扩建产业项目、民企项目在基金中的比重。五是进一步完善 PPP 制度体系，重点推进地方政府不履约时的结算扣款机制，控制地方政府违约风险。六是推进财政体制改革，理顺政府间财政关系，赋予地方政府更多的自主财力，推进地方性基础设施开发建设。

2. 全面激发民间投资活力

一是抓紧推动“鼓励社会投资 39 条”等促进民间投资重大政策落地，充分释放政策效力。二是加快建立市场准入负面清单制度，切实降低民间投资准入门槛，落实好放宽民间投资进入电力、电信、交通、油气、市政公用、养老、医疗、教育、文化、体育等领域市场准入政策。三是着力推进供给侧结构性改革步伐，积极化解过剩产能，严格执行“僵尸企业”退市制度，加快市场出清步伐。四是支持传统产业企业技术改造，增强制造业核心竞争力，迈向产业链中高端。五是切实降低实体经济企业综合成本，有效缓解企业困难，助推企业转型升级。六是加快培育新动能，发展新经济，支持服务性制造业、战略性新兴产业发展，强化对新兴产业领域知识产权的保护。

3. 大力推进国有企业体制改革

一是推动混合所有制改革，完善国有资产管理体制，支持竞争性领域国企引入民间资本参股控股。二是利用去产能倒逼国企“瘦身健体”，盘活优化资源配置，促进国企转型升级，提质增效。三是进一步打破国企垄断，加快放开垄断行业的竞争性领域和环节的价格管制，形成充分竞争的机制。四是调整国有企业投资领域，更多地向关系国家安全、国民经济命脉的重点行业和关键领域集中，减少进入市场竞争充分、市场主体活跃的领域。五是引导国企围绕主营业务打造核心竞争力，支持主业不突出、不具备优势的国有企业重组整合，引入战略投资者，转让产权或依法退出。

4. 推进房地产供给侧改革

一是推动以新市民为重点的新住房制度改革，为新市民进城购房创造支持条件。二是推动住房公积金改革，用好用足公积金融资功能，扩大公积金制度范围，支持职工购房需求。研究以住房公积金为主成立国家住宅银行。三是加快推进户籍制度改革，促进已进城农业转移人口在城镇定居落户与提供基本公共服务结合起来。四是配合土地出让制度改革，健全完善房地产税收体系。五是推动住房租赁市场规模化、专业化发展。六是重视房地产市场预期管理，严厉惩罚违法违规房地产开发企业和中介机构，重点打击“发布虚假广告、恶意编造散布谣言、违规预售、捂盘惜售”等扰乱市场秩序的行为。

5. 着力深化投融资体制改革

一是构建多层次、广覆盖、有差异的银行机构体系，促进地方性中小银行和民营银行发展，发展多业态的普惠金融组织体系。二是鼓励商业银行创新信贷产品和担保方式。三是支持民营企业依托资本市场直接融资，扩大中小企业各类非金融企业债务融资工具及集合债、私募债发行。四是支持并规范移动互联支付、小额贷款等创新性、专业性、社区性金融业态发展。五是加大对种子期、初创期企业投资项目的金融支持力度，有针对性地为“双创”项目提供股权、债权以及信用贷款等融资综合服务。六是建立健全政银企社合作对接机制，搭建信息共享、资金对接平台，协调金融机构加大对实体经济的支持力度。

参考文献

许宪春：《经济分析与统计解读》，北京大学出版社，2013。

国家信息中心课题组、祝宝良、牛犁等：《中国经济发展潜力与空间》，《中国金融》2016 年第 2 期。

胡祖铨：《稳步推进 2016 年的固定资产投资》，《宏观经济管理》2016 年第 5 期。

G.3

2016年消费形势回顾及2017年展望

邹蕴涵*

摘　要：　我国宏观经济处于转型调整期，消费需求保持平稳增长成为经济的“稳定器”。2016年以来，宏观经济下行压力对消费的滞后影响逐步显现，消费品市场缺乏创新的影响更为深刻，保持稳定增长的困难逐渐增多。展望2017年，新兴消费模式和消费热点活跃；社会保障改革深化，消费环境明显优化，消费需求具备了稳定增长的条件。初步预计，2017年社会消费品零售总额增长10%左右。建议抓好增加收入和供给创新两方面工作，以增收打好消费升级基础，以创新推动消费升级进程。

关键词：　消费　供给创新　居民收入　消费环境

一　2016年消费市场运行的主要特征

2016年以来，世界经济复苏放缓，我国经济下行压力持续存在。在投资需求和外部需求增速明显回落的情况下，消费需求对GDP增长的贡献稳步提升，有力地支持了经济平稳增长。住房和汽车两大消费龙头再次发力，消费结构调整升级仍在持续。但消费需求稳中放缓，传统消费、新兴消费增速回落的现象开始蔓延。

---

* 邹蕴涵，经济学博士，国家信息中心经济预测部助理研究员，主要研究宏观经济、消费及相关政策等。

（一）消费增速有所放缓，农村消费增势显著回落

1. 消费增速有所放缓

根据全国住户调查数据，2016 年上半年，全国居民人均消费支出实际增长 6.6%，增幅同比明显回落 1.1 个百分点。1～9 月，社会消费品零售总额实际增长 9.8%，增速同比回落 0.7 个百分点。其中，大型商场销售形势略有好转，1～9 月，限额以上单位消费品零售额增长 7.8%，同比加快 0.3 个百分点，且前 9 个月中仅有两个月当月增速同比回落。

2. 农村消费增势显著回落

按照城乡住户调查数据，2016 年上半年，城镇居民人均消费支出实际增长 5.3%，增速同比回落 0.9 个百分点；农村居民人均消费支出实际增长 8.4%，增速同比回落 1.9 个百分点。1～9 月，城镇社会消费品零售总额增长 10.3%，增幅同比持平；农村社会消费品零售总额增长 10.9%，增幅同比回落 0.8 个百分点，回落态势更为明显。

表 1　我国居民人均消费支出及实际增速

单位：元，%

时间	全国居民人均消费支出	全国居民人均消费支出增速	城镇居民人均消费支出	城镇居民人均消费支出增速	农村居民人均消费支出	农村居民人均消费支出增速
2014 年上半年	6916	8.0	9671	6.7	3881	10.1
2015 年上半年	7546	7.7	10401	6.2	4326	10.3
2016 年上半年	8211	6.6	11185	5.3	4788	8.4

资料来源：国家统计局《全国城乡一体化住户收支与生活状况调查》。

（二）传统消费增速稳中略缓，新兴消费走势分化

1. 传统消费增速稳中略缓

吃、穿、用等传统基本生活类消费总体稳定，但增速回落态势开始显现。根据全国住户调查数据，2016 年上半年，全国居民食品烟酒、衣着、

生活用品及服务消费支出实际分别增长3.5%、0.4%、6.8%，增幅同比回落2.4个、3.5个及0.4个百分点。1~9月，以粮油食品为代表的“吃类必需品”零售总额同比增长11.7%，增速同比回落2.5个百分点；而饮料类、烟酒类零售总额同比分别增长11%和9.1%，增速同比回落4.4个和3个百分点；以服装鞋帽、针纺织品为代表的“穿类必需品”零售总额同比增长7.2%，增速同比回落3个百分点；以日用品为代表的“用类必需品”零售总额增长11.4%，增速同比回落0.4个百分点。

表2　我国居民基本生活类消费支出实际增速

单位：%

时间	全国居民			城镇居民			农村居民		
	食品烟酒支出	衣着支出	生活用品及服务支出	食品烟酒支出	衣着支出	生活用品及服务支出	食品烟酒支出	衣着支出	生活用品及服务支出
2015年上半年	5.9	3.9	7.2	4.5	2.3	6.2	7.8	6.7	7.9
2016年上半年	3.5	0.4	6.8	2.4	-0.1	6.9	5.0	0.1	5.2

资料来源：国家统计局《全国城乡一体化住户收支与生活状况调查》。

2.新兴消费走势分化

在经历了三年爆发式增长后，网络消费与信息消费也进入增速回落、寻求新突破的平台期。2016年1~9月，全国网上零售额同比增长26.1%，增速同比回落10.1个百分点。其中，实物商品网上零售额增长25.1%，增速回落9.6个百分点。在实物商品网上零售额中，吃、穿和用类商品分别增长29.2%、16.3%和28.3%，增速同比分别回落13.5个、10.0个和9.4个百分点。与网络消费相比，通信器材消费增速回落趋势更为明显。1~9月，全国限额以上通信器材销售额增长12.7%，增速大幅回落23.1个百分点。

相对于基本生活类消费而言，教育文化娱乐等发展型消费依然保持了较快增长速度。全国居民住户调查数据显示，居民教育文化娱乐消费支出增势较好，上半年实际增长11.5%，增速同比提高2.3个百分点；居民医疗保健支出、交通通信支出实际增速都仍在9%以上，明显高于消费支出的平均增速。值得注意的是，教育文化娱乐支出增长的主要动力在城镇居民，农村人均教育文化娱乐支出实际增速不仅没有扩大，反而降低了2.1个百分点。

（三）汽车消费明显回温，住房相关消费增长有亮点

1. 汽车消费明显回温

根据中汽协数据，2016年1~9月，汽车销售增长13.2%，增速高于上年同期12.9个百分点。其中，1.6升及以下排量乘用车销售同比增长22.1%，增速同比提高4.1个百分点，占乘用车销量的71.8%。SUV、MPV等运动型车型销售依然较好，SUV增速达到45.9%，MPV达到22.9%。商用车销售明显好转，销售同比增长4%，增速同比提高12.2个百分点，销售好转的主要动力在货车。新能源汽车销售略有转冷，1~9月同比增长100.6%，其中，插电式混合动力汽车销售回落较明显，同比仅增长47.2%，9月当月甚至出现负增长，而纯电动汽车销售依然保持了128.4%的增速。

2. 住房相关消费增长有亮点

2016年以来，全国房地产市场继续呈现火热行情，一系列促进住房消费政策的影响力释放导致楼市销售回暖力度大于预期。在商品房销售回暖的同时，住房相关消费包括家电、家具、建筑装潢等也保持了较快增长，1~9月，家用电器类、家具类、建筑及装潢材料类消费分别增长7.9%、13.9%和15.4%。在商品房销售火爆的同时，居民租房消费支出也明显增长。2016年上半年住户调查数据显示，全国居民人均居住消费支出实际增长7.9%，增幅同比提高0.9个百分点。城、乡居民居住支出实际分别增长5.7%和12.6%，增幅同比提高0.5个和2.5个百分点。

（四）消费结构不断调整，消费升级趋势明显

虽然消费增速稳中放缓，但是居民消费结构持续调整。2016年1~9月，我国居民人均居住、交通通信、教育文化娱乐和医疗保健支出分别增长

8.8%、9.5%、12.9%和11.7%，在消费支出中所占比重稳步上升，而吃、穿、用等传统消费占比平稳下降。同时，享受型、改善型消费发展势头较好，1~9月居民人均上网费增长15.7%，人均用于景点门票、健身活动和电影演出票等支出分别增长16%、13.9%和10.5%。更值得注意的是，绿色消费趋势更加明显，1~9月居民家庭人均管道天然气消费增长11.3%，居民使用能源更加清洁环保。

二　2016年消费市场运行的主要问题

当前我国消费市场运行的主要矛盾较为突出，宏观经济下行压力对消费的滞后影响开始显现，消费品市场缺乏创新无法带动更多需求增量，消费品质量与安全问题加剧消费外流，耐用品消费依赖政策带动缺乏内生动力成为当前制约消费潜力释放的四大主要问题。

1. 宏观下行压力对消费的滞后影响开始显现

从2014年开始，我国GDP增速进入窄幅波动区间，增长中枢已经开始从7%向下移动。由于居民消费和宏观经济走势呈现正相关关系，持续存在的宏观经济下行压力已经开始通过就业和收入渠道对终端消费产生滞后影响。当前，虽然失业率保持稳定，但就业质量转差，并且收入增速放缓现象开始蔓延。2016年1~9月，全国居民人均可支配收入实际增长6.3%，较上年同期放缓1.4个百分点，低于GDP增速0.4个百分点。城镇居民和农村居民可支配收入实际分别增长5.7%、6.5%，低于上年同期1.1个和1.6个百分点。制造业等行业持续低迷以及住宿餐饮业、修理等服务业企业经营困难直接影响了农民工收入，2016年前三季度，农村外出务工劳动力月均收入同比增长5.9%，增速较上年同期明显下降了3.2个百分点。

与此同时，部分政策调整给中低人群收入增长带来更大压力。最低工资标准调整时间由每两年至少调整一次改为两至三年至少调整一次，且调整幅度原则上不超过社会平均工资增长幅度导致城镇低收入群体增收前景不佳；2016年主粮最低收购价下调、种植业结构以及临储政策调整进一步影响了农民经营性收入增长。当居民收入增长承压不断加大时，消费保持较快增长的困难明显增多。

2. 消费品市场缺乏创新无法带动更多需求增量

在我国消费品市场上，供给过剩的是处于生命周期衰退期、技术含量低、附加值低的消费品，十分缺乏的是处于生命周期导入期或成长期、技术含量高、附加值高、符合居民消费结构升级方向的新产品、新供给。没有创新带来的新供给，就无法带动需求新增量。特别是在部分消费品细分市场上，供给创新升级速度放缓直接导致消费需求增长放缓，2016 年的通信器材市场、网络消费市场都已经开始显现这样的特征。以手机为例，4G 换代趋于完成，品牌差异化减弱，从硬件配置到软件功能缺乏创新点，行业发展进入瓶颈期，消费增长也进入平台期。

3. 消费品质量与安全问题加剧消费外流

除去消费品创新欠缺、有效供给不足外，我国现行的消费品标准体系较为落后，质量标准普遍低于国际标准，特别是绿色环保、有害物质等基础性标准与国际标准相差较大，还没有适应居民消费结构升级的要求。同时，消费品安全监管落后，进一步影响居民对国内消费品的信心。这些问题在很大程度上加剧了消费外流现象，甚至出现居民到海外大量购买实际上是国内生产的产品。2015 年居民境外消费在 1045 亿美元，占全年社会消费品零售总额 2% 以上。这部分流失的消费是国内消费市场的重大损失，不利于进一步拓展国内消费市场的广度和深度。

4. 耐用消费品市场对政策依赖较大

随着 2015 年 10 月 1 日“1.6 升及以下排量乘用车实施减半征收车辆购置税”的优惠政策以及一系列促进住房消费政策相继出台，汽车和住房两大耐用品消费再次全面回暖。但是，从目前的汽车产业结构、发展现状和发展动力来看，汽车高速增长时代基本结束；房地产市场发展的黄金期已过，逐渐进入存量调整的新时代。可以预期，购置税政策即便延长，其带动效应也会逐步减弱，再加上进行新一轮房地产市场调控，这两大耐用品消费的内生增长动力不足又将导致市场趋冷，带动相关消费增长的能力将会减弱。

三　2017年消费形势展望

展望2017年，新兴消费模式和消费热点活跃，将不断挖掘消费潜力；社会保障改革深化，会进一步破除消费后顾之忧；信息技术推动变革，消费环境明显优化，特别是对释放农村居民消费潜力具有重要意义。综合判断，消费需求具备了保持稳定增长的条件，初步预计2017年社会消费品零售总额增长10%左右。

1. 新兴消费模式和消费热点活跃，不断挖掘消费潜力

随着经济发展和收入提高，我国居民的消费模式在历经了温饱型消费模式、基本小康型消费模式后，现已进入全面小康型消费模式的发展阶段，消费热点正在发生根本变化，追求更加个性化、多元化逐渐成为主流。旅游、休闲、文化、体育、教育等消费领域在传统消费增长乏力的情况下，呈现欣欣向荣的发展态势。据统计，2016年上半年，国内旅游人数同比增长10.5%，国内旅游增长13.7%。在新兴消费模式以及消费热点的带动下，我国居民消费结构不断升级。

2. 社会保障改革持续深化，进一步减少消费后顾之忧

20年以来，我国社会保障体制改革进一步深化，托底保障能力进一步提升。城乡居民基本医疗保险制度加速整合，2016年1月印发的《关于整合城乡居民基本医疗保险制度的意见》，明确提出了统一覆盖范围、统一筹资政策、统一保障待遇、统一医保目录、统一定点管理、统一基金管理的“六统一”要求，争论多年无果的医保管理体制、经办机制、统筹层次等问题将得到基本解决；社会保险基金投资新政付诸实施，有望实现基金的保值增值，逐步结束巨额养老保险基金分散管理的问题。此外，2016年7月各地正式开始实施新一轮调整后的社保缴费基数。由于缴费基数增加，职工个人养老金账户中的资金将增加，公积金缴纳金额、贷款限额将提升，医疗报销比例将增大。这些都将在更大程度上降低居民消费的后顾之忧，有利于消费需求释放。

3. 信息技术推动变革，持续减弱消费环境短板制约

当前，信息技术领域的研发活动在整体技术创新中占有显著地位，信息技术革命给经济生活的供给端和需求端带来深刻变革。2017 年，消费领域以“互联网 +”为代表的信息技术革命将深度推进，持续推动电商与传统产业深度融合，变革线下供应链与服务模式。特别是信息技术改变了之前厂商与消费者必须通过零售商进行间接连接的方式，让生产与终端消费直接对话，真正实现以客户为中心的交流、创新。更重要的是，当前“互联网 +”打破城乡二元结构的客观限制，降低了农村消费基础设施建设落后的影响，极大地提高了农村居民消费的便利化程度，激发了之前由于消费环境欠佳而不能释放的消费潜力，成为消费需求较快增长的助推器。

四　促进居民消费结构升级的政策建议

当前，我国居民消费已经进入升级换代的新阶段，应大力促进居民就业和增收，促进社会中等收入群体发展，加大消费品供给创新力度，提高消费品供给质量标准，加快弥补制约消费的短板，促进消费新业态健康发展。

1. 大力促进居民就业和增收

针对宏观下行压力向就业市场传导的现状，一是重点促进农民增收。大力推广节地、节水、节油、节肥的节本增效技术，提高家庭经营的效益；大力促进农产品加工、休闲农业、乡村旅游等农业农村相关产业发展，提供更多农业增值收益；加大农民工就业指导和服务力度，做好应对农村转移劳动力就业本地化工作；加快推进农产品目标价格制度建设，加快落实《农民住房财产权抵押贷款试点暂行办法》。二是促进城镇低收入人群增收。在加强社会保障的同时，进一步通过培训、再教育等方式从根本上培养其增收能力。三是做好下岗分流员工安置工作。对于接纳去产能再就业职工的企业按照一定比例给予资金奖励和政策倾斜。

2. 促进社会中等收入群体发展

要提高中等收入人群比重，促进社会中间阶层发展，形成橄榄型分配格局，应鼓励按生产要素贡献的分配方式发展。建立健全公正公平的法治与自由竞争的环境，形成有利于要素公平竞争、自由流动的市场环境，特别是破解城乡二元制度和某些人事管理制度；打击不合法的灰色收入行为；推进科技成果作价入股、岗位分红权激励等要素分配方式的发展。

3. 加大消费品供给创新力度

引导消费品生产企业更加积极主动地适应市场需求变化，实施企业技术改造提升行动计划。一是研究选定若干重点消费品生产行业开展产业链创新管理，系统分析这些重点生产行业的产业链、价值链，对当前消费品生产领域的共性关键技术集中组织力量进行克难攻坚，构建较为完整的技术体系。二是在大力支持高技术、高附加值的战略性新兴产业发展的同时，对消费品领域的先进技术开发与应用给予适当政策倾斜，引导社会资源向消费品重点行业的技术创新前沿积聚。

4. 提高消费品供给质量标准

改善消费供给的质量，应尽快形成高标准产品与服务质量体系，着重做到以下几点，一是提高质量标准。应尽快对我国12个主要消费品领域的770余项指标进行标准升级，大幅提高严于国际标准、与国际标准一致的指标比例，特别是提高对有害物质、绿色环保等通用性、基础性要求的统一规定标准。二是优化标准创新的激励政策。针对标准制定研发投入大、制定周期长、需求变化快的特点，政府应加大对国际标准、国家标准的研制、升级的足额、稳定、持续的投入。同时，完善在税收、金融、科技、人才等方面的激励政策，提高企业和社会组织标准创新的动力。三是在教育、旅游、文化、产品“三包”、网络消费等重点领域开展服务质量提升专项行动。四是实施品牌价值提升工程，培育一批能够展示“中国制造”和“中国服务”优质形象的消费品品牌与企业。

5. 促进消费新业态健康发展

针对互联网新业态发展存在的主要困难和问题，一是加快建设现代服务型政府。要将“简政放权、放管结合、优化服务”作为推动政府职能转变的基本遵循，对互联网新兴业态实现更大范围、更大幅度的放松事前监管，让互联网经济释放出更多的活力；采取“政府监管平台、平台监管经营者”的模式，有步骤地尝试形成网络平台的治理地位；适应互联网特点，开发高端的监管新技术，同时与企业、行业协会加强合作，构建、完善协作的公共治理体系。二是要加快推进制定有针对性的法律法规。如针对电商发展，应抓紧电商立法工作，为消费者、供应商、电商平台提供更为切实和周到的法律法规支持。

参考文献

贺永强：《社会保障对城乡家庭消费的影响研究》，《青年时代》2016 年第 1 期。

李亮、付婷婷：《收入、消费观念与农村迁移人口消费》，《消费经济》2016 年第 1 期。

梁达：《创新商品服务供给 培育消费升级动力》，《宏观经济管理》2016 年第 1 期。

刘向东：《消费形势分析与扩大消费的政策建议》，《中国经济分析与展望》，社会科学文献出版社，2016。

罗娟、文琴：《城镇居民家庭金融资产配置影响居民消费的实证研究》，《消费经济》2016 年第 1 期。

文启湘、文晖：《加快推进消费转型升级——新常态下消费发展的若干思考》，《消费经济》2016 年第 1 期。

依绍华：《加快推进供给侧改革 进一步促进消费升级——提高产品质量引导境外消费回流的几点思考》，《价格理论与实践》2016 年第 2 期。

赵静、王利晓：《中国养老保险缴费对消费和储蓄的影响》，《经营管理者》2016 年第 2 期。

赵春玲：《中国居民消费偏好特征及其对消费的影响》，《消费经济》2016 年第3 期。

邹蕴涵：《当前我国消费市场供给端矛盾分析》，《中国物价》2016 年第 4 期。

邹蕴涵：《消费市场供给侧改革亟待推进》，《中国证券报》2015 年 12 月 23 日。

邹蕴涵：《消费需求平稳增长趋势未变》，《中国证券报》2015 年 8 月 10 日。

邹蕴涵：《居民收入增长放缓不利消费平稳增长》，《上海证券报》2016 年 10 月 20 日。

G.4

2016年我国对外贸易发展分析及2017年展望

闫　敏*

摘　要：　2016年以来，世界经济难以摆脱低迷增长，外部不确定性增多；国内传统外贸优势逐步削弱，新兴竞争优势有待形成，我国对外贸易进出口维持弱势运行。展望2017年，世界经济增长动力不足，外部需求改善程度有限，国内宏观经济下行压力较大，我国对外贸易进出口形势仍难有大幅改善。但G20共识逐步落实、人民币加入SDR、外贸扶持政策显效等因素将支持外贸平稳运行。建议下一步加快转变贸易发展方式，加快推进"一带一路"战略，引导并鼓励新贸易业态发展，促进我国对外贸易提质增效。

关键词：　外贸进出口　对外贸易　提质增效

一　2016年我国对外贸易运行特征

1. 进出口增长低位企稳

2016年前三季度，由于全球贸易延续放缓态势，人民币汇率走势稳中有贬，我国货物贸易增速继续下滑，进出口总值为17.53万亿元，同比下降

---

* 闫敏，副研究员，经济学博士后，国家信息中心经济预测部宏观经济研究室副主任，主要研究领域为宏观经济、国际贸易等。

1.9%。其中，出口10.06万亿元，同比下降1.6%；进口7.47万亿元，同比下降2.3%；贸易顺差2.59万亿元，同比扩大0.6%。各项主要指标降幅较上年明显收窄。若按美元计价，由于受国际大宗商品价格回升、能源产品进口加速、进口价格指数提高等因素影响，进出口下降7.8%，降幅较上年同期收窄0.3个百分点；出口下降7.5%，降幅扩大5.4个百分点；进口下降8.2%，降幅收窄6.9个百分点。但是从贸易量角度衡量，根据WTO统计数据，2016年以来我国进出口贸易量增长略好于世界平均增速，表明我国外贸总体好于全球平均水平。

2. 出口贸易结构不断优化

在供给侧结构性改革提速、“一带一路”战略实施等重大政策的推进下，2016年以来我国在进出口贸易结构、主要产品结构、市场多元化结构、贸易主体结构等方面继续优化和改善。一是一般贸易比重不断提升。前三季度，我国一般贸易增长0.1%，占同期进出口总值的56%，比上年同期提升1.1个百分点。二是国际市场多元化稳步推进。我国对“金砖”其他国家以及“一带一路”沿线国家出口增长较快。前三季度，对巴基斯坦、俄罗斯、波兰、孟加拉国和印度的出口分别增长14.9%、14.0%、11.7%、9.6%和7.8%。三是民营企业出口比重进一步提升。民营企业出口占比继续保持首位，比重提升2.2个百分点。这意味着我国外贸领域的创新能力、活跃程度、质量效益持续增强。四是成套大型设备出口提速。我国作为世界制造业第一大国，伴随“走出去”与“一带一路”战略推进，在企业大规模对外投资、建设海外工程、实施国际产能合作过程中，有力地推进了装备制造和高附加值产品出口。前三季度，电动机及发电机出口增长5.7%，医疗仪器及器械出口增长6.3%。五是对外贸易新模式积极发展。跨境电子商务、市场采购贸易、外贸综合服务企业继续保持较快增长态势，“生产－服务”一条龙配套的产业联盟模式初现端倪。这些新兴模式正成为外贸领域新的增长点。

3. 能源产品与高技术产品进口较快

2016年以来，一方面，国内经济运行稳中有进，带动大宗商品进口量增加，同时由于国际大宗商品价格超跌反弹，我国进口价格指数略有好转，导致能源主要品种进口较快增长。前三季度我国铁矿石进口增长9.1%，原油增长14.0%，煤增长15.2%，铜矿增长31.9%。另一方面，国内产业升级、消费升级势头明显，带动高技术产品、高档消费品与日用品进口需求增长。前三季度，高新技术产品进口值同比增长1.4%，其中，电子技术进口增长4.6%，计算机集成制造技术增长5.8%，生命科学技术增长14.1%。这显示出在国际需求全面放缓的背景下，我国作为负责任的全球贸易大国，积极扩大国内市场，为稳定国际商品市场做出了贡献。

4. 服务贸易加速发展

近年来，国际贸易与投资呈现新趋势，中国对外贸易发展进入新阶段，国内外经济贸易环境要求我国转变外贸发展模式，推进外贸加速升级，大力促进服务贸易发展。2016年以来，我国服务贸易保持快速增长，1～8月，服务贸易进出口总额同比增长24%，占贸易比达18.1%，较上年全年占比提高2.7个百分点。高附加值服务出口加快，电信、计算机和信息服务出口增长22.7%，技术服务增长23.1%，同时，广告服务、金融服务增长提速。出口结构进一步优化，服务贸易创新试点地区服务进出口增势良好，上半年国务院批复同意开展服务贸易创新发展试点的15个省、市、地区服务贸易进出口占全国的比重为47.5%，比上年提升0.8个百分点。

二　2017年我国对外贸易形势展望

（一）国际经济处于危机后深度调整阶段

1. 世界经济增长动力不足

金融危机前推动世界经济增长的主要引擎先后进入换挡期，全球经济缺乏新增长点。金融危机爆发八年以来，全球GDP平均增速仅为3.3%，低于危机前五年1.8个百分点。世界经济长期低迷源于结构性改革滞后、有效需求不足、生产效率下降等多重因素。2017年，新一轮科技创新尚未形成有效驱动力，世界经济仍然无法摆脱金融危机的深层影响。

一是世界经济增长动力不足，美、欧等发达经济体经济波动幅度加大，新兴经济体潜在增长能力下降，大宗商品价格中低位震荡，全球经济增长预期更为悲观。世界银行、国际货币基金组织（IMF）等主要国际机构对2017年的世界经济增长表示担忧，数次调降预期值。

二是传统增长模式动力减弱，新的增长引擎尚不强劲，新旧动能平稳转换面临较大挑战，经济驱动力出现“青黄不接”局面。与此同时，国际主要经济体均不同程度进入老龄化社会，人口增长率放缓，传统劳动力对经济增长的贡献下降。

三是经济全球化出现波折，多边贸易体系受到冲击，金融领域风险仍未消除。世界范围内，针对新兴国家的反倾销、反补贴等贸易壁垒不断升级。与此同时，全球金融治理革新虽有明显进展，但高杠杆、高泡沫等风险仍在积聚。

四是全球经济结构性调整任务更加艰巨，发达国家虚拟经济过度发展、社会福利负担沉重、产业空心化等问题难以解决，转型成本高；部分新兴经济体和发展中国家潜在增长水平下行、产业结构单一、财政金融状况脆弱，实现转型升级面临内部体制机制与外部需求环境等方面制约。

五是主要国家大选将加大经济领域变数，美国2016年总统大选，法国、德国2017年将迎来总统大选，政治领域重要变化将给相关国家经济政策、制度等方面带来重要影响。

2. 全球贸易前景堪忧

贸易与投资作为经济增长的重要引擎，其重要性日趋凸显。但是，近年来全球贸易和投资形势低迷，世界贸易组织2016年9月预测2016年和2017年世界贸易将处于异常艰难增长阶段，联合国贸发会预测2016年全球投资增速将下降10%～15%。世界经济复苏乏力、国际市场需求低迷、黑天鹅事件频发、贸易保护主义盛行、各国货币政策分化等因素将抑制2017年世界贸易增长。

一是全球化趋势削弱。由于全球市场需求不足，主要发达经济体以及部分发展中国家贸易保护主义措施日趋增多，根据有关数据，2008 年至 2016 年 5 月，G20 成员共采取了 1583 项贸易限制措施，到目前为止只取消了约 25%，仍有 1196 项在执行之中。世贸组织、经合组织和联合国贸发会发布的《G20 贸易投资措施报告》显示，近一年来 G20 成员平均每月新采取的贸易限制措施达到 2009 年以来最高数量。

二是全球贸易投资不确定性增强。英国脱欧从公投到实际退欧将经历数年之久，其带来的不确定性有待进一步观察。脱欧过程不排除意外发生，并可能对国际市场情绪与预期造成巨大影响。同时，欧洲难民潮以及恐怖袭击事件影响全球消费者和投资者信心，已经干扰了国际贸易、投资与金融市场的正常运行，并给未来世界经济带来负面影响。

3. 国际金融市场面临挑战

当前国际金融领域高杠杆、高泡沫等风险仍在聚集，金融市场动荡幅度加大，不稳定性增强。

一是国际金融市场不协调迹象明显。英国公投决定脱欧对国际金融市场造成严重冲击，当日世界主要股指急速下跌，幅度超过 5%；脱欧公投次日英镑币值跌幅超过 10%，伦敦股市开盘重挫 8.7%。但是，在各国央行大力干预的作用下，国际资本市场如注入强心针，主要指数迅速反弹。国际清算银行认为相关市场已出现失调现象，如债券收益率持续走低，但收益率曲线则趋平，国际金融市场对各国央行的依赖程度越来越深。

二是全球信贷疲弱。美元汇率走强、新兴市场低迷以及金融市场不确定性增强打击了信贷需求，根据国际清算银行数据，当前针对美国以外债务人的美元计价银行贷款同比下降，为自国际金融危机爆发以来首度减少；同时针对非欧元区国家债务人的欧元贷款出现了自 2014 年以来的首次下滑，反映出欧元区银行业的新一轮疲软；针对新兴市场的美元贷款也在收缩。

三是主要经济体货币政策分化。美国启动加息程序，欧洲、日本等国家和地区继续实施量化宽松并推出负利率政策，全球货币政策分化导致的溢出和回溢效应日益突出，跨境资本异常流动及金融市场大幅波动的风险逐步扩大并深化。国际金融市场动荡将进一步增加全球贸易复苏的不确定性。

4. 国际规则与标准加速调整

国际金融危机后，各国为了摆脱本国经济低迷形势，加强对国际市场的争夺与渗透，国际贸易规则趋于碎片化。以 WTO 等国际机构为标志的全球贸易一体化成果受到侵蚀，跨大西洋贸易与投资伙伴关系协定（TTIP）、区域全面经济伙伴关系（RCEP）等区域性贸易组织不断涌现，同时，美国等国际贸易主要国家政策发生变化。以 WTO 为代表的原有贸易规则被逐步打破，新的国际贸易、投资、服务标准正在确立。这一过程涉及世界主要国家的博弈与对抗，表现出漫长而反复的特征。一方面，发达国家为实现本国经济利益最大化，意图通过改变原有国际规则，推进贸易、投资、金融等方面标准的全面升级，在国际市场获得更多利益。另一方面，各国之间的竞争更加激烈，各方利益协调难度加大，如 2016 年 9 月，包括总统奥朗德在内的多名法国高层官员表示将中止对欧盟授权，单方面退出美欧自贸协定谈判，德国副总理兼经济部长也公开表示“TTIP 谈判已在事实上失败”。国际贸易与投资制度体系重塑将深刻影响中国进一步参与全球化进程以及未来面临的国际贸易环境。

（二）中国经济处于新常态发展阶段

1. 我国国际竞争力增强

经历改革开放近 40 年发展，中国综合国力不断提升，目前已经成为世界第二大经济体、第一大贸易国、第一大制造业大国。世界经济论坛《2016～2017 年全球竞争力报告》显示，中国在全部 138 个经济体中排名第 28，再次成为全球新兴经济体中最具竞争力的经济体。这表明我国在经济实力、人力资源、产业成熟度、营商环境、基础设施、国际吸引力等方面的综合竞争力处于世界前列、新兴国家之首（其他主要新兴经济体中，印度排名第 39，俄罗斯排名第 43，南非排名第 47，巴西排名第 81）。

2. 外贸扶持政策继续发力

党的十八大以来，国务院共出台十余个促进外贸稳增长的政策文件，四个关于对外文化贸易、自贸区战略实施等方面的相关文件。外贸扶持文件旨在稳定贸易增长，调节贸易结构，转变贸易方式，培育贸易竞争新优势。政策涉及的主要方面包括完善出口退税分担机制、加大信保支持力度、支持保险机构按照商业化原则扩大保险覆盖面、减轻企业负担、提高贸易便利化水平、加快外贸新业态发展、探索建立以“六体系、两平台”为核心的跨境电商政策体系等。在各级部门、各级政府的大力贯彻落实下，出口退税进度加快，出口信用短期保险渗透率提高到 17.8%，进出口企业负担明显减轻，通关无纸化比例提升至 95%，13 个跨境电子商务综合试验区建成，加工贸易梯度转移加快，相关产品关税水平进一步降低。全覆盖的外贸扶持政策有利于促进未来我国外贸增长。

3. 人民币汇率不存在大幅贬值的基础

人民币中长期运行基础较为稳固。一是 2016 年 10 月 1 日，人民币正式加入 IMF 特别提款权（SDR）货币篮子，部分国际金融组织、境外央行等境外政策性机构和金融机构将逐渐增加人民币债券资产的配置，从而带来一定规模资本流入，有利于未来汇率保持稳定，并将进一步提高我国国际话语权。二是我国国际收支长期保持顺差、外汇储备充裕、金融市场运行稳定、宏观财政状况良好，经济基本面决定了人民币不存在大幅贬值基础。人民币对一篮子货币汇率继续保持在合理均衡水平有利于我国外贸进出口平稳运行。

4. 宏观经济下行压力较大

由于我国经济潜在增长水平下台阶、人口红利逐步消退、开放溢出效应不断减弱、劳动生产率下滑，2017 年宏观经济增长的压力仍然较大。从需求侧来看，由于社会新增资本体量有限、居民收入增速放缓、整体预期偏弱等，投资、消费需求存在继续走弱风险；从供给侧来看，在去产能、去杠杆、降成本等结构改革显效的作用下，企业效益回升，生产端有望实现稳定运行。预计 2017 年国民经济增速较 2016 年略有放缓。

5. “中国制造”的传统比较优势逐步削弱

当前中国对外贸易发展受到来自新兴国家与发达国家的双重制约，传统劳动密集型产品与以机械设备为代表的投资品出口存在不同程度下降。伴随中国要素成本与资源环境约束增强，传统劳动密集型出口商品成本不断攀升，价格等方面比较优势弱化，与周边发展中国家相比，工资成本、环境成本等方面明显不占优势。与此同时，高端装备制造、智能制造等领域出口产品面临来自发达国家的竞争，仍难以迅速占领国际市场，短期内新的外贸增长点尚未形成。

（三）2017年我国对外贸易运行预测

2017 年，世界经济仍然难以摆脱低迷增长，“中国制造”的传统比较优势逐步削弱，我国外贸发展总体形势仍不容乐观。但是，“一带一路”、国际产能合作等战略加快落实，尤其是对外投资大幅增长有望带动部分商品出口；人民币汇率稳中趋贬有助于提高出口竞争力。2017 年，我国对外贸易出口将下降 3% 左右，进口将下降 4% 左右。

三　政策建议

针对当前世界贸易的低迷形势以及我国外贸存在的主要困难，建议进一步加强培育外贸新增长点，加快落实“一带一路”战略，以对外投资带动贸易发展。

1. 培育货物贸易新的增长点

一是适应国际互联网、大数据、智能制造快速发展的潮流，选择智能家电、智能手机等产品作为未来我国货物贸易出口的重点产品，通过政策引导、财税支持、创新补贴等措施进行大力扶植。二是鼓励企业积极实施“走出去”战略，建设国际营销网络，加大政府资金扶持力度，发挥广交会等平台作用，加强经贸交往、产业合作，开展园区建设交流，推动对外贸易从数量扩张转向质量提升，巩固贸易大国地位。

2. 扶植外贸新兴业态

大力落实外贸优进优出战略、流通升级战略、国内外市场一体化战略，加快发展外贸综合服务企业、跨境电商、海外仓、市场采购模式等新兴贸易业态，提高传统贸易效率。

一是推进跨境电子商务建设，加强商务通关服务平台相关系统建设，健全电子支付管理体系，加快发展跨境电子商务物流服务，推动跨境电子商务产业集群发展，提升跨境电子商务对外合作水平。

二是鼓励重点跨境电子商务企业发展，重视新型外贸产业联盟等新模式作用，顺应外贸行业发展趋势，以服务企业为核心，打造采购、生产、服务一体化电子信息平台。

三是构建新型“内外贸一体化”体系，培育内外贸结合、经营模式与国际接轨的商品交易市场，在主要区域贸易中心举办具有较强国际影响力的大型展会，支持企业建设境外营销、支付结算和仓储物流网络。

3. 借助“一带一路”战略带动相关商品和服务出口

一是促进各类资源和要素有序流动与合理配置，激发各类企业的活力和潜力，支持高铁、核电等重点领域重大工程项目合作，带动相关装备制造等领域产品出口。二是结合我国企业发展需求，进一步加大政策创新、服务创新和监管创新的力度，加强企业提升产品质量、品牌、技术服务水平意识，积极打造新的外贸增长点，提高产品附加值，以新的竞争优势和商业模式，提高开拓国际市场的能力。

G.5
2016年物价形势分析及2017年展望

张前荣*

摘　要：2016年，我国居民消费价格同比涨幅呈“前高中低后升”的运行特征，消费领域价格涨幅总体温和，工业生产者价格同比由负转正，生产领域通缩压力逐步缓和，预计2016年CPI上涨2.0%，PPI下降1.7%。展望2017年，金融货币环境宽松、人力成本趋势性上升、翘尾因素升高、猪肉价格走势存在不确定性等因素将支撑价格上涨；总需求稳中趋缓、农业领域粮食产量和库存双高、以房地产为代表的资产价格稳中有降、通胀预期偏弱等因素将抑制物价涨幅。综合考虑诸因素影响，预计2017年CPI上涨1.8%，PPI上涨1.0%。建议实施灵活稳健的货币政策，做好农业生产保障主要农产品供给稳定，多措并举扩大去产能范围，稳步推进能源资源和服务等领域价格改革，因城施策稳定房地产市场价格和预期，助推供给侧结构性改革。

关键词：物价　运行形势　CPI

一　2016年物价运行基本形势及特征分析

1.居民消费价格温和上涨，涨幅低于年度调控目标

2016年以来，我国价格总水平总体呈现平稳运行态势，居民消费价格

---

* 张前荣，经济学博士，国家信息中心经济预测部副研究员，主要研究领域为宏观经济模型与价格监测分析。

（CPI）在小幅波动中呈温和上涨态势，1～9月CPI同比上涨2.0%，比上年同期提高0.6个百分点，比预定的物价调控目标3.0%低1.0个百分点。其中，城市和农村分别上涨2.0%和1.8%，均比上年同期高0.5个百分点，表现为城市CPI涨幅略高于农村的特征。食品烟酒价格上涨4.1%，约拉动CPI上涨1.23个百分点，贡献率为61.5%，食品拉动物价上涨的结构性特征依旧明显。翘尾和新涨价因素分别为0.7%和1.3%。分季度看，第一～第三季度CPI分别上涨2.1%、2.1%和1.7%。分月份看，1～9月，CPI同比涨幅在1.3%～2.3%的区间范围内波动，波动幅度相对较小。环比在-0.5%～1.6%的区间内波动，波动区间相对较大，受季节性因素影响明显。从国际上看，我国物价涨幅高于发达经济体，大幅低于金砖国家和主要发展中国家，处于世界中等水平。1～9月，美国、日本和欧盟CPI分别上涨1.0%、0%和0.1%，比我国低1.0个、2.0个和1.9个百分点；印度、俄罗斯、南非、巴西面临通胀压力，CPI分别上涨5.9%、7.5%、6.5%和10.0%，明显高于我国。第一～第三季度，我国GDP平减指数各上涨0.4%、0.6%和1.1%，前三季度上涨0.7%。根据当前物价走势，初步预测2016年第四季度和全年CPI分别上涨2.1%和2.0%。

表1　2016年1～9月CPI月度涨幅

单位：%

月份	1月	2月	3月	4月	5月	6月	7月	8月	9月
CPI累计同比	1.8	2.0	2.1	2.2	2.1	2.1	2.1	2.0	2.0
CPI当月同比	1.8	2.3	2.3	2.3	2.0	1.9	1.8	1.3	1.9
CPI当月环比	0.5	1.6	-0.4	-0.2	-0.5	-0.1	0.2	0.1	0.7

2. 肉菜价格涨幅扩大，核心消费价格涨势平稳

2016年物价涨幅主要受猪肉和鲜菜价格大幅上涨拉动，猪肉价格月度同比最高涨幅曾达到33.6%，鲜菜价格月度同比最高涨幅为35.8%。1～9月，猪肉和鲜菜价格同比分别上涨21.2%和12.3%，比上年同期高13.5个和5.4个百分点，拉动CPI上涨0.58个和0.30个百分点，两者合计对CPI

上涨的贡献率为44.0%。交通通信价格下降1.5%，食品烟酒、医疗保健价格涨幅相对较高，分别上涨4.1%和3.6%，其余五类价格涨幅相对平稳，构成CPI的八类商品服务价格表现为“一降二高五稳”的特征。扣除食品和能源的核心CPI走势相对平稳，月度最高同比涨幅为1.8%，最低为1.3%，1~9月平均上涨1.6%，与上年同期基本持平。

3. 生产者价格由负转正，通缩压力逐步缓解

2016年，我国工业生产者出厂价格（PPI）降幅持续收窄，9月同比涨幅由负转正，结束了自2012年初以来同比持续54个月下降的局面，具有重要的标志性意义，生产领域通货紧缩压力趋于缓和。1~9月，PPI下降2.9%，降幅比上年同期收窄2.1个百分点。其中，生产资料价格下降3.8%，约影响PPI下降2.85%，生活资料价格下降0.2%，约影响PPI下降0.05%。翘尾因素和新涨价因素分别为-3.2%和0.3%，新涨价因素转正对企业生产预期和利润具有积极意义。分区域来看，陕西、山西、新疆、甘肃、内蒙古、黑龙江等原材料和资源能源富集省区的PPI降幅相对较大。分季度来看，第一~第三季度PPI分别下降4.8%、2.9%和0.8%，降幅收窄态势明显，第四季度有望实现由负转正。分月来看，1~8月PPI同比降幅持续收窄，9月上涨0.1%；从环比来看，3月以来，除6月下降0.2%以外，其余月环比均上涨。PPI同比降幅持续收窄和环比上涨，主要原因为：一是全球流动性宽裕导致大宗商品价格稳中有升；二是2016年我国重点推行煤炭和钢铁行业去产能，使工业生产领域供需格局有所改善；三是前期部分工业品价格过低，目前具有恢复性上涨的特征。随着后期供需改善，PPI能否持续上涨依然面临一定程度的不确定性。综合来看，初步预测2016年PPI下降1.7%左右。

表2 2016年1~9月PPI月度涨幅

单位：%

月份	1月	2月	3月	4月	5月	6月	7月	8月	9月
PPI累计同比	-5.3	-5.1	-4.8	-4.5	-4.1	-3.9	-3.6	-3.2	-2.9
PPI当月同比	-5.3	-4.9	-4.3	-3.4	-2.8	-2.6	-1.7	-0.8	0.1
PPI当月环比	-0.5	-0.3	0.5	0.7	0.5	-0.2	0.2	0.2	0.5

4. 房地产价格大幅上涨，城市间分化态势加剧

2016 年以来，受降低首付比例、二套房贷款认贷不认房、降低交易环节税收等诸多去库存政策和 2015 年以来 5 次降息的影响，我国主要城市房地产价格大幅上涨，房价收入比畸高，资产泡沫进一步累积。城市间房价涨幅差异较大，分化态势越发明显。北上广深等一线城市和天津、南京、合肥、杭州、福州、厦门等热点二线城市新建商品住宅价格涨幅在 20% 以上，9 月合肥和厦门新建商品住宅价格同比均上涨 47.0%，创全国最高；环北京、上海、深圳、广州的部分三四线城市房价涨幅也相对较高，如无锡房价涨幅达到 28.1%，惠州为 20.3%。据测算，1~9 月全国商品房销售均价为 7625 元/平方米，同比上涨 11.7%，比 1~8 月上涨 0.1%。

5. 国际大宗商品价格震荡回升，进口价格降幅收窄

2016 年以来，国际货币金融环境总体保持宽松态势，中国需求平稳，国际大宗商品价格震荡回升。9 月路透 RJ/CRB 期货价格指数为 182.7，比年初上涨 11.1%。其中，WTI 和布伦特原油期货价格基本达到上年同期水平，分别为 45.2 美元/桶和 47.2 美元/桶，比年初上涨 42.3% 和 47.1%；LME 铜、铝期货价格分别为 4740.3 美元/吨和 1605.5 美元/吨，比年初上涨 6.1% 和 8.4%。由于原油等国际大宗商品价格震荡回升，我国进口大宗商品价格降幅有所收窄。1~9 月，我国进口总体价格下降 5.3%，降幅比上半年收窄 2.7 个百分点。其中，原油、铜、铁矿石、钢材价格同比分别下跌 25.9%、11.9%、8.6% 和 7.4%，跌幅比上半年收窄 6.0 个、3.8 个、9.1 个和 1.8 个百分点。

二　对2017年物价走势的预测

1. 支撑物价上涨的因素分析

（1）货币环境总体宽松，物价上涨具有货币基础

由于 2015 年宏观经济稳中趋缓和物价水平偏低，央行 5 次降息，4 次降低存款准备金率，2016 年 1 次降低存款准备金率，多次降息降准使 2016

年我国面临低利率的宽松货币环境，2016 年第二季度金融机构贷款加权平均利率为 5.26%，同比和环比分别降低 0.78 个和 0.04 个百分点。从货币供应角度来看，2016 年以来货币供应增速进一步加快，9 月末 M2 和 M1 分别达到 151.6 万亿元和 45.4 万亿元，增长 11.5% 和 24.7%，M1 增速超预期，比上年同期大幅提高 13.3 个百分点。从融资角度来看，1～9 月融资规模新增量达到 13.47 万亿元，同比多增 1.46 万亿元。其中，人民币贷款新增 10.16 万亿元，多增 0.26 万亿元。9 月末社会融资规模存量增速为 12.5%，明显高于前三季度 7.4% 的 GDP 名义增速。根据 K－L 信息定量测算显示：CPI 和 PPI 分别延迟 M2 增速约 11 个月和 12 个月，分别延迟 M1 增速约 9 个月和 7 个月，物价上涨的货币压力将在后期逐步释放，推高物价涨幅。

（2）劳动年龄人口数量及占比双减少，人力成本刚性上涨

20 世纪 90 年代以来我国人口自然增长率快速下降，由 1990 年的 1.439% 下降到 2000 年的 0.758%，2015 年进一步下降至 0.496%，导致劳动年龄人口数量及比重减少。2010 年，我国 15～64 岁的劳动年龄人口占比达到峰值，为 74.5%，之后开始下降且降幅逐年扩大，2011 年比 2010 年下降 0.1 个百分点，2012 年下降 0.3 个百分点，2015 年下降幅度扩大到 1.5 个百分点。劳动年龄人口绝对数量 2013 年达到峰值，为 10.05 亿人，2014 年和 2015 年分别减少 145.5 万人和 1576.5 万人。因此，从 2014 年开始，我国劳动年龄人口数量和占比均呈下降态势，预示人口红利趋于结束。2016 年第三季度劳动力市场求人倍率约为 1.1，环比提高 0.05，市场人才需求大于供给，人力成本将长期趋升。

（3）CPI 翘尾因素小幅提高，PPI 翘尾因素明显提高

经 2015 年环比数据测算，2016 年 CPI 和 PPI 翘尾因素分别为 0.6% 和 －2.6%。根据已有的 1～9 月 CPI 环比数据，如果 10～12 月环比涨幅按近三年平均值估算，2017 年 CPI 翘尾因素为 0.7%，按近五年平均值计算，CPI 翘尾因素也为 0.7%，参考近三年和近五年第四季度环比走势，并结合当前物价形势，预计 2017 年 CPI 翘尾因素为 0.7% 左右，比 2016 年高 0.1

个百分点。根据目前公布的1~9月PPI环比数据，参照CPI翘尾因素的测算方法，预计2017年PPI翘尾因素有望转正，约为1.7%，比2016年高4.3个百分点。

（4）猪肉供给增长偏慢，后期走势面临不确定性

2016年2月前后，部分地区提高生猪养殖环境保护标准，加之雨雪寒潮等气候因素影响，部分养殖户退出或减产，猪肉价格开始加速上涨，6月初达到近期峰值，生猪出场最高价达到21.05元/公斤，之后开始逐步回落，9月底已降至18元/公斤，略高于上年同期价格水平。本轮猪周期的突出特征是猪肉价格快速上涨的同时生猪存栏数量并没有大幅提高，明显异于上一轮价格和生猪存栏同比均增加的特征。截至9月底，生猪存栏3.77亿头，虽然比年初的低点增加1038万头，但比上年同期少1254万头，减少3.2%，比上一轮猪周期生猪存栏峰值减少20.8%。因此，从当前的生猪库存来看，2017年猪肉供给能力难有明显提高，预示猪价走势存在不确定性。

2. 抑制物价上涨的因素分析

（1）经济增长稳中趋缓，物价上涨的需求压力较轻

2016年以来，国际政治领域出现英国公投退出欧盟等逆全球化事件，金融领域出现德意志银行危机，加之美国大选，使世界经济复苏程度低于预期，IMF预测2016年全球经济约增长3.1%，创多年新低。国内方面，前三季度GDP增长6.7%，比上年同期回落0.3个百分点。由于投资回报率偏低，投资信心不足，投资尤其是民间投资增速持续下滑，有效投资不足影响中长期增长潜力；重点热点城市房地产价格飙涨，资金进一步脱实向虚，实体经济回报率偏低，困难加重；国内财政收入增速放缓，专项建设资金效果逐步减弱，制约后期基础设施建设投资增长空间。预计2016年和2017年经济分别增长6.7%和6.5%左右，我国物价上涨面临的需求环境总体偏弱。

（2）粮食产量和库存创双高，具备稳物价的物质基础

2016年我国夏粮总产量比2015年略少1.2%，为2785.2亿斤，处于历史第二高点，仍属丰收年。粮食连续12年增产使我国粮食库存创新高，截至上半年，全国粮食库存为1.17万亿斤，与2012年的粮食产量相当，约占

2015 年粮食总量 1.24 万亿斤的 94.4%。国内小麦和大米等主粮品种市场价格高于国际价格，2017 年的小麦最低收购价与 2016 年基本持平，2016 年的水稻最低收购价总体略低于 2015 年。1 ~9 月，粮食价格同比上涨 0.5%，创 2004 年连续 12 年丰收以来最低涨幅。2016 年粮食生产结构继续优化，粮食产量有望继续维持高位，后期粮价走势缺乏上涨动力，为稳物价奠定了基础。

（3）房地产调控政策收紧，房地产价格有望稳中有降

2016 年 3 月以来房地产去库存政策和宽松的货币环境使主要城市、热点城市房地产价格大幅上涨，降低了大众创新创业热情，挤占实体经济发展资金，房地产贷款占比提高导致金融风险加大。对此，国家明确提出分类调控和因城施策的思路，各地高度重视房地产价格快速上涨的经济和社会风险。9 月底，北京率先出台房地产调控政策措施，之后重点、热点城市积极跟进，目前已有 20 余个城市出台了调控政策，涉及开发融资、信贷、限购等多项政策内容，近年来重点、热点城市成交量开始下滑，价格趋于稳定。后期政策效果将逐步释放，社会预期逐步转变，预计 2017 年房价涨幅将大幅低于 2016 年，不排除房价下降的可能。

（4）前期价格水平较低，居民通胀预期稳步减弱

近年来我国 CPI 涨幅均低于 3%，2014 年以来更是在 2% 左右徘徊，2016 年有望连续五年低于政府调控目标，PPI 更是持续五年下降。居民对将来的通胀预期一般与前期物价水平相关，因此，当前较低的物价涨幅降低了居民的通胀预期。央行调查显示，居民物价满意度指数自 2014 年以来连续 9 个季度高于 25%，2016 年第三季度达到 26.7%，环比提高 1.7 个百分点。通胀预期将通过居民的投资、消费等决策途径来影响物价水平，通胀预期减弱将降低物价涨幅。

3. 对2017年物价走势的判断和预测

综合以上分析，笔者认为，2017 年我国居民消费价格将呈温和平稳上涨态势，涨幅略低于 2016 年。工业生产者价格有望结束下降的走势，将呈温和上涨态势。初步预计 2017 年 CPI 上涨 1.8%，PPI 上涨 1.0%，物价调

控压力较轻。应充分总结2016年去产能的经验，在推进去产能的同时确保相关工业品供需平衡，价格运行基本平稳。

三 保持物价总水平基本稳定的政策建议

1. 实施灵活稳健的货币政策，为经济增长提供流动性支撑

第一，货币政策仍坚持稳健基调和取向，实施时应灵活适度稳中偏松，确保M2增速保持为12%左右，社会融资规模存量增速略高于GDP名义增速，运用公开市场操作、常备借贷便利等多种政策工具为经济增长提供期限合理的流动性支撑；第二，加大金融对实体经济的支持，尤其是加大对有发展前景企业的支持力度，适度提高对小微企业、创新型企业不良贷款率的容忍度；第三，继续降低存款准备金率，降低重点行业重点项目的贷款利率，发挥货币政策的定向调控作用；第四，货币政策由关注物价总水平适度转向关注资产价格，提高房价过快上涨城市的房地产企业和居民购房贷款利率，防范重点城市由房地产引发的金融风险。

2. 做好农业生产和运输工作，保障主要农产品供给稳定

第一，加大投入建设高标准农田和重大农业工程项目，推广农业机械，治理重金属等污染耕地，加快推进永久基本农田划定和土地整治工作，增强农业综合生产能力；第二，出台粮食去库存方案，加大粮库改造建设资金投入力度，减轻粮食库存压力，降低农业运输车辆高速公路收费标准，建立绿色通道，保障主要农产品运输顺畅；第三，引导适度降低玉米种植范围和面积，调整主要农产品种植结构，给予资金和政策支持地方政府探索建立重点农产品调控目录，对目录内的农产品实行低价收储和高价抛储政策；第四，支持东北地区扩大生猪养殖规模，加大对生猪养殖主产区的环保资金投入，由政府出资建立相应的环保设施，支持专业化、规模化和工厂化生猪养殖，确保猪肉供给和价格基本稳定。

3. 扩大去产能范围，改善生产领域供需格局

第一，继续开展清理违规违法项目和淘汰落后、联合执法等专项行动，加大对各地去产能检查和监督力度，做好对已退出的钢铁和煤炭产能的督查验收工作，严控新立煤炭和扩大煤矿规模，严控煤炭钢铁用地用矿；第二，尽早研究提出2017年去产能行业目录和目标任务，抓紧制定地方和中央企业关于钢铁、煤炭、有色、建材和炼化等行业的去产能实施方案和细则，推动去产能方式向兼并重组转变，制订产能国际合作发展规划、目录、税收和相关优惠政策；第三，对落后过剩、三高企业实行阶梯价格政策，提高其用电用气用水等的成本，控制过剩行业的信贷规模并提高其融资成本，发挥价格杠杆在淘汰落后产能中的市场化作用；第四，做好对产能过剩行业的监测预测分析工作，相关部门定期公布产能总体利用率和主要行业产能利用率等指标，跟踪发布主要行业去产能进度。

4. 落实已出台的价格改革政策措施，推进重点领域价格改革

第一，初步预测2017年CPI上涨1.8%左右，建议2017年价格调控目标仍定为3%，为价格改革留足空间；第二，落实已出台的输配电、医疗服务项目、铁路客运、新能源标杆电价等价格改革方案，在全国范围内实施居民阶梯电价、气价和水价政策；第三，有序引导社会资本进入天然气勘探开发和销售领域，逐步形成市场主体多元化的竞争格局，适时制定出台天然气气源和销售价格改革方案，进一步扩大输配电价改革试点省（区、市）范围，完善规范电力市场交易规则；第四，提高各地污染排放和污水处理价格收费标准，探索建立排污权价格交易的政策体系，出台环境服务价格改革方案。

5. 坚持分类调控、因城施策的政策，保持房价基本稳定

第一，房地产调控应坚持分类调控、因城施策的总体思路，在国务院指导下各地制定符合地方实际情况的房地产调控政策，明确地方政府在房地产调控中负主体责任，通过供需、信贷、财税等多渠道稳定房地产市场，研究制定中长期房地产调控措施；第二，对于房价过快上涨的热点、重点城市，尽早提出近三年的滚动土地供应计划和保障房建设计划，优化供地结构，并及时向社会公布，稳定市场预期，督促房地产企业及时开工建设，尽早竣工，形成供给，对房地产库存较高的三四线城市，适度减少住宅用地供应，着力去库存；第三，提高热点、重点城市房地产交易环节税费，制定门槛更高更为严格的限购措施，提高二套房首付比例和贷款利率，严格控制首付贷，加强对房地产市场的资金管控；第四，将一线和热点二线城市纳入房地产税收试点征收范围，逐步增加房价过快上涨城市的住房持有成本。

G.6
2016年就业形势分析与2017年展望

陈　彬*

摘　要：　2016年以来，我国经济呈现缓中趋稳态势，就业形势保持基本稳定。前三季度实现城镇新增就业1067万人，失业率维持较低水平，重点群体就业形势保持平稳，新主体新就业形态加速孕育，然而成长基础依然较为薄弱，并且去产能带来的失业风险在加大，就业问题引发的居民收入增长放缓对未来经济增长的影响不容忽视。展望2017年，国内经济下行压力依旧不减，世界经济复苏难有起色，产业转型与去产能仍将继续推进，都对就业工作造成不小的压力。然而劳动年龄人口的下降、新科技革命的发展以及宏观就业政策的不断加码将缓解劳动力供求矛盾。为了实现更加充分、更有质量的就业，需要持续深化就业体制改革、积极引导产业结构转型、统筹推进化解产能过剩和职工安置、强化劳动力职业技能培训、扎实做好重点群体就业创业工作。

关键词：　就业　创业创新　新经济　去产能　人口生育

一　2016年我国就业形势的基本特征

2016年以来，我国宏观经济总体延续缓中趋稳态势，部分新兴产业和

* 陈彬，管理学博士，国家信息中心经济预测部助理研究员，主要研究领域为就业与收入分配、农业经济理论与政策、能源与资源环境经济等。

新兴业态发展势头良好，然而尚不能完全抵消传统行业对经济增长拉动作用减弱带来的影响，前三季度全国 GDP 增长 6.7%，同比降低 0.3 个百分点。经济减速会对就业产生不利影响，为此党中央、国务院适时出台了一系列旨在“稳增长、保就业”的政策措施，并且积极推进各项改革，扫除创业创新体制机制障碍，通过促创业带动新就业，就业情况总体保持基本稳定，但也应注意到一些区域性、结构性、周期性失业风险正在逐步显现。

1. 就业形势总体稳定，失业率维持较低水平

2016 年前三季度，我国实现城镇新增就业 1067 万人，同比基本持平，提前一个季度完成了全年目标。第三季度末，城镇登记失业率为 4.04%，同比及环比均微降 0.01 个百分点，低于 4.5% 的年度调控目标；调查失业率维持在小范围内波动，9 月 31 个大城市的城镇调查失业率低于 5%，为 2013 年 6 月以来的首次低于 5%。人社部对 3 万多家企业的动态监测显示，6 月末监测企业岗位总数为 2006 万个，比上年末减少 2.0%，但流失幅度同比收窄了 0.4 个百分点。以上情况都表明，虽然经济增长放缓对就业造成了一定影响，但就业总体情况仍然基本稳定。

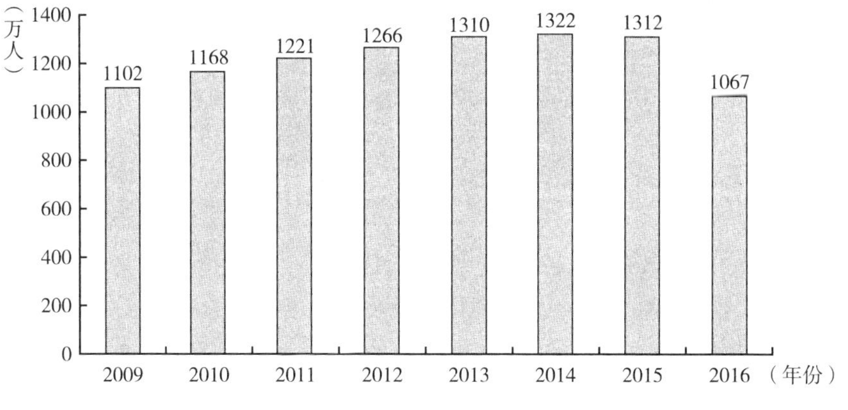

图 1　2009～2016 年我国城镇新增就业人数

注：2016 年为 1～9 月数据。

资料来源：国家信息中心、Wind 数据库。

2. 重点群体就业形势稳定

应届毕业生和农民工是就业的两大重点群体。2016 年，我国高校毕业生人数达到 765 万人，同比增加 16 万人，创历年毕业生人数之最。新经济的发展、新的就业形态、新的就业模式都为大学生就业提供了更多的可能性，2016 届高校毕业生签约率保持稳定。第三季度末，全国外出务工农民工达 17649 万人，同比增长 0.5%。此外，1~9 月，我国城镇失业人员实现再就业人数为 426 万人，就业困难人员实现就业人数为 125 万人，同比小幅下降但基本稳定。

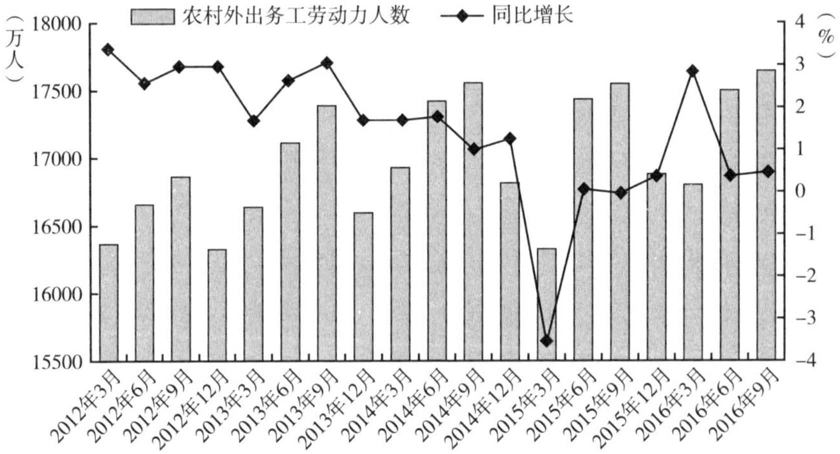

图 2　2012 年第一季度至 2016 年第三季度我国农村外出务工劳动力人数及同比变化

资料来源：国家信息中心、Wind 数据库。

3. 产业结构持续优化，服务业发挥“稳就业”重要作用

2016 年前三季度，我国服务业增加值增长 7.6%，占 GDP 比重为 52.8%，比第二产业高出 13.3 个百分点，同比提高 1.6 个百分点。服务业对国民经济增长的贡献率达到 58.5%，比第二产业高出 21.1 个百分点，同比提高 3.4 个百分点。测算表明，服务业每增长 1 个百分点带动的就业人数大约比工业多 20% 左右，服务业比重的上升对维持就业稳定增长发挥了重要贡献。从三次产

业就业人员的结构来看，2015 年我国第三产业就业人员的比重达到 42.4%，比上年提高了 1.8 个百分点，也反映出服务业吸纳就业的能力不断增强。

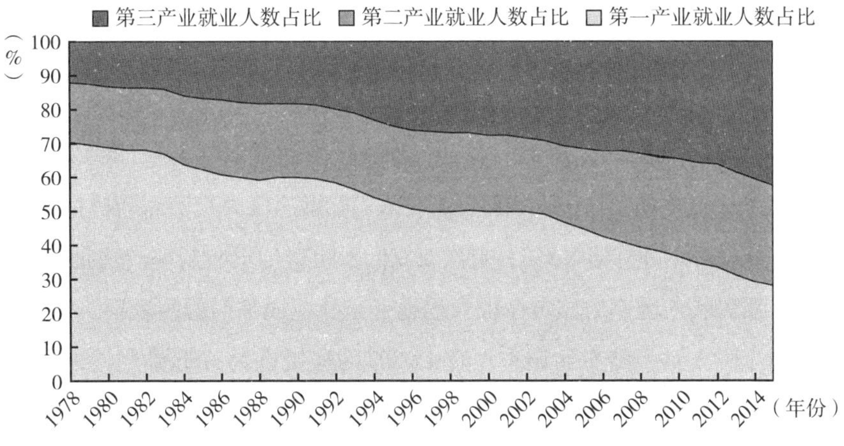

图 3 1978 ~ 2015 年我国三次产业就业人数占比

资料来源：国家信息中心、Wind 数据库。

4. 新主体新就业形态加速孕育，但成长基础依然薄弱

2016 年以来，随着“双创”系列政策的出台落实，市场主体的潜力和活力得到快速激发。前三季度新登记企业 401 万家，同比增长 27%，日均新登记企业达 1.46 万家，明显高于 2015 年日均 1.2 万家的水平。共享经济茁壮成长，催生了大量新就业形态。2015 年，我国共享经济市场规模约为 1.95 万亿元，全职从业人员约 1000 万人，平台企业员工超过 140 万人。2016 年上半年，专车共享领域用工需求同比增长了 36.4%。然而，当前我国创业创新主体的发展仍然面临着缺乏长远规划、数量多而不强、原创能力较弱、抗风险能力差等问题，影响了其对就业带动作用的有效发挥。

5. 去产能任务推进造成部分地区失业风险上升

2016 年，随着钢铁、煤炭等行业去产能工作的实质性启动，这些行业的隐性失业将显性化，就业压力显著增加。当前，仅钢铁和煤炭两个行业就涉及 180 万职工的分流安置，其中煤炭系统 130 万人，钢铁系统 50 万人，如果考虑到围绕钢铁、煤炭产业链服务的就业人员，实际需要转岗就业的人数将更多。特别是对东北老工业基地以及山西、内蒙古、河北等资源型省份而言，长期以来形成的依赖重工业或资源工业发展的路径很难改变，经济结构难以迅速优化并在短期内创造大量的工作岗位，由此，这些地区的失业风险将更加突出。

6. 居民收入增长放缓，制约未来消费增长潜力

2016 年前三季度，我国居民人均可支配收入实际增长 6.3%，继续低于同期 GDP 增长率，其中城镇居民人均可支配收入实际增速仅为 5.7%，农村居民人均可支配收入实际增速降至6.5%，首次双双低于同期 GDP 增长率。就业与收入息息相关，居民收入增速的放缓在很大程度上是就业面临问题的表现。据央行第三季度对全国 2 万个储户的调查，有 45.3% 的居民认为“形势严峻，就业难”或“看不准”，较第二季度上升0.4 个百分点。第三季度，农村外出务工劳动力月均收入增速仅为5.9%，较第二季度下降了 0.8 个百分点。居民收入增长的放缓将制约未来消费增长的潜力，由于目前我国消费对经济增长的贡献率已经达到 71%，因此，消费增长的乏力势必拖累未来经济较快增长，进而引发新的失业问题。

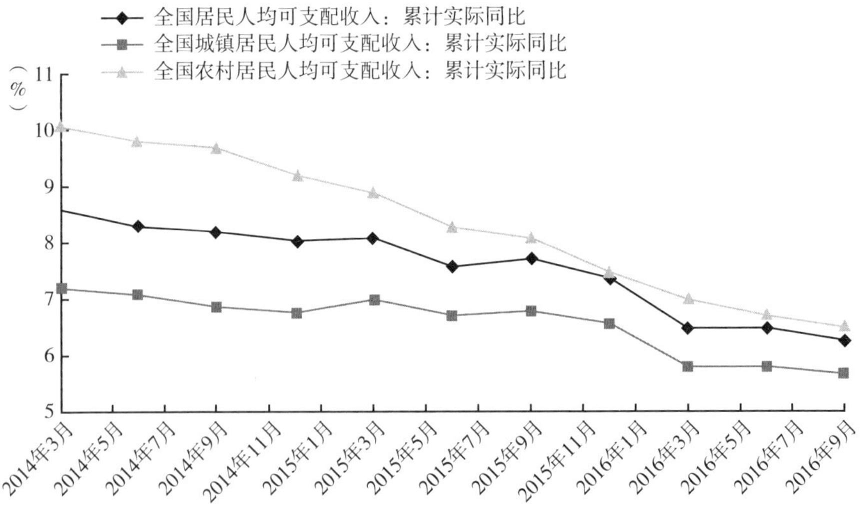

图 4　2014 年第一季度至 2016 年第三季度我国居民人均可支配收入增长

资料来源：国家信息中心、Wind 数据库。

二　影响我国就业的主要因素分析及就业趋势展望

展望2017年，我国经济下行压力依然不减，世界经济复苏进程缓慢导致外部需求持续疲弱影响出口企业生存，产业转型与化解过剩产能工作进入深化攻坚阶段，这些影响都可能会造成失业问题进一步加剧；而劳动年龄人口比例下降造成劳动力供应减少，科技革命带来新增就业机会，国家创业创新政策的不断出台落实等都将对就业产生积极影响。

1. 国内经济下行压力依旧不减

当前，我国经济仍处于调结构、转方式的关键时期，新旧动力依然处在转换过程中，经济内生增长的基础仍不稳固。从经济增长的“三驾马车”来看，灵活就业和停薪留职人员增多、就业质量下降带来的居民收入增幅下降将传导到消费领域，使未来消费增长的潜力降低；固定资产投资下滑态势尚未得到有效遏制，经营风险加大、投资回报下降、行业准入限制和融资渠道不畅造成民间投资积极性减弱；受外部需求不振影响，外贸进出口延续低迷走势。因此，2016年、2017年两年我国经济下行压力依旧不减。虽然目前我国经济每增长1个百分点所带动的就业人数有所增加，但是持续的经济下行势必对就业造成不利影响。

2. 世界经济复苏难有起色

2016年以来，主要发达经济体增长继续分化，美国经济表现不如预期，但随着劳动力市场持续改善，消费者信心增强，未来走势向好，而欧盟经济增速进一步放缓，日本经济增长则基本停滞。主要新兴经济体中，印度经济增速由第一季度的7.9%放缓至第二季度的7.1%，巴西、俄罗斯经济衰退程度有所减轻，南非经济增长内生动力不足，依然在衰退边缘徘徊。总体来看，世界经济面临着增长动力不足、需求不振、金融市场反复动荡、国际贸易和投资持续低迷等多重风险和挑战。世界经济的低速增长一方面通过影响我国外贸波及国内经济增长进而影响就业；另一方面迫使部分出口企业倒闭或停产直接影响国内就业。

3. 产业转型与去产能任务深入推进

随着我国经济结构转型，传统的制造业、工业部门将逐渐衰落，取而代之的是新兴的生产性和生活性服务业。虽然服务业的发展能创造更多的就业机会，但服务业劳动生产率的提高慢于制造业，由此带来的经济增长率下降将反过来制约就业的增长。在产业转型升级中，化解过剩产能不可能一蹴而就，而替代产业的发展也难以在短期内创造足够的工作岗位，并且在过剩产能行业工作的人员往往拥有的技能单一、劳动的专业性较强，这些人较难在短时间内适应新的工作岗位。因此，如果不能妥善地解决好这些人员的就业安置问题，将可能引发严重的社会问题。

4. 生育政策对劳动年龄人口变化的影响有限

近年来，我国劳动年龄人口数量和比例持续下降，2015 年 15 ~ 59 岁人口同比减少 435 万人，所占人口比例进一步降至 67.3%，劳动年龄人口数量和比例均连续第四年和第五年下降。预计到“十三五”期末，我国劳动年龄人口将降至 9 亿人以下。作为要素投入的劳动年龄人口的减少将对我国长期经济增长形成制约，不利于未来创造新的就业机会。虽然自 2016 年起，我国已经开始实施“全面两孩”政策，但受妇女劳动参与率较高、生育观念转变和抚养孩子成本上升的影响，政策的预期效果将十分有限。测算表明，“全面两孩”政策实施后，密集出生主要发生在 2017 年和 2018 年，预计这两年新政策出生人口在 430 万左右。

5. 科技革命不断创造新的就业机会

近年来，随着移动互联网的普及和创新，“互联网 + 传统行业”的发展模式在各领域持续发酵，以网上购物、网络约车、网上订餐等为代表的新兴业态如雨后春笋般兴起。数据显示，截至 2016 年 4 月，在滴滴出行平台上从事专快车、顺风车以及代驾的司机人数已达 1330 万名。网络创业开拓了就业的新领域，使网店、微商、众创空间等新型的创业就业形式蓬勃发展起来，极大地发挥了创业带动就业的效应，为我国在经济转型过程中解决了许多新增劳动力的就业。可以预见，未来随着科学技术的进一步发展和新就业形态的不断涌现，“就业难”问题将得到逐步缓解。

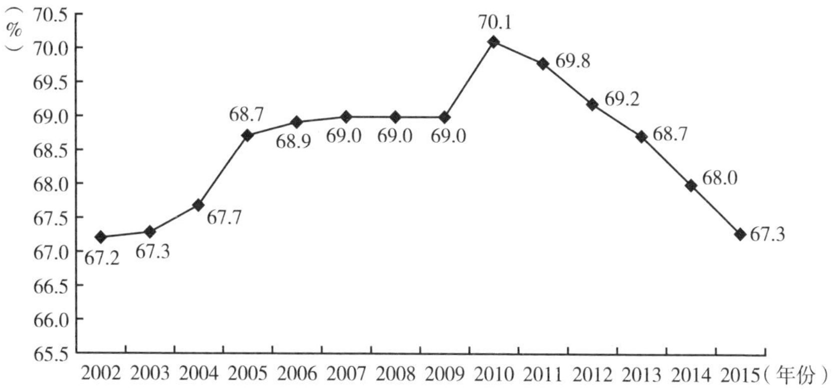

图5　2002～2015年我国15～59岁劳动年龄人口占比

资料来源：国家信息中心、Wind数据库。

6. 国家创业创新政策不断出台、落实

2016年以来，为了更好地推进“大众创业、万众创新”，为创业创新营造良好的外部环境，国务院印发了一系列相关文件。例如，2月发布了《国务院办公厅关于加快众创空间发展服务实体经济转型升级的指导意见》，旨在激发亿万群众的创造活力，打造经济发展新引擎；5月发布了《国务院办公厅关于建设大众创业万众创新示范基地的实施意见》，目的是形成一批可复制、可推广的“双创”模式和典型经验；9月发布了《国务院关于促进创业投资持续健康发展的若干意见》，有助于进一步促进创业投资持续健康发展，助推科技创新成果转化。以上政策的逐步推行落实，将会有力地促进劳动者就业创业的积极性。

7. 2017年我国就业趋势展望

综合以上分析，预计2017年，受经济减速换挡、劳动年龄人口继续下降等因素影响，我国城镇新增就业人数将保持稳中略降态势，全年新增就业人数在1300万人左右；受国家就业创业政策的不断出台落实、新就业形态不断涌现等因素影响，失业率将继续维持基本稳定，登记失业率保持在4.1%左右，调查失业率维持在5.1%左右；受人口自然增长率持续降低、生育政策调整影响有限等因素影响，劳动年龄人口比例继续下降至66%左右，劳动力市场继续保持宽松状态，求人倍率维持在1.0以上。而受去产能供给侧结构性改革、对外贸易疲弱、资源环境压力加大、经济结构转型升级等因素影响，部分地区、部分行业、部分人群仍将面临较大的失业问题。

三　政策建议

为了进一步做好未来的就业工作，实现党的十八大提出的“就业比较充分”和“更高质量的就业”目标，需要坚持就业优先战略，实施更加积极的就业政策，持续深化就业体制机制改革，营造良好的就业外部环境；积极引导产业结构转型，创造更多就业机会；统筹推进化解过剩产能和职工安置工作，避免出现大的失业危机；强化劳动力职业技能培训，提升劳动者就业能力；扎实做好重点群体就业创业工作，为劳动者提供更广阔的就业空间。

1. 持续深化就业体制改革

建立经济发展和扩大就业的联动机制，健全政府促进就业责任制度。规范招人用人制度，消除城乡、行业、身份、性别等一切影响平等就业的制度障碍和就业歧视。完善扶持创业的优惠政策，形成政府激励创业、社会支持创业、劳动者勇于创业的新机制。完善城乡均等的公共就业创业服务体系，构建劳动者终身职业培训体系。增强失业保险制度预防失业、促进就业功能，完善就业失业监测统计制度。创新劳动关系协调机制，畅通职工表达合理诉求的渠道。

2. 积极引导产业结构转型

坚持就业优先战略，实现高质量的就业，进一步加快产业转型升级的进程。要找到产业转型升级与保障就业的均衡点，合理调整产业布局和经济结构。促进劳动力向具有巨大发展潜力的服务业、新兴产业转移，发展结构优化、技术先进、清洁安全、附加值高、吸纳就业能力强的现代产业体系，将推动服务业大发展作为充分就业的战略重点。同时，突出促进就业重点，有针对性地制定帮助企业和职工转岗转业的优惠扶持政策，重点帮助传统落后和过剩产能集中的行业、地区、企业和职工转岗转业。

3. 统筹推进化解过剩产能和职工安置工作

健全职工就业安置工作的组织协调机制。各级人社部门要切实加强组织领导，加强失业动态监测工作，及时采取措施化解矛盾。多种途径进行人员安置，包括买断工龄、内部退养、培训转岗、自主创业等。完善奖励补偿机制。充分用好中央财政化解过剩产能职工安置奖补资金，充分利用失业保险和就业专项资金对符合条件的予以支持。通过健全职业培训网，建设一批公共实训基地，增强培训的针对性，提高下岗职工就业能力，缓冲、化解结构性失业风险。

4. 强化劳动力职业技能培训

切实提高职业培训的针对性和有效性，调整高等院校学科教育与职业教育结构，大力发展职业教育。研究探索职业技术教育预测机制，提高职业教育同产业转型升级需求的匹配度，同时鼓励有条件的私营培训机构参与职业教育培训；加大调整学科结构力度。积极开展创业培训、指导和服务，重点引领、扶持劳动者在各类服务业以及新兴产业中创业，带动就业。通过优惠扶持政策、改善创业服务，提高创业成功率。完善劳动力市场信息系统，改善公共就业服务。

5. 扎实做好重点群体就业创业工作

重点推进以高校毕业生为主体的青年就业和农民工就业。落实离校未就业高校毕业生就业促进计划，实施毕业生实名登记就业管理和就业跟踪服务，扩大“三支一扶”等基层就业项目，组织就业见习，引导毕业生到基层就业。全面落实鼓励大学生创业的小额担保贴息贷款、税收减免、场地费用补贴、创业奖励等扶持政策。加强劳务输出地和输入地的管理服务协调配合，做好农民工就业服务衔接，开展多种形式的劳务对接活动，建立长久合作机制，以劳务经济带动农民工就业。建立全国联网的用工信息发布制度，及时为农民工提供有效的岗位信息。

G.7

2016年中国财政收支分析及2017年展望

王远鸿*

摘　要：2016年以来，受经济增速放缓、营改增减收等其他减收因素影响，全国一般公共预算收入增幅继续走低。在财政收入增速回落、收支矛盾加大的情况下，有关部门加强支出预算执行管理，及时拨付财政资金，切实保障了稳增长、惠民生等重点支出需要。2017年，国内外经济环境更加复杂多变，经济下行压力和财政收支平衡压力进一步加大，建议实行更加积极的财政政策，适当扩大财政赤字规模和债券发行规模，进一步落实和完善减税降费政策，积极推进财税体制改革，有效化解地方政府债务风险，充分发挥财税政策支持实体经济发展、提升就业和民生保障水平、促进新经济新动能成长壮大的重要功能。

关键词：财政收入　一般公共预算　财税政策

一　2016年全国一般公共预算收支分析及全年预测

（一）1~9月一般公共预算收入低速增长

2016年1~9月，受经济增速放缓、营改增减收等其他减收因素影响，

* 王远鸿，经济学博士，国家信息中心经济预测部首席经济师兼财金研究室主任，研究员，主要研究领域为宏观经济、财政金融运行和政策分析、经济监测预警等。

全国一般公共预算收入 121399.95 亿元，同比增长 5.9%，完成预算的 77.2%。其中，中央一般公共预算收入 54627.95 亿元，同比增长 4.4%，完成预算的 77.4%；地方一般公共预算本级收入 66772.0 亿元，同比增长 7.2%，完成预算的 77.1%。收支相抵，累计赤字 14556.3 亿元，同比多 8284.6 亿元。全国一般公共预算收入中的税收收入 100880.54 亿元，同比增长 6.6%，完成预算的 78.4%。

2016 年 1 ~9 月财政收入增长有如下特点。

1. 受营改增政策减收效应逐步显现、前期地方清缴营业税影响，全国一般公共预算收入增幅先升后降

第一季度全国一般公共预算收入增长 6.5%，其中 1 月、2 月、3 月分别增长 5.8%、7.0%、7.1%，增幅总体平稳且呈逐月提高态势。第二季度增长 7.5%，4 月受部分地区商品房销售回暖以及营业税清缴增收等因素影响，收入增幅跃升至 14.4%；5 月受部分企业汇算清缴上年所得税延后入库影响，增幅回落到 7.3%；6 月则受前期清缴营业税减少了部分收入来源、上年同期基数较高以及政策性减收效应显现等影响，增幅回落到 1.7%；第三季度增长 3.1%，受营改增政策性减收效应进一步显现、上年基数较高等因素影响，7 月以后财政收入同比增速在低位波动。

2. 受消费税、进口环节税收、车辆购置税、证券交易印花税等减收影响，中央财政收入增速较低

1 ~9 月，主要受产销量下降影响，卷烟和成品油消费税减收较多，国内消费税 7952.5 亿元，同比增长 0.4%，完成预算的 66.2%；受一般贸易进口下降影响，进口货物增值税、消费税 9091.46 亿元，与上年同期持平，完成预算的 70.1%；关税 1886.81 亿元，同比下降 0.4%，完成预算的 71.7%。受 1.6 升及以下排量乘用车减半征收车辆购置税政策性翘尾减收影响，车辆购置税 1912.12 亿元，同比下降 10.8%，完成预算的 74.7%。受股票市场交易低迷的影响，印花税 1737.79 亿元，同比下降 35.7%，完成预算的 67.1%。其中，证券交易印花税 1030.73 亿元，同比下降 49.7%，完成预算的 62.5%。

3. 受部分地区商品房销售回暖、营业税清缴增收以及上年基数等影响，地方财政收入增长较快但分化明显

1～9月，契税3158.33亿元，同比增长11.7%；土地增值税3280.37亿元，同比增长13.7%，完成预算的80.0%；房产税1561.23亿元，同比增长4.9%，完成预算的71.0%。由于现代服务业和高端制造业多集中于东部地区，其带动东部地区税收持续快于中西部地区。在31个地区中，上海、广东、浙江等4个省市实现两位数增长；北京、天津、河南、安徽等22个省（区、市）实现个位数增长；山西、辽宁、青海、陕西、黑龙江5个省份收入下降。

4. 受营改增试点全面推开的影响，原营业税纳税人改缴增值税形成收入转移体现增收，国内增值税增速明显加快

1～9月，国内增值税完成28014.41亿元，同比增长23.8%，完成预算的66.5%。其中，改征增值税7234.55亿元，比上年同期增加4831.48亿元，同比增长201.1%；如果扣除改征增值税，国内增值税同比增长2.7%。营业税完成11404.67亿元，同比下降20.4%，完成预算的157.5%；改征增值税与营业税合并计算，1～9月累计增长11.4%，其中上半年增长24.2%，7月、8月、9月则分别下降10.9%、17.6%、21.3%，营改增试点全面推开的政策性减收效应逐步显现。

5. 受房地产市场交易回暖及2015年资本市场相关企业利润增长较快的影响，企业所得税增长较快

1～9月，企业所得税24162.21亿元，同比增长8.3%，完成预算的83.2%。其中房地产企业所得税增长25.4%，金融企业所得税增长6.4%。

6. 由于居民工资性收入、劳务报酬和财产转让所得增长较快，个人所得税增幅较高

1～9月，个人所得税7902.58亿元，同比增长17.0%，完成预算的83.5%。其中，受二手房交易活跃等带动，财产转让所得税增长27.2%。

（二）1～9月一般公共预算支出保持较高增速

1～9月，全国一般公共预算支出135956.23亿元，同比增长12.5%，

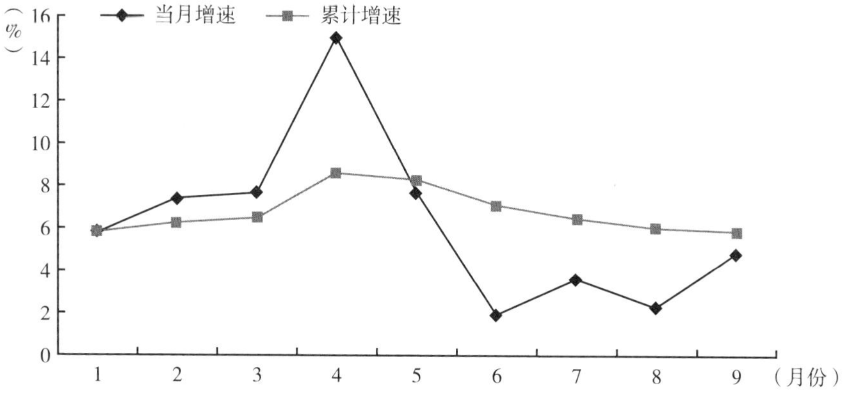

图1　2016年1~9月财政收入增长速度

完成预算的75.2%。其中，中央一般公共预算本级支出19462.99亿元，同比增长5.4%，完成预算的71.1%；地方一般公共预算支出116493.24亿元，同比增长13.8%，完成预算的76.2%。主要支出情况如下。

1. 教育支出19683.96亿元，同比增长13.3%，完成预算的73.6%

重点在于完善城乡义务教育经费保障机制，统一义务教育学校生均公用经费基准定额，继续实施农村义务教育薄弱学校改造计划等重大项目。支持普惠性幼儿园发展，对公办普通高中建档立卡等家庭经济困难学生免除学杂费，推动地方建立健全职业院校生均拨款制度，改善中职学校办学条件，完善高校预算拨款制度，健全家庭经济困难学生资助政策体系。

2. 科学技术支出3984.33亿元，同比增长14.2%，完成预算的65.6%

重点改革和创新科研经费使用和管理方式，完善稳定支持机制，促进科研院所改革发展；大力支持自然科学基金项目、科技重大专项和重点研发计划，在重大创新领域组建一批国家实验室，推动基础性、战略性、前沿性科学研究和共性技术研究；实施国家科技成果转化引导基金，吸引社会资金、金融资本进入创新领域。

3. 文化体育与传媒支出1879.5亿元，同比增长7.7%，完成预算的61.0%

重点推动基本公共文化服务标准化、均等化，提高公共文化服务供给体系的质量和效率；完善文化产业政策扶持体系，推进实施全民健身战略，支持激活和释放文化需求，扩大文化体育消费。

4.社会保障和就业支出16780.41亿元，同比增长14.6%，完成预算的84.8%

重点是按城市、农村低保人均补助水平分别提高5%、8%对地方补助，支持地方全面建立困难残疾人生活补贴和重度残疾人护理补贴制度；保障优抚对象等人员各项抚恤待遇落实，支持做好退役士兵安置工作；按6.5%左右提高企业和机关事业单位退休人员养老金标准，建立基本工资正常调整机制；完善职工养老保险个人账户，支持资源能源型地区和东北地区加强民生政策托底保障。

5.医疗卫生与计划生育支出10164.43亿元，同比增长21.1%，完成预算的82.2%

重点是将城乡居民基本医疗保险财政补助标准由每人每年380元提高到每人每年420元，个人缴费标准由每人每年120元提高到每人每年150元，加大对城乡居民大病保险的支持力度；将基本公共卫生服务项目年人均财政补助标准由40元提高到45元，推进重特大疾病医疗救助，减轻低收入大病患者治疗费用负担。

6.城乡社区支出15657.2亿元，同比增长34.1%，完成预算的98.6%

7.农林水支出11999.96亿元，同比增长11.4%，完成预算的68.8%

重点是加大对农业可持续发展的支持力度，支持农业水价综合改革，继续推进重金属污染耕地修复治理、地下水超采区综合治理等试点；大规模推进农田水利和高标准农田建设，提高粮食综合生产能力；推进玉米收储制度改革，完善主要农产品储备和调控机制。

8.住房保障支出4613.84亿元，同比增长22.7%，完成预算的71.5%

重点是继续开展运用PPP模式投资建设和运营管理公共租赁住房试点，落实棚户区改造税费优惠政策和贷款贴息政策，积极推进棚改货币化安置和政府购买棚改服务。

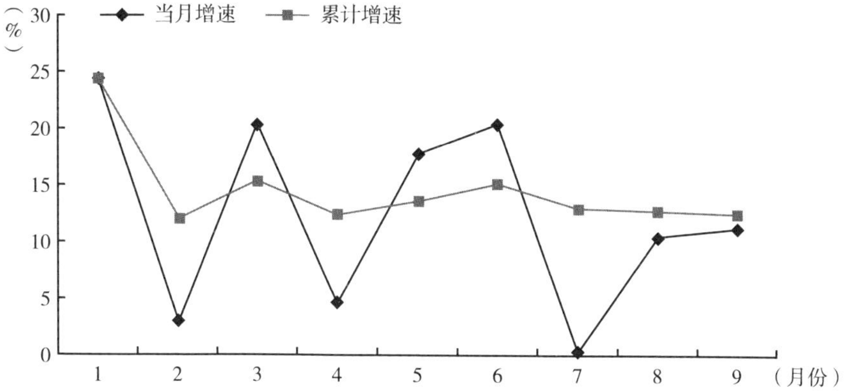

图2　2016年1~9月财政支出增长速度

（三）第四季度及全年一般公共预算收支预测

1. 第四季度一般公共预算收入增长不容乐观

第四季度，在全球经济依然疲弱、投资贸易持续低迷、贸易保护主义加剧等因素叠加影响下，我国出口形势不会明显好转。受去产能、去杠杆和清理债务等因素影响，资金供需萎缩制约投资回升，经济增长仍有下行压力。初步预测，GDP第四季度及全年分别增长6.6%和6.7%左右。CPI第四季度及全年分别上涨2.0%和2.0%左右。由于经济下行压力没有明显缓解，营改增等政策性减收因素将进一步显现，加上上年同期基数较高，财政收入形势不容乐观。在全面推进营改增试点、调整中央与地方增值税收入划分过渡方案实施后，中央一般公共预算收支相应增加。在继续实行特殊增收措施的基础上，可以完成调整后的中央财政收入预算目标。房地产相关税收增速的回落将加大地方政府实现预算目标的难度。初步预测，第四季度及全年一般公共预算收入分别增长2.0%和5.1%。

2. 第四季度一般公共预算支出增长仍然较高

第四季度，经济下行压力有所加大，要切实发挥好积极财政政策的作用，继续优化支出结构，支持棚户区、农村危房改造、网络基础设施、城市地下综合管廊、停车设施、充电设施等建设，加快启动“十三五”重大工程建设，促进区域城乡协调协同发展，落实“十大扩消费行动”，推动投资、消费有机结合，增强内需对经济增长的关键支撑作用。同时，要进一步完善高校学生资助政策，加大对贫困大学生的资助力度。支持企业通过转岗培训等方式缓解去产能压力，支持加快发展养老服务业。加大技术改造投入力度，增强制造业的核心竞争力。初步预测，第四季度及全年一般公共预算支出分别下降13.8%和增长4.4%。

二　2017年全国一般公共预算收支分析与展望

（一）2017年国内外经济环境分析

1. 世界经济疲弱依旧，我国出口形势不容乐观

2017年，由于新的科技革命和产业变革尚未出现，英国退欧、美法德等主要国家大选、德国和意大利银行业危机带来的不确定性仍将持续，主要经济体之间政策分化仍将延续，世界经济疲弱态势难以明显改变。美国经济延续复苏态势，但劳动参与率降低、美联储加息和美元走强，特别是特朗普上台可能的政策调整也使美国经济走势存在变数。欧元区经济增长动力有所增强，但英国脱欧、法德大选及德意银行业危机加大了复苏的不确定性，通缩压力较大，失业率居高不下。日本经济难以摆脱低迷，通货紧缩压力尚未根本缓解。新兴经济体经济继续分化，总体增长乏力，印度有望保持较快增长，俄罗斯、巴西、南非等国家继续低速增长。世界银行、国际货币基金组织预测2017年全球经济增速分别为2.8%和3.4%，为近年较低水平。在全球经济不确定性增加、反全球化和国际贸易及投资保护主义加剧等因素叠加影响下，全球贸易维持低速增长态势，世界贸易组织预测2017年全球商品贸易量增速为1.8%～3.1%。

主要经济体宏观经济政策取向继续分化，应对经济下行的政策空间有限，尤其是美法德大选之后政治经济政策面临诸多不确定性，有可能导致国际金融市场风险偏好下降，新兴经济体资本净流出加剧，货币贬值压力加大，大宗商品市场波动加大。相对疲弱的全球经济和相对坚挺的美元将抑制大宗商品价格上涨幅度，再加上人民币不具备大幅贬值的条件，我国贸易竞争力难有明显好转。初步预测，2017 年出口将下降 3.0%，进口将下降 4% 左右，降幅均较 2016 年有所收窄。

2. 内生动力依然不足，经济增速继续回落

2017 年，党的十九大的召开将极大地提振我国加快全面建成小康社会的信心，供给侧结构性改革和国企、金融、财税等领域一系列改革的推进将进一步激发市场主体的活力，在市场配置资源的决定性作用得到充分发挥的同时，政府作用也将得到更好地发挥。与此同时，长期积累的深层次矛盾依然存在，总需求依然低迷，内生增长动力依然不足，经济发展仍然面临诸多挑战。在结构性、周期性和外生性因素的作用下，经济增长仍有较大的下行压力。

一是投资增速缓中趋稳。2017 年，国家将进一步发挥积极财政政策的作用，重点抓好基础设施、公共服务等领域的投资，进一步简政放权，开放投资领域，适度降低企业社会成本压力，提高实体经济回报率，规范推广 PPP 模式并加快立法过程，利用引导基金促进更多项目落地。预计 2017 年基建投资增速将维持 2016 年的水平；受房地产调控政策影响，房地产投资增速将小幅回落；制造业投资由基础设施、房地产和出口三大因素决定，2017 年这三大因素都有望缓中企稳，制造业投资也有望出现缓中趋稳的走势；随着制造业和出口增速回稳，服务业等其他投资的增速也有望缓中企稳。综合分析，固定资产投资将增长 8.5% 左右，略高于 2016 年水平。

二是消费增速小幅回落。2017 年，居民收入增长放缓对居民消费的滞后影响继续显现，高品质产品和服务的有效供应依然不足，居民消费意愿和消费能力都将受到制约，居民消费难以出现明显改观。预计全年社会消费品零售总额将增长 10.0% 左右，略低于 2016 年水平。

三是居民消费物价将保持小幅回落态势。2017 年，尽管货币流动性总体比较宽松、劳动力成本刚性上涨和服务价格稳中有升的态势仍将持续，但由于总需求低迷态势难以改变，社会总供求关系仍然十分宽松，CPI 涨幅将略低于 2016 年。预计全年居民消费价格将上涨 1.8% 左右，略低于 2016 年水平。

四是工业生产者价格跌幅将继续收窄。2017 年，稳增长政策继续发力，固定资产投资缓中趋稳，工业品需求基本稳定；国际大宗商品价格同比回升较多，进口初级产品价格对工业生产者价格的提升作用将持续。预计全年工业生产者价格将上涨 1.0% 左右。

综合考虑以上因素，初步预测，2017 年我国 GDP 将增长 6.5% 左右，工业增加值将增长 5.9% 左右，均略低于 2016 年水平。

（二）全国一般公共预算收入增收空间有限

2017 年，经济增速略有回落，价格水平低位运行，企业效益难有明显改观，结构性减税力度可能加大，一般公共预算收入增幅将继续回落。

1. 国内增值税增速将小幅回升

2017 年，工业增加值增速从 2016 年的 6.1% 左右小幅回落到 5.9% 左右，PPI 从 2016 年的下降 1.9% 左右变为上涨 1% 左右，工业增加值名义增速将回升 0.7 个百分点，工业增值税增速将有所回升；社会消费品零售额增速从 2016 年 10.4% 左右回落到 10.0% 左右，商业增值税增速将小幅回落；国家将进一步推进营改增工作，增值税税基将进一步扩大。扣除改征增值税，国内增值税增速将小幅回升。

2. 所得税增速将有所回落

2017 年，工业增加值名义增速回升，工业企业效益有望微幅改善，工业企业所得税增速有望稳中有升；受经济增速继续回落和潜在风险上升的影响，银行等金融行业利润增速将持续回落，相关企业所得税增幅也将继续回落；随着前期热点城市限价、限贷、限购政策逐步落实，房地产市场将逐步降温，房地产企业所得税较快增长势头将难以维持。

2017 年，国家有望加快综合和分类相结合的个人所得税改革，适当提高个人所得税的起征点，工资性收入应征额将减少；随着二手房市场交易逐步趋于平淡，财产转让性收入增幅将明显回落。

3. 政策性减收因素效应进一步显现

2017 年，随着纳税人获得进项抵扣逐渐增多，以及纳税人对增值税适应性不断增强，营改增的减税规模将继续扩大。

随着房地产市场逐步降温，房地产营业税、契税、土地增值税、耕地占用税等相关税收增速较快增长势头将难以维持。

随着进一步加大清理规范收费基金的力度，非税收入增速将进一步回落。

4.行业间、地区间收入分化有可能加剧

2017 年，现代服务业和高端服务业税收仍将保持较高增速，传统制造业总体上将维持低迷状态，煤炭、钢铁等受益于淘汰落后产能和清理“僵尸企业”的行业收入回升势头难以维系。

东部地区产业转型早、高端制造业与现代服务业比较集中，税收和一般公共预算收入的贡献度越来越高，引领作用越来越强。经济基础薄弱、产业结构单一的中西部地区财政收入面临较大下行压力，特别是县级财政增收困难进一步加大。由于财力有限，部分违法违规或变相举债风险可能会有所加大。

综合考虑以上因素，初步预测 2017 年一般公共预算收入将增长 3.0%左右。

（三）中央和地方财政支出压力很大

2017 年，要通过实施适度扩大总需求、坚定不移推进供给侧结构性改革、引导良好发展预期的组合政策，努力保持经济平稳发展走势，要加力增效适时推出新的政策措施，中央和地方财政支出压力很大。

1.要加大力度支持实体经济发展

2017 年，经济内生增长依然动力不足，要切实发挥好积极财政政策支持实体经济发展的作用。一方面，要适度扩大政府投资规模，继续优化投资结构，支持灾后水利薄弱环节和城市排水防涝设施、农村危房改造、网络基础设施、城市地下综合管廊、停车设施、充电设施等建设，加快启动“十三五”重大工程建设，促进区域城乡协调协同发展。另一方面，要采取多种措施，促进居民收入稳定增长，优化消费市场环境，在稳定和扩大住行等传统消费的同时，努力增加高品质产品和服务的供给，释放潜在消费需求，促进居民消费扩大和升级，推动投资消费有机结合，带动产业结构调整升级，在更高层次上化解需求不足的矛盾。

2. 要持续提升就业和民生保障水平

2017 年，为了应对不断加大的就业压力，要坚持实施更加积极的就业政策，实施好高校毕业生就业创业计划，妥善解决化解过剩产能中的职工安置问题，进一步支持农民工等返乡创业，坚决做好就业托底工作；推进城镇职工基础养老金全国统筹，适当提高城乡居民基本医疗保险财政补贴标准，加快推进城乡医保整合和异地结算政策落地，完善社会救助和保障标准与物价上涨挂钩的联动机制；对商品房库存较大的三四线城市，进一步提高货币化安置的比例；实施教育、卫生、文化等领域的共享服务提升工程，推动公共服务资源向农村和中西部倾斜；加大贫困地区异地扶贫搬迁投入力度，持续推进精准扶贫脱贫工作。

3. 要进一步促进新经济新动能成长壮大

2017 年，要大力支持以科技创新为核心的全面创新，着力培育经济发展的新动能。推进国家重大科技基础设施和国家实验室、产业创新中心建设，启动实施一批重大科技项目和重大科技工程；充分发挥国家新兴产业创业投资基金的作用，加快建设首批双创示范基地，推进大中小型企业、科技创新、人才发展与“大众创业、万众创新”深度融合；加快培育航空航天、海洋工程装备和工业机器人等战略性新兴产业新增长点。加大技术改造投入力度，推动先进制造产业投资基金尽快开展实质性投资运作，加快国家中小企业发展基金直投子基金的设立运行，增强制造业的核心竞争力。

综合考虑以上因素，初步预测 2017 年一般公共预算支出将增长 5.1% 左右。

三　关于2017年财政政策的建议

1. 适当扩大财政赤字和政府债务规模

2017 年，国内外经济环境复杂多变，经济下行压力加大，稳增长、调结构、补短板、惠民生任务艰巨，需要实施更加积极的财政政策。目前，我国一般公共预算赤字率和广义债务率尚未超过3%和60%的国际安全线水平，也低于主要发达国家以及部分发展中国家的水平。建议将全国财政赤字规模扩大到2.8万亿元，比2016年预算增加6200亿元，赤字率提高到3.5%左右，比2016年预算高0.5个百分点；适当扩大政府债券发行规模，统筹考虑国债以及地方政府一般债券、专项债券、置换债券的发行规模和用途，在加大对国家重大工程和重大项目、地方土地储备、地下管廊、水利等基础设施的支持力度的同时，优化政府债务结构，降低利息负担，防范财政金融风险的累积；进一步优化财政支出结构，重点支持薄弱领域和重点领域建设，加大对东北地区财政一般性转移支付力度；大力推广PPP模式，用好财政引导基金，激发民间投资的活力。

2. 进一步落实和完善减税降费政策

加强营改增全面试点效应的分析和评估，调整和完善相关政策措施，确保所有行业税负只减不增；全面落实资源税改革的各项措施，规范资源领域税费关系，促进资源节约利用；普遍降低和减并各类实体企业增值税税率，将人力资本等项目纳入进项税额抵扣范围；进一步加大对创新投资的支持力度，将有关优惠政策放宽到中小科技企业和所有企业纳税人；进一步加大对科技创新成果应用的鼓励，对企业购置纳入《首台（套）重大技术装备推广应用指导目录》的设备，按照投资额的一定比例从企业所得税中抵免；扩大固定资产加速折旧政策范围，由目前的10个行业扩大到制造业全行业；进一步取消和免征一批行政事业性收费，降低企业交易成本。

3. 积极推进财税体制改革

加快推进财政事权与支出责任划分改革，制定出台中央和地方收入划分总体方案；积极推进房地产税立法，择机将一线和热点二线城市纳入房地产税收试点征收范围；修订个人所得税法，将房贷利息、养老、二孩等成本纳入个人所得税税前扣除并优化税率结构，推进综合与分类相结合的税制改革；全面推进消费税改革，适当扩大并调整消费税征收范围，把高耗能、高污染及部分高档消费品纳入征收范围，将消费税由目前主要在生产环节征收改为主要在零售或批发环节征收。

4. 有效化解地方政府债务风险

尽快完成剩余的地方政府存量债务置换，减轻地方政府利息负担，防范财政金融风险；加快建立健全地方政府债务风险评估、预警和应急机制，强化地方政府债务限额管理和预算管理；不断完善健全地方政府债券市场化发行和定价机制，建立地方政府债券收益曲线，鼓励符合条件的机构和个人投资地方债券，提高地方政府债券的流动性；进一步推动地方融资平台市场化转型，坚决堵住地方政府各类非正规发债融资渠道，严厉查处地方政府违法违规的担保和举债融资行为；加强风险提示和舆论引导，强化地方政府及其部门对企业债务违法担保的无效性，逐步打破市场对政府“兜底”的预期。

G.8
2016年金融运行与2017年展望

李若愚*

摘　要：　2016 年社会流动性平稳充裕，M1 与 M2 剪刀差持续扩大，人民币存款具有活期化倾向，住户部门加杠杆显著，社会资金成本总体下行，人民币汇率小幅贬值。2017 年国际经济金融环境仍充满不确定性和不稳定性，全球流动性可能收紧，国际金融市场动荡仍将加剧。我国需求疲弱势头难有好转，经济下行压力依旧存在，工业通缩好转势头难以持续，整体通胀水平仍然温和。社会融资成本下降的负溢出效应不容忽视，未来下降难度增大。货币政策要长短兼顾，坚持稳健基调，保持社会流动性中性适度，保持银行体系流动性平稳充裕。

关键词：　货币政策　社会流动性　金融运行

一　2016年金融运行基本特征

1. 社会流动性平稳充裕，M1与M2剪刀差持续扩大

2016 年，M2 余额同比增速稳中有落，9 月末同比增长 11.5%，比上年末和上年同期均低 1.9 个百分点。M1 余额同比增速持续强劲上升，与 M2 增速之间的剪刀差持续扩大。M1 由流通中的现金和单位活期存款构成。其中，流通中的现金占比在 15% 左右，单位（包括企业和机关团体）活期存

---

* 李若愚，金融学硕士，国家信息中心经济预测部副研究员，主要研究方向为货币政策、金融运行与金融市场等。

款占比在85%左右。9月末M0同比增长6.6%，仅贡献了4.8%的M1同比增长，单位活期存款增长28.8%，对M1同比增长的贡献率达95.2%。可见，M1增速的飙升缘于单位活期存款的高速增长。M2由M1和准货币（单位定期存款、储蓄存款、其他存款）构成。M1与M2增速走势背离是由于单位活期存款增长快于准货币增长。9月末，准货币同比增速为6.7%，比上年同期低6.79个百分点。

自1996年以来，M1增速上升至15%～25%的高增长区间的情况一共有六次，分别是1996年6月至1997年6月，1999年10月至2000年6月，2002年7月至2004年6月，2006年7月至2007年10月，2009年3月至2010年12月，2015年9月至今。其中，有四次M1高增长且与M2增速走势相背离，另外两次两者走势一致，双双高增长。在这四次M1高增长且与M2走势背离中，1996～1997年的一次，伴随亚洲金融危机爆发，我国经济增速下滑；1999～2000年的一次，伴随CPI负增长，出现通货紧缩；2006～2007年的一次，伴随经济增速下滑和随之而来的国际金融危机（见图1）。当M1与M2两次双双高增长时（2003～2004年、2009～2010年），都伴随着经济增速加快。因此，对于当前M1增速与M2增速走势背离所带来的两者剪刀差扩大不宜进行乐观解读。

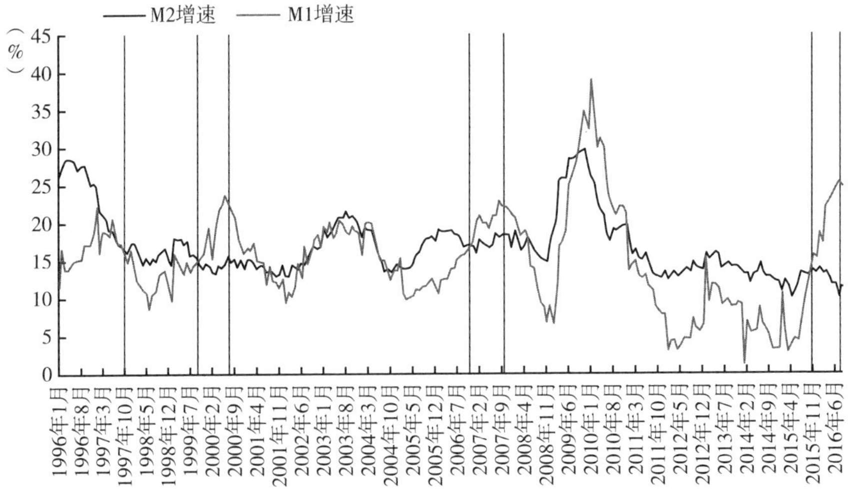

图1　1996年1月至2016年9月M2与M1同比增速

2. 人民币存款有活期化倾向，财政性存款增加较多

与M2增速相应，人民币存款增速也有所回落。2016年9月末，人民币存款余额同比增长11.1%，比上年末低1.3个百分点，比上年同期低1.5个百分点。活期存款增加较多，居民和企业存款均存在活期化倾向。前9个月，住户活期存款累计增加2.25万亿元，同比多增1.04万亿元；非金融企业活期存款累计增加1.90万亿元，同比多增1.53万亿元。自2014年11月以来，央行连续6次降息，由于活期存款基准利率保持不变，定期存款基准利率持续下调，一年期定期存款与活期存款基准利率之差由降息前的2.65个百分点缩小至目前的1.15个百分点，考虑到CPI同比涨幅，9月一年期定期存款实际利率为-0.4%。定活存款利差明显收窄和定期存款实际“负利率”使定期存款在“资产配置”方面吸引力降低，理财、股市、债市等金融投资渠道的丰富，突出了活期存款作为即期购买力的意义，因而存款出现活期化倾向。

财政存款增加较多，前9个月累计新增8419亿元，同比多增2707亿元。考虑到2016年以来财政支出增长远快于财政收入，前9个月公共财政收入增长5.9%，公共财政支出增长12.5%，财政存款的增加应更多地归因于地方政府债务置换和财政存量资金使用效率不高。2016年地方政府存量债务置换债券发行额度在6万亿元左右，新增债券发行额度在1.18万亿元。Wind数据显示，前9个月地方政府债券累计发行5.08万亿元，同比多发行2.63万亿元。

3. 住户部门加杠杆显著，直接融资占比上升

前9个月社会融资规模增量为13.47万亿元，比上年同期多1.46万亿元。间接融资和直接融资均增加较多，表外融资较为低迷。前9个月，对实体经济发放的人民币贷款增加10万亿元，同比多增1万亿元；企业债券净融资2.61万亿元，同比多6916亿元；非金融企业境内股票融资9602亿元，同比多4219亿元。受监管加强影响，未贴现的银行承兑汇票大幅减少，前9个月减少2.05万亿元，同比多减1.46万亿元。表外融资中的委托贷款和信托贷款表现较好，前9个月分别增加1.51万亿元和4795亿元，同比多增

5043 亿元和 4229 亿元。从结构来看，人民币贷款占社会融资规模增量的比重持稳，直接融资占比上升。前 9 个月企业债券占 19.4%，同比高 3.5 个百分点；非金融企业境内股票融资占 7.1%，同比高 2.6 个百分点。

2016 年 2 月 2 日，中国人民银行、银监会联合发布《关于调整个人住房贷款政策有关问题的通知》，进一步下调不实施“限购”措施的城市居民家庭首次购买普通住房的商业性个人住房贷款首付款比例。在这一政策刺激下，住户部门加速加杠杆，住户部门贷款（尤其是以购房按揭为主的中长期消费贷款）出现猛增，与一线城市及部分重点二线城市房价快速上涨形成相互促进之势。前 9 个月，住户部门贷款累计新增 4.72 万亿元，同比多增 1.50 万亿元，其中，中长期消费贷款新增 3.37 万亿元，同比多增 1.72 万亿元，占全部新增贷款的比重达 46.5%，同比提高 16.2 个百分点。

4. 社会资金成本总体下行，银行间利率保持平稳

前三季度，社会融资成本总体下行。从不同融资渠道来看，银行贷款利率保持平稳。9 月，非金融企业及其他部门贷款加权平均利率为 5.22%，比上年 12 月低 0.05 个百分点。民间借贷利率继续下行，9 月，温州民间借贷综合利率为 16.60%，P2P 网贷行业综合利率为 9.83%，分别比上年 12 月回落 2.05 个和 2.62 个百分点。企业债券融资成本下降，9 月公司债发行利率为 3.90%，企业债发行利率为 4.26%，中期票据发行利率为 3.90%，短期融资券发行利率为 3.06%，分别比上年 12 月下降 0.66 个、0.89 个、0.60 个和 0.33 个百分点。影子银行融资成本下行。9 月非证券投资类信托产品一年期预期收益率为 6.69%，比上年 12 月下降 1.18 个百分点。社会融资成本下降减轻了企业利息支出和财务负担。2016 年前 9 个月，全国规模以上工业企业财务费用同比下降 6.1%，利息支出同比下降 8.2%。

2016 年，银行体系流动性保持充裕，公开市场 7 天逆回购操作利率一直稳定在 2.25%，有效引导短期拆借和回购利率稳定在较低水平。隔夜 SHIBOR 总体稳定在 2% ~2.3%，银行间 7 天回购加权利率波动性明显减弱，基本稳定在 2.3% ~2.7% 的区间。

5. 跨境资金持续流出，人民币汇率小幅贬值

对跨境资金流动的监测包括国际收支平衡表中的资本和金融账户（不含储备资产）变动、跨境收付和结售汇数据以及外汇储备规模变化等。2016 年我国跨境资金流出压力持续存在，上半年资本和金融账户（不含储备资产，下同）逆差 1723 亿美元。前三季度银行结售汇逆差 2434 亿美元，银行代客涉外收付款逆差 2543 亿美元。外汇储备规模持续下降。9 月末，我国外汇储备余额 31664 亿美元，比上年末累计减少 1640 亿美元。

受美联储加息预期、英国脱欧、德银危机等风险事件影响，2016 年国际金融市场波动加剧，市场避险情绪升温。我国持续面临跨境资金流出压力，人民币贬值预期也一直存在。10 月 1 日，人民币正式加入 IMF 的特别提款权（SDR）货币篮子，比重超越日元与英镑，位列第三，仅次于美元和欧元。在上述因素影响下，人民币汇率双向波动增强，总体小幅贬值。按中间价和即期汇价计算，前 9 个月，人民币对美元分别累计贬值 2.76% 和 2.64%。中国外汇交易中心发布的 CFETS 人民币汇率指数累计贬值 6.81%。

二　2017年金融运行与调控面临的主要问题

1. 全球流动性可能收紧，国际金融市场动荡加剧

国际清算银行（BIS）定期发布的“非美地区的非银部门美元计价债务存量”是观测全球流动性变化、衡量全球金融市场融资难易程度的重要指标。美、欧、日作为世界主要储备货币发行经济体，其货币政策具有很强的溢出效应，是全球流动性波动的主导因素。从 BIS 公布的相关指标变化来看，2008 年国际金融危机爆发以后，全球流动性因美、日、欧相继实行超常规宽松的货币政策而持续快速扩张。但与 2015 年 12 月美联储首次加息相对应，2015 年第三季度末，“非美地区的非银部门美元计价债务存量”为 9.8 万亿美元，与上季末持平，自 2009 年以来首次停止增长。2016 年第一季度末，该指标仍停留在 9.8 万亿美元。新兴经济体“非美地区的非银部门美元计价债务存量”则自 2015 年第四季度以来出现绝对水平下降，显示新兴经济体流动性有所缩减（见图 2）。

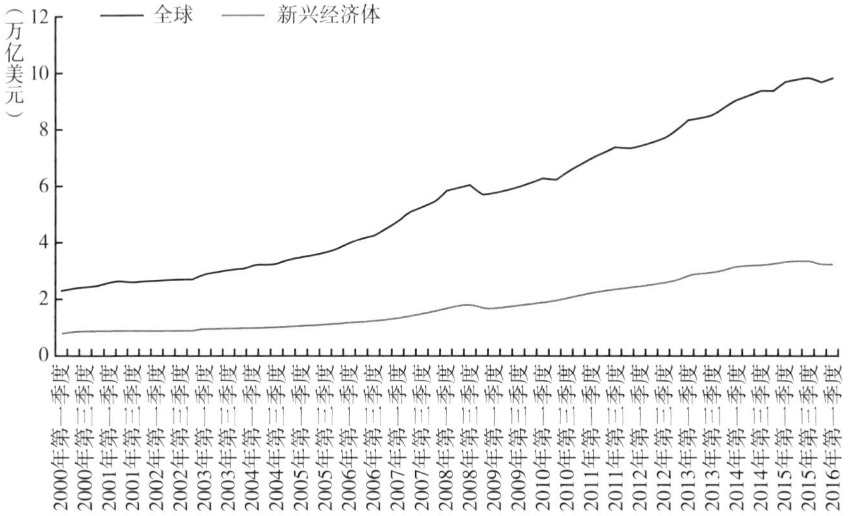

图 2　非美地区的非银部门美元计价债务存量

目前，国际上对美、日、欧超常规宽松货币政策效应递减、存在负面效果和隐患已开始进行反思。美联储开始逐步退出超常规宽松政策，2016 年 12 月再次加息几成定局，2017 年仍有加息 1～2 次的可能。坚定实施量化宽松（QE）和负利率政策的欧洲央行、日本央行也开始有所顾忌。日本央行在 2016 年 9 月引入收益率曲线作为政策目标，称将继续购买日本国债直至 10 年期国债收益率保持在 0 附近。相比以往的负利率和量化宽松政策，日本最新的货币政策将使日本长期国债利率由负转零，因而，实际并非宽松而是收紧。欧洲央行每月购买 800 亿欧元资产的 QE 计划将于 2017 年 3 月到期，目前尚未释放延长 QE 的政策信号。美日欧货币政策边际收紧会带来全球流动性的收紧。这意味着长期存在的美元流动性泛滥的宽松环境开始改变。全球流动性收紧将对新兴经济体经济金融稳定形成一定冲击。尤其是未来，意大利宪政改革公投、美国大选后的政策走向、美联储加息等风险事件仍将层出不穷。全球流动性收紧与未来风险事件增多将影响国际金融市场的资金状况和风险偏好，金融动荡难以避免。

2. 需求疲弱势头难有好转，经济下行压力依旧存在

由于“稳增长”对政府投资支出、政策刺激和房地产市场的依赖性仍很强，企业投融资意愿不高，民间投资和制造业投资持续低迷，需求疲弱势头难以改变，2017 年经济下行压力仍较大，GDP 增速将延续“稳中略缓”态势。

首先，民间投资与企业贷款增势低迷表明企业投融资意愿不强。2016 年前 9 个月，民间投资累计同比增长 2.5%，前 9 个月非金融企业及机关团体贷款增加 5.27 万亿元，同比少增 7100 亿元。特别是用于企业日常运营的短期贷款，在 4 月、5 月、7 月和 8 月均出现净减少，前 9 个月，非金融企业短期贷款累计同比少增 7593 亿元。

其次，调控措施对未来房地产市场销售和投资的增长带来一定压力。2015 年下半年以来，房地产市场销售和投资全面回暖，一线和部分热点二线城市房价快速上涨。本轮房地产开发投资回暖势头自 2016 年 5 月以来开始趋弱。作为先行指标，5～9 月，商品房新开工面积累计同比增速连续 5 个月回落。为抑制房价的过快上涨，国庆节前后，先后有 20 多个一线和部分热点二线城市的地方政府出台了房地产调控政策。受上述调控政策影响，未来房地产市场销售和投资增长将承受一定下行压力。

最后，“稳增长”对政府基建投资支出、政策刺激依赖性仍很强，经济增长内生动力疲弱。政府基建投资、房地产市场和汽车市场阶段性回暖是目前拉动内需增长的主要力量。但房市和车市的回暖在很大程度上是政府政策刺激的结果。车市的回暖得益于国家出台的 1.6 升及以下排量车型购置税减半的优惠政策。2016 年前 9 个月，1.6 升及以下排量乘用车销售同比增长 22.1%，占乘用车销量的比重为 71.8%。本轮房市回暖则得益于 2015 年的“3.30 新政”和二孩政策等的刺激。

3. 工业通缩好转势头难以持续，整体通胀水平仍然温和

2016 年 PPI 持续回升，当月同比降幅由 1 月的同比下跌 5.9% 转为 9 月的同比上涨0.1%，工业领域的通缩状况明显好转。钢铁和煤炭价格回升是带动PPI回升并且月度同比转正的重要因素。9月，黑色金属冶炼和压延加工业价格、有色金属冶炼和压延加工业价格和煤炭开采和洗选业价格同比分别上涨10.1%、1.2%和4.1%，这三大行业合计影响当月PPI同比上涨约0.8个百分点，远超过PPI当月同比涨幅。

导致PPI回升的因素主要有以下几个，一是2016年以来中央政府强力去产能政策落地以及房地产、汽车市场销售回暖造成煤炭、钢铁短期供求紧张。与去产能相伴随的控产量造成2016年前9个月煤炭产量同比减少10.5%。二是以原油为代表的国际大宗商品价格回升与人民币小幅贬值带来相关工业品输入性涨价压力。2016年前9个月NYME原油期货价格累计涨幅达29.6%。三是煤炭和钢铁等短期供求紧张和“去产能”的深入推进激发市场涨价预期。

需要看到，本轮由煤炭和钢铁价格带动的PPI回升是结构性的、修复性的、阶段性的反弹，持续回升的基础较为脆弱。一是国内需求侧疲弱势头并未好转，供给侧依然产能过剩严重，供求紧张不可持续。二是国际大宗商品价格将继续温和复苏，但面临美联储加息和美元走强的打压。三是推动煤炭和钢铁价格回升的心理因素和投机因素将弱化。在本轮价格回升中，煤炭和钢铁期货价格领先现货价格上涨，涨幅较现货价格更为显著，表明相关价格上涨存在一定的预期因素和投机因素。在供求基本面未发生根本变化的情况下，心理因素和投机因素未来将逐步回归正常。

2016年通胀水平整体温和，前9个月CPI同比上涨2%，GDP平减指数累计上涨0.7%。作为影响CPI的重要因素，2016年上半年猪肉价格大幅上涨，下半年随着供应增长，猪肉价格进入下行、回调周期。从养殖开始到猪肉出产至少要6~9个月时间，因此，猪肉价格走势大约按照三个季度一个周期波动。目前国内生猪供应量充足，但生猪及能繁母猪存栏量仍处于历史偏低水平。预计2017年猪肉价格将先跌后涨，涨幅与2016年相当。综合考虑经济增长、猪肉价格和PPI走势等因素，预计2017年CPI涨幅将保持在2%左右的温和水平。

4. 社会融资成本下降的负溢出效应不容忽视，未来下降难度增大

2016 年社会融资成本的整体下降虽然利好于实体经济，但也对虚拟经济的进一步膨胀形成刺激，加剧社会资金进一步“避实向虚”。具体表现为以下两点，一是信贷资金推动国内房地产价格再次快速膨胀。2016 年前 9 个月百城住宅价格指数累计上涨 16.6%。个人购房贷款猛增是高房价的“推进器”，低利率水平则对居民“加杠杆”购房形成了刺激。融 360 数据显示，2016 年 9 月全国首套房贷平均利率为 4.44%，二套房贷平均利率为 5.39%，分别比上年同期低 0.47 个和 0.27 个百分点。前 9 个月个人购房贷款增加 3.75 万亿元，同比多增 1.83 万亿元。二是社会资金加速流向金融市场和金融机构，金融领域杠杆风险明显上升。2016 年以来，债市投资者加杠杆交易明显增多，2016 年 8 月银行间市场质押式回购未到期余额比上年同期增加了 22.4%，年初至 8 月中旬，交易所未到期回购余额增加了 51%。

社会融资成本进一步下降的难度在加大。一方面，降息政策出台受到的干扰和牵制因素增多。内部来看，社会融资成本进一步下降可能会刺激杠杆率过快攀升，加剧社会资金“脱实向虚”，资产价格泡沫问题也将更为严重。外部来看，在美联储将进一步加息的情况下，再次降息会造成中美利率政策反向操作进而加剧跨境资金流出和人民币贬值压力。另一方面，信用债违约事件增多使企业发债成本下降的势头曲折和反复。自 2016 年以来，债券市场风险频发，截至 9 月 11 日，信用债市场共有 18 家发行主体的 45 只债券违约，违约金额达 268.11 亿元。信用债违约的增多不仅造成违约高发行业发债难度增大，也造成企业发债成本在第二季度再次转升。2017 年信用债仍面临一定集中到期压力，违约事件仍可能集中爆发。

三　2017年金融调控政策建议

1. 继续实行稳健的货币政策，保持社会流动性中性适度

2017 年，国际经济金融环境仍充满不确定性和不稳定性，我国经济运行依然存在下行风险，供给侧结构性改革任务更为紧迫，金融平稳运行面临的困难和问题进一步增多。2016 年 M2 增速和社会融资规模存量增速远高于名义 GDP 增速，全社会杠杆率进一步攀升，居民部门过快加杠杆推动房地产泡沫进一步膨胀。“去杠杆”与“稳增长”之间的冲突在上升，平衡经济增长和金融稳定的关系难度在加大。货币政策要长短兼顾，坚持“稳健”基调，推动货币供应量、银行信贷和社会融资规模合理增长，营造中性适度的货币金融环境。综合考虑 2017 年经济增长、物价走势等因素，预计 M2 增长 12% 左右，人民币贷款全年增加 12 万亿元左右，社会融资规模增加 16 万亿元左右。

2. 综合运用各种流动性调节工具，保持银行体系流动性平稳充裕

货币市场利率水平是反映银行体系流动性状况的关键指标。央行的流动性管理要加强“利率走廊”间接调控模式，通过逆回购等公开市场操作、SLO、SLF 等流动性调节工具，及时投放和回笼流动性，引导货币市场利率在“利率走廊”内平稳运行，保证银行体系流动性合理适度。我国近年持续面临跨境资金流出压力，外汇占款负增长已成常态。地方政府发债、股市与债市波动等影响银行体系流动性供求的不确定因素也在增多。2017 年要全面考虑、充分评估银行体系流动性供求影响因素变化，及时通过降低法定存款准备金率、公开市场操作净投放流动性、加大 SLF 和 SLO 操作力度等手段来进行“对冲”调节，促进货币市场稳定。

3. 多措并举，积极引导社会融资成本下降

直接调降存贷款基准利率是引导社会融资成本下降的有效手段。但出于为未来政策预留空间和避免降息负溢出效应的考虑，应尽量避免使用直接的全面降息手段。利率调控要充分运用间接调控模式，引导隔夜 SHIBOR 稳定在 2.0% 左右，7 天质押式回购利率稳定在 2.3% 左右。2016 年 8 月 22 日，国务院印发《降低实体经济企业成本工作方案》，对降低融资成本提出了六方面政策措施。未来应加快落实相关政策措施，在银行不良资产处置力度、设立民营银行、发展股权融资、加大融资担保力度等方面实现重点突破。

4. 增强人民币汇率浮动弹性，加强跨境资金流动管理

人民币已纳入 SDR 篮子，对资本项目可兑换、人民币国际化要求进一步提高。未来要进一步推进人民币汇率形成机制改革，加大市场决定汇率的力度，增强人民币汇率双向浮动弹性，保持人民币汇率在合理、均衡水平上的基本稳定。2016 年前三季度，美元兑换人民币的成交金额占人民币兑换外币成交金额的比重达 97%，因此，人民币汇率问题主要是人民币对美元汇率问题。目前在岸人民币对美元即期汇价要低于离岸汇价，更低于离岸 NDF 汇价，远期净售汇持续创出新高，显示人民币贬值预期存在。2017 年，全球流动性收紧和美联储延续加息周期将推动美元保持强势，相应加大新兴市场资本外逃和本币贬值压力。未来要密切关注国际形势变化对我国跨境资金流动和人民币贬值预期的影响，加强对预期的引导，保持必要和适当的干预，完善对跨境资金流动的宏观审慎管理，防止跨境资金流出和贬值预期相互促进和强化。

G.9

2016年债券市场运行分析及2017年展望

徐平生*

摘 要： 2016年，我国债券市场化改革加速推进，良好的制度政策环境推动债券市场继续快速发展；在货币政策宽松空间较小的背景下，市场无风险利率水平低位窄幅波动，而资产荒推动低信用等级债券收益率水平较快下降，信用利差大幅缩小；市场信用风险违约事件继续扩大，信用风险管理工具创新取得重要进展。2017年，政策导向可能逐步转向规范市场发展、货币环境可能有所收紧等都可能使我国债券市场环境趋紧，市场发展增速将会有所降低，市场收益率水平可能有所提高，而信用利差可能有所扩大。

关键词： 债券市场 收益率 违约

一 2016年债券市场运行回顾与分析

1. 债券市场化改革加速推进

自2015年以来，我国债券市场化改革加速推进，相关部门采取综合性政策措施为债券市场的跨越式发展创造了良好的政策制度环境。在2015年已经出台大量改革和放松政策措施的基础上，2016年相关部门继续出台了

* 徐平生，国家信息中心经济预测部财金研究室高级经济师，主要研究方向为宏观经济、资本市场。

大量改革措施。例如，为促进债券市场发展，中国人民银行出台了《全国银行间债券市场柜台业务管理办法》，放宽了投资者主体，首次允许“年收入不低于50万元，名下金融资产不少于300万元，具有两年以上证券投资经验的个人投资者”投资柜台业务的全部债券产品；中国人民银行联合八部委共同发布了《关于金融支持工业稳增长调结构增效益的若干意见》，通过扩大公司信用类债券发行规模、拓展可交换债券和可转换债券市场、积极发展绿色债券等创新金融工具扩大债券市场供给；通过引入更多符合条件的境外机构投资者、解除人民币合格境外机构投资者在外管局总体额度范围内投资银行间市场部分的额度限制等措施增加市场资金供给；发改委建立部分地区企业申请企业债券“直通车”机制，包括北京、上海、山东青岛等在内的40个市（县）所属的企业2016年申请发行企业债时无须经由省级发改委转报而直接申报，极大地便利了企业债的发行；证监会通过发布《公开发行证券的公司信息披露内容与格式准则第38号——公司债券年度报告的内容与格式》和交易所出台相关业务指南，推动公司债信息披露标准化和透明化制度建设，规范公司债预审核、发行及上市和信息披露等行为，促进公司债市场的规范发展。这些政策措施为我国债券市场的发展提供了良好的政策制度环境。

2. 债券市场规模继续大幅扩大

债券发行规模高速扩大。2016年，在积极的财政政策和稳健的货币政策背景下，债券市场服务实体经济、优化资源配置的功能进一步发挥，地方政府债券、企业债等债券发行规模大幅提高使我国债券发行规模高速增长。截至2016年9月底，2016年通过中央结算公司、上海清算所和中国证券登记结算公司登记发行的债券总额高达213713亿元，已达2015年全年215766亿元发行规模的98.8%。其中，在中央结算公司登记发行的债券总额达147686亿元，已比2015年全年发行规模增加2.43%，占债券市场发行总额的69.3%；在上海清算所登记发行的债券总额为41988亿元，是2015年全年发行规模的71.5%，占债券市场发行总额的19.7%；在中国证券登记结算公司登记发行的债券总额为23499亿元，已比2015年全年发行规模增加达82.7%，占债券市场发行总额的11.0%。其中，2016年1~9月，地方政府债券发行规模高达50839.4亿元，比2015年全年38350.62亿元的地方政府债券发行规模增加达12488.78亿元；在中央结算公司登记发行的企业债券规模为4848.7亿元，比2015年全年发行规模增加1417.68亿元。

债券市场总规模大幅增长。2016年9月底，在中央结算公司、上海清算所和中国证券登记结算公司登记托管的债券总额高达568134.53亿元，比2015年底的托管规模增长22.66%。其中，在中央结算公司登记托管的债券总额为421130亿元，比2015年底的托管规模增加20.18%，占债券总托管规模的比重为74.13%；在上海清算所登记托管的债券总额为81683亿元，比2015年底的托管规模增加11.86%，占债券总托管规模的比重为14.38%；在中国证券登记结算公司登记托管的债券总额为65321亿元，比2015年底的托管规模增加达64.39%，占债券总托管规模的比重为11.5%。

3. 信用利差大幅缩小

自2014年以来，随着持续降准降息，我国货币环境大幅放松，债券市场出现持续时间较长、行情较大的牛市行情，债券收益率大幅下降，但进入2016年，货币宽松空间已大幅收窄，基准利率下降空间收窄及下降预期大大降低，在这样的背景下，不同信用等级的债券行情走势出现分化，呈现高信用等级债券收益率低位窄幅波动、低信用等级债券收益率随市场信用风险状况大幅波动后快速下降、信用利差大幅收窄的特点。具体来看，高信用等级债券收益率走势上，2015年底，AAA级企业债券到期收益率（一年）为2.7241%，第一季度随着货币政策进一步宽松逐步下行最低至2.4780%，第二季度随着信用违约事件频发等因素收益率较快上行最高至3.0400%，第三季度则随着信用风险下降、资金面更趋宽松、资产荒导致债券配置需求提高等因素出现一定幅度下行，基本在2.8%左右窄幅波动。低信用等级债券收益率走势则有所差异，主要体现为收益率大幅波动后快速下降，与高信用等级的信用利差大幅收窄。2015年底，A+企业债券到期收益率（一年）为7.7154%，上半年基本在7.5%~8.0%的区间内波动，但7月以来，在信用风险出现下降、流动性更趋宽松和债券配置需求大幅增加等因素的刺激下，收益率持续快速下降，9 月末下降至 6.8189%，10 月 21 日更是大幅下降至 6.4680%。这样的收益率分化走势就导致高信用等级债券和低信用等级债券之间的信用利差出现大幅收窄。2015 年底，AAA 级企业债券到期收益率（一年）和 A + 企业债券到期收益率（一年）之间的信用利差为 499.13 个基点，2016 年 9 月底则收窄至 395.83 个基点，收窄了 103.3 个基点，而到 2016 年 10 月 21 日，两者之间的信用利差进一步收窄至 371.47 个基点。

4. 债券违约风险进一步扩散

随着我国债券市场规模快速扩大、发债条件更加宽松，特别是在近几年我国持续面临巨大的经济下行压力、不少行业产能严重过剩、部分企业杠杆率极高且面临严重的经营困境等不利背景下，不少企业现金流出现严重问题，债券违约风险开始凸显。以 2014 年“超日债”违约为发端，我国债券违约风险呈加速爆发态势。2014 年，我国债券市场共有 5 只债券发生违约，违约总金额为 11.6 亿元；2015 年全年，我国债券市场共有 22 只债券发生违约，违约总金额为 124.1 亿元；2016 年 1 ~9 月，我国债券已有高达 48 只债券发生违约，违约总金额高达 277.31 亿元。并且，当前我国债券违约已体现为全面爆发的特点，在发行主体上，不仅是民营企业发生违约，地方国企和中央国企也发生违约，而一些地方国企违约的金额和社会影响尤为严重；在违约品种上，从短期融资券、中期票据、企业债、定向工具和私募债等几乎全部债券品种都发生过违约。随着债券违约风险频发、刚性兑付的打破，大量企业的主体信用评级遭到下调，债券延期发行或取消发行行为大量发生。

5. 债券市场风险管理工具创新取得重要进展

随着我国债券市场的快速发展，市场信用风险已成为常态，而刚性兑付的打破则使信用风险管理工具的需求变得日益迫切，债券市场风险管理工具创新开始加速进行并取得重要进展。银行间市场交易商协会对 2010 年发布的《银行间市场信用风险缓释工具试点业务指引》进行了修订完善，形成了《银行间市场信用风险缓释工具试点业务规则》，以及相配套的信用风险缓释合约、信用风险缓释凭证、信用违约互换（Credit Default Swap，CDS）、信用联结票据四份产品指引，于2016年9月23日正式发布，并同步发布了《中国场外信用衍生产品交易基本术语与适用规则（2016年版）》，标志着中国版的CDS业务正式获批。信用违约互换，也叫贷款违约保险，是一种将参照资产的信用风险从信用保护的买方转移给信用保护卖方的金融合约，信用保护买方按照约定的标准和方式向信用保护卖方支付信用一定的保护费用，信用保护卖方就约定的一个或多个参考实体向信用保护买方提供信用风险，买方付出费用后只有权利而没有义务，而卖方接受报酬后只有义务而没有权利，一旦债券违约，买方就可以要求卖方履约来转嫁信用风险。CDS具有对冲信用风险增加债券市场流动性、揭示信用风险、价格发现等功能，为市场提供了信用风险保护和对冲工具，将进一步完善市场信用风险分散分担机制和信用风险的价格形成机制，其推出和发展将有助于我国债券市场的发展。

二　2017年债券市场运行展望

1. 债券市场运行环境可能趋紧

自2014年以来，在稳增长的背景下，债券市场的地位大幅提高，相关部门出台了综合性政策措施从供给和需求两方面大力促进了债券市场的改革和发展，我国债券市场规模大幅扩大；同时，随着持续降准降息及多种货币市场工具的运用，我国货币环境持续宽松，而资产荒又导致对债券的配置需求大幅提高，我国债券市场行情出现持续时间较长的牛市行情，债券到期收益率水平大幅下滑，而信用利差也大幅收窄。但是，2017年我国债券市场运行环境可能将会发生一定变化，很可能将趋紧。

首先，政策导向将从主要推动发展向进行规范逐步转变。前两年，相关部门在对债券市场进行改革时主要是从发挥债券市场融资功能上的，政策导向更多地集中在放松管制、便利发行等方面。但是，随着债券市场的大扩容，债券违约风险爆发频率加快，债券市场的风险不容忽视，引导债券市场规范发展将成为重中之重，政策导向将会逐步发生变化。

其次，货币政策宽松环境可能将会有所趋紧。从国际上看，非常规的宽松政策效果不佳，遭受的质疑越来越烈，欧、美、日央行已面临越来越大的收缩压力。9月，日本银行不仅未能推出进一步的宽松政策，反而借检讨货币政策而引入“调控孳息曲线”措施，变相放弃了货币扩张硬指标，高出市场预期；而欧洲央行则被传出在QE政策尚有半年到期即研究逐步减少购债规模；在保守党年会上，英国新首相很不寻常的向英格兰银行直斥宽松货币政策有恶劣的一面，造成富者越富、贫者越贫；美国共和党总统候选人特朗普则炮轰美联储主席耶伦人为制造低息来操纵经济利益分配，忽视普罗大众。从国内来看，宽松货币政策不仅造成资金空转，还形成了严重的资产泡沫，并对人民币汇率形成严重冲击。过度宽松的货币政策不仅难以解决实体经济的问题，反而可能形成新的金融风险。结合国际、国内金融形势，2017年货币政策进一步宽松的可能性较小，并可能有一点程度的收紧。

2. 债券市场规模增速可能出现一定程度放慢

2015年、2016年我国债券市场出现了一轮大扩容，债券发行规模和托管规模大幅扩大。但这主要是通过地方政府债券和企业债大量发行形成的。2017年这两个推动债券市场规模快速膨胀的主要因素将会发生变化。首先，从地方政府债务发行来看，2014年、2015年、2016年这三年地方政府债务置换债券已完成接近10万亿元，剩余未置换地方政府债务已下降至5万亿元左右，即使这部分地方政府债务全部在2017年置换为债券，其规模也难以超过2016年。其次，在当前降杠杆背景下，企业债券经过爆发式增长后，继续大幅增长的压力较大。

3. 债券收益率可能有所提高

一方面，2017年货币政策环境可能有所收紧，资金面将较2016年有所变紧，而当前管理层出于规范市场发展、控制市场风险等方面的考虑，正在陆续出台相关措施降低债券市场杠杆水平，这些因素都将在一定程度上推动市场利率水平的回升，也将在一定程度上导致债券收益率水平提高。另一方面，随着低信用等级债券收益率水平较大幅度下降，信用利差可能已无法真实反映市场信用风险状况，而信用风险事件甚至实质违约可能超出预期重新频繁爆发，未来无法刚性兑付的实质违约将越来越多地成为常态，这可能对市场风险偏好形成严重打击，从而导致信用利差回归常态水平。

三　推动债券市场规范发展的政策措施

随着我国债券市场规模的快速膨胀，债券市场对金融体系的重要性越来越大，债券市场风险可能的影响也越来越大，推动我国债券市场规范发展、控制债券市场风险的意义越来越重要。

1. 继续完善债券市场信息披露制度

充分真实的信息是债券定价发行、交易和风险处置的根基，必须继续完善发行信息披露和重大信息披露制度，大力加强市场透明度。

2. 继续完善中介机构尽职履责的激励惩罚机制

主承销商、信用评级机构、会计师事务所、律师事务所、托管人等中介机构在债券发行、交易、信息披露、风险处置等方面发挥着至关重要、无可替代的作用，必须继续加强对主承销商、信用评级机构、会计师事务所、律师事务所、托管人等中介机构的监管，规范这些机构的行为，完善执业诚信评价体系，形成中介机构尽职履责的激励惩罚机制。

3. 做好债券市场风险防范

首先，要做好市场监测和风险预警。要加强中国人民银行、证监会、发改委等部门的信息共享，充分发挥交易商协会、信用评级机构等市场机构的作用，加强跨行业、跨市场跟踪监测和风险预警，及时发现风险苗头。其次，完善信用风险处置机制。做好持有人会议、受托管理人制度与司法程序的制度衔接，提高破产执行效率，防止恶性逃废债券，降低风险处置成本，维护投资人合法权益。最后，积极发展信用风险管理工具。CDS 等风险对冲管理工具具有价格发现、揭示信用风险、增加债券市场流动性等功能，将在相当程度上改变当前投资者基本依赖信用评级等级分类、授信等信息进行被动信用风险管理的局面，有助于分散风险、控制风险。

G.10

2016年国际收支形势分析及2017年展望

陈长缨*

摘　要：　2016年，全球经济复苏缓慢，国际金融市场复杂多变，国内经济仍在底部运行，但整体运行基本平稳。我国国际收支经常账户顺差出现较大下降，受境外投资增速加快等因素影响，资本账户逆差扩大，外汇储备继续减少，人民币汇率出现小幅贬值。2017年，全球经济将有所回暖，国内经济仍将面临下行压力，预计我国国际收支将继续经常账户顺差、资本账户逆差的结构，国际收支和汇率贬值风险基本可控。

关键词：　国际收支　外汇储备　金融市场

一　2016年国际收支的基本形势

2016年，世界经济处于深度调整期，呈现发达经济体复苏乏力、新兴市场经济体继续分化的趋势，国际金融市场复杂多变，并历经了多轮波动。2016年10月，国际货币基金组织（IMF）最新的《世界经济展望》预测，2016年全球经济增速为3.1%，与上年3.2%大体相若，其中，发达经济体增速为1.6%，较上年大幅放缓0.5个百分点，新兴市场经济体增速为4.2%，比上年高出0.2个百分点。其中，美国经济虽然上半年复苏乏力，

* 陈长缨，国家发展和改革委员会对外经济研究所副研究员，主要研究方向为国际贸易、国际金融。

但年中之后在补库存和外贸出口好转的带动下，三季度增长2.9%，预计全年增速为1.6%，较上年大幅放缓1个百分点；欧元区经济出现积极变化，失业率下降，但存在通货紧缩风险，英国脱欧、欧盟银行业风险上升等对经济有可能产生不利影响，预计增速为1.7%，较上年下降0.3个百分点；日本经济则继续在低位徘徊，预计增速为0.5%，与上年持平。新兴市场经济体中，印度经济表现抢眼，预计增速为7.6%，东盟五国将保持4.8%的较高增速，一些资源依赖型国家经济虽然好于上年，但仍为负增长或低增长，如俄罗斯增速为-0.8%，好于上年-3.7%的水平，巴西增速为-3.3%，略好于上年-3.8%的水平，但也有一些经济体增速出现较大下降，如沙特阿拉伯增速为1.4%，大大低于上年3.4%的水平。与此同时，虽然各国货币政策有所分化，但整体仍维持低利率格局：受美国经济走势不及预期影响，前三季度美元加息预期落空，前三季度美元指数下跌2.8%；欧元区则加大量化宽松政策力度，欧元利率下调；日元则在年初就实施了负利率；而新兴经济体货币政策出现分化，俄罗斯、韩国等降低利率，南非等国则上调利率。国际金融市场出现了多次震荡，第一季度受中东国家主权基金赎回、欧洲银行业风险暴露等影响，投资者避险情绪加剧，6月受英国公投脱欧影响，短期内全球股市暴跌，英镑、欧元大幅贬值，但市场在短期震荡后逐步企稳。

2016年，我国经济虽仍在底部运行，但整体运行基本平稳。前三季度，我国GDP同比增长6.7%，虽略低于2015年6.9%的水平，但各季度增长比较一致，出现了经济触底企稳的特征，同时前三季度居民消费价格CPI同比上涨2%，就业形势基本稳定。供给侧结构性改革取得一定进展，新产业、新业态、新商业模式不断增加，创新对经济发展的拉动作用增强，新增长动能正在逐步形成。但一些经济风险也不容忽视，如经济增长对房地产和基建投资依赖增大，部分地区房价上涨过快，民间投资和实体经济动力不足，区域经济分化加大，债务杠杆、房地产和金融风险上升等。

受国内外环境影响，2016年，我国国际收支出现经常账户顺差、资本账户逆差的结构，各项目普遍流出增加、流入减少，外汇储备余额继续下降，人民币汇率持续小幅贬值。整体看来，2016 年国际收支尤其是短期资本虽然继续波动，但波动幅度和频率、短期资本流出规模、国际收支风险等均小于上年。据国家外汇管理局发布的国际收支平衡表，2016 年上半年，我国国际收支总差额（即经常账户差额 + 资本和金融账户差额，不含储备资产，它反映我国国际收支的基本情况）为逆差 687 亿美元，较上年同期 230 亿美元的顺差出现较大反转，其中，经常账户顺差 1035 亿美元，同比减少 451 亿美元；资本和金融账户（不含储备资产）逆差 1722 亿美元，比上年同期增加 466 亿美元（见表 1）。

表 1　2016 年上半年中国国际收支情况

单位：亿美元

项目	2016 年上半年	项目	2016 年上半年
1. 经常账户	1035	贷方	2
贷方	11798	借方	-4
借方	-10763	2.2 金融账户	-143
1.1 货物和服务	1163	资产	-780
贷方	10549	负债	636
借方	-9386	2.2.1 非储备性质的金融账户	-1721
1.1.1 货物	2298	2.2.1.1 直接投资	-466
贷方	9204	资产	-1214
借方	-6906	负债	748
1.1.2 服务	-1135	2.2.1.2 证券投资	-331
贷方	1345	资产	-377
借方	-2480	负债	46
1.2 初次收入	-96	2.2.1.3 金融衍生工具	-24
贷方	1087	资产	-46
借方	-1182	负债	22
1.3 二次收入	-33	2.2.1.4 其他投资	-900
贷方	162	资产	-720
借方	-194	负债	-179
2. 资本和金融账户	-145	2.2.2 储备资产	1578
2.1 资本账户	-1	3. 净误差与遗漏	-890

资料来源：《2016 年上半年中国国际收支报告》，国家外汇管理局。

1. 经常账户顺差大幅减少

2016 年，我国经常账户顺差大幅减少，主要是因为货物贸易顺差收窄和服务贸易逆差扩大。经常账户内部，2016 年上半年，货物贸易顺差 2298 亿美元，同比减少 268 亿美元，服务贸易逆差 1135 亿美元，同比增加 180 亿美元，初次收入逆差 96 亿美元，二次收入逆差 33 亿美元，后两项同比变化不大。上半年，经常账户顺差与 GDP 之比为 2.0%，同比下降 1.1 个百分点，处于国际公认的合理范围内。

（1）货物贸易顺差基本持平

2016 年，我国货物贸易继续下降。前三季度，按海关统计口径，我国货物进出口 26777 亿美元，同比下降 7.8%，其中，出口 15370 亿美元，同比下降 7.5%，进口 11407 亿美元，同比下降 8.2%，贸易顺差 3964 亿美元，与上年同期顺差 4241 亿美元比较接近。

从出口看，一方面，全球经济疲弱减少了外需。2016 年，全球经济增速虽与上年基本持平，但发达经济体增速下滑较大，而后者是我国出口的主要目的地，对我国出口影响更大，我国对美国、欧盟、日本等出口都出现一定的负增长。另一方面，我国出口正在转型调整，劳动密集、低附加值的出口逐步减少，而技术密集、高附加值的出口面临发达经济体的竞争，出口优势尚未形成，此外，在贸易升级过程中，一些更高端、更高形态的国际分工方式，如技术贸易出口、境外企业生产等，并不反映为传统的货物贸易出口。从进口看，我国经济位于低谷、内需不足导致进口需求下降，在国内产业升级后，一些中高端产品由进口转为国内采购，也进一步减少了需求，此外大宗商品持续出现“价跌量涨”。此外，人民币汇率走弱也产生了促进出口、减少进口的效应。

第四季度，我国外贸仍会延续前三季度下滑走势，但降幅有所趋缓，预计全年货物贸易总额在 3.5 万亿美元左右，约比上年下降 7%，贸易顺差将超过 4500 亿美元。

（2）服务贸易逆差扩大

2016 年上半年，我国服务贸易收支总额为 3825 亿美元，同比增长 7%；

其中，服务贸易收入1345亿美元，同比下降3%；支出2480亿美元，增长13%；逆差1135亿美元，扩大40%。近年来，我国服务贸易持续增长，逆差增加，反映出我国经济服务化趋势加快，但由于我国服务业的整体竞争力不强等，快速增长的服务业需求更多地转化为对国外服务业的进口。

旅行账户是服务贸易中最重要的，其逆差增加是服务贸易逆差扩大的主要原因。近年来，受国内居民收入提高、部分国家签证政策放松等影响，国内出境人员继续快速增长，境外消费水平较高，境外留学人数也与日俱增。上半年，我国公民出境旅游达5903万人次，同比增长4.3%，旅行账户支出1605亿美元，增长19%，而收入550亿美元，仅增长1%，逆差1055亿美元，占总服务贸易逆差的比重超过九成。也要看到，我国服务贸易结构也日趋优化，新兴、高附加值服务贸易比重不断上升，如上半年电信计算机和信息服务、娱乐、知识产权使用费等收支总额均同比增长8%以上，而传统的运输服务收支总额则下降了12%。影响服务贸易的因素相对平稳，预计全年服务贸易逆差还会进一步扩大。

（3）初次和二次收入账户均为逆差

上半年，初次收入项（即原“收益”项目）收入1087亿美元，支出1182亿美元，逆差96亿美元，而上年同期则为顺差22亿美元。初次收入由雇员报酬和投资收益两部分组成，其中，雇员报酬顺差107亿美元，同比下降29%；受国内外经济不景气影响，投资回报、利息收入等减少，导致投资收益账户的收入和支出都出现一定程度下降，且逆差扩大到205亿美元，同比增加55%。由于境内居民对外转移现金和商品的意愿有所上升，二次收入项下收入162亿美元，支出194亿美元，逆差33亿美元，上年同期则为顺差1亿美元。预计下半年初次和二次收入账户走势仍延续上半年走势，全年都会出现一定逆差。

2. 资本和金融账户出现较大逆差

资本和金融账户主要反映长期资本和短期资本的流入流出状况。2016年，受对外直接投资大幅增加影响，直接投资账户由上年较大顺差转为较大逆差，是造成资本账户逆差扩大的主要原因；而反映短期资本流动的证券投资、其他投资账户，继续保持逆差，但整体逆差规模缩小。整体看来，2016年，资本账户变动较多地反映了我国开放型经济发展阶段、参与国际分工方式等中长期变化，短期因素对资本账户的影响低于上年。

（1）直接投资转为较大逆差

2016年，全球直接投资在上年大幅增长的基础上有较大下降，据联合国贸发会议9月的预测，2016年全球直接投资同比下降10%～15%，但我国双向直接投资，特别是境外直接投资却逆势增长，不但与大部分国家形成了鲜明反差，而且与我国对外贸易也形成了此消彼长的对比，这表明我国对外开放正发生由贸易向投资的转变，国际分工形态趋于中高端化，也是我国经济新常态的特征之一。

从利用外资看，虽然我国经济增速放缓，风险增加，但增长动力和发展模式正在逐渐转换，加之开放幅度扩大、产业升级对外资需求增加等因素，外资对我国中长期投资仍有信心，对华直接投资与上年基本持平。前9个月，按商务部统计口径，我国非金融类实际使用外商直接投资950.9亿美元，同比微增0.2%。更显著的变化来自境外投资，目前，我国企业境外投资的意愿和能力都不断增强，开始营造以我国为核心的国际分工体系，加之“一带一路”建设取得实质性进展，我国对外直接投资呈现迅猛发展的势头。前9个月，按商务部统计口径，我国非金融类境外投资1342亿美元，同比大幅增长53.7%。

综合来看，无论是按国际收支统计口径还是商务部统计口径计算，2016年直接投资流出规模都将大大超过流入规模，直接投资项目出现较大逆差。显然，我国已成为直接投资的净流出国，也是全球直接投资的重要来源地。

（2）证券投资和其他投资账户保持逆差

证券投资和其他投资对短期指标和预期因素比较敏感，是近年来引发我国国际收支波动、风险上升的最主要因素，2016年这两个账户仍波动较大，整体继续出现逆差。

从证券投资看，上半年，既受境内主体加大全球资产配置的长期因素影响，同时更受国内外经济走势、股市变化、美元加息和人民币贬值预期等短期因素影响，我国增持境外短期资产增加，境外增持我国短期资产减少，证券投资项下净流出331亿美元，同比增长38%，其中，股权投资净流出130亿美元，债券投资净流出202亿美元。短期因素尤其是市场预期的变化导致证券投资项目波动较大，第一季度证券投资出现了409亿美元的大规模净流出，而第二季度在外汇市场趋于稳定后，则转为78亿美元的净流入。

从其他投资看，上半年其他投资项下净流出900亿美元，同比下降53%。一方面，境内主体积极参与国际经济活动，导致该项下对外资本输出继续增加，但增幅下降，表明这些短期对外投资逐步稳定。另一方面，我国企业等主体正在逐步去杠杆，也包括减少境外借款、加快外债偿还以降低对外负债，加之国内亦有部分资金通过该项外流，造成其他投资项下负债继续出现净流出，但大大低于上年同期水平。

3.外汇储备减少，人民币汇率小幅贬值

2016年9月末，我国外汇储备余额为31664亿美元，比2015年末减少了1640亿美元，预计全年将进一步下降，年末外汇储备降至3.1万亿美元左右。这是我国外汇储备连续第二年下降，但降幅明显低于上年。

2016年，人民币对主要货币出现一定贬值，人民币走势整体偏弱，在全球主要货币中贬值幅度较大。9月末，人民币对美元汇率为6.6778元/美元，比2015年末贬值2.84%；人民币对欧元汇率为7.488元/欧元，贬值5.54%；人民币对日元汇率为6.601元/100日元，大幅贬值22.5%。预计第四季度人民币仍会继续小幅贬值。与此同时，人民币汇率形成机制进一步市场化，春节后形成了“收盘汇率+一篮子货币汇率变化”的新机制。此外，人民币汇率双向浮动弹性明显增强，前三季度，境内外人民币汇率差价缩小，这都表明境内外市场基本认同人民币汇率机制和水平，市场预期趋于稳定。

二　2017年国际收支展望

受国内外环境变化影响，国际收支将继续维持“经常账户顺差、资本和金融账户逆差（不含储备资产）”的格局，但流出规模会超过流入，导致外汇储备继续减少，人民币汇率在双向频繁波动基础上，有可能持续小幅贬值。我国国际收支由过去长期的“双顺差”结构转为近两年的“一顺差、一逆差”结构，是我国提升国际分工地位的结果，有可能在今后一段时间内持续出现。

由于我国经济下行走势与美国、印度等经济转好趋势出现背离，短期资本尤其是投机资本跨境流出的风险增加，这对我国国际收支和人民币汇率都会产生不良影响，但整体看来，以上风险基本可控。原因在于，一是我国经济增长在全球主要国家中位居前列，财政金融等宏观经济政策比较稳健，经济发展的回旋余地大，我国对投资者仍有很大的吸引力，相比之下，国外回报率较高、稳定安全的投资机会有限；二是我国经常账户特别是货物贸易账户一直保持较大顺差，外汇储备充裕，即使在近两年明显下降后，外储规模仍是位居全球第二的日本2.5倍以上，对外支付能力尤其是对进口和外债的支付能力很强；三是人民币汇率弹性增强、汇率形成机制规则性和透明度提高后，汇率对调节国际收支和内外均衡的能力大大提升，此外我国还可以运用多种政策工具和手段来防范和应对国际收支和人民币汇率风险，近年来国际投机者几次“做空”人民币都没有取得预期效果。

1. 经常账户保持顺差

（1）货物贸易顺差扩大

2017年，我国外贸面临的内外部环境都将有所改善。从外部环境看，一是全球经济和贸易都可能复苏，尤其是全球贸易回暖进程加快，外需转暖将有利于增加我国出口；二是国际大宗产品价格下降趋势逆转，据IMF预测，2017年原油价格将改变连续四年的下降势头转为17.9%的上涨，我国近年来能源进口“量增价跌”的现象将得到改观，进口额有望回升；三是人民币对主要货币走软，将有利于扩大出口、减少进口。从国内环境看，一是我国贸易结构升级逐步取得成效，不但中高端出口产品、新兴产业产品比重逐步上升，而且随着传统出口产品的质量、品牌等战略实施，其出口单位附加值也稳步增加；进口升级趋势也比较明显，不但对高质量消费品进口需求快速增长，而且对技术含量高的设备等资本品进口也有很大需求；二是我国境外投资进入快速发展期，加之“一带一路”战略加快实施，会带动我国成套设备、工程机械等出口；三是近年来我国跨境电商快速发展，摆脱了对跨国公司传统销售渠道的依赖，不但开辟了出口新渠道，而且也有利于提升出口产品价格。但亦须看到，我国出口受发展中国家中低端产品和发达国家中高端产品双重挤压的趋势将长期存在，即使内外部环境好转，我国出口也不具备快速增长的条件。

综合判断，预计2017年我国货物贸易在连续两年负增长的基础上止跌回稳，其中出口有望实现小幅正增长，进口受大宗产品价格影响较大，预计降幅低于上年或与上年基本持平，在出口形势优于进口的大背景下，预计货物贸易顺差有所扩大。

（2）服务贸易逆差继续增加

服务贸易收支，主要受我国服务业竞争力不强、国内收入增加对境外需求增大等中长期结构性因素影响，近年来逆差不断扩大。一些短期因素对服务贸易收支产生影响，如发达经济体经济回暖有利于增加来华旅游人数，人民币贬值将提高境外旅游和留学等价格，但这些短期因素不足以抵消长期影响因素，此外我国信息服务等行业虽然竞争力有所提升，但其基数不大，增加服务贸易收入的作用有限。预计2017年服务贸易逆差将继续扩大，旅行账户仍是逆差的主要来源。

2. 资本和金融账户逆差进一步上升

（1）直接投资逆差扩大

联合国贸发会议预测，受全球经济整体向好影响，2017年全球直接投资将出现一定反弹，这有利于我国双向直接投资发展。从利用外商直接投资看，我国较高的经济增速、巨大的市场规模和潜力、稳定完善的投资环境等，对全球长期投资者仍有较强吸引力，同时受国内产业升级影响，对包括制造业在内的高质量的外资需求增加，但国际对外资竞争激烈，一些新兴经济体承接发达经济体产业转移加快，将对我国利用外资产生分流作用。从境外直接投资看，不但我国企业对外投资优势增强、全球化布局加快、境外投资经验不断累积，而且包括“一带一路”和产能国际合作在内的和支持“走出去”的政策体系也逐步完善，我国进入境外投资的高速增长期，但也要注意防范投资国的政治、经济、财务和盲目“跟风”等风险。

预计2017年我国直接投资流入基本稳定或略有增长，而境外投资仍会保持高速增长，我国有可能成为全球第二大境外投资国，直接投资账户的逆差规模还将继续上升。

（2）证券投资和其他投资保持逆差

2017年，各类引发短期资本流出的因素增加。一是我国与部分国家经济增速背离趋势，相对提高了境外短期资本的回报率，增强了后者的吸引力；二是美元加息可能性很大，而人民币利率还有可能下调，两种货币利率走势的背离，不但会导致债券投资净流出增加，而且其他短期资本流出也有影响；三是受全球经济回暖影响，境外主要股市上涨概率较大，而我国股市不具备大幅上涨的条件，境外股市对短期资本吸引力更强，预计股本证券净流出扩大；四是人民币持续小幅贬值，导致一些套汇资本外流，将人民币资产换成外币资产；五是我国房地产等风险上升，经济运行的一些不确定性增加等，会导致短期避险资金转持境外资产。当然，国内企业等主体在国际化经营过程中，也要适当调整境内外资产结构，增持境外资产的意愿较高。

因此，预期2017年境内外主体倾向于增加国外资产、减少对外负债，证券投资和其他投资账户将继续出现逆差。同时，这两个账户受市场信号影响较大，会存在较大波动，但在正常情况下，不存在大规模短期资本流出的基础。

3. 外汇储备余额下降，人民币汇率继续小幅贬值

2017年，若国内外金融市场不出现大的动荡，我国外汇储备虽可能继续减少，但降幅不大，大体比2016年减少2000亿~3000亿美元，年末外汇储备余额约在2.8万亿美元。受我国与部分大国经济走势、政策取向分化的影响，预期人民币汇率在双向波动基础上整体继续走弱，人民币对美元汇率有可能出现小幅贬值。

三 政策建议

1. 重点防范短期资本流出对国际收支的影响

近年来，短期资本流入流出对我国国际收支影响很大。前几年中国经济运行相对较好，国内一些资产价格快速上升，通过各种渠道吸引了不少境外短期资本流入，累积形成了较大存量，这些资本对短期市场信号和市场波动比较敏感；在外汇管制逐步放松的情况下，我国居民也有多种渠道持有境外资产。2017 年影响短期资本外流的因素很多，要注意防范由市场信号变化带来的预期变动、市场恐慌情绪、“羊群效应”等，以及引发的短期内大规模资本外流。为此，一是要继续完善跨境资金流动监测分析预警体系，加强对外汇交易的真实性和合规性审核，加大打击地下钱庄等违规经营和违法犯罪力度；二是加大对各项政策的灵活运用，加强汇率政策与其他宏观经济管理政策联动，对汇率管理和资本流动管理进行组合。例如，在出现短期资本外流加剧时，既可通过市场干预稳定汇率，亦可推动人民币汇率快速贬值，也可对资本流动采取临时性管理措施，或者采用托宾税、外汇交易手续费等市场调节手段；三是要加大对市场主体的风险教育和引导，在出现风险苗头时及时进行正面宣传，帮助市场主体做出理性判断；四是在稳步推进资本项目可兑换、推动外汇市场发展的前提下，优先推进有利于资本流入的措施，如扩大境外资本流入渠道和便利化政策，进一步开放银行间外汇市场等。

2. 提升外汇管理为实体经济服务的能力

外汇管理部门应加大优化服务的力度，进一步简化外汇领域的行政审批项目，做好现有外汇管理法规的清理和简化，提升贸易投资便利化程度。同时，创新外汇管理方式，为对外经济的重点发展方向和新业态、新商业模式提供更好的服务。

3. 提高外汇储备经营管理能力

2017 年，美元、欧元、日元等国际储备货币汇率仍会有较大波动，美元升息后走强的可能性较大。应加强对各国货币走势研判，坚持多元化和分散化投资，及时调整优化外汇储备结构，管好、用好外汇储备，加大优质资产配置比重，维护国家外汇资产安全，并促进外汇资产的保值增值。

参考文献

国家外汇管理局：《2016 年上半年中国国际收支报告》，2016。

G.11

2016年人民币汇率分析及2017年展望

范　洋*

摘　要： 2016年，中国经济增速趋缓，结构调整持续，“三去一降一补”尚待完成。国际经济形势错综复杂，全球经济政策走向分化，美联储加息决策悬而未决，国际金融市场动荡加剧。在国内外局势复杂多变的情况下，人民币汇率波动加剧，持续面临贬值压力。预计2017年中国经济增速继续减缓，国际收支经常账户顺差规模缩小，跨境资本流出趋势难以逆转，人民币汇率仍然面临较大贬值压力。但是中国经济基本面仍然稳定向好，经常账户顺差规模仍然较大，外债规模小，人民币不存在大幅贬值的基础。建议进一步完善汇率形成机制，增强政策透明度，合理引导预期，谨慎推进资本账户开放。

关键词： 人民币汇率　外汇市场　汇率形成机制

一　2016年我国外汇市场运行基本情况

（一）人民币汇率小幅贬值，总体预期稳定

2016年前10个月，美元对人民币汇率呈现双向浮动的态势。2016年

---

* 范洋，管理学博士，国家信息中心经济预测部，助理研究员，主要研究经济景气、国际收支、宏观经济建模分析。

10月初，美元对人民币汇率跌破6.7并连续贬值，截至2016年10月31日，美元对人民币即期汇率为6.7708，相对年初贬值3.8%。总体而言，美元对人民币汇率呈现贬值的趋势，市场对人民币的贬值预期持续存在。中间价信号引导作用继续得到强化，市场汇率弹性有所增强，双向浮动态势明显。

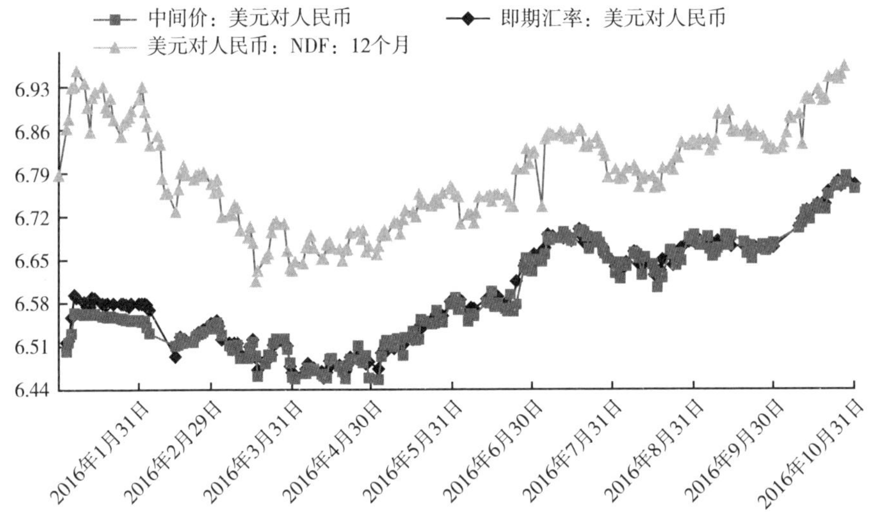

图1　2016年前10个月美元对人民币汇率走势

资料来源：Wind资讯。

截至2016年10月28日，CFETS人民币汇率指数为94.15，较年初下跌5.81%，参考国际清算银行（BIS）货币篮子和国际货币基金组织的特别提款权（SDR）货币篮子的人民币汇率指数分别为94.98和95.56，分别较年初下跌5.86%和2.15%，如图2所示。总体来看，2016年前10个月，三个人民币汇率指数年内总体呈现贬值。

截至2016年10月末，人民币大约经历三波贬值。2016年1月初，人民币经历一次快速小幅贬值，美元对人民币中间价短短一周之内从6.5032贬值至6.5636，贬值600多基点。随后央行采取汇率稳定政策，

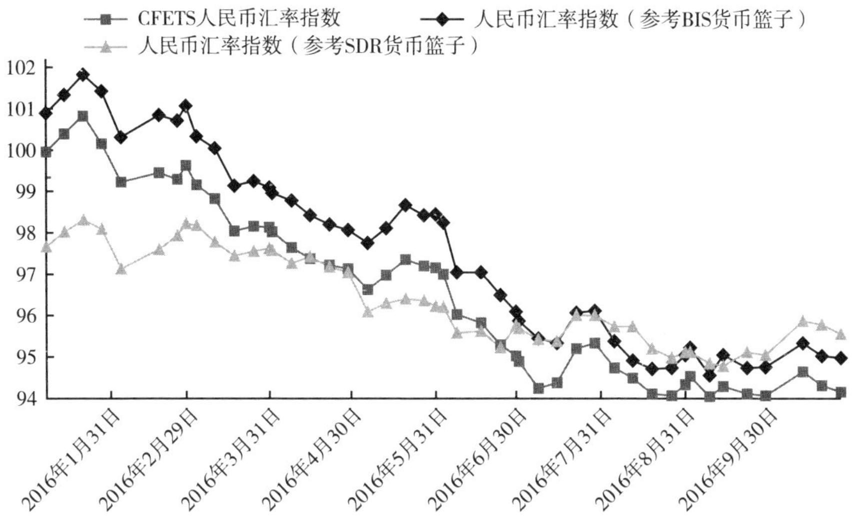

图2　2016 年前 10 个月人民币汇率指数走势

资料来源：Wind 资讯。

稳定市场预期，人民币汇率走势平稳。2016 年 6 月以来，阶段性外汇需求旺盛。从全球来看，英国“脱欧”等国际事件引发全球避险情绪升温，导致国际汇市剧烈波动，人民币一篮子汇率贬值加速。2016 年 10 月，人民币正式加入 SDR 货币篮子，美元对人民币汇率中间价跌破市场预期底部 6.7，从 10 月 10 日至 10 月 31 日贬值幅度约为 0.94%，此为年内第三次迅速贬值。

（二）2016年外汇市场运行情况分析

1. 人民币贬值原因分析

首先，从外部环境来看，美国货币政策趋紧，美元相对走强。2015 年 12 月，美联储首次加息，将利率上调 0.25 个百分点至 0.25% ~0.5% 之间，美元自此进入加息通道。2016 年前 10 个月，随着美联储加息预期的强弱，美元指数呈现先降后升的走势，波动较大。根据 Wind 数据，截至 2016 年 10 月 28 日，美元指数为 98.3022 点，比 2016 年 6 月低点上涨 5.1%，与年初持平。美元加息决策悬而未决，加息预期始终存在，使得美元阶段性走强，人民币贬值压力时有增加，这成为影响人民币汇率稳定的最大因素之一。

其次，人民币供过于求的局面难以逆转。汇率是外汇供需的反映。随着我国经济增速下滑，人民币缺乏坚实的基本面支撑。一方面，对中国经济下行的担忧，使得居民及企业对境外资产配置兴趣增加，中国企业“走出去”意愿持续升温，海外并购及投资热情高涨；另一方面，由于缺乏有效监管，一些境外投机势力加杠杆做空人民币。外汇市场对外币需求较大，对人民币需求相对较小，人民币客观上存在贬值压力。

最后，市场对人民币的贬值预期难以消除。以一年期的美元对人民币无本金交割远期外汇交易（NDF）报价作为反映市场对人民币汇率预期的指标，已经7个月维持单边上行态势。Wind数据显示，截至2016年10月27日，一年期的美元对人民币NDF报价为6.9620，比2016年4月1日的6.6465上升3155基点。另外，随着中美货币政策走势的分化，中美利差的不断缩小使得跨境资本流出压力增大，加剧了人民币贬值预期。

2.外汇市场运行特点分析

首先，汇率弹性增强，双向浮动特征明显。2016年，我国外汇市场平稳运行，人民币汇率按照以市场供求为基础、参考一篮子货币进行调节的形成机制有序运行，总体呈现小幅贬值。按照当前的形成机制，美元对人民币汇率中间价一方面参考银行间外汇市场前日16时30分的收盘汇率，以反映市场供求情况；另一方面参考一篮子货币汇率变化，以保持人民币对一篮子货币汇率的稳定。由于美元走势具有高度不确定性，人民币放弃锚定美元转而盯住一篮子货币，增强了汇率弹性，也使人民币更接近均衡汇率。在“上一日收盘价+CFETS一篮子货币汇率变化”的汇率中间价形成机制下，美元对人民币汇率呈现双向浮动的特点，这有助于打破市场单边预期，避免单向投机。2016年10月，美元对人民币汇率一路贬值，而参考一篮子货币汇率指数却显示人民币小幅升值，说明人民币对非美货币升值。这对稳定人民币汇率起到了一定的调节作用。

其次，汇率形成机制更为市场化、透明化。美国财政部在其 2016 年 10 月发布的半年度汇率政策报告中认为，基于“上一日收盘价 + CFETS 一篮子货币”的中间价定价机制，中国央行已经表明了维持人民币汇率灵活的意愿。2016 年 2 月以来，央行吸取“8 · 11 汇改”一次性贬值导致全球市场波动的教训，加强了汇率政策的市场沟通，汇率形成机制更加透明，增强了对市场预期的引导。

最后，人民币国际化取得显著进展。根据国际清算银行（BIS）最新公布的调查结果，在过去三年中，人民币在全球外汇交易货币中的占比翻了一番，从 2% 提高到 4%。2016 年 10 月 1 日，人民币正式加入 SDR 货币篮子，成为国际官方储备货币，标志着人民币国际化取得显著进展。短期来看，加入 SDR 货币篮子后人民币贬值幅度增加，资本流动承压。长期来看，这增加了人民币的国际信用，将促使各国官方机构在其储备构成中考虑增加人民币储备资产，推动私人机构更多地持有人民币资产，从而扩大人民币在金融交易中的使用，保证人民币汇率的均衡与稳定。

二 2017年人民币汇率走势分析与展望

预计 2017 年人民币仍然维持小幅渐进贬值态势，贬值压力持续，但不存在大幅贬值的基础。

（一）人民币持续面临贬值压力

1. 世界贸易低速增长，外需环境难言改善

2017 年，世界经济将持续低速增长，全球货币宽松，世界贸易持续低迷。国际货币基金组织（IMF）于 2016 年 10 月发布的《世界经济展望》认为，全球投资增速放缓，国际贸易流动总需求低迷，贸易开放措施步伐放缓，一些贸易保护主义措施抬头，全球贸易增速放缓。大宗商品价格下跌，全球范围内产能过剩，通胀预期失去支撑。根据《世界经济展望》的预测，2017 年全球经济增速为 3.4%，比 2016 年有所加快，世界贸易无论从交易量还是从交易额来看都有所放缓。发达经济体经济增长乏力，美国总统大选后政策不确定性增加，我国外需环境难言改善。预计 2017 年中国进出口形势持续低迷，国际贸易竞争力短期内难以改观。

2. 国际金融市场动荡，货币政策走向分化

2017 年，国际金融市场动荡将进一步剧烈。发达经济体政治局势紧张，政策不确定性增加，引发国际金融市场动荡。全球经济增速低迷，大多数国家保持宽松货币政策，超低利率环境仍将持续，通货紧缩压力依然存在。货币政策有效性下降，经济政策走向分化。美国倾向于收紧货币政策，而其他发达经济体与包括中国在内的大部分新兴经济体货币政策趋于宽松，总体而言，全球流动性宽松，外汇市场不确定性增加。

3. 中国经济增速趋缓，跨境资本流出压力不减

目前，我国经济增长有所放缓，“三去一降一补”的重任尚未完成，供给侧改革仍然有待深化。预计 2017 年中国经济增速将放缓至 6.5%，保持总体平衡、减速增质的态势。经济增长动力转换，固定资产投资特别是民间投资相对低迷，私人部门对经济前景的预期并未实质转好，经济结构中的新动力尚在形成。房价高企，房地产市场调控面临较大压力，削减了货币政策执行空间。2017 年预计仍将保持积极的财政政策和适度宽松的货币政策的组合拳，经济增速趋缓趋稳。2016 年 1 ~ 9 月，我国银行代客结售汇逆差共计 2309.63 亿美元。2016 年 1 ~ 10 月，外汇储备下降 2097.09 亿美元，其中 10 月单月下降 457.27 亿美元，跨境资本流出形势难改。这既是来自人民币汇率的贬值预期，又导致了贬值预期的自我实现和自我强化。

预计 2017 年，复杂的国际金融形势、中国经济增速的悲观预期、叠加货币政策走势的分化，跨境资本流出的压力依然很大，人民币贬值预期难以消除，外汇市场上人民币将持续保持供过于求，人民币持续面临贬值压力。

（二）人民币不存在长期贬值和加速贬值的基础

中长期看，我国经常账户保持顺差、外汇储备充裕、财政状况良好、金融体系稳健，人民币不存在长期贬值的基础，人民币对一篮子货币汇率将继续保持在合理均衡水平上的基本稳定。

首先，从世界范围看，中国经济增速仍然相对较高。根据 IMF 发布的《世界经济展望》，预计 2017 年发达经济体增速为 1.8%，新兴市场和发展中经济体为 4.6%，中国经济增速为 6.2%，远高于美国、欧元区、日本、英国等主要发达经济体和印度、巴西、智利等主要发展中经济体。虽然近几年，随着中国经济步入新常态，经济增速出现一定程度下滑，但仍然处于平稳的中高速增长。中国经常账户仍然保持较大顺差，外汇储备充裕。

其次，外债余额较小。在外债高企的情况下，汇率的贬值会导致外债水平进一步上升，继而加剧本国偿债能力、财政状况和经济增速的负面预期，引发汇率加速贬值。我国外债余额较小，这为我国应对汇率贬值和国际资本市场动荡提供了合理的缓冲余地。

最后，资本管制力度仍然较大。中国资本账户仍未完全放开，从反映资本账户开放程度的 Chinn-Ito 指数[①]来看，中国 Chinn－Ito 指数目前不仅低于大部分发达国家，而且明显低于其他发展中国家发生货币危机前的资本账户开放程度。

三　对策建议

（一）重视维持汇率稳定，谨慎推进资本账户开放

不可能三角理论表明，货币政策独立性、汇率稳定和资本自由流动三个目标不可兼得。长期以来，我国保持着部分弹性的汇率、部分的资本账户开放以及部分的货币政策独立性。人民币国际化带来的资本账户开放，将威胁到货币政策独立性及汇率稳定。保持货币政策独立性，一方面，是我国目前经济下行背景下进行宏观调控的必然选择，另一方面，放弃货币政策独立性

---

① Chinn-Ito 指数是衡量一国资本账户开放程度的指标，基于 IMF 的《汇兑安排与汇兑限制年度报告》计算得出。

将使我国经济下行风险骤增，这样汇率的稳定也就难以实现。因此，目前应谨慎推进资本账户开放，放慢金融自由化的步伐，加强跨境资本流动监管，防止国际游资对我国金融体系的冲击。

（二）进一步完善人民币汇率市场化形成机制，积极引导市场预期

进一步完善人民币汇率市场化形成机制，发挥市场在人民币汇率形成中的作用。增强汇率双向浮动弹性，保持人民币汇率在合理均衡水平上的基本稳定。对汇率市场逐渐减少行政干预，更多地靠市场自发决定，确保人民币汇率定价更接近市场均衡汇率。汇率调节机制更加透明，对市场传达清晰、准确、有力的调控信号，合理引导和稳定人民币预期，防止由贬值预期带来的系统性风险。

（三）推动人民币直接交易市场发展，发展汇率避险产品市场

推动人民币直接交易市场发展，降低微观主体的汇兑成本。发展汇率避险产品市场，为企业对外投资及国际贸易提供有效的汇率对冲手段，发展离岸市场及人民币远期交易，降低微观主体汇兑风险。鼓励对外贸易企业使用合理的套期保值手段，支持企业有效管理外汇风险。根据金融机构风险管理能力和定价水平、企业风险识别和承受能力，坚持循序渐进的原则，发展市场需要的外汇产品。完善衍生产品监管，要求金融机构对相关业务进行真实性和合规性审查，严厉制止企业通过虚假贸易、伪造单证的方式进行套利投机。

G.12
2016年利用外资回顾和2017年展望

邬　琼*

摘　要：　2016年，在世界经济增长动力不足、需求不振、贸易保护主义抬头、国际贸易和投资持续低迷的情况下，我国利用外资保持稳定增长，服务业吸引外资比重不断上升，外资利用的产业结构不断优化；东部地区使用外资的规模仍占绝对优势，但西部地区对外资的吸引力增强；利用外资方式日趋多元化，外资并购已成为我国利用外资的重要方式；对外贸易对外商投资企业的依赖减弱，离岸服务外包为我国利用外资提供新机遇；外资来源地稳定，主要发达经济体投资增长明显。展望2017年，面对激烈的国际资本竞争，我国对外开放水平不断深化，制度红利逐渐释放，新比较优势正在形成，依然保持较强的综合竞争力，利用外资将继续稳步增长。建议进一步提高我国利用外资的质量和水平，优化外资企业的营商环境，强化利用外资的监管水平。

关键词：　外商直接投资　结构优化　对外开放

一　2016年我国利用外资基本特征

1. 我国外商直接投资稳步增长，利用外资规模位居全球前列

联合国贸易和发展组织最新公布的《2016年世界投资报告》显示，

* 邬琼，经济学博士，国家信息中心经济预测部助理研究员，主要研究领域为外商直接投资与对外投资、计量经济理论与应用等。

2015年受跨国并购交易火爆等因素的影响，全球外商直接投资同比上涨38%，至1.76万亿美元，为国际金融危机以来最高水平，其中，流入我国的外资量达1356亿美元，同比增长6%，外资流入规模仅次于美国和中国香港，位居全球第三，而考虑到中国香港的外资统计中包含大量的过境投资，我国实际外资流入量排名第二，存量规模已位居世界第四。进入2016年，世界经济增长动力不足、贸易保护主义抬头、国际贸易和投资持续低迷以及高基数的影响，全球外商直接投资将会下降10%～15%。但是，我国对外资的吸引力依然不减，我国利用外商直接投资仍表现出较好的发展势头，1～9月，我国实际使用外资6090.3亿元，同比增长4.2%；外商来我国开办企业的数量进一步增加，全国新设立外商投资企业已达21292家，同比增长12.2%，比上年同期上升2.1个百分点。

2. 外资流入方向不断优化，引资质量进一步提升

近年来，我国正处于产业结构调整期，原有的增长动能正在减弱，而新兴的增长动能正在培育，产业链正由低附加值的加工装配环节向高附加值的装备制造业和服务业转变，这种变化也体现在外资流入方向上。服务业已成为外资流入的主要领域，服务业吸收外资比重自2011年超过制造业以来一直呈上升趋势，由2011年的47.62%升至2015年的61.1%，截至2016年9月，服务业实际利用外资4307亿元，比重进一步升至70.7%。在服务业利用外资规模不断增大的同时，服务业利用外资的质量也得到提升，具体表现在房地产业利用外资的规模在不断缩小，增速出现显著的下滑态势，而交通运输、仓储和邮政业，租赁和商务服务业以及高技术服务业对外资的吸引均有明显的提升，其中，交通运输、仓储和邮政业同比增长92%，租赁和商业服务业同比增长73.8%，高技术服务业同比增长95%。而由于我国要素成本逐渐上升，外资企业享受优惠政策的力度逐渐减弱，传统行业对外资的吸引力出现明显下降，特别是以劳动密集型为主的低端制造业在国际竞争中的比较优势逐渐减弱，部分外资企业已撤离我国而投向周边更具比较优势的国家，制造业吸引外资规模呈下降趋势，吸收外资比重已由2011年的44.91%下降至2015年的31.4%，2016年1～9月，我国制造业实际使用外资增速下滑明显，吸引外资规模进一步缩小。然而并不是所有的制造业均呈下降趋势，我国高技术密集型制造业保持良好的发展势头，其中，医药制造业、交通运输设备制造业和通用设备制造业分别增长67.4%、9.7%和12.2%，制造业吸引外资的内部结构不断优化升级，随着我国对先进制造业需求的增长，高技术制造业吸引外资的规模将不断扩大。

3.西部地区对外资吸引力增强，东部地区吸引外资保持稳定

我国地区间的区位优势明显，相较东部地区，西部地区具有劳动成本优势明显，土地、矿产资源丰富等特点，因此，可以承接东部地区转出的劳动密集型产业，同时由于西部地区城镇化发展较快，具有较大的市场潜力，对服务业的需求也不断上升，加之西部地区具有较低的外资使用规模，多个重大外资项目落户西部地区，以及国家政策对西部地区的支持等因素，西部地区利用外资增长强劲。2016年1～9月，西部地区实际使用外资417.6亿元，同比增长18.2%，远高于全国平均增幅。而东部地区具有人力资本丰富、产业集群效应突出等相对优越的投资环境，同时正面临产业结构优化升级阶段，对高技术制造业和服务业的需求逐步增大，特别是服务业吸引外资在保持快速增长的条件下更加偏向东部地区。此外，上海、广东、天津、福建自贸试验区的设立也为吸引外资助添新动力，因而，东部地区吸引外资保持良好的发展势头，对外资的吸引依然保持着绝对优势。1～9月东部地区实际使用外资5360亿元，同比增长8%。吸引外资从东部沿海地区向中西部地区的梯度转移也使我国产业链的布局日趋合理化，对充分发挥我国地区间的比较优势、实现区域间产业结构优化升级起到了重要的推动作用。

4.外资并购持续增长，利用外资方式日趋多元化

当前，我国利用外资的方式仍以外商独资和中外合资为主，截至2016年9月，外商独资占利用外资总规模的67.1%，中外合资占利用外资总规模的24.8%。虽然外商独资仍占有绝对优势，但是随着我国要素成本的上升、市场竞争愈发激烈以及工业化水平不断提升，以外商独资方式利用外资的优势在逐渐减弱，其利用外资的比重与上年同期相比已下降8.9个百分点，实际利用外资637.74亿美元，增速同比下降11.63%，而中外合资的比重与上年同期相比上升4.5个百分点，实际使用外资236.21亿美元，同比增长22.71%。随着我国开放的不断深化以及对外资准入条件的放宽，以外资并购方式为主的交易活动日益活跃，其中，以并购方式设立的外商投资企业1066家，同比增长4.9%，实际使用外资达1144.9亿元，同比增长17.2%，外资并购占利用外资总规模的比重上升至18.8%，比上年同期上升2.7个百分点，外资并购已成为我国利用外资的重要方式。

5. 我国外贸对外商投资企业依赖减弱，离岸服务外包发展空间广阔

随着我国利用外资增速的趋缓以及国家对中小企业的扶持，外商投资企业占我国外贸的比重呈逐年下降趋势，由2006年的58.87%下降至2015年的46.3%，截至2016年9月，外商投资企业进出口总额12189亿美元，同比下降9.9%，占外贸进出口比重进一步下降至45.5%，与上年同期相比下降1.1个百分点。在外商投资企业进出口中加工贸易占有重要地位，但由于我国制造业对外资吸引力的下降，外商投资企业加工贸易进出口额占比也出现下滑，由2015年9月的55.3%下降至2016年9月的53.3%，下降2个百分点。随着我国服务业领域的不断开放，外商对我国服务业的投资逐年增加，部分外资企业将重心由海外市场转向国内市场，同时由于我国人力资源素质的提高、科技水平的进步等因素，我国承接跨国公司服务业外包进入快速发展阶段，截至2016年9月，我国签订离岸服务外包合同金额4402.3亿元，同比增长16.8%，执行金额2950.2亿元，同比增长7.8%，离岸服务外包业务的快速发展也为我国有效利用外资提供新机遇。

6. 外资来源地投资保持稳定增长，主要发达经济体投资增长明显

截至2016年9月，前十位国家和地区对我国的实际投入外资金额保持稳定增长，实际投资总额为897.5亿美元，同比增长0.9%，其中，香港仍是我国吸收外资的主要来源地，但其占利用外资总规模的比重有所下降，所占比重为67.9%，与上年同期相比已下降5.5个百分点，而主要发达经济体对我国投资增长明显，美国、英国、德国的直接投资规模分别达到30.1亿美元、17.4亿美元和24亿美元，同比分别增长61.83%、85.11%和110.53%，增幅显著高于我国同期利用外资增速，来自欧美地区的投资比重已升至11.5%，与上年同期相比上升3.7个百分点，主要发达经济体对我国直接投资的大幅增长也表明我国依然是发达经济体的投资热土。

二　2017年利用外资趋势展望

我国在全球价值链的地位发生了变化，正经历由生产链的低端向中高端迈进的过程，虽然生产要素成本的上升导致传统行业比较优势逐渐消失，特别是低端劳动密集型产业对外资的吸引减弱，外商纷纷将生产线迁移至周边更具比较优势的国家和地区，但是随着人力资本素质的提高、科技水平的进步，我国对生产链中高端的吸引不断增强，对高技术制造业和服务业的需求日益增长，跨国企业研发中心正向我国转移，我国正由低端制造业向高技术制造业转变，由传统制造业向新型服务业转变，由劳动密集型向知识密集型转变，而面临激烈的国际资本竞争，我国外商投资环境不断优化，自贸试验区逐步扩围，负面清单再度缩减，投资便利化进一步提升，外商投资企业合法权益能够得到有效保障，我国仍保持较强的综合竞争优势，对外资吸引力度不减。综合判断，2017年，我国吸引外资将继续保持稳步增长，预计增长3%左右。

1. 抑制利用外资增长的因素

（1）国际环境尚未起色

世界经济虽然总体保持复苏态势，但增长动力不足，新一轮科技和产业革命尚未引领世界经济走出新平庸的局面，经济仍然处于深度调整期，面对经济增长的乏力，IMF已多次下调世界经济增长预期，并将2017年增长率下调至3.4%。而主要经济体资产负债表的修复以及逐渐步入老龄化社会也令世界需求不振，国际贸易保护主义在世界范围内蔓延，反全球化势力不断抬头，WTO报告显示，2015年10月中旬到2016年5月中旬，G20月均登记的新贸易限制措施数量为2009年以来新高，这也令以自由贸易为主要特征的世界多边贸易体制受到强烈冲击，同时带来了国际贸易和投资的持续低迷。针对全球贸易疲弱的状态，WTO将2016年全球商品贸易量增速预期下调1.1个百分点至1.7%，此增速也为金融危机以来最低的，并将2017年增速由之前的3.6%下调至1.8%～3.1%。

（2）国际资本竞争激烈

面对低迷的经济形势，各经济体希望借助外资的力量来优化升级各自的产业并推动经济增长，因此对国际资本的竞争也会日趋激烈。由于新兴经济体增长放缓，本币贬值带来的债务风险上升，经济结构性问题突出，国际资本对发达经济体的直接投资回暖，联合国贸易和发展组织发布的《2016世界投资报告》显示，发达经济体吸引外资9620亿美元，占全球的份额已从2014年的41%上升至2015年的55%，其中流向欧盟和美国的外商直接投资增长显著，特别是在发达经济体再工业化和制造业服务化战略实施后，资本回流趋势明显。此外，区域自贸协定的不断兴起也将资本竞争由国家之间向区域之间转变，发达经济体试图重塑世界投资贸易规则以强化本国对国际资本的竞争力。而发展中经济体也将凭借低廉的生产要素成本优势以及对外资准入条件的放宽赢得国际资本的青睐，特别是低端劳动密集型产业对外资吸引力大幅提升。我国对外资的吸引将同时受到发达经济体和发展中经济体的双重挤压。

（3）部分产业比较优势弱化

生产成本是外商区位选择考虑的重要因素之一，然而随着适龄劳动人口的逐年减少，我国人口红利正在消逝，老龄化进程加快，劳动力成本不断上升，国际劳工组织的《全球工资报告》显示，2000年之后的大多数年份里，我国实际工资保持10%以上的增长，增速远高于发达经济体和大部分发展中经济体。同时，我国土地成本不断攀升，物流成本高企，生态环境问题突出，超国民待遇消失，部分优惠政策不在，国内竞争日趋激烈，从而导致外商企业成本上升，利润空间逐年收窄，特别是依赖我国生产要素价格低廉和优惠政策的低端劳动密集型企业受到的冲击最大，部分外资开始撤离我国。

2. 促进利用外资增长的有利因素

（1）对外开放进一步深化

我国自贸试验区吸引外资成效显著，准入前国民待遇加负面清单管理模式不断深化，负面清单内容再度缩减，由最初的190项特别管理措施减至122项，贸易便利化程度日益提高，通关效率显著改善，在原有的四大自贸区基础上，我国又新设辽宁、浙江、河南、湖北、重庆、四川、陕西七个自贸试验区，而济南、唐山等12个开放型经济新体制综合试点试验区正在有序推进，加之贵州继宁夏后成为西部第二个获批的内陆开放型经济试验区，我国已形成内海联动、东西双向开放的格局，外资区域布局不断优化。同时，我国将进一步放宽外资准入行业限制，教育、文化、养老、医疗、金融等服务业和一般制造业领域的对外开放水平大幅提升，外商投资环境不断改善，制度红利将得到极大释放。而中美双边投资协定、中欧双边投资协定、中加自由贸易协定等取得新进展以及中欧双边本币互换协议展期，均为我国吸引外资增添新动力。此外，对合格境外机构投资者股票配置下限的取消也将进一步吸引外资的流入。

（2）新竞争优势正在形成

虽然我国人口红利正在消失，但是人力资本红利正在显现，创新能力不断增强，《国家创新指数报告2015》数据显示，我国创新能力居全球第18位，与发达经济体的差距逐渐缩小，教育水平的提高也增加了科技人力资源，我国研发人员总量已位居世界前列，经济发展逐渐向创新驱动模式转变，大型跨国公司在我国设立研发中心的数量逐年增加，我国在知识密集型行业已具备比较优势。同时，我国还具有广阔的市场潜力、完善的基础设施、完备的工业体系以及专业化的产业集群，营商环境改善力度也日益增大，《2016～2017年全球竞争力报告》显示，我国竞争力位居全球第28，依然保持着较强的综合竞争力。

三　政策建议

1. 进一步提高利用外资的质量和水平

在吸引外资进入的同时更加注重对先进技术、现代管理经验以及高端人才的引进，做到引资、引技、引智相结合，鼓励跨国公司和科研机构在我国设立研究中心，合理引导外资流向我国战略性新兴产业，支持外商企业利用我国区域梯度优势延长本地产业链，提升外商企业在我国的溢出效应，加大中西部地区的开放力度，借助“一带一路”战略拓展吸引外资的行业和区域，加强高端引资平台建设，积极参与双边和多边区域自贸协定，拓展利用外资的深度，建立外资利用考核体系，提高外资使用质量。

2. 优化外资企业营商环境

健全外资法律体系，依法保护外商合法权益，保障外商公平竞争权利，加大知识产权的保护力度，明确政府管理边界和责任清单，提升市场环境的公平、透明、稳定程度。加强双边和多边合作的互动发展，积极参与区域经济一体化进程，通过国际化合作进一步创新我国利用外资的管理机制。不断提升外商投资便利化水平，完善准入前国民待遇加负面清单管理模式，精简审批过程，剔除不必要的审批环节和程序，加强审批过程中各部门间的协调工作，推广一口受理、同步审批的一站式服务模式，健全外商投资企业的备案管理制度，适度放开资本账户，鼓励符合条件的外商企业以股票、债券等形式在境内融资，为外商营造法制化、国际化、便利化的发展环境。

3. 强化利用外资监管水平

完善外商投资监管体系，加强事中、事后监管，强化境外投资者的真实性审查以及外商投资资金的动向监控，完善国家安全审查制度，对涉及重点行业和重点领域的外资项目进行严格审批，加大外资并购的审查力度，防止外资在某些行业形成垄断，提升国家安全审查制度的法律地位，加强外商投资信息平台建设，建立健全利用外资风险评估体系和预警机制，实现不同部门的信息共享以及协同监管。

G.13

2016年对外投资回顾和2017年展望

邬 琼*

摘 要: 2016年，在世界经济复苏乏力、金融市场动荡、国际贸易和投资持续低迷的情况下，我国对外投资依然保持高速增长，已开始主动布局全球价值链，对外投资行业分布不断优化；投资主体日趋多元化，民营企业已成为海外投资的主力军；“一带一路”战略有序推进，国际产能合作日益深化并成为国内企业“走出去”的重要形式。展望2017年，面对地缘政治风险上升以及国际资本激烈的竞争，国内产业结构优化升级的迫切需求增加了企业海外投资的内生动力，企业境外投资便利化水平的提高以及金融支持力度的增大等因素也激发了企业海外投资的意愿，我国对外投资将延续高速增长态势。建议进一步完善对外直接投资政策体系，强化境外投资的信息服务功能，加大境外投资监管力度。

关键词: 对外直接投资 “走出去” 结构调整 对外开放

一 2016年对外直接投资的基本特征

1. 对外直接投资高速增长，已成为资本净输出国

为进一步优化资源配置，拓展经济发展空间，提升在国际分工中的地

* 邬琼，经济学博士，国家信息中心经济预测部助理研究员，主要研究领域为外商直接投资与对外投资、计量经济理论与应用等。

位，我国正积极融入全球价值链的调整，企业“走出去”的步伐明显加快，对外投资规模不断增大。2015 年我国对外直接投资 1456.7 亿美元，同比增长 18.3%，流量规模仅次于美国，位居全球第 2，较 2014 年上升 1 位，占全球对外直接投资流量的比重攀升至 9.9%，存量位居全球第 8，2002 ~ 2015 年，我国对外直接投资年均增速高达 35.9%。由于 2015 年我国实际使用外资的金额为 1356 亿美元，小于对外直接投资的流出规模，这也标志着我国已成为对外直接投资的资本净输出国。进入 2016 年，在世界经济复苏乏力、国际投资持续低迷、国内产业结构转型升级需求迫切的情况下，我国企业对外投资热情高涨并迎来新一轮的出海热潮，对外直接投资迈向新高度，截至 9 月，我国对外直接投资额为 1342.2 亿美元，同比增长 53.7%，对外承包工程新签合同额 1478.3 亿美元，同比增长 7.4%，我国对外投资合作的活跃也为疲弱的世界经济注入新活力。

2. 对外投资行业分布日趋优化，不断向微笑曲线两端布局

随着我国劳动、土地等要素成本的上升，我国传统行业在国际竞争中的比较优势不断弱化，特别是对劳动密集型的低端制造业造成了较大的冲击，而我国周边国家和地区劳动密集型产业仍具有较强的比较优势，部分国内企业将生产链转移至国外并加强对外投资。同时，我国有效供给能力不足，部分行业的技术水平与管理经验与发达国家还存在较大的差距，为了获得先进的技术水平与管理经验，提升企业的国际竞争力并获得海外市场份额，国内企业加强了发达国家和地区高技术制造业和服务业的拓展。2015 年，我国制造业、批发和零售业、科学研究和技术服务业以及信息传输、软件和信息技术服务业的对外直接投资额分别为 199.9 亿美元、192.2 亿美元、33.5 亿美元和 68.2 亿美元，同比分别增长 108.5%、5.1%、100.5% 和 115.2%，而采矿业对外直接投资额为 112.5 亿美元，同比下降 32%，我国对外直接投资已由自然资源领域向高技术产业和服务业转变。进入 2016 年，我国对外直接投资行业继续向多元化和高端化发展，截至 9 月，我国对外直接投资主要流向商务服务业、制造业、批发零售业以及信息传输、软件和信息技术服务业，其中我国对海外制造业的投资力度进一步加大，投资额达 243.9 亿美元，同比增长 168.1%。我国对外直接投资行业结构的优化不仅提升了我国在全球价值链中的地位，而且还标志着我国由被动接受向主动布局全球价值链的角色转变。

3. 对外投资主体多元化，民营企业成为海外投资的主力

在我国对外投资快速发展的过程中，非国有企业，特别是民营企业的作用越来越重要，在对外非金融类直接投资存量中，国有企业所占比重已由 2006 年的 81% 下降至 2015 年的 50.4%，而非国有企业所占比重由 19% 迅速攀升至 49.6%，在我国对外直接投资的 2.02 万家企业中，国有企业仅占 5.8%，同比下降 0.9 个百分点，非国有企业对外投资在数量和金额方面的突飞猛进标志着我国投资主体已实现由以国有企业为主导向国有企业和非国有企业并重的转变。近年来，我国民营企业自身实力不断增强，对外投资情绪高涨，其占境外企业数量的 80%，民营企业充分发挥自身的比较优势，积极参与海外企业并购交易，2015 年非公企业占境外并购额的 75.6%，首次超过公有制企业，民营企业已成为我国海外投资的重要力量。

4. “一带一路” 战略有序推进， 国际产能合作不断深化

自“一带一路”战略提出以来，众多国家和国际组织积极响应，我国已与沿线 30 多个国家签署合作协议，亚投行、丝路基金等资金平台的建立为“一带一路”建设增添新动力，国际产能合作日益深化，境外经贸合作区建设数量不断增加，我国对“一带一路”的投资合作取得新突破。2015 年，我国企业对“一带一路”相关国家对外直接投资的流量为 189.3 亿美元，同比增长 38.6%，占当年流量的 13%，而存量已达 1156.8 亿美元，占总存量的 10.5%，与“一带一路”相关的产能合作加快推进，其中，新签对外承包工程项目合同 3987 份，新签合同额 926.4 亿美元，占同期我国对外承包工程新签合同额的 44.1%，同比增长 7.4%，产能合作方式日益多元化，已具有 BT、BOT、EP、EPC、IPP、BOO、PPP 等多种形式。进入 2016 年，我国企业对“一带一路”相关国家投资增速有所放缓，截至 9 月，对 51 个相关国家的非金融类直接投资 111.2 亿美元，同比下降 7.6%，但国际产能合作的步伐却并没有放慢，一方面，我国加快了纺织、家电等产业的转移，另一方面，凭借在交通、电力、通信、建筑等具有比较优势的领域加强与周边国家和地区的合作，我国企业在“一带一路”相关的61个国家新签对外承包工程合同4191份，合同额达745.6亿美元，同比增长26.1%，占同期我国对外承包工程新签合同额的52.6%，国际产能合作已成为我国企业“走出去”的重要形式。

二　2017年对外投资趋势展望

目前我国已成为世界第二大经济体，但我国对外投资的占比依然较低，对外投资存量与发达国家相比仍有较大差距，未来具有广阔的发展空间。同时，我国已具有所有权优势、内部化优势和区位优势，对全球资源配置的能力日渐提升，而且国内产业转型升级的需求日益迫切，企业“走出去”的内生动力不断增强。此外，新常态下我国在强调“引进来”的同时更加注重“走出去”，“一带一路”战略有序推进，国际产能合作不断深化，各部门加大了对企业境外投资的支持力度，企业海外投资情绪高涨。综合判断，2017年我国对外投资将延续高速增长势头，预计将实现20%以上的增长。

1. 抑制对外投资增长的因素

（1）地缘政治风险持续升温

全球地缘政治风险依然较高并逐渐向长期化、复杂化方向发展。继英国脱欧后，意大利也将进行宪法改革公投，由此将进一步威胁欧盟一体化及经济发展，欧洲难民危机也使民粹主义日益升温并易引发社会问题，从而使欧洲一体化进程面临更大的挑战，而恐怖袭击事件在欧洲地区频繁发生也令安全形势更加严峻。美国亚太再平衡战略的实施，日本国家正常化战略的启动以及东盟部分国家在南海挑起事端等均给我国在东海和南海领域造成了一定的压力，而韩国萨德系统的部署以及朝鲜核问题使东北亚局势愈发紧张，叙利亚战争仍在继续，乌克兰危机尚未化解，美俄博弈愈演愈烈也加剧了中东地区动荡的形势。全球地缘政治风险的上升破坏了地区和平稳定的发展，不利于我国“一带一路”战略的推进，同时也抑制了国内企业对相关国家和地区的投资。

（2）发展中经济体投资软环境依然较差

我国对外直接投资存量中发展中经济体依然占有较大的比重，截至2015年，发展中经济体占我国对外直接投资存量的83.9%，发展中经济体虽然对基建、制造业等方面有很大的需求，但在法律、制度、基础设施等投资软环境方面对投资者的保护不足。世界银行最新发布的全球治理指标显示，虽然部分发展中经济体在政府效率以及合同执行和司法体系质量等方面出现一定程度的改善，但是发展中经济体与发达经济体成熟的法制环境相比依然存在较大的差距，“一带一路”沿线国家平均制度质量得分也较低。发展中经济体高贪腐水平、高政治风险、低政府效率、低法制水平的投资环境弱化了对我国企业投资者的保护，使国内企业对相关国家投资的风险较高。

（3）国际资本竞争日趋激烈

为加大对海外市场份额的开拓力度，寻找新的盈利增长点，国际资本竞争不断加剧。一方面，发达国家之间在加强相互投资的同时，纷纷加大了对发展中国家的投资力度，部分发达国家在竞标时还采取压低价格的手段以期获得工程项目，而相较于发达国家，我国对外直接投资起步较晚，企业所有权优势相对不足，产品缺乏品牌效应，在公司治理与管理水平上与发达国家还存在较大的差距，因此与发达国家竞争时会存在一定的劣势。另一方面，随着我国对外直接投资规模的不断增大，部分国家对我国企业的投资动机和经营理念产生误解并以威胁国家安全为由加大对外资进入的审查力度，而这种外资安全审查制度往往对国家安全的界定比较模糊，审查的主观随意性较大，从而使商业行为政治化并容易导致我国企业并购失败。此外，部分国家还会通过知识产权、劳工标准等因素提高我国企业进入的门槛，以此来削弱我国的竞争优势。

2. 促进对外投资增长的因素

（1）当前世界经济形势为我国企业“走出去”提供新机遇

当前世界经济虽有复苏，但仍面临增长动能不足、金融市场反复动荡、国际贸易和投资持续低迷等多重挑战，发达经济体经济增速放缓，发展中经济体经济有所改善，不同经济体之间均希望借助外资推动经济增长，国际合作意愿不断增强。一方面，发展中国家对基础设施建设和制造业的强劲需求有助于我国相关产业的转移以及对价值链的整合；另一方面，面对长期疲弱的经济增长，发达国家鼓励外资进入以改善增长动力不足的局面，而发达国家基础设施老化问题也为我国产能合作提供新机遇。此外，由于各国经济的持续低迷，依然保持着较为宽松的货币环境，这也有助于降低我国企业海外投资的融资成本。

（2）国内企业“走出去”的内生动力不断增强

随着我国经济的快速发展，国内企业已积累了大量的资本、先进的技术水平以及丰富的管理经验，已具有进行全球资源配置的实力，而此时国内产业结构转型升级日益迫切，企业海外投资意愿强烈，不仅在于我国生产要素成本上升使得传统行业的比较优势逐渐消失，企业盈利空间不断收窄，从而导致企业将生产基地向周边更具比较优势国家转移，以期获得更高的利润。而且，随着国际贸易保护主义抬头，部分国家对我国销售商品采取反倾销措施，为绕开贸易壁垒并获得更大的市场份额，国内企业加快了在海外设厂的步伐。此外，为进一步提升自身的竞争优势，部分企业还加强了对国际知名企业的并购，以此获取优质的品牌资产和先进的技术水平。

（3）政府为企业“走出去”创造良好条件

为完善我国对外投资战略布局，政府积极引导和推动国内企业“走出去”，其中，“一带一路”战略的有序推进以及国际产能合作的加强均为国内企业带来新的投资机遇；同时，为减少投资进入壁垒并保护企业投资的合法权益，我国与众多国家签订了双边或多边投资和贸易协定，中美和中欧投资协定取得新进展；而《境外投资项目核准和备案管理办法》的修订进一步加大了简政放权的力度，提高了企业境外投资的便利化水平；跨境人民币业务的推广和人民币加入 SDR 也为我国企业“走出去”增添新动力。

三　政策建议

1. 完善对外直接投资政策体系

继续深化境外投资管理体制改革，对除涉及敏感国家及行业的其他境外投资项目减少审批流程，协调不同部门的审批工作，减少不必要的重复审批，提高境外投资项目审批效率，提升对外投资便利化水平；加强国际的交流与合作，积极参与全球经济治理，加快双边和多边投资协定的签订；加大金融领域对企业“走出去”的支持力度，有序推进人民币国际化，推广人民币跨境业务，增强金融创新，拓宽对外投资企业的融资渠道，降低企业的融资成本。

2. 强化境外投资的信息服务功能

健全境外投资公共信息平台建设，加强对东道国政治、经济、文化、法律、社会等投资环境的研究，完善境外投资风险预警体系，及时披露东道国的潜在风险，鼓励各中介机构信息资源共享，提高投资中介机构的服务水平，协调政府、中介机构等的信息服务体系建设，科学合理地引导企业“走出去”，制订和完善对外直接投资战略布局，提高对外直接投资的质量，减少企业盲目投资行为。

3. 加大境外投资监管力度

完善境外投资联合年检制度，加大对外直接投资的事中和事后监管力度，明确不同部门的监管权力和责任，保证境内投资主体交易的真实性，严厉打击虚假的投资行为，防止境内外资产倒挂以及非法的跨境资本流动，建立企业境外投资信用体系，协调和完善不同国家间境外投资联合监管制度，改进对外直接投资的统计制度，加强以最终投资目的地为原则的数据统计。

G.14
2016年经济景气分析及2017年展望

刘玉红*

摘　要：　我国经济仍处于长下行周期阶段，经济景气波动呈现“W型”阶梯式下降，目前经历了两次完整的短周期波动。受政策刺激效应的影响，先行合成指数和一致合成指数出现了一定程度的背离，预计2017年先行合成和一致合成指数将双双在底部震荡运行，综合经济警情指数继续在绿灯区下沿平稳运行。建议加快供给侧改革进程，继续实施积极的财政政策和稳健的货币政策，加大金融领域对实体经济的支持。

关键词：　经济周期　景气波动　经济预测

2012年第二季度至今，我国经济增长速度呈现稳步回落态势，2016年前三季度，GDP增速保持在6.7%，增速呈现企稳态势，CPI也一直在2.5%左右的温和范围内运行，表明经济增长和物价波动的“微波化”特征更加明显。2017年我国经济发展所面临的国内外环境仍然严峻复杂，世界经济的复苏进程步履维艰。经济运行仍然处于潜在增长率下降、结构调整和深化改革的叠加阶段，结构性矛盾依然突出，经济运行呈现了特有的不确定性和复杂性特征，经济下行压力依然较大。

---

* 刘玉红，经济学博士，国家信息中心预测部，主要研究领域为宏观经济预测、计量经济模型开发及应用、经济景气监测预警。

一 先行合成、一致合成指数走势出现分化，2017年可能在底部震荡运行

鉴于经济新常态下原有的景气指标体系出现了一些新变化，在保持经济景气计算结果的可比性和连续性的基础上，我们构建了2016年我国经济景气监测预警系统，一致合成指数包含6个经济指标，分别是工业增加值、发电量、狭义货币M1、财政收入、固定资产投资（不含农户）完成额和出口总额增长速度；先行合成指数包含5个经济指标，分别为产成品库存（逆转）、金融机构各项贷款、粗钢产量、汽车产量和固定资产投资本年施工项目计划总投资增长速度。各经济景气指标均为同比增长率，并经过季节调整消除了不规则要素。利用美国国家经济研究所（NBER）的景气指数构建方法，建立了我国的先行合成和一致合成指数（以2000年为基期）。

一致合成指数的运行态势反映了我国当前宏观经济总体走势，并且能够测定我国经济周期的转折点，图1显示，我国经济运行在2013年9月开始进入新一轮下行周期，至2015年9月该次下行周期共持续2年时间，从2015年10月开始一致合成指数企稳回升，此次回升仅持续了9个月，从2016年7月开始，一致合成指数出现回调，目前已回落3个月。先行合成指数在2015年5月出现谷底后持续回升，至今已回升了28个月，从上升速度看，先行合成指数在回升初期上涨速度较快，进入2016年以来，回升速度明显放缓。利用K－L信息量计算，我国先行合成指数的先行期为6个月，但是当前我国先行合成指数尚未出现拐点，而一致合成指数已出现小幅回落，先行合成、一致合成指数的走势出现了一定程度的背离。

9月，构成一致合成指数的6个经济指标季节调整后五降一升，M1、出口总额、财政收入、固定资产投资（不含农户）完成额增速和工业增加值增速季节调整后继续回落，只有发电量增速季节调整后小幅回升，一致合成指数的上升动力明显不足，下降压力显著加大。

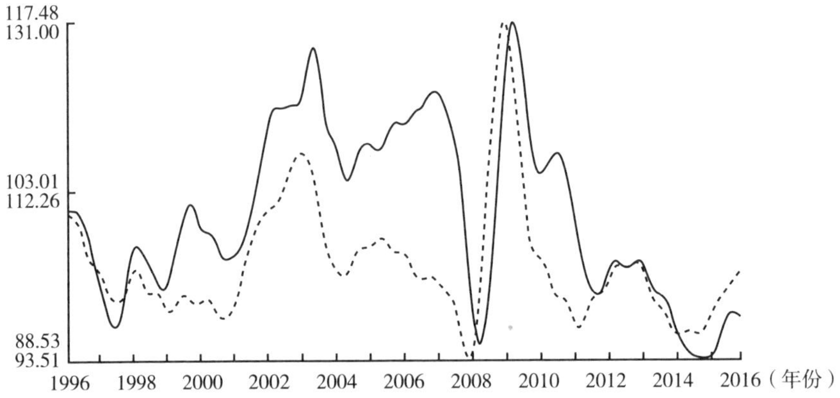

图1　一致合成指数（实线）和先行合成指数（虚线）

9月，构成先行合成指数的5个经济指标季节调整后两升三降，汽车产量和粗钢产量季节调整后处于上升走势，逆转后的产成品库存、固定资产投资本年施工项目计划总投资和金融机构各项贷款增速继续下降。尽管上涨指标的个数少于下降指标的个数，但是得益于汽车产量和粗钢产量的大幅反弹，先行合成指数的上涨动力强劲。进入2016年以来，先行合成指数的上涨速度明显回落，一旦减免税收的汽车政策的效应减弱，钢价不再快速提高，先行合成指数可能结束上升态势转而出现回落。

2016年9月，我国宏观经济先行合成指数与一致合成指数的走势出现了一定程度的背离，先行合成指数继续上行，一致合成指数出现小幅回调。从指标分析看，先行合成指数的上行与政策拉动密切相关，一旦政策刺激效应全部释放，先行合成指数的上涨动力消失，走势就会出现反转。2006～2007年，我国经济运行中也曾经出现过这种先行合成指数和一致合成指数的背离现象，这种特定的运行阶段都可以理解为某些行业或者领域的过度波动。综合判断，我国先行合成指数的持续上涨不可持续，2017年可能会出现回调，一致合成指数在2016年第三季度出现了阶段性拐点，预计2017年先行合成指数和一致合成指数双双在景气底端震荡运行。

二　监测预警信号系统显示我国经济运行出现冷热不均态势

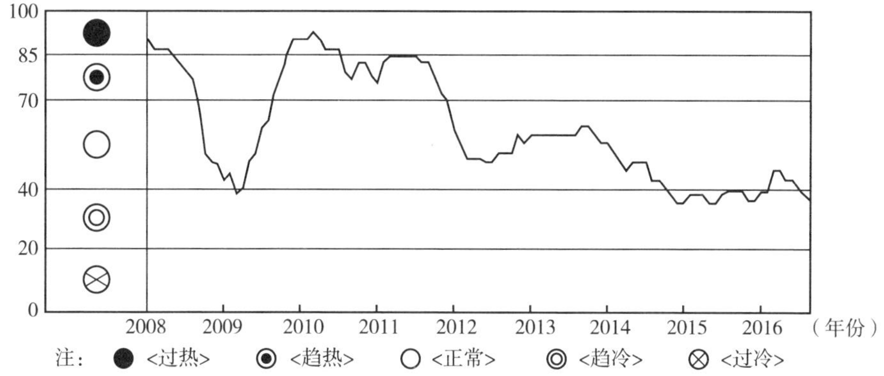

图2　年度景气动向综合指数

中国“宏观经济监测预警信号系统”包含10个预警指标，涵盖了经济运行的各个领域，通过预警信号图和综合指数的分析能够对各预警指标和当前经济的总体景气运行情况和未来的变动趋势做进一步的判断和预测。2016年是我国“十三五”的起始年，我国经济运行呈现了许多新特点，潜在经济增长率下降，结构转型进入新阶段，我们在“十二五”期间指标运行的基础上，结合对预警指标变化情况的统计分析和发展趋势判断，对监测预警系统构成指标的预警界限进行了调整，保证系统能够更加准确地反映“新常态”下经济景气的变动情况。

从图2看，2008～2010年，我国综合警情指数出现了一定程度的大起大落，金融危机爆发后，综合警情指数直接从过热区进入趋冷区，随后又快速拉升，仅仅用了8个月就从趋冷区回到过热区。2010年以后，综合警情指数进入了长期阶段性下降周期，综合警情指数阶段性下降，2011年8～11月下降至趋热区，随后的34个月，综合警情指数一直在正常区内震荡运行，直到2014年11月再次下滑至趋冷区，此后在趋冷区上沿波动运行，2016

年2月，综合警情指数曾经出现快速回升的态势，但仅仅持续了4个月，从8月开始，又掉落至趋冷区。

分指标看，2016年9月，M1增速处于过热区，社会消费品零售总额、工业企业增加值、工业企业主营业务收入、发电量和CPI在正常区运行，金融机构各项贷款处于趋冷区，进出口总额增速已经持续一年在过冷区运行，而国家财政收入增速和固定资产投资完成额增速也在近两个月步入过冷区。观察图3，代表实体经济的投资、进出口等领域的指标呈现趋冷的走势，而代表虚拟经济的货币供应量和贷款却在正常区甚至在过热区运行，出现了过热的苗头，表明当前我国宏观经济呈现一定的冷热不均态势。

我国综合警情指数走势与一致合成指数的走势相似，都在经历了短暂的上扬后再次回落，结合先行一致合成指数的分析看，2017年我国综合警情指数的冷热不均态势会有所缓解，综合警情指数会继续在正常区下沿和趋冷或过冷区上沿震荡波动。

指标名称	2015			2016								
	10	11	12	1	2	3	4	5	6	7	8	9
1. 社会消费品零售总额增速	○	○	○	○	○	○	○	○	○	○	○	○
2. 工业企业增加值增速	○	○	○	○	○	○	○	○	○	○	○	○
3. 工业企业主营业务收入增速	◎	◎	◎	◎	◎	○	○	○	○	○	○	○
4. 发电量增速	⊗	⊗	⊗	⊗	⊗	◎	◎	◎	○	○	○	○
5. M1月末数同比增速	⊙	⊙	⊙	⊙	⊙	●	●	●	●	●	●	●
6. 金融机构贷款期末余额增速	○	○	○	○	○	○	○	○	◎	◎	◎	◎
7. 国家财政收入增速	○	○	○	○	○	○	○	○	○	◎	⊗	⊗
8. 固定资产投资完成额增速	○	◎	◎	○	○	○	○	◎	◎	◎	◎	⊗
9. 进出口总额增速	⊗	⊗	⊗	⊗	⊗	⊗	⊗	⊗	⊗	⊗	⊗	⊗
10. 居民消费价格指数	○	○	○	○	○	○	○	○	○	○	○	○
综合判断	◎	◎	◎	◎	◎	○	○	○	○	○	◎	◎
	40	37	37	40	40	47	47	44	44	41	39	37

注：● <过热> ⊙ <趋热> ○ <正常> ◎ <趋冷> ⊗ <过冷>

图3 月度监测预警信号

三　我国经济景气指数的新特点

在经济新常态下，我国经济运行中结构性矛盾依然突出，结构调整和深层次改革叠加，潜在增长率下移，导致宏观经济呈现与以往不同的不确定性和复杂性，经济景气运行呈现了一些新特点。

1. 经济景气呈现“W 型”阶梯式下降

由于我国经济景气循环是增长率循环，一旦经济出现过度波动时，大起大落态势明显，从图 1 看，2008 年金融危机后，我国经济出现了 1996 年以来的最大一次大幅震荡，经济景气指数接连出现历史低点和历史高点。事实上，可以将 2010 年的峰作为我国经济景气指数波动的一个分水岭，在 2010 年之前，经济周期景气波动的峰是依次升高的，这段时期也是我国经济高速增长时期，因此，经济景气的峰逐渐上涨可以归结为我国经济增长红利的释放；2010 年以后，经济景气波动可以分为两个完整的短周期，这两个短周期的峰逐渐降低，谷相应不断下探，2015 年 9 月的谷已经是 1996 年以来的历史新低了。如果按照长周期划分，我国 2010 年以来的景气波动可以看作一个长的下降周期，经济运行呈现“W 型”阶梯式下降的走势，2013 年和 2015 年的景气震荡都是下行周期中的阶段性波动。

2. 居民和企业收入基本保持稳定

按照主体划分，收入类指标可以分为财政收入、企业收入和居民收入，由于居民收入目前只有季度数据，可以利用社会消费品零售总额来间接反映，中国经济景气监测预警系统通过对工业企业主营业务收入、财政收入和社会消费品零售总额三类指标的走势进行监测来分析我国收入类指标的走势。受到经济增速放缓的影响，我国财政收入增速逐渐放缓，2016 年前 5 个月基本保持在 7% 左右的增速，6 月全面推行营改增后，受到中央与地方增值税收入划分办法调整影响，当月余额增速下降至 1.7%，此后增速逐渐回升，9 月当月回升至 4.9%，基本保持平稳增长。从我国经济周期的历史经验看，由于工业企业的灵活性特点，工业企业效益指标的波动往往大于经济周期的波动，经济增速提高时，企业效益的增速往往高于经济增速，而经济一旦下滑，企业效益往往下降得更快更深，但是本轮经济长期下降周期的一个显著特点就是，工业企业效益类指标增速的下降幅度明显低于工业增加值增速的下降幅度，甚至工业企业效益还出现回升的态势，这表明我国的企业主体正在逐步适应新常态，盈利模式开始发生转变。

3. 合成指数走势与宏观经济走势出现背离

从图1看，按照峰－峰对应法划分，1996年以来我国的经济景气的波动与GDP基本保持一致，但是2015年9月至2016年6月，我国GDP增速缓慢回落，而我国一致合成指数则一直处于缓慢回升的态势，经济周期波动与GDP出现了一定程度的背离。我国经济景气监测预警系统的基准指标是工业企业增加值，该指标在2015年9月以来也处于缓慢回落的态势，与GDP增速保持一致，但构成景气系统的其他经济指标的走势与GDP的背离导致了经济景气合成指数与宏观经济波动的偏离。可以将图4的一致合成指数的6个构成指标自2015年9月以来走势分为三类：平稳运行、快速下降和快速拉升。固定资产投资属于稳中有降，工业企业增加值则基本保持不变，财政收入增速则一直处于下降走势，出口增速、M1和发电量增速在2015年9月至2016年6月都出现了快速拉升的走势，但是2016年第三季度以来这三个指标的走势出现了分化，出口增速再次掉头向下，M1快速增长的势头已经结束，而发电量则继续保持着快速增长的态势。因此，M1、出口和发电量增速的快速拉升是带动一致合成指数反弹的主要动力。

在新常态下，我国经济潜在增长率逐渐降低，我国经济实际增长速度必然放缓，与此相对应，我国实体经济中的相关指标增长速度也必然下降，例如，作为经济景气监测系统的核心基准指标，工业增加值增速就从2007年高达20%的增长速度下降至当前的6%左右，投资和消费等相关指标增速也出现了不同程度的下降。当经济处于下降周期时，会通过扩张性宏观调控政策来刺激经济增长，政策效应会从虚拟经济转传导至实体经济，最终实现经济的再次繁荣。由于宏观调控政策存在政策时滞，刺激性政策往往导致虚拟经济指标先于实体经济反弹，虚拟经济和实体经济会出现一个时期的背离，但是在过去的20年里，这种背离不会持续很长时间，会快速消除。从图1看，1996年以来，在宏观调控政策的政策时滞内，虚拟经济指标增长速度的变动都会传导至实体经济领域，带动景气指标的走势与全国经济走势相一致。可是此轮经济下滑阶段，实体经济指标和虚拟经济指标的这种背离持续了很长时间，从上次拐点出现至2016年6月，先行合成指数和一致合成指数一直处于回升走势，究其原因，一方面，是实体经济与虚拟经济之间的传导不畅，另一方面，更主要的因素是当前我国经济处于潜在增长率的下降阶段，扩张性的刺激政策对实体经济的刺激效应减弱。

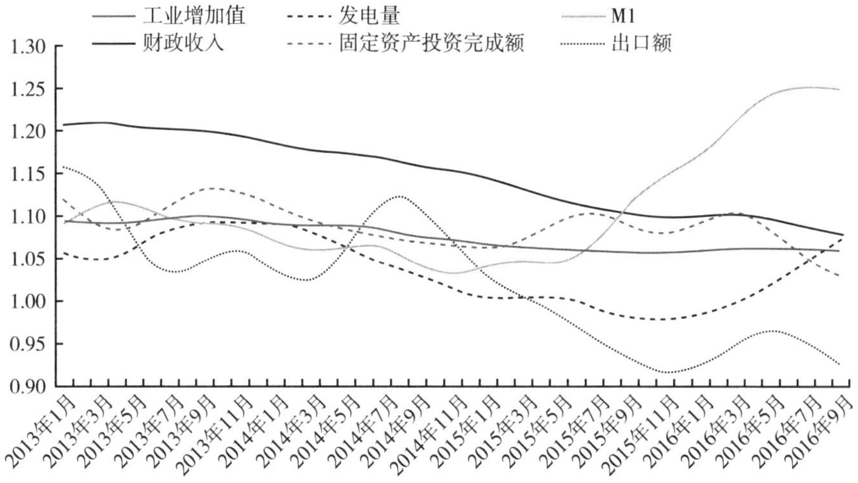

图4　2013年至2016年9月一致合成指数构成指标走势（季节调整后）

四　政策建议

1. 加快供给侧改革进程

利用计量模型对我国潜在增长率进行了预测，“十三五”期间，我国经济潜在增长率分别为6.91%、6.73%、6.61%、6.72%和6.67%，平均增速为6.73%。与“十二五”的平均水平相比，“十三五”的增速回落1.45个百分点，保持在6.7%左右的水平上。短期看，经济转型与结构调整所带来的经济阵痛仍将持续存在，长期看，转变经济发展方式有助于中国经济的可持续发展。因此必须加快供给侧改革进程。通过改革收入分配体制、完善劳动力市场、保护劳动者权益等，调动劳动者的积极性和创造性，增加劳动的有效供给。加快启动债务的战略性重组，增强市场配置资源功能，着力创造更好的市场环境和制度环境，激发经济内生动力和市场主体活力。要鼓励个人储蓄和企业储蓄，适当发行国债和其他债券，推进金融市场化改革和投资体制改革，吸引外资等。要加快推进财税、金融、社会保障等重要基础领域改革，形成支撑供给侧改革的体制环境。

2. 保持宏观经济政策适度宽松

计算结果显示，自 2008 年以来，除了 2010 年和 2011 年，我国的经济增长率缺口一直为负，也就是我国经济增长速度一直低于潜在增长速度，表明我国经济发展中一直伴随着有效需求不足这个突出矛盾。应该保持宏观经济政策适度宽松，将扩大需求与推进供给侧结构性改革有效结合起来。2015 年以来，我国居民消费价格指数大体上保持低位运行，通胀压力的减轻为低利率政策提供了空间，同时存款准备金率仍有进一步下调的空间，因此，要坚定地实行积极的财政政策和稳健的货币政策，扩大需求，保持经济的健康平稳增长。扩大赤字规模，坚定地实行积极的结构性减税、减费的财政政策。中央财政适度加大在重大项目建设和社会公共服务方面的支出比例。优化财政支出结构，重点支持民生、创新、绿色发展等领域。加强地方政府债务限额管理，控制债务规模，建立债务风险化解和应急机制。稳健货币政策要适度灵活，并保持稳健和谨慎，要进一步疏通货币政策传导渠道，加大货币流动性，降低融资成本，保持社会融资总量的适度增长。

3. 加大金融对实体经济的支持力度

无论是经济景气合成指数还是综合警情指数，都显示我国经济出现了比较明显的冷热不均态势，一方面，虚拟经济领域的指标明显好转甚至出现了过热迹象；另一方面，实体经济增长缓慢甚至处于长期缓慢下降的走势。由于货币政策的非对称效应加上我国当前处于经济潜在增长率下降阶段，金融手段对实体经济的刺激效应有所削弱，但是我国虚拟经济与实体经济传导渠道不够通畅，企业贷款难度大，银行机构对企业压减信贷等问题也不容忽视。2016 年上半年，房地产价格上升过快，部分城市推出新的房地产限购政策，由房地产市场带动的实体经济回暖正面临回落的风险。因此，要进一步加大金融对实体经济的支持力度，坚持“有保有控”的信贷政策，不搞一刀切，综合运用收回再贷、续贷展期、资产转换等手段帮助企业转贷应急，研究制定化解担保权风险的政策措施。解决不合理收费和附加贷款条件等问题，一定程度上放宽和简化企业的贷款条件和审批程序，缓解企业贷款成本过高的状况。另外，加强贷后检查，跟踪贷款走向，确保贷款注入实体经济运行中，切实发挥金融支持实体经济发展的作用。创新金融服务手段，落实银行业金融机构开发自主品牌、商标专用权等企业无形资产质押贷款业务，在政策允许的范围内，适当放宽其向金融市场直接融资的准入条件，调整现行股票、债券发行条件中对中小企业规模的限制，为其提供更为有利的融资环境。

G.15

国企改革评估分析及展望

肖若石*

摘　要：2016年国企改革取得重大进展，国企“1+N”的文件政策体系基本构建、国企改革重点领域试点工作全面实施、各项配套法律法规也相继出台，奠定了全面深化国企改革的坚实基础。各省、市及中央直属企业积极落实各项改革政策，大胆探索、锐意改革，取得了积极的改革成效。国企改革在完成供给侧结构性改革重点任务中也取得了显著的效果，引领了去产能与“僵尸企业”出清的改革任务。但当前国企改革仍有一定的问题，在完善国有资产管理体制、完善现代企业制度等方面不够深入，通过深化国企改革促进杠杆水平下降的成效不明显等。预计2017年国企改革将主要工作集中在三个方面。首先，加快落实混合所有制改革试点工作，成为全面深化国企改革的突破口。其次，国有资本投资运营公司将在管理运营、机构设定、公司职能等方面取得重大改革突破，为完成国企改革“管资本”的重要目标搭建好框架。最后，国有资产的整体布局将在2017年做好顶层设计，为增强国有资本服务经济社会发展能力做好基础性工作。

关键词：国企改革　混合所有制　供给侧结构性改革

* 肖若石，经济学博士，国家信息中心经济预测部，主要研究方向为经济体制改革、区域经济、收入分配、物价监测等。

2016年的政府工作报告提出，要大力推进国有企业改革，坚决打好国有企业提质增效攻坚战。随着国企“1+N”的文件政策体系逐步完善，2016年已基本完成了国企改革的顶层设计，国有经济战略性重组、混合所有制试点启动、国有投资运营公司组建等多项重点改革稳步推进，表明我国国企改革已经步入深水区，要下决心攻坚克难，进行深层次的利益调整。

一 当前我国国企改革的基本情况

1. 配套文件相继出台，顶层设计基本完成

党中央、国务院于2015年9月印发了《中共中央国务院关于深化国有企业改革的指导意见》（简称《意见》），从完善现代企业制度、完善国有资产管理体制、分类推进国有企业改革、探索实行混合所有制改革等多个方面对国企改革提出了总目标与总任务。此后相关配套文件密集出台，当前已经初步构建了以《意见》为核心、以19项专项改革文件为配套的“1+N”的政策体系。自2015年第四季度至今，先后印发了《关于国有企业发展混合所有制经济的意见》《关于国有企业功能界定与分类的指导意见》《中央企业结构调整与重组指导意见》等多项国企改革重点领域与关键环节的改革指导意见，预计2016年底之前还将编制完成《进一步完善国有企业法人治理结构方案》等4项改革文件。2016年，国企“1+23”相关文件全部出台，标志着国企改革顶层框架设计基本完成。各地方政府也积极围绕“1+N”的政策体系，先行改革，锐意创新，从省级层面完善国企改革制度体系。如江西省在2014年率先出台了《关于进一步深化国资国企改革的意见》，两年多的时间里在“三项制度改革”“完善法人治理结构”“混合所有制改革”等方面取得了大量的成功经验，近期在此基础上又制定了《关于打造国有企业改革“江西样板”的实施意见》，以更高的标准开展国企改革。山东省围绕《关于深化省属国有企业改革几项重点工作的实施意见》，构建了“1+18”的主体政策框架，全面对接国家“1+N”的政策体系。

2. 中央地方多措并举，推进速度不断加快

从保障举措看，国家层面成立了国务院国有企业改革领导小组，统筹制定各项国企改革相关文件，审核重大改革方案，协调推进改革落实，对地方改革开展督促指导。超过80%的省市成立了国企改革领导小组，106家中央直属企业全部成立了改革领导小组，大部分地方国有企业也成立了深化改革的相关机构和组织，保障国企改革的各项配套文件落实到位、推进有力。为进一步营造国企改革良好的市场环境，国资委下放、废止21项监管事项与33件规范性文件，同时各省、市也积极开展国企权力清单制定与简政放权改革工作。从具体措施看，中央企业重组步伐加快，2016年国资委推动港中旅集团与国旅集团、中粮集团与中国中纺集团、宝钢集团与武钢集团等5起央企整合重组，央企家数相较于2012年下降7.8%。启动国有资本投资运营公司试点工作，确定中粮、国投集团等央企为国有资本投资公司试点，诚通、国新集团等央企为国有资本运营公司试点，确定24个省、市开展地方资本投资运营公司试点工作，成立50家地方国有资本投资运营公司。健全公司法人治理结构试点工作不断深化，国资委确定宝钢、国药集团等4家央企作为市场化选聘经理层改革试点，中国节能、中国建材等四家央企作为董事会职权改革试点，各中央直属企业已全面开展规范董事会与三项制度改革工作。国家层面的混合所有制改革正在积极稳妥地推进中，而上海、重庆、江西、山东等省市则率先探索混合所有制改革，如山东省确定了58家混合所有制改革试点国企，以“一企一策”的方式，鼓励试点企业根据自身特点实施引入战略投资者、开展员工持股等多项混改措施。

3. 局部改革初见成效，积极助力供给侧结构性改革

尽管当前国企改革正在起步阶段，整体改革红利的释放并不显著，但在一些国企改革起步较早、探索较快的省市却取得了卓有成效的改革成果。如2016年前三季度，重庆市国有企业资产规模增速约为12%，利润增长超过8%，在全国国有企业利润整体下滑的大背景下，仍然保持了一枝独秀的增长速度。江西省分别在江西铜业、江西建材团开展了“三自”（自主拓展、自主决策、自主经营）与“三项制度”、改革试点工作，理顺了出资人与企业之间权责关系并实施了有效激励的机制，企业效率大幅提升，利润分别增长了 15% 与 38% 。国企改革也积极助力供给侧结构性改革，在去产能与处理“僵尸”企业方面起到了引领作用。新成立的宝武钢铁集团在重组过程中确定两年内要减产约 600 万吨粗钢，任务量接近中央直属钢铁企业去产能总数的 1/3，并且提出力争在 2016 年内基本完成。神华集团作为国资委国企改革的试点单位，两年内关闭煤矿 12 处，累计减产 9500 万吨，而 2016 年，全国 1 ~9 月完成煤炭去产能任务则为 2 亿吨。在部分推进国企改革较快的省、市，也把去产能作为国企改革的重要抓手，如重庆市 2016 年关闭 219 处煤矿，淘汰压缩产能 1300 多万吨，超额完成近 50% 的去产能任务。出清“僵尸”企业也是国企“三个一批”改革的重点任务，据中国社会科学院统计上年共清理退出各级企业 7502 家，涉及资产 5265 亿元，其中大部分为国有企业。2016 年国资委规划三年时间将 345 家“僵尸企业”出清，各省、市也纷纷出台处理“僵尸企业”的指导意见，明确要以国企改革为依托，在 2 ~3 年内实现“僵尸企业”全部出清。

二 当前国企改革存在的主要问题

1. 国有资产管理体制改革相对迟滞

国有资产管理体制改革是国企改革中触碰重大利益调整的核心问题，为从最高层面推进这一项改革，党的十八届五中全会专门强调要以管资本为主加强国有资本监管，国务院也印发了《关于改革和完善国有资产管理体制的若干意见》。但从当前的进展情况看，相较于其他领域的国企改革，国资管理体制改革在关键领域与核心环节上的推进速度相对滞后，主要集中于三个问题。第一，国资管理的权责划分仍不明晰。清晰界定政府监管边界，厘清出资人与企业之间的权责关系，根本办法是建立监管权力清单和责任清单制度，但目前只有安徽、山东、江西等少数几个省份制定了权力责任清单，而国家层面与大部分省份并未出台相关的政策文件。第二，国资授权经营体制改革框架尚未构建。改组组建国有资本投资运营公司是国资授权经营体制改革的“四梁八柱”。尽管已经确定诚通等7家公司作为投资运营公司的试点，但从落实情况看，改革既没有实现所有权与经营权的依法分离，也没有对试点公司下放投资人事等决策权力，在管理运营、机构设定、公司职能等方面均与真正意义上的投资运营公司有较大差距。第三，国资布局结构尚需调整。尽管国资委提出了要优化国有资本布局结构、提高国有资本配置效率、增加战略性新兴产业比重的相关要求，但当前并未出台有关国资结构调整的相关细则，投资指向仍不明确，国资布局结构仍然失衡。央企的行业覆盖率超过90%，大量集中于过剩产能领域，导致央企整体经营效率低下、债务风险上升。

2. 完善现代企业制度相关改革深度不够

完善的内部治理结构与有效的激励机制是激发国有企业活力的重要微观制度保障，尽管各级政府在完善现代企业制度方面的相关改革方面做出大量有益的探索，但这一项改革涉及法律法规体系、行政管理体制、市场选择机制等多方面复杂系统的问题，因此，当前的改革举措还是流于形式，没有从深层次上破解这一国企改革难题。从完善法人治理结构看，已经实施的“落实董事会职权”“市场化选聘管理者”等改革，并未完全体现公司法赋予公司法人的权力，国企在发展目标制定、重大经营决策制定、人才选拔任用等方面仍然受到传统国资管理体制的制约。从企业内部三项制度改革看，国企仍然承担了大量的政府职能、社会职能，难以短期内建立以市场化为导向的激励机制。特别是当前稳增长、保就业的压力很大，国企在面临因市场选择造成的职工下岗时就更为谨慎，宁可背负沉重的债务包袱。人员冗余、劳动生产率水平低下等问题仍未得到解决，据国务院发展中心调查，与国际先进企业相比，我国国企员工富余多达5～10倍。此外合理的薪酬激励机制与国企限薪政策之间的关系尚需理顺，国企应限制一些不合理的过高薪酬，但如果国企薪酬远低于同行业平均水平，将造成大量优秀人才流失。目前，我国的国企薪酬制度改革主要以僵化的限制报酬为主导，忽视了推动更富有弹性且兼具市场特性的国企薪酬制度改革。

3. 去杠杆改革效果尚需释放

在落实供给侧结构性改革五大重点任务中，国企改革在去杠杆方面收效甚微。2016 年以来国有企业的杠杆率不降反升，截至 9 月底，国企资产负债率大约为 67%，负债总额约为 85 万亿元，而 2015 年同期资产负债率为 65%，负债总额约为 77.6 万亿元，债务总额同比增长了 9%，负债率增长 2%。随着杠杆率的攀升，国企债券违约事件激增，2016 年已有六家国企出现违约，总金额为 165 亿元，占违约总金额的 66.5%。而 2015 年有五家国企出现违约，违约金额只有 58 亿元，占违约总金额的 26.2%。如果将国企以展期贷款和借新还旧的方式隐藏的无法偿还的贷款计算在内，国企的总债务违约数量将远远超过债券市场违约的金额。究其原因，主要存在三个问题。第一，国企改革“1 + N”的文件政策体系中，并没有针对去杠杆、控债务出台过相应的专项改革文件，这是国企改革一个重要的政策缺失。第二，国企的亏损面扩大，但投资的任务却在增加。2016 年以来我国投资结构严重失衡，主要依靠政府投资支撑经济增长，前三季度民间投资的增速只有 2.5%，而国有控股投资增速高达 21.2%，国企在其中起到了稳定投资的积极作用。但国企的盈利能力在不断下降，1 ~9 月利润总额同比下降 1.6%，其中，央企下降 5.4%。第三，金融机构存在融资偏向性问题。长期以来国企可以在金融市场上以较低的利率融到大量的资金，民营企业相对而言不仅融资成本高而且获得融资较为困难，当经济进入下行周期，投资回报率降低，民企的投资意愿减弱，国企在金融市场的融资份额则进一步扩大。

三　2017年国企改革相关政策展望

1. 混合所有制改革将成为国企改革突破口

在 9 月底国家发改委召开的研究部署国有企业混合所有制改革试点相关工作会议上，国家发改委副主任刘鹤明确表示要以混合所有制改革作为深化国企改革的重要突破口，同时确定了南方电网、中国核电、联通集团等多家央企为第一批试点单位，2017 年试点工作将全部展开，混合所有制改革有三个重点任务。第一就是通过混改放开垄断行业竞争性业务环节，进一步打破行政性与市场垄断，推进政企分开、政资分开、网运分开等，吸引民营资本积极参与混合所有制改革，加大对垄断环节的监管力度，构建新的垄断行业监管体系。第二要营造良好的市场竞争环境，以产权平等、权责一致为基础，以财产财务融合为抓手，使产权结构得以合理安排，使产权工具发挥应有效应，使各方出资者得到平等保护。在产权混合或产权结构配置过程中，通过市场发现资产价格，以固定资产收益等资产证券化方式，撮合确定双方交易价格，使混合所有制产权在交易流动过程中得到保值增值。第三要依托混合所有制改革加大国企公司制改革力度，完善现代企业制度，推进竞争性国有集团公司整体上市。

2. 国有资本投资运营公司试点工作将有实质性进展

7 家国有资本运营公司正加快落实相关改革试点任务，其中，诚通、国新、国投集团根据自身的投资运营特点，分别成立了国有企业结构调整基金、国有资本风险投资基金、煤炭资产管理有限公司，为切实开展投融资业务搭建基础；中船、中粮等大型业务集团公司，探索制定了内部治理结构改革方案，为改组为国有资产投资运营公司做好制度上的准备。此外最近印发的《关于市场化银行债权转股权的指导意见》明确提出，鼓励国有资本投资运营公司积极参与市场化债转股，是赋予国有资本投资运营公司承担国有资本的资本运作功能的重大改革。预计 2017 年国有资本投资运营公司将陆续开展国有资本的投融资业务，发挥自身的平台作用，支撑国有企业兼并重组、资产机构调整、改组改制。为切实落实国有资本投资运营公司改革任务，还应进一步探索国有资本投资运营公司的权责边界，规范其经营行为，要严格按照市场出资人的标准对投资企业行使各项权利，谨防国有资本运营公司干预其投资企业的生产经营决策。此外还要加快以管资本为主的国有资产监管体制改革，加快推进所有权与经营权分离，切实发挥国有投资运营公司隔离监管机构与国企的作用。

3. 国有资本布局调整全面展开

优化国有资产布局是保持国有经济活力、提升国企效率、增强国有资本服务经济社会发展能力的重要基础。当前随着各项国企改革工作的稳步推进，我国已经具备全面调整国有资本布局的客观条件。优化国资布局，首先，要发挥好国有资本投资运营公司的引导性作用。一些试点公司已经明确划分了业务范围，如国投集团将资本投资集中在基础产业、战略性新兴产业、金融服务业；神华集团重点投资新能源产业、环保产业、清洁能源产业；武钢集团重点投资“互联网+”、云计算、大数据及信息产业与传统制造业融合产业。要将国有资本集中于支柱产业、战略性新兴制造业和信息技术产业，充分依托国资平台公司，促进国有资本合理流动。其次，除优化国有资本货币布局外，还要注重调整知识与技术资本布局，国有企业与民营企业要加快协同创新平台与产业创新联盟建设。最后，要积极贯彻落实供给侧结构性改革的重点任务，降低国资在传统过剩产能行业中的比重，把产业政策与国企布局结构调整有机结合起来。

产　业　篇

Industry Reports

G.16 2016年工业形势分析及2017年展望

魏琪嘉*

摘　要：　2016年1～9月，工业各指标在合理区间运行，结构调整的力度持续加大，供给侧结构性改革政策效果显现。但新旧动能转换过程产生的阵痛仍在持续，给工业企稳回升带来压力。当前，需要统筹处理好深入开展供给侧结构性改革和保持工业平稳增长的关系，在扎实推进工业领域去产能、降成本、补短板的同时，通过增加有效投资等方式筑牢实体经济增长的基础，为传统产业提质增效、新旧发展动力平稳转换、市场出清和风险防范创造良好的政策环境。

关键词：　工业运行　产业　工业领域

* 魏琪嘉，国家信息中心经济预测部副研究员，研究方向为产业经济。

一　当前工业运行的特点

2016年前9个月，传统产业去产能工作取得积极进展，价格、库存、企业利润等指标朝着积极方向变化，结构性改革的政策措施效果进一步显现。

1. 工业生产稳中向好

（1）工业生产保持平稳

1~9月，规模以上工业增加值同比增长6%，增速与二季度持平（见图1）。从长周期的视角看，工业增速处于弱增长区间，但稳中向好的迹象已经开始显现。在世界经济复苏情况复杂、国内新的经济增长点还不可能对经济增长起到顶梁柱作用的背景下，工业运行保持稳定意义重大。工业增速止跌企稳与2015年下半年以来密集出台的一批市场利好明显、保障措施得力的政策措施正在陆续发挥作用密切相关。

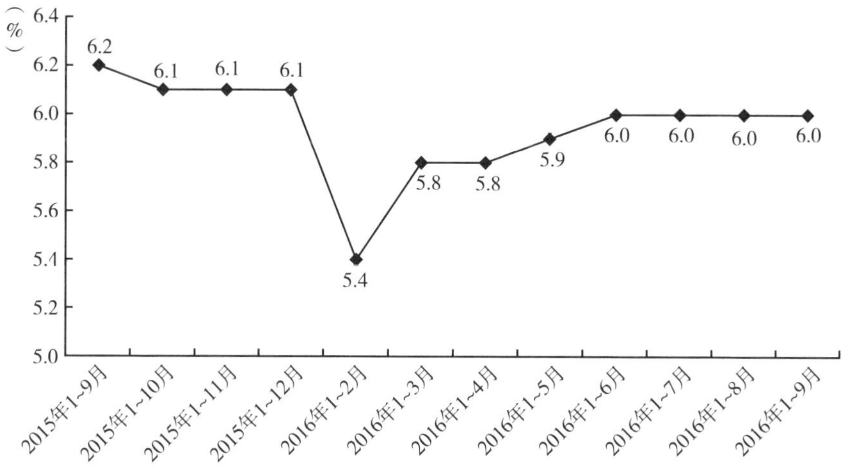

图1　规模以上工业增加值累计增速

注：本报告图表数据如无特殊说明，均来自国家统计局。

（2）工业生产结构优化

高新技术产业呈现加快发展态势。1~9月，高技术产业增加值同比增长10.6%，增速高于规模以上工业增速4.6个百分点，占整个工业的比重提升至12.2%。从产品结构看，符合制造业转型升级方向的产品如工业机器人、智能设备等，产量保持较大幅度的增长。

2. 工业价格结束负增长局面

9月，工业生产者出厂价格同比上涨0.1%，结束了54个月以来连续下跌的局面，实现了同比增速由负转正。工业价格环比也继续呈现回升态势，9月价格环比回升0.5%，涨幅比8月扩大0.3个百分点（见图2）。

价格止跌回升主要受三个方面因素的影响：一是钢铁、煤炭、有色价格涨幅扩大，直接带动PPI同比转正。二是稳增长、去产能政策同时发力，工业领域供需矛盾缓解，带动了工业品价格的上涨。三是国际大宗商品价格行情好转，有效地改善了市场价格预期，有助于国内工业生产者出厂价格的回升。

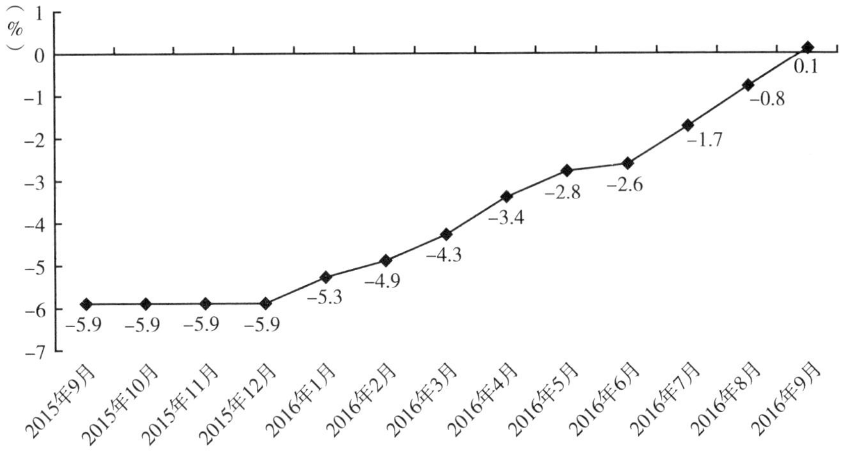

图2　PPI当月同比增速变化情况

3. 企业盈利情况出现积极变化

2016年前8个月，规模以上工业企业效益明显改善。2016年2月，企业利润实现了同比增速由负转正，随后持续改善。1～8月，工业利润同比增长8.4%，增速比二季度加快2.2个百分点（见图3）。分行业看，采矿业利润下滑幅度明显收窄，前8个月累计降幅较二季度收窄12.7个百分点；制造业利润增速加快，1～8月同比增长14.1%，增速比二季度加快2个百分点。第三季度以来企业利润出现持续好转趋势的主要原因有两个方面，一是规模以上工业企业产品销售速度加快，单位成本降低，且前期利润负增长造成基数较低。二是减量化生产等去产能措施促进了钢铁、煤炭价格反弹，市场前期积累的存量减少，下游企业开始积极回补库存。

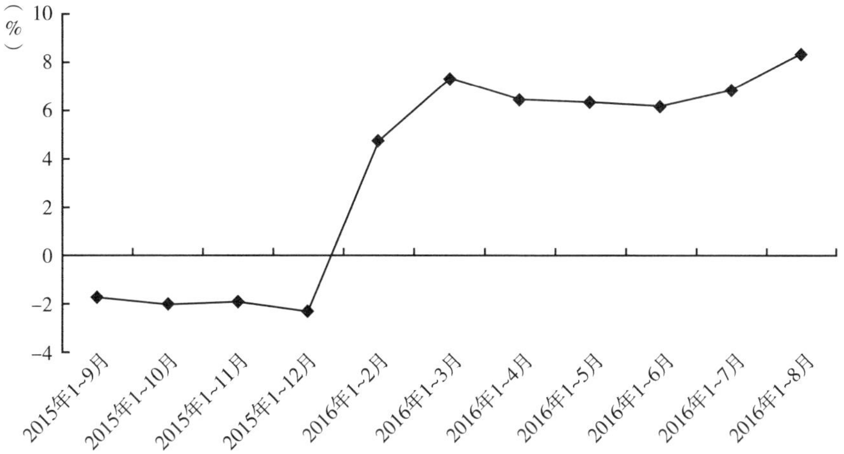

图3　工业利润增速变化趋势

此外，其他衡量企业效益的指标也较二季度好转。前8个月，规模以上工业企业实现主营业务收入717240.1亿元，同比增长3.6%，增速比二季度提高0.5个百分点，比一季度提高1.2个百分点。1～8月，规模以上工业企业亏损数量同比增长1.1%，增速与二季度持平，比上年同期下降了12.5个百分点。

4. 工业需求有好转迹象

从投资看，截至9月底，制造业当月投资同比增速已经连续三个月回升，7～9月制造业当月投资同比增速分别为1.6%、2.1%和5.1%。从产成品库存看，前8个月产成品库存呈现逐月回落的趋势，产品销售加快，工业下游需求回升。数据显示，1～8月产成品库存累计同比下降1.6个百分点，上年同期为增长5.7%。重点工业品如平板玻璃、原煤等产成品库存下降明显。从工业用电量看，1~9月工业用电量同比增长1.9%，增速比二季度快1.4个百分点。从工业用电量当月同比增速的变动情况看，7月、8月、9月三个月工业用电增速明显加快。种种迹象表明，工业领域需求开始好转，这与工业产品出厂价格回升、企业利润改善等因素的正面带动作用密切相关。

5.去产能工作取得积极进展

去产能工作是工业领域贯彻供给侧结构性改革的重要举措，一年多来效果显著，一是“三个专项行动”取得实效。2016年初以来，化解过剩产能违法违规在建项目清理、淘汰落后以及联合执法等专项行动深入开展，有效淘汰了一批落后产能，违法违规产能得到遏制。二是去产能的督查力度不断加大，责任进一步压实，压力层层传导，各地对去产能的重视程度明显提高。三是去产能的政策体系不断完善，长效化机制初步形成。能耗标准、环保标准已成为衡量产能退出与否的重要指标；部门联动形成强大合力，能够及时反馈政策落实中遇到的问题；去产能预期管理水平不断提高。

综上所述，工业仍将继续保持平稳运行态势，随着前期稳增长政策以及结构性改革效果的显现，各项指标不会出现大幅波动的现象。预计2016年规模以上工业增加值将实现6%左右的增长。

二 当前工业运行存在的问题

1.职工安置难度较大

去产能过程中的职工安置工作是一项系统工程，有诸多复杂的历史、体制因素，处理起来难度较大。当前，职工安置工作中存在三方面问题亟待解决，否则很有可能对去产能工作造成负面影响。一是安置渠道与再就业意愿匹配度不高。调研发现，部分地区政府提供的公益性岗位与职工的职业选择意愿有一定差距，导致安置工作受阻，无法取得实质性进展。二是职工安置所涉及的个人信息复杂，核实难度较大。人员分流安置需要核实工龄、社保等多项信息，但由于用工结构、用工性质的差别，这些信息目前很难统计。三是职工创业配套政策需要进一步完善，目前，各地在通过创业引导职工分流上出台的措施多属于框架性的举措，真正落实还需要很多配套政策。例如，就业培训的方案如何与市场需求对接，就业培训的资金来源如何分担等，这些都需要地方政府在政策上给出明确的解决方案。

2. 债务处置情况复杂

去产能过程中的债务处置是一项情况极其复杂的工作，处理不好容易引发“多米诺骨牌”效应。当前，债务处置方面存在四方面的问题，一是债务的信息不对称问题较为严重。调研发现，工业企业的债务结构异常复杂，既有表内负债，也有表外负债，三角债问题也较为突出，目前银行监管部门无法掌握企业表外负债的情况，无法准确向市场发出贷款预警信号。二是银行不掌握化解过剩产能涉及的企业名单，导致信贷政策在执行过程中存在“一刀切”的问题，“有保有压”的信贷政策可操作性不强。三是很多企业的生产设备已经作为偿债的抵押物抵押给银行，去产能过程中这部分设备如果拆除，企业和政府将面临如何与债权人（银行）协商的问题。四是东北老工业基地的一些大型国有企业负债结构更加复杂，除了有生产经营方面的“显性负债”，也存在厂办大集体遗留问题、欠交社保等“隐性负债”，这些因素相互交织让债务处置工作变得更加复杂化。

3. 企业运营效率不高

企业盈利指标虽然改善，但是反映运行效率的指标却未见好转。以制造业上市公司为例，2016 年第三季度，衡量制造业上市公司运行效率的五大指标（营业周期、存货周转率、应收账款周转率、总资产周转率、固定资产周转率）只有 1 个指标（存货周转率）较上年同期有所好转，其余指标表现均不及预期。工业企业运营效率与企业管理能力、资金周转效率密切相关，运营效率未见提高凸显企业自身经营管理能力和内生增长动力的不足。此外，应收账款周转率的持续下降将直接影响到企业债务的偿还能力。应收账款关系日益复杂，特别是随着三角债、担保圈问题的复杂化，企业现金回笼的速度势必受到严重影响。

三 2017年工业运行展望

2017 年，工业领域相关改革将进一步推进，稳增长和调结构仍是各行业发展的总体基调。结合对上面相关情况的分析，我们认为，工业短期内不具备触底快速反弹条件，增速低位企稳将是 2017 年工业运行的主要特征。预计 2017 年全年规模以上工业增加值增速在 5.9% ~6.1% 范围内。

第一，稳的基础在不断得到加强。一是国家“十三五”规划以及制造业 2025 战略中确定的一批关于增强制造业核心竞争力的项目将在 2017 年陆续启动，这些项目将成为激活有效投资、促进工业平稳运行的重要保障。二是随着工业品价格持续转正预期的强化，企业投资意愿将好于从前，盈利等指标将持续改善，对工业增长形成了重要支撑。三是随着去产能各项举措的落地，大量落后产能被挤出市场，为先进产能拓展盈利空间创造了有利条件。四是高新技术产业和高端装备制造业在工业中所占比重不断提高，工业结构调整的促进作用不断强化。

第二，干扰增长的因素仍然客观存在。一是传统行业债务压力、职工安置压力等多种问题交织缠绕，容易触发工业领域的系统性风险。二是房地产开发投资回升是否具备可持续性变数较大，国际经济加速复苏是否具备可预见性前景不明，新旧增长动力是否具备可接续性仍不确定。三是激发民间投资主体投资意愿仍然有大量工作要做，民间资本目前已显现出外流的倾向。

四 政策建议

政策应统筹兼顾，处理好短期与长期、稳增长和促改革的关系，从需求侧和供给侧两端发力，实现工业平稳运行，促进产业提质增效并向中高端迈进。同时，需要在全力推进落实上年以来出台政策的前提下，认真总结并加快普及推广一些地区和企业增长亮点频出的经验，高调提升社会信心，及时出台组合式的宏观调控举措。

1. 有效弥补基础设施建设短板

以弥补城市公共基础设施建设的短板为契机，积极扩大有效投资，在提升城市公共服务水平的同时实现适度扩大总需求的目标。一是聚焦城市地下管廊、城际的高速公路、廉租房保障房以及给排水工程等公众有深度关注、有高度需求的项目，加快投资建设步伐。二是筹划好融资渠道。通过营造公平有序、公正合理的政策环境真正引入民间资本参与市政建设，激活民间资本参与投资的潜力。

2. 加速推进重大工程包项目落地

统筹推进11类重大工程包项目落地。一是用好政府类发展基金、投资基金以及相关专项建设基金，重点支持11大类工程开工建设。二是做好项目施工的事中监管，确保项目进度按期推进，项目资金使用规范，真正做到“专款专用”。三是为企业提供更为便利的融资服务。支持企业通过发行企业债券、定向增资扩股拓宽融资渠道。

3. 巩固结构性改革取得的成果

去产能方面，一是要落实已经出台的专项执法行动等措施，防止落后产能、违法产能趁价格回升之际恢复生产，打乱去产能工作的总体部署。二是要充分发挥环保硬约束的作用，通过提升环保标准倒逼落后产能退出市场。三是加快完善去产能职工安置和债务处置工作相关配套措施，针对前期工作中存在的问题专门研究解决对策，“一事一策”，避免政策“一刀切”。降成本方面，尽快出台涉企收费的“负面清单”，进一步削减制度性交易成本。组织1~2轮全国范围内的降成本工作落实情况督查，向市场集中释放一批叫得响、立得住的政策信号，提振市场信心，改善市场预期。

4. 加强去产能预期管理

一是明确政策预期。当前，要向社会解释清楚稳供应的短期政策与去产能长期政策之间的关系，及时说明有关政策出台的原因和背景，避免因“信息不对称”引发公众对政策的误解。二是发布相关信息来引导价格预期。库存情况、产量情况、产能情况应向社会及时公布。通过信息的对称公开，有效引导市场价格预期，避免价格非理性上涨现象的发生。三是构建去产能效果的综合评价指标。应通过产能、产量、公示公告情况、盈利情况等综合指标评价衡量去产能工作，科学准确引导公众预期。四是充分利用遥感卫星监测、大数据和“互联网+”技术，及时发现去产能过程中的苗头性、倾向性、潜在性问题，及早做好风险防范。

5. 优化产业政策实施的路径

一是进一步界定产业政策的范围，避免大而全，产业政策要在市场失灵的领域中发挥重要作用。二是做好产业政策的评估。构建第三方参与评估的机制，对已经出台的产业政策进行系统评价，总结相关经验和教训。三是从环境营造、畅通渠道、要素整合、有效监管、信息服务和协调联动等方面入手，加快健全产业发展重大机制。

G.17

2016年房地产形势分析及2017年展望

邹士年*

摘　要：　2016年中央房地产去库存任务，极大地改变了市场预期，从中央到地方对房地产政策的宽松力度加大，房地产市场上半年销售出现快速增长，同时，房地产投资增速也止跌回升，去库存效果显著。但是，以深圳为首的一线房价不断攀升，随后波及部分二线热点城市，快速攀升的房价不但加剧了市场投机，加大了风险，更带来严重的社会影响。国庆后，随着热点城市全面收紧政策，第四季度成交量将明显下降，价格增速也会显著减缓。预计2017年上半年房地产销售和投资将会延续2016年第四季度下行的格局，之后各地在下行压力较大下政策可能会有所放松，2017年全年房地产将会呈现前低后高的趋势。热点地区房价攀升改变不了房地产市场整体去库存压力较大的现实，尤其三、四线城市压力依然艰巨。建议进一步细化因城施策，加大热点地区土地供给，更加重视房地产库存的区域差异和结构差异，加快完善房地产市场长效机制。

关键词：　去库存　房价上涨　区域分化　长效机制

2016年的房地产在去库存成为国家任务之后，从首付、税收到货币等

* 邹士年，经济学博士，副研究员，国家信息中心经济预测部，主要研究方向为房地产经济、区域经济等。

政策不断宽松，房地产的刚性需求和改善型需求不断得到释放，同时，由于实体经济和股市的不景气，房地产投机需求也加大。房地产市场销售面积和销售额高位攀升，去库存效果显著，房地产投资增速也改变环比逐月降低的趋势，房地产成为拉动经济增长的重要力量。但是，房价在热点区域的轮番飙升，并不断向二线城市蔓延，房地产市场风险不断积聚。与此同时，一些二线城市和大部分三、四线城市房地产市场价格依然低迷，库存依旧高企。

一　2016年房地产市场的特点

2016 年以来，房地产市场在从中央到地方调控政策不断放松的背景下，一改 2015 年同期的颓势，房地产销售面积和销售额都出现高位增长，热点城市房价轮番上涨，房地产开发投资开始迅速攀升，土地购置热情上升，个人按揭贷款高速增长，商品房待售面积增速逐月下滑，尤其是住宅去库存效果明显，但各类商品房库存总量仍在增加。

1. 国房景气指数前升后降，全年仍处于不景气空间

反映全国房地产开发业综合景气指数的国房景气指数 1 ~5 月都呈现节节攀升之势，与此同时，局部地区呈现明显过热现象，尤其是部分城市房价涨幅过快，从 4 月底开始局部地区政策开始有所收紧，因而国房景气指数从 6 月开始小幅下滑，随后下滑幅度加大，但是 9 月在政策收紧前快速上升 3.05 个点，达到 94.05。全年国房景气指数显然仍会处于 100 以下的不景气空间。

2. 房地产开发投资止滑回升，但下半年增幅开始回落

随着房地产政策的回暖，2016 年第一季度，房地产开发投资一改 2015 年增速一路下滑的趋势，增速开始快速回升，1 ~4 月房地产投资同比增速为 7.2%，1 ~5 月住宅投资同比增速为 6.8%，均达到年内增速高峰，随后增速开始回落，8 月、9 月有所反弹。1 ~9 月房地产开发投资 74598 亿元，同比增长 5.8%，住宅投资 49931 亿元，同比增长 5.1%。房地产开发投资增速虽低于固定资产投资增速，但增速差距逐步缩小。

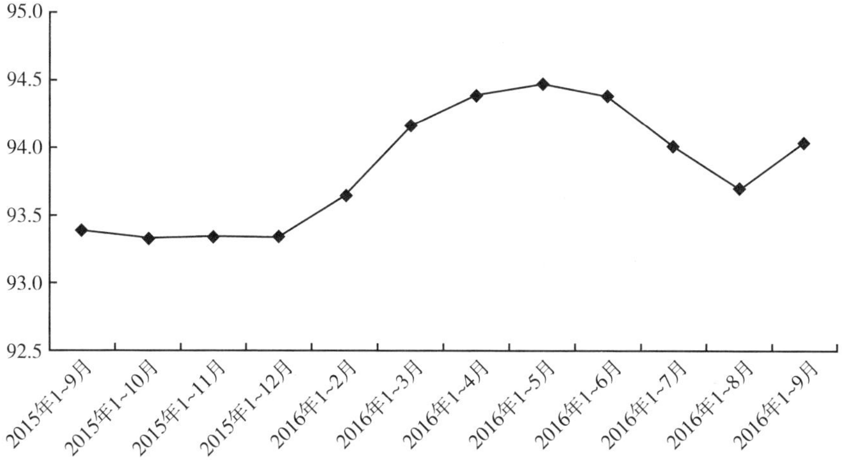

图 1 2015 年 9 月至 2016 年 9 月国房景气指数

资料来源：全文数据均来自国家统计局。

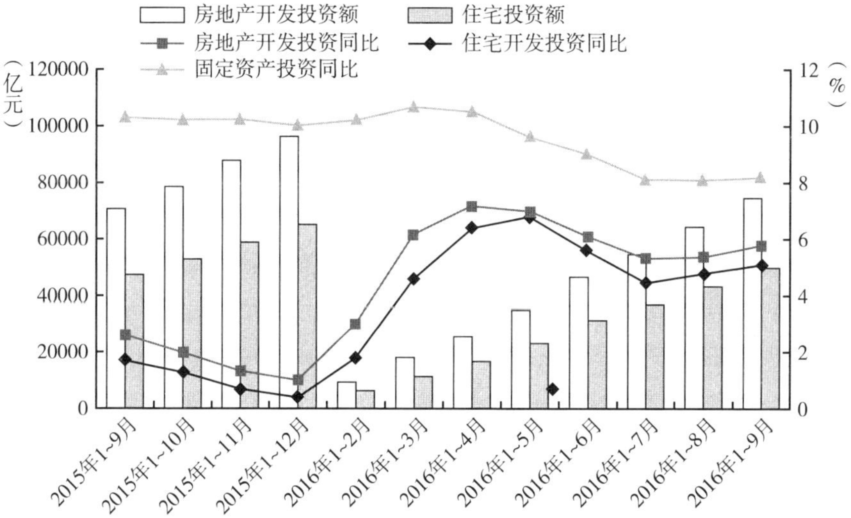

图 2 2015 年 9 月至 2016 年 9 月房地产开发投资、住宅投资情况

3. 房屋新开工面积增速由负转正，土地购置面积增速回升明显

随着房地产市场的升温，开发商的开发热情高涨，房屋和住宅新开工面积由 2015 年同比两位数的负增长转为两位数的正增长，但是增速从 5 月开

始减缓，9 月下滑明显，比 8 月下滑 5.4 个百分点。2016 年 1 ~9 月，房屋新开工面积 122655 万平方米，同比增长 6.8%；住宅新开工面积 84681 万平方米，同比增长 6.7%。市场的升温也带来土地购置面积的回暖，土地购置面积增速大幅回升，热点地区地价快速攀升，地王不断涌现，但是全国土地购置面积仍然是负增长，1 ~9 月土地购置面积 14917 万平方米，同比增长 -6.1%。

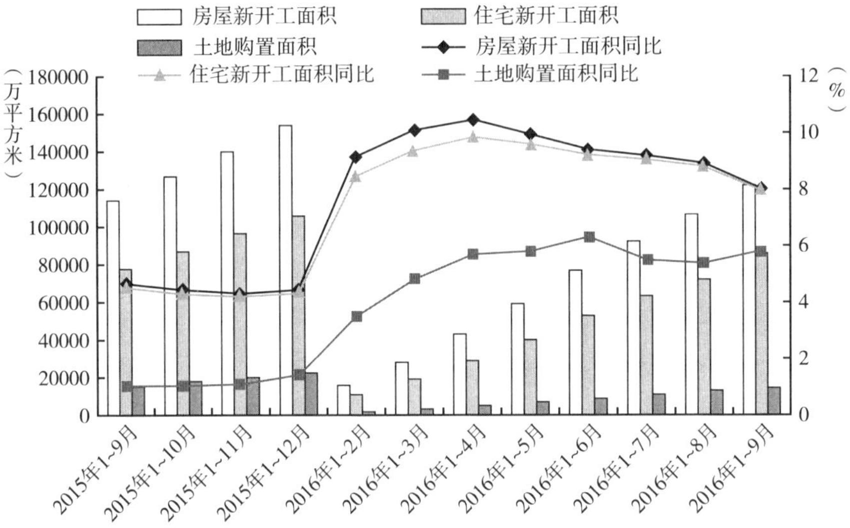

图 3　2015 年 9 月至 2016 年 9 月房屋、住宅新开工面积和土地购置面积情况

4. 商品房销售面积及销售额同比大幅增长，但下半年增速减缓

去库存背景下的政策宽松带来一线和二线等热点城市商品房销售的火热，商品房和住宅的销售面积由 2015 年个位增速全面上升为 2016 年的 20% 以上；销售额上升更为迅速，2016 年 1 ~4 月商品房销售额同比增长达到 55.9%，1 ~5 月，住宅销售同比增长更是达到 61.4%，与之相对应的就是热点地区房价的轮番上涨。但是，从 5 月开始销售面积和销售额增速全部开始减缓，9 月出现一定反弹。1 ~9 月，商品房销售面积 105185 万平方米，同比增长 26.9%；住宅销售面积 93054 万平方米，同比增长 27.1%。商品房销售额 80208 万元，同比增长 41.3%；住宅销售额 68611 万元，同比增长 43.2%。

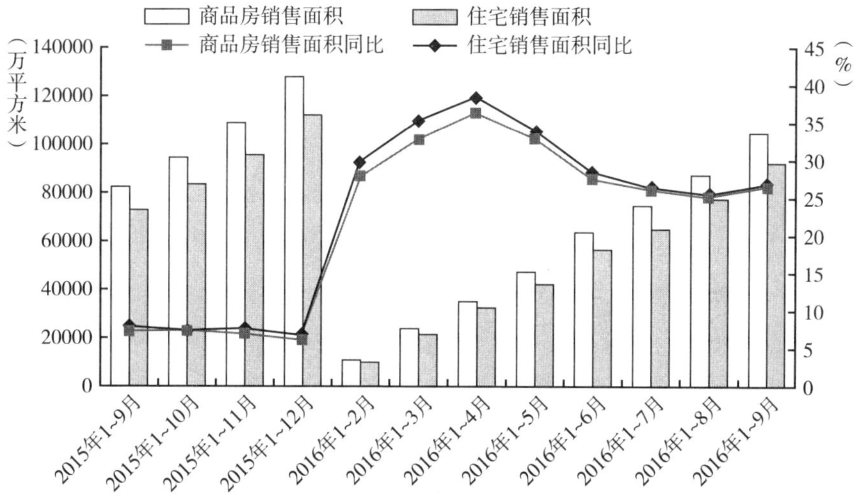

图 4　2015 年 9 月至 2016 年 9 月商品房、住宅销售面积与同比

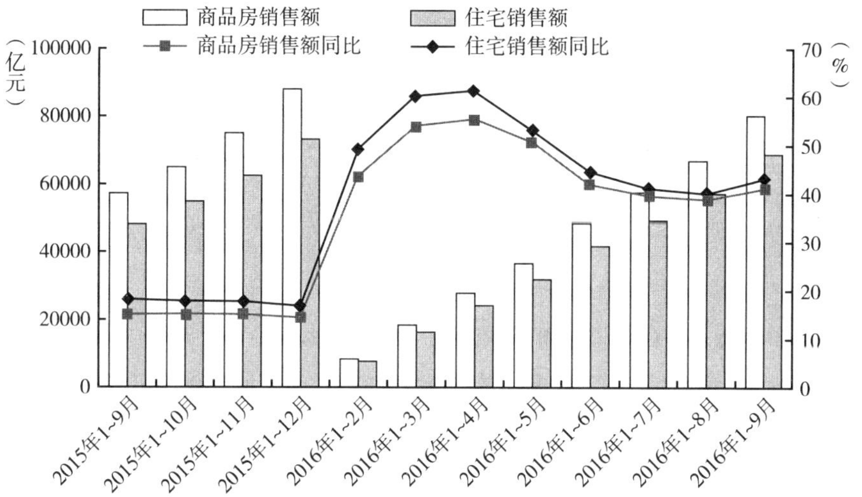

图 5　2015 年 9 月至 2016 年 9 月商品房、住宅销售额与同比

5. 房地产开发企业资金到位同比回升，个人按揭贷款同比快速攀升

受房地产行业区域性回暖的影响，房地产开发企业到位资金同比也快速回升，除了 1 ~2 月为负增长外，其他月份一直保持两位数增速，但是 6 月增速开始回落，9 月又出现反弹。个人按揭贷款增长迅速，国内贷款

平稳增长，整个房地产业贷款占比攀升迅速。1～9月，房地产开发企业到位资金104711亿元，同比增长15.5%；国内贷款15895亿元，同比增长1.2%；个人按揭贷款17508亿元，同比增长51.4%。9月新增房贷4759亿元，占全部新增贷款的39%。而8月这一占比约56%，7月则高达100%。

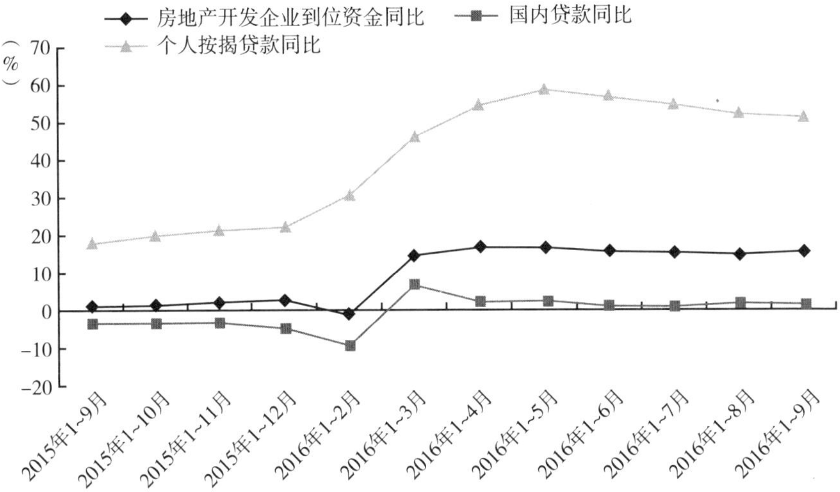

图6　2015年至2016年9月房地产开发企业到位资金、国内贷款及个人按揭同比

6. 商品房去库存效果显著，但区域差异和结构性差异较大

面对宽松的政策，商品房去库存效果明显，商品房待售面积同比增速全部由上年的两位数降到一位数，尤其是针对住宅的宽松政策较多，住宅在几类商品房中去库存效果最为显著，待售面积同比增速逐月降低，从8月开始住宅待售面积实现同比负增长，到9月底住宅待售面积绝对值比2015年9月减少1107万平方米。一线和二线热点地区呈现的是供不应求局面，但是广大的三、四线城市去库存难度依然较大。在三类商品房中，商业营业用房去库存难度最大，1～9月，待售面积同比增速一直保持在20%以上。1～9月，商品房待售面积69612万平方米，同比增长6.9%；住宅待售面积41367万平方米，同比增长-0.7%；办公楼待售面积3335万平方米，同比增长10%；商业营业用房待售面积15468万平方米，同比增长22.2%。

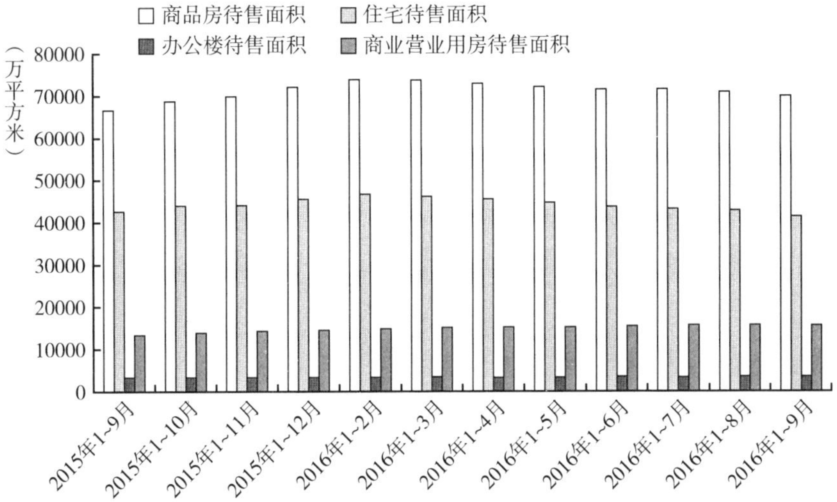

图7　2015年9月至2016年9月商品房、住宅、办公楼和商业营业用房待售面积

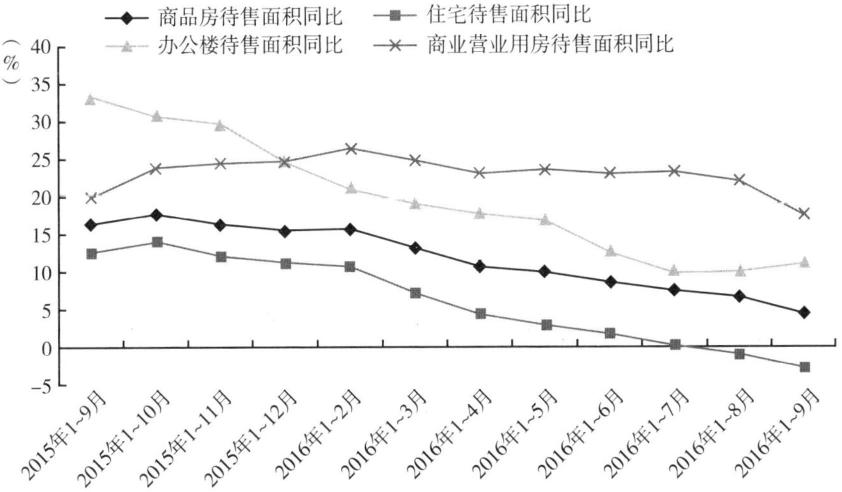

图8　2015年9月至2016年9月商品房、住宅、办公楼和商业营业用房待售面积同比

二　2017年房地产形势判断

2017 年的房地产市场具有非常多的不确定性，受 2016 年国庆期间各地调控政策的影响，2017 年上半年房地产市场将会延续弱势格局，房地产销售全面回落，倒逼政策在年中放松，而政策的松动程度具有极大的不确定性，也影响下半年走势，如果没有严重风险出现，全年房地产呈现前低后高走势。

1. 房地产政策将会前紧后松，房地产景气指数将会前低后高

在局部地区过热的背景下，2016 年 9 月 30 日至 10 月 8 日，短短 9 天时间，北京、天津、成都、合肥、郑州、杭州、苏州、深圳等 21 个城市陆续出台楼市调控政策，限贷、限购政策重新启动，前期涨幅越大的城市政策越严厉，严厉打击投机性需求的同时显然也误伤一些改善型需求，但是遏制房地产行业的高杠杆行为，降低市场风险显然是必需的。可以预见这一政策的影响会在 2017 年上半年进一步显现，2017 年第一、二季度的房地产走势将会延续 2016 年四季度的弱势，二季度中后期开始，有些地区的政策可能会逐步放松，但是鉴于 2016 年上半年的前车之鉴，难以再现高杠杆去库存的政策，政策的放松更多的是考虑刚性需求和改善型需求。因此，国房景气指数 2017 年将呈现明显的前低后高的特点，全年景气指数仍会在低于 100 以下区间运行。

2. 房地产销售将会全面回落，但房价难以出现大幅下调

由于受到 2016 年国庆期间开始的热点地区全面收紧政策的影响，房地产销售 2017 年上半年将会延续 2016 年第四季度以来的下滑趋势。由于 2016 年上半年销售面积和销售额都是高位增长，加上很多刚性需求和改善型需求在 2016 年得到释放，因此，2017 年房地产销售面积和销售额同比将会大幅下降。而房地产价格受到前期地价等因素的影响，只要没有大的危机出现，房价难以出现大幅下调，房价上升的压力明显低于 2016 年。房地产销售和房价整体上仍然还会延续强者恒强的格局，三、四线城市受到热点城市回调影响，销售更加困难。2017 年的第三、四季度，房地产市场的企稳和地方政策的松动将会对销售有一定的促进作用，不排除热点地区房价再创新高。全年房地产市场的销售和价格都将会呈现前低后高的特点。

3. 房地产投资增速下滑，全年投资增长2%左右

受到房地产销售和房价上升趋缓的影响，加上出于风险控制的原因，金融机构对于房地产资金流向和使用监管会更加严格，2017 年房地产投资增速相对于 2016 年将会有所放缓。再加上 2016 年投资基数较高的因素，房地产投资同比增速下滑趋势会比较明显，不排除投资同比增速在个别月份会出现负增长。2017 年下半年，地方房地产政策可能会有所松动，房地产市场回稳，投资也会有所上升，全年投资增长预计会在 2% 左右。

4. 房地产市场分化加剧，房地产企业被并购或破产现象加剧

自 2015 年 330 新政之后，全国核心一二线城市开始复苏好转，加上中央将去库存定位为国家任务，在信贷政策相对宽松与利率下行的市场背景下，房企普遍在 2015 年下半年“加杠杆”进行新一轮的市场扩张。由于房企“加杠杆”的资金周期一般为 2 年左右，这样 2017 年下半年将是这些“加杠杆”资金到期时间。而自 2016 年国庆之后，各地政府收紧房地产政策，金融机构也开始采取“降杠杆”措施。2017 年，银行等金融机构显然会加大力度对“风险”房企或项目进行“风险控制”，防止楼市出现债务违约，控制自身坏账率。因此，占行业数量最多的中小房企将会在 2017 年楼市调整期遇到资金面紧张带来的兑付问题。届时，这些房企有可能会遇到资金链断裂的问题，最终被其他企业收购股权或项目。

三　促进房地产市场健康发展的政策建议

1. 加强住房供给端改革，加强热点地区的住房供给

政府不能仅仅以房价作为调控目标，应该更多地关注引起房价上涨的供需因素，尤其是供给端，如果供给不能满足需求，仅仅是限购或者是限贷这种从需求端抑制房价的话，短期可能有效，但是，长期而言是无效的。热点地区的房价上升除了投机和货币因素外，最根本的还是与人口净流入造成的刚需关系密切。本轮房价上涨的地区显然都是属于城市群的核心城市或者交通节点城市，这些城市的人口都是净流入状态，因此要加大对这些城市的住房供给，加快这些城市周边卫星城市的建设，对中心城区住房供给形成有效补充。拆除城乡建设用地的藩篱，真正建立城乡统一的建设用地市场，建立城乡接轨的建设用地产权制度，实行城乡统一的建设用地规划分区，促进城乡人口和建设用地的双向流动。同时，高房价地区必须充分考虑到中低层住房需求，中央财政可以增加保障性住房专项补助资金的数量，并带动各地方政府增加保障性住房建设的资金投入，加大保障性住房、廉租房和公租房的总供给，建立以租为主的保障房体系，并充分考虑居住人群的便利性，核心城区一定范围内必须有一定的保障房，满足那些为城市提供公共服务的基层低收入人群的住房需求。改善商品房供给结构，根据当前去库存的特点看，商业营业用房成为库存的重点类型，应该降低商业、工业用地的比例，加大住宅用地比例。

2. 加强房地产市场制度改革，尽快完善房地产长效机制建设

房地产制度改革应该抓紧推进制度改革，尽快在我国房地产周期性调整前完善房地产长效机制建设。当前，应该加快在全国全面完成不动产登记，并建立不动产数据库，实现全国联网，为房地产税收的征收创造条件。同时，也有利于征收物业税、空置税，提高遗产税，增加多套房拥有者的持有成本，用市场手段抑制投机性需求，保障市场的公平与效率。完善房屋租赁制度，可以借鉴德国的成功经验，对房屋租赁用严格的法律条文来界定成“使用租赁”和“收益租赁”，对“使用租赁”的胡乱涨价行为要加以限制，用法律法规来保障普通民众租赁住房的需求和利益，对“收益租赁”严格加强税收监管。

抓紧解决小产权房和70年房地产到期存续期问题。存在于城市周边的大量小产权房，尤其是高房价城市周边，这种既成事实的小产权房显然难以都一拆了事，必须拿出彻底的解决方法。而70年产权到期和一些商住50年到期后应该如何续权也应该有明确的制度安排，这对当前房价也有正确的引导。

3. 加强房地产市场秩序管理，形成健康的市场舆论导向

2016 年上半年这轮热点地区商品房价格快速上升既有需求旺盛和货币宽松等因素影响，也有一些不法开发商和中介利用网络等媒体散布虚假信息，甚至还有媒体为了吸引眼球夸大供需矛盾，造成购房者恐慌性入市的因素影响。因此，应该加大对不良中介的管理，严查散布虚假信息、严重扰乱房地产市场秩序、造成恶劣社会影响的行为。对于房地产开发商应严格依法查处土地闲置及炒地行为，对有捂盘惜售等违法违规行为房地产开发商，应限制新购置土地，暂停批准上市、再融资和重大资产重组，商业银行不得发放新开发项目贷款。清理已发放预售许可证，对囤积房源、哄抬房价将加大曝光和处罚力度，性质恶劣的依法取消经营资格，对违法违规的依法依规严肃追究责任。加强媒体对房地产市场的客观报道，杜绝不经调查发布一些不实新闻报道，甚至为博眼球发布一些谣言或恶意炒作，严重扰乱市场秩序的行为。政府对这些扰乱房地产市场秩序的主体，应当依法处理，维护市场稳定，让房地产市场形成健康的市场舆论导向。

4. 根据商品房库存的结构性差异，细化因城施策的去库存政策

当前热点城市的房价上升要求因城施策的去库存政策要更加细化，对于房价上升过快城市的限贷限购从一定程度上有利于抑制投机和控制楼市的风险，但是要注意加强供给侧改革，增加土地的供给，盘活存量商品房，积极发展和规范住房租赁市场。对三、四线等库存压力大的城市，应继续落实购房宽松政策，进一步推进户籍制度改革，稳步推进城镇化，鼓励当地农民进城购房，同时，减少土地供应以加快存量商品房去库存进度。除此之外，下一阶段去库存要重点关注库存的结构性差异，加大商业营业用房的去库存进度，尤其是在一些房价上升较快的热点地区可将库存的商业营业用房改造成租赁性住房。在一些三、四线城市要严格控制商业用地供应规模，并按照人均商业面积的规律因地制宜调整城市规划。

5. 重视实体经济的发展，减少经济增长对房地产的依赖

当前经济虽然进入新常态，经济发展增速放缓，但是新的经济增长点还是不断涌现，地方政府要切实把精力转移到如何发展地方实体经济上。坚决贯彻落实国务院出台的一系列稳增长重大政策，结合本地实际，有针对性地采取更加有力、有效的稳增长措施，实实在在帮助企业解决生产经营上的实际困难，加强财政管理，把握好收支进度节奏，走出“卖地－举债－再卖地”的恶性循环。地方政府只要不对土地财政依赖成瘾，就会通过发展实体经济培植税源，实体经济就不会被边缘化。只有实体经济健康发展，才会对社会资源的有效利用产生积极而重要的作用，才会不断加剧区域人口的积聚和相关服务产业的繁荣发展，地方经济才会具有持续的活力。同时，国家应该完善地方税制，从制度层面完善各级政府间地方税收入分配体系，建立科学合理、稳定增长的税收机制，为地方政府提供有保障、可持续的税收收入，以实现地方财力与支出责任相匹配。

6. 加强土地供给和房地产信贷监管，严防债务风险扩散

对于房地产市场供给端的土地供给应该加强监管，尤其是对于疯狂抬高土地价格的行为要进行约束。可以学习重庆土地市场供给经验，政府掌握土地一级市场的供给，减少开发商竞标抬价和持地待涨行为。同时，加强对各地地价动态监测，及时掌握地价异常变动。加强对国有房地产开发企业的约束，防止其频频成为地王，产生恶劣的社会影响。通过减税让利，减轻企业负担，改善房地产市场的供求关系。进一步加强房地产信贷监管，防止为了去库存而盲目对房地产市场加杠杆，既要加强对房地产开发企业信贷资金流向和使用的管理，也要加强对个人住房信贷的管理，严防债务风险的扩散。加快房地产企业的去金融化，降低房地产的负债杠杆。房地产企业应该摆脱传统的卖地卖房盈利模式，针对当前顾客需求的多元化和互联网的深入影响，探索出更好地服务于用户的新路径，利用技术力量和手段提升产品、服务质量，并做好多元化经营和转型。

G.18

2016年银行业运行分析及2017年展望

刘　鹏*

摘　要：　2016 年，中国银行业在“三去一降一补”的政策大背景下，不仅需要面对全球资本市场和货币政策的不确定性，还要应对国内结构性调整带来的一系列影响。利好与利空交织，机遇与风险并存。银行资产负债表迅速扩张，但盈利能力有所减弱，净息差大幅收窄，非利息收入占比创新高，不良贷款率超上年但呈现企稳迹象。当前面临的主要问题是中型银行大量购买投资产品，抬升隐形信贷风险，个人按揭贷款放量激增，增加了集中度风险，部分地方政府解救“僵尸企业”的行为恐使银行利益受损，银行抽贷断贷行为影响到企业正常经营并抬高了民间融资利率。展望 2017 年，我们预计，银行业发展总体稳健，内部调整和结构分化加剧，不良风险呈现上升趋势但总体可控。我们建议，政府应完善健全法制机制建设，鼓励银行支持实体经济，加强对中小银行表外业务和中间业务的监管，加强房地产信贷的压力测试和风险管控，对产能过剩企业要防范信用风险和流动性风险。

关键词：　银行业　市场化债转股　金融风险　金融监管

* 刘鹏，经济学博士，国家信息中心经济预测部财政与金融研究室助理研究员，主要研究金融风险与监管、货币政策等。

一　2016年银行业经济运行基本态势分析

1. 银行资产负债增速创2014年以来新高，其他类金融机构资产负债增速创历史新高

2016 年初，银行业资产负债增速创 2014 年以来新高，此后略有回落但仍保持了高速增长。2016 年前三个月，资产/负债增速分别达到 16.7%/16.5%、17.5%/17.0%、16.6%/16.0%，增速逼近 2013 年初增长水平，大幅高于 2014 年和 2015 年初增速。二季度以来虽有回落，但仍保持了 15% 左右的较快增长。截至 2016 年 9 月，银行业金融机构总资产和总负债合计分别达到 217.32 万亿元和 200.40 万亿元，同比增速达到 15.7% 和 15.5%。总资产较上年同期回落了 0.7 个百分点而总负债则上升了 1.3 个百分点。

其他类银行业金融机构在所有银行业金融机构分类中资产/负债增速最高，超越了股份制商业银行，成为占比第二高的银行业金融机构。其他类银行业金融机构主要包括政策性银行及国家开发银行、民营银行、外资银行、非银行金融机构和邮政储蓄银行，其近几个月始终保持 30% 左右的增长，创下有记录以来的最高增速。高速的资产扩张使其总资产占比达到 2016 年 9 月的 19.2%，超越了股份制商业银行的 18.7%，成为占比第二高的银行业金融机构。总负债的占比稍逊一筹，与占比第二高的股份制商业银行仅差 0.2%，年内实现反超几成定局。从国家开发银行的债券发行量数据来看，2016 年 1～9 月已累计发行 12136.5 亿元，超过 2013 年或 2014 年全年的累计发行量，按照当前的发行速度和规模，2016 年势必会突破 2012 年的水平，创下历史新高。

大型商业银行和股份制商业银行的资产/负债增速较上年大幅放缓。截至 9 月，二者分别增长 8.1%/7.7% 和 14.6%/14.5%，大大低于上年同期的 10.0%/9.3% 和 19.4%/19.3%。占比也从上年同期的 39.2%/39.1% 和 18.9%/19.2% 降至 2016 年的 36.6%/36.4% 和 18.7%/19.0%。

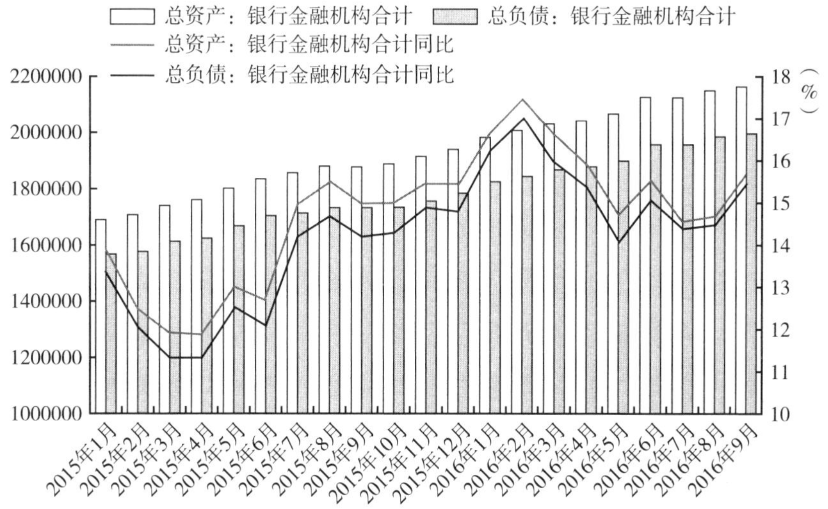

图1　银行业金融机构资产负债情况

2. 银行净利润增长虽有恢复，但资产利润率下降反映出盈利能力减弱

净利润同比增速有所恢复。2016 年上半年，全国商业银行实现净利润 8991 亿元，较同期增长 3. 17%，大幅高于上年同期的 1. 54%，但仍远不及 2014 年同期 13. 99% 的增长速度。上市银行实现净利润 7194. 17 亿元，同比增长 2. 55%。从资产利润率的角度来看，银行业的盈利能力进一步减弱。2016 年上半年，商业银行资产利润率为 1. 11%，低于上年同期的 1. 23%，接近于 2010 年以来的最低值。各类商业银行均出现了盈利能力减弱的情况，其中，大型商业银行的盈利能力最强，资产利润率达到 1. 20%。农村商业银行银行次之，达到 1. 13%，高于股份制商业银行和城市商业银行的 1. 02% 和 1. 00%。

3. 商业银行净息差大幅收窄，非利息收入占比创新高

2016 年，商业银行净息差大幅收窄，历史上首次降至 2. 5% 以内，上半年净息差仅为 2. 27%，较上年同期大幅下降 0. 24%，较第一季度也下降了 0. 08 个百分点。17 家上市银行（含重庆农村商业银行）上半年净息差的简单平均数为 2. 26%，不及商业银行整体平均水平。有 7 家上市银行净息差

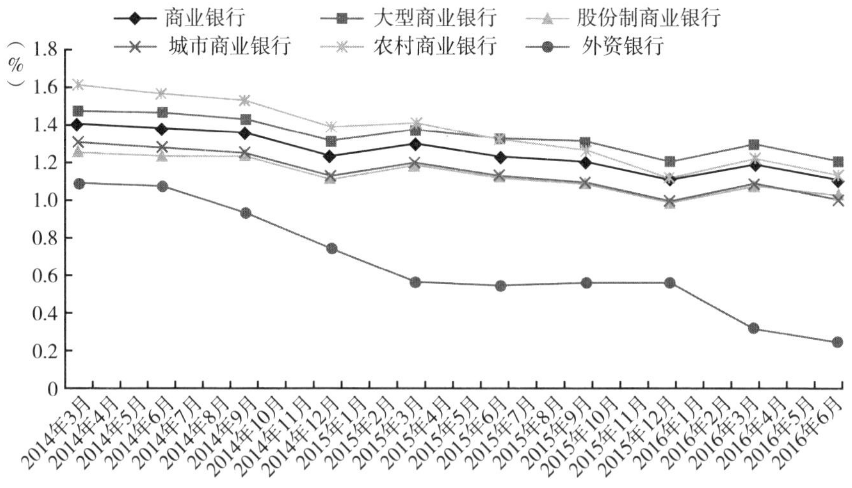

图 2　商业银行资产利润率情况

高于均值，其中最高的是重庆农村商业银行的 2.85% 和平安银行的 2.79%；10 家低于均值的上市银行中净息差最小的是光大银行的 1.88% 和中国银行 1.90%。就一季度而言，17 家银行净息差均出现了较大幅度的下降。预计全年的净息差还会进一步收窄。

商业银行也积极求变，在巩固传统盈利模式的同时加大力度发展非利息收入。非利息收入占比已超过商业银行整体收入的 1/4，2016 年上半年，非利息收入占比达到 25.73%，较上年同期增加了 1.12 个百分点。16 家上市银行中，非利息收入占比最高的是中国银行，超过 40%，较上年大幅提高了 10 个百分点。招行、民生、建行、工行、交行和平安银行的非利息收入占比均超过 1/3。非利息收入占比最低的华夏银行也达到 22.74%。各大银行非利息收入的来源主要集中于代理委托、理财、担保承诺等业务。

4. 不良贷款率超上年但呈现企稳迹象，资本充足风险可控但仍需警惕

2016 年银行业不良贷款余额和不良贷款率较上年出现较大幅度升高，但二季度呈现企稳迹象。2016 年第二季度，不良贷款余额 14373 亿元，较第一季度增长 3.25%，环比增幅出现明显回落；不良贷款率为 1.75%，与

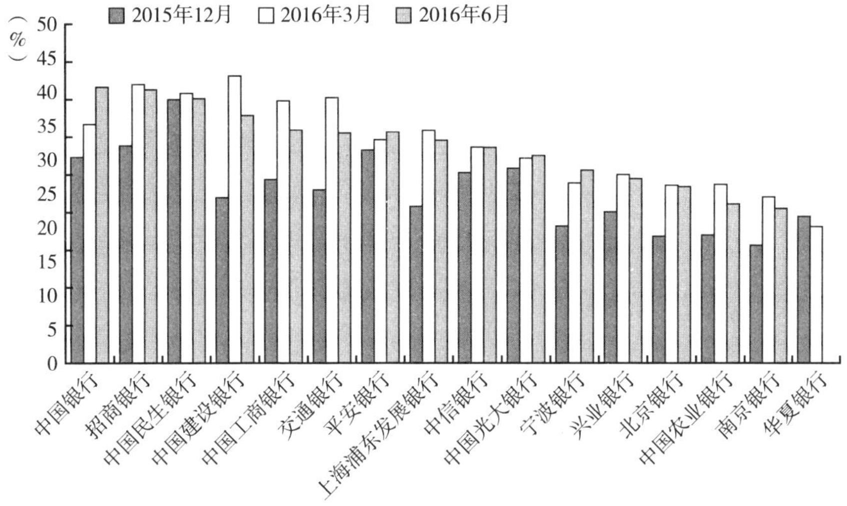

图3　16家上市银行非利息收入占比情况

第一季度持平，自2012年第二季度以来首次出现没有上升的情况。其中，国有商业银行二季度不良贷款率出现回落，从第一季度的1.72%降至1.69%，拉低了整体不良率，但仍高于股份制商业银行、城市商业银行和外资银行的不良率。农村商业银行的不良率最高，而且仍在上升，已从第一季度的2.56%提高至第二季度的2.62%。考虑到农村商业银行的运行关乎“三农”发展，且业务结构较为单一，如此高的不良率值得警惕。从16家上市银行的情况来看，有5家银行第二季度的不良率较一季度保持了持平，光大银行和中国工商银行则实现了下降。简单加权平均不良率为1.51%，略高于第一季度的1.48%。

从监管指标来看，中国银行业整体资本充足率和拨备覆盖率远高于监管要求，风险可控，但指标水平整体下滑，风险值得警惕。2016年第二季度，商业银行资本充足率为13.11%，核心一级资本充足率为10.69%，拨备覆盖率为175.96%，分别远高于8%、5%和150%的监管标准。但资本充足率和核心一级资本充足率分别较第一季度下降了0.26个和0.27个百分点，拨备覆盖率也低于180%，大幅低于往年水平。

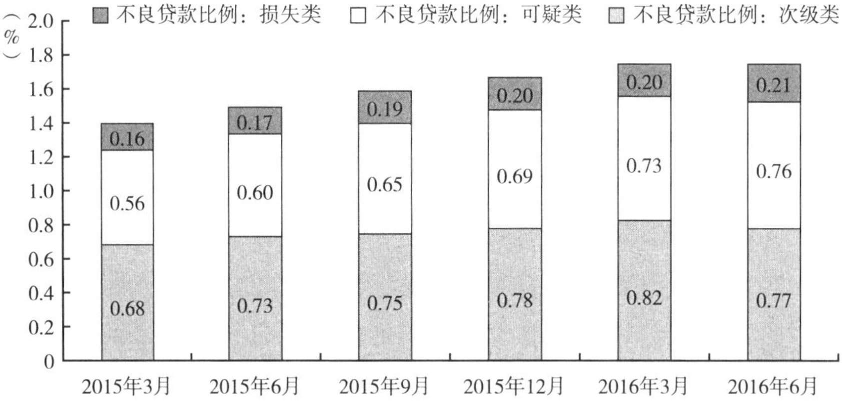

图4　商业银行不良贷款率情况

二　当前银行业面临的主要问题

1. 中型银行大量购买投资产品，抬升隐形信贷风险

以城市商业银行为代表的中型银行大举购买投资产品，抬升隐形信贷风险。银监会主席尚福林表示，银行目前投资超过放贷的现象不利于金融稳定，投资于复杂金融产品会带来难以预料的潜在信贷风险。以城市商业银行为代表的中型银行近来纷纷进军投资产品，非利息收入大幅上升的同时也快速积累了大量潜在风险。城市商业银行作为近年来银行业资产负债增长最快的金融机构，平均增速超过 20%，仅次于其他类金融机构，2016 年第二季度占比已经达到 12%。这些银行大量投资于产品设计和内部结构并不透明的金融产品，其速度甚至远远超过传统信贷的增长。这些业务的快速发展实际上隐藏着不可预知的信贷风险。不仅是城市商业银行，大量的农村商业银行的非利息收入占比也高得惊人，从能够获得的最新数据来看，厦门农村商业银行、天津农村商业银行、江苏江南农村商业银行、大连农村商业银行、安徽桐城农村商业银行和福建晋江农村商业银行 2016 年第二季度的非利息收入占比均超过 50%，其中，厦门农村商业银行的非利息收入占比居然高达81%。许多银行为维持较高速度的业务扩张和收入增长加大了高风险投资。以宁波银行为例，2016年二季度的代理委托业务收入就占到所有手续费及佣金收入的48.39%，相当于发放贷款利息收入的22.65%。其他许多银行的情况与宁波银行十分类似。

2. 个人按揭贷款放量激增，增加了集中度风险

个人按揭贷款放量激增，既不利于实体经济又增加了银行的集中度风险。2015以来，受经济下行压力加大、央行数次降息和实体经济盈利能力不足等因素影响，个人住房按揭贷款逐渐获得银行信贷青睐，特别是2016年以来，呈现爆发式增长。2016年第二季度个人购房贷款余额16.55万亿元，新增个人购房贷款2.36万亿元，同比增加30.9%，占到新增人民币贷款的31.3%。其中，上半年上市银行个人按揭贷款规模增加1.97万亿元，占全部新增贷款的48.1%，兴业、浦发、农行、建行、中行、招商将超过50%的新增贷款投放于个人按揭贷款。

从银行角度而言，由于房地产按揭贷款风险权重仅为50%，如此配置资产有利于降低自身风险和拨备成本。但另外，随着居民新增房贷占比超过企业新增长期贷款，实体经济融资来源将进一步收窄，企业融资难、融资贵的情况恐将进一步恶化。且随着未来地产调控政策进一步收紧，加之前期房贷需求释放较大，未来房贷下滑压力较大，银行集中度风险恐将暴露，不利于银行及时调整资产配置，应对市场风险。

3. 部分地方政府解救“僵尸企业”的行为恐使银行利益受损

随着钢铁和煤炭去产能工作的不断推进，一些地方政府过于短视，为了短期利益正在想方设法解救“僵尸企业”。随着煤炭和钢铁企业的不断重组和并购，银行的资产负债表正面临着严峻的考验，使得某些银行，特别是中小规模的地方银行的盈利能力和债务水平不断下降。一些地方政府还试图通过“债转债”的方式来处理“僵尸企业”，这种方式较“债转股”而言似乎更有吸引力，但对银行而言恐将是不良贷款的大幅上升。尽管部分发达省份可以通过建立基金，引入普通投资者的方式来优化银行的资产负债表，但对于经济较为困难的落后省份和中西部地区而言恐怕很难落地。

4. 银行抽贷断贷行为影响到企业正常经营并抬高了民间融资利率

近年来，政府为加强银行风险资产监管，规定借新还旧，或者需要通过其他融资方式偿还的贷款应归为关注类。但随着经济增速放缓和企业经营状况恶化，这一看起来对银行风险控制有利的行为导致了正常贷款比重的下降和银行拨备成本的上升，银行在这种政策的激励下往往进行逆向选择，收缩了借新还旧的行为，采取了先收回旧贷款再办理新贷款的做法。这一做法扩大了企业正常流动资金缺口、短期过桥资金需求缺口，抬升了民间融资利率价格，不仅加重了企业负担而且浪费了大量的社会资源。尽管银监会在2014 年放宽了小微企业借新还旧的政策，但大量中小企业和国有企业仍然面临突出的问题。这一问题随着 2016 年经济增速的趋缓而更加凸显。

三　2017年银行业前景展望

1. 不良贷款指标将保持平稳上升趋势

展望 2017 年，银行不良贷款主要指标仍将延续持续上升的趋势，但增长的速度可能比较缓慢。2016 年上半年，不良贷款余额达到 14373 亿元，呈现持续增长趋势，但环比增速为 31.63%，低于第一季度的 41.69%，更低于上年底的51.25%。同比增速仅为3.25%，远低于第一季度的9.24%和上年同期的 11.13%。不良贷款率从 2015 年末的 1.67% 上升至第一季度的1.75%，上半年数据没有进一步扩大，与一季度持平。不良的趋稳与 2016 年房地产市场火热、个人按揭新增贷款增速较快不无关系。展望未来，随着主要一、二线城市房地产政策的趋紧，个人按揭新增贷款占比的减少，不良贷款相关指标可能继续上升，但市场化债转股方案的推进和其他去杠杆政策的实施将起到化解不良的效果，预计不良数据整体仍将保持较为平稳的增长。此外，商业银行近来的核销力度正在不断加大，新生成不良的速度慢于核销加大速度，也会造成未来一个时期内不良增长速度的放缓。不过值得注意的是，2016 年关注类贷款占比持续提高，正常类贷款占比持续降低，实体经济未出现明显的拐点，未来不良指标出现缓慢上升应是大的趋势。

2. 市场化债转股的推进有利于银行业防风险降成本

随着我国经济进入新常态和2016年“三去一降一补”供给侧结构性改革的推进，如何在有效控制风险的前提下降低企业的债务负担成为经济社会的焦点，2016年10月10日，国务院公布关于积极稳妥降低企业杠杆率的意见为未来的工作指明了方向，其中，附件《关于市场化银行债权转股权的指导意见》明确了银行债转股应采用市场化的形式，实现洁净转让，实现风险隔离，防止风险转移，这对于未来银行业的发展具有重要的积极意义。一是明确了银行债转股的方式是市场化，杜绝了地方政府的道德风险。债转股不搞行政命令，不搞政府拉郎配，在很大程度上杜绝了地方政府为追求GDP和经济利益刻意推动银行对产能过剩企业和“僵尸”企业进行债转股的行为。二是明确了银行债转股的模式是通过实施机构间接实现的方式，鼓励银行要通过非本行所属的实施机构进行债转股，在缓释信用风险的同时规避了银行债转股对银行的资本消耗。三是限定了银行债转股的范围，明确禁止“僵尸企业”、恶意逃废债企业等四类企业不能作为债转股的对象，为银行债转股划定了红线。此外，市场化的退出机制也为将来银行灵活变现、逐渐退出铺平了道路。

3. 互联网金融在经历了野蛮生长之后将逐步规范发展

尽管互联网与金融的深度融合是大势所趋，但当前互联网金融逐渐暴露出助推影子银行引发局部风险、鱼龙混杂不利于保护投资者权益和高利率高杠杆不利于降风险降成本等突出风险。2016年被视为互联网金融的“监管元年”，随着互联网金融专项“整治”行动的深入开展，P2P网络借贷活动将得到更为严格的监管和整治，互联网金融的行业乱象有望得到规范和整治。预计2017年互联网金融业仍将保持较快速度增长，但较2016年特别是上半年同比增速将有所回落。整体行业面临洗牌，一大批问题借贷平台将迅速淘汰，行业集中度将逐渐提升，民众投资行为逐渐回归理性，市场利率水平将缓慢下移。

4. 服务实体经济将成为银行信贷业务的重中之重

2017年，我国仍将面临较大的经济下行压力，预计GDP增速将较2016

年略低，政府将进一步加大力度解决金融脱实向虚的症结，狠抓落实供给侧改革，将服务实体经济作为重中之重。一是将进一步加大基础设施建设的信贷投放。2016 年以来，个人住房按揭贷款和基础设施建设成为信贷新增的主力军，前者甚至超过企业贷款，随着房地产调控政策的陆续出台和落地，这部分信贷比例将逐渐降低。在经济下行压力较大的背景下，基础设施建设领域的信贷投放应继续保持较快增长，在整个信贷结构中的占比也将有所上升，基础设施领域的 PPP 项目将得到更多支持。二是重点制造业和创新产业领域将得到更多的信贷投放。随着《中国制造 2025》规划的全面展开，装备制造业将进一步实现量和质的全面提升，这离不开信贷的支持。而高新技术产业和战略性新兴产业也将得到进一步的政策支持。三是中小微企业的融资环境将逐渐改善。民营企业一直以来都面临融资难、融资贵的难题，2017 年，银行业将得到更多政策鼓励去支持中小微企业的融资问题，多元化、多渠道、新模式的信贷服务将进一步提升。

四　政策建议

1. 完善健全法制机制建设，鼓励银行支持实体经济

一是放松对“涉农”和小微企业金融机构的信贷规模限制，鼓励银行支持农业发展和中小微企业融资；二是通过建立政府性融资担保机构，完善企业贷款增信机制，提高中小微企业的贷款能力；三是适当放宽部分产能过剩行业的贷款损失税前扣除标准，提高银行不良贷款处置能力，降低企业经营成本和负担；四是健全法制建设，打击金融诈骗，优先加快处理金融案件，提高司法效率。

2. 加强对中小银行表外业务和中间业务的监管

加强表外业务和中间业务的监管，密切关注中小银行非传统信贷业务的快速上升等一系列变化，对于大幅提高理财业务和托管业务的银行行为应加以规范。对于银行投资的理财和金融产品应加强信息的透明度，较为详细地公开金融产品的设计思路和结构安排。严厉查处通过理财变相吸储行为，加强对同业和理财在内的各业务条线的流动性风险的有效识别、计量、监测和控制。加强对金融创新的风险评估和管控，高度重视防范隐匿、转嫁和放大风险，打破理财产品刚性兑付的同时加强第三方保险和担保机构建设。

3. 加强房地产信贷的压力测试和风险管控

房地产市场近年来波动较大，房地产销售高增长的可持续性值得研究，必须做好房地产信贷的压力测试工作。个人按揭贷款尽管历史违约概率低，风险较小，但随着房地产价格的高速攀升和个人房地产购买过度加杠杆行为的不断增加，远期违约风险和集中度风险不容忽视。必须不断优化银行的信贷投放结构和资产配置。开拓和发掘新的业务增长点和更为安全、分散的资产配置结构。

4. 对产能过剩企业要防范信用风险和流动性风险

要防止信用风险传染扩大，对产能过剩的一些企业和“僵尸企业”实行名单制管理，严防关联企业贷款、担保圈企业贷款及循环担保贷款风险。要防范好流动性风险，筑牢与非银行金融机构、民间融资活动之间的防火墙。与此同时，加大对实体经济的支持，对产能过剩行业中有效益、有市场、有竞争力的优质企业继续给予信贷支持，对“僵尸企业”制定更为多元化、立体化的多机构支持方案和资产保全计划，引入资产证券化和保险担保机制，引入一般投资者，建立更为周全的风险分散机制和退出机制。

G.19
2016年能源行业形势分析及2017年展望

李继峰*

摘　要：　2016 年前三个季度宏观经济增速连续稳定在 6.7%，累计增速较上年同期下降 0.3 个百分点。从生产侧来看，主要是服务业出现了明显减速，前三季度增速为 7.6%，较上年全年下降 0.7 个百分点；而工业增加值逐季增速总体上仍然稳定在 6% 左右的水平上，没有明显改变。不过由于服务业单位增加值能耗水平仅相当于工业的 1/5，因此，总体上看，服务于经济生产的能源消费应与 2015 年基本相当。另外，居民生活和三产用能都具有易受天气影响波动的特点，年初的低温天气和夏季高温使第一季度天然气需求和第三季度用电需求明显上升，成为 2016 年拉动能源需求增长的重要影响因素。展望 2017 年，在没有重大异常事件的情况下，经济增长仍处于筑底阶段，经济增速预计惯性放缓至 6.3% ~6.5%，二产保持稳定，三产增速有所放缓，能源消费增速预计低于 2016 年。2017 年大气污染防治行动进入最后阶段，全国性碳排放交易市场按时推出，能源体制改革也将进入新的阶段，政策措施密集出台将引导能源结构持续朝清洁低碳方向改善。

关键词：　能源产业　需求低迷　供需宽松

---

* 李继峰，博士，国家信息中心经济预测部政策仿真实验室副主任，副研究员，主要研究方向为能源、环境与可持续发展等。

一 2016年以来能源产品需求仍然低迷

1. 煤炭全年消费预计呈小幅负增长，但降幅会较前三季度收窄

我国煤炭消费以动力煤和焦煤为主，2015 年二者合计占比为 90%，剩余主要是无烟煤及矸石。因此，这两类煤炭的消费情况基本反映了我国煤炭消费的整体走势。根据 Wind 数据，2016 年 1 ~ 9 月，全国动力煤消费量 22.83 亿吨，焦煤 3.96 亿吨，同比分别增长 -0.24% 和 -0.37%，合计增长 -0.26%。动力煤中，受 2016 年电力消费增幅较上年大幅提高影响，占比 66% 的电力行业用煤呈现小幅增长（0.5%）；此外受行业去产能、去库存的影响，冶金和建材行业的动力煤分别增长 -1.5% 和 -7.5%；化工行业动力煤增长 4.5%，是煤炭下游行业中唯一正增长的部门；此外，零散利用动力煤的其他部门消费量大幅下降 43.6%，反映 2016 年以来散煤治理取得实效。

就全年来看，考虑到 9 月水电同比出现负增长，火电为补足水电、同比增长 12.2%，受此影响预计全年发电用煤将转为正增长，初步预测全年发电用煤增长 1.8%，预计为 19.1 亿吨。

受 2016 年汽车消费旺盛、基建投资快速增长的影响，钢铁库存较上年明显下降，钢铁生产持续回稳，相应的冶金行业动力煤和焦煤月度累计增速降幅均呈现逐月收窄的趋势，预计全年冶金动力煤和焦煤消费量有望与上年基本持平，为 6.7 亿吨。

2016 年以来，化工用动力煤始终保持 4% ~5% 的平稳增长态势，预计该趋势会持续到年底，照此计算，全年化工行业动力煤预计将达到 2.1 亿吨。

2016 年 1 ~9 月，建材耗煤量降幅逐月上升，反映了当前建材行业运行情况不容乐观。随着各地控制房价的政策陆续出台，四季度房地产投资预计持续走低。尽管国家为稳增长会加码基建投资，令四季度投资增速有所回稳，有望推动建材行业环比略有好转，但全年用煤同比负增长持续加深的趋势不会打破，预计全年动力煤消费量在5亿吨，降幅在8%左右。

此外，其他行业动力煤受到天然气及电力替代，大幅下降，预计全年消费量为1.4亿吨，降幅近40%，

综合来看，2016年全年动力煤及焦煤总量预计34.3亿吨，较上年下降1亿吨，降幅为2.8%。

2. 成品油表观消费量负增长，汽煤柴油走势持续分化

根据Wind数据，2016年以来成品油消费持续负增长，1~9月全国成品油表观消费量累计同比增长-1.96%。其中，得益于汽车销售持续较快增长，汽油累计同比增长3.3%；受航空运输业稳定增长的带动，煤油增长8.9%；柴油增长-7.2%，柴汽比逐步降至1.36，主要是传统产业去产能去库存，导致货物运输业持续低迷，以及LNG替代柴油仍然有显著的成本优势。柴油持续下降是导致成品油总体负增长的主要因素。

展望全年，汽车销售旺盛和航空运输业稳定增长的势头仍将持续，预计汽油及煤油消费增长势头不会改变。同时二产增速始终保持在6%左右，房地产投资依然低迷、柴油消费持续下行的势头也将延续，汽煤柴油走势分化将持续加深。随着柴油占比逐渐下降，预计全年成品油降幅收窄至-1.5%左右。

3. 天然气增速逐步放缓

根据国家发改委数据，2016年1~9月天然气累计消费量1416亿立方米，同比增长7.1%，较一季度15.3%的增速下降了8.2个百分点。年初高增长主要是由于上年以气代煤取得显著进展，再加上年初气温偏低，取暖用气显著上升。随着取暖季结束，天然气消费增速明显放缓。考虑到上年底的高基数，预计四季度天然气月度消费增速不会超过一季度，全年天然气消费量不超过2100亿立方米，增速8.7%。

4. 高温导致电力消费增速有所回暖

2016年1~9月，全社会用电量同比增长4.5%，较上年同期高3.7个百分点。但是初步估计7~9月的异常高温天气导致了800亿千瓦时的电力需求增量，若扣除这部分影响，1~9月用电增量在1100亿千瓦时左右，同

比增速仅为2.6%。若四季度维持2.6%的增速，则全年电力消费总量5.9亿千瓦时，增速在4%左右。

二　2016年以来能源行业运行特点

1. 电力供需持续宽松，电力行业前景不容乐观

截至2016年中期，我国总装机容量达到15.28亿千瓦，同比增长11.3%，增速同比上升2.6个百分点。其中，水电装机2.81亿千瓦，同比增长4.7%；火电装机10.19亿千瓦，同比增长7.9%，增速同比上升1.5个百分点；核电装机2961万千瓦，同比增长33.77%，增速同比上升9.27个百分点。电力装机增速持续快于需求增速，供应能力已经过剩。根据国家能源局的数据，1~9月，全国发电设备累计平均利用小时为2818小时，同比减少179小时，降幅6%。其中，火电设备平均利用小时为3071小时，减少213小时，同比减少6.5%。自2013年开始，火电设备的发电小时连续三年减少，2014年火电发电小时同比减少314小时，2015年又减少了410小时，三年累计降幅近20%。电力行业前景不容乐观。

2. 我国正在经历“汽车进入家庭”的大趋势，汽油需求有望持续快速增长

2016年前三季度，限额以上单位汽车类同比增长9.1%，比上半年和上年同期分别加快1.4个和4.9个百分点。尤其是升级型汽车类销售亮点突出，据中国汽车工业协会发布的消息，前三季度，运动型多用途乘用车（SUV）和多功能乘用车（MPV）销量同比分别增长45.9%和22.9%，明显高于普通乘用车增速。虽然有购置税减半优惠政策即将到期等短期政策因素影响，但总体上我国人均GDP已经于上年接近8000美元。根据国际经验，这个收入水平正是汽车进入家庭、销量快速增长的阶段，有理由相信当前汽车消费快速增长的势头还将持续。伴随着汽车快速增长，有理由相信汽油需求增长保持稳定。

3. 当前天然气消费增长仍将以交通和居民增长为主

我国天然气消费一度处于快速增长阶段，年均增速达到16%；然而随着经济发展步入新常态，天然气需求增速明显放缓，2014 年增速降至 8.6%，2015 年进一步降低至 4%。不过 2016 年 1～9 月天然气需求增速同比增长又升至 7.1%。分项来看，工业燃料用气占比超过 1/3，是最主要的用途，但从历史来看，工业走势是工业燃料用气的主要影响因素，当前工业形势仍未摆脱筑底之势，工业燃料用气短期内难有起色。此外发电用气也会因为近年电力装机总体过剩而难有起色。

另外，近年来城镇化发展较快，居民用气已经成为仅次于工业燃料的第二大部门，2014 年消费量达到 343 亿立方米。不过目前居民用气成本仅相当于城镇居民年均收入的 1%～2%，居民对气价的敏感度较低，因此，随着城镇化继续快速推进和城市管网的加速完善，我国当前及未来居民天然气仍然有较快增长潜力。此外，我国 CNG 和 LNG 在内的交通运输用气与汽油和柴油相比长期具有比较优势，交通用气持续快速增长。未来随着天然气价格改革的实施以及油品质量不断升级，交通运输用气仍然有望保持较快增长。

综合来看，当前及未来一段时间我国天然气消费增长潜力还主要来自交通和居民生活。

4. 我国煤炭行业逐步进入寡头垄断格局

近年国家采取一系列措施化解煤炭过剩产能，取得了显著成绩。然而伴随着去产能，煤炭行业集中度迅速提高。2015 年前 15 家煤炭企业产能已经达到全国产量的 51%，比 2010 年提高 17 个百分点，比 2013 年也多出 5 个百分点。2016 年初国家推行按全年作业时间不超过 276 个工作日重新确定煤矿产能，9 月又提出放开 74 家先进产能煤矿的产能，照此趋势预计 2016 年煤炭行业集中度会进一步提高，我国煤炭行业也将逐步进入以国企主导的寡头垄断格局。如国际上油气产业一样，寡头垄断格局应是煤炭行业最合适的产业格局，一方面，便于管理和最大限度地利用储量资源，避免私挖乱建对资源的破坏；另一方面，可以发挥大企业的规模、科技优势，提高开采技术水平，提高资源利用效率；而且国企还能够在国家监管不足的情况下，更好地实施开采后处理和环境保护。总体而言，国企寡头垄断对于我国煤炭产业是利大于弊，但因此也要明确政府对于煤炭市场价格、煤炭供需走势的影响会显著加强，过去完全竞争下的市场规律已经不适于未来。

三　2017年我国能源形势的主要影响因素分析

展望2017年，国际局势依然复杂，我国经济增长持续筑底，能源消费总体上仍难有起色。2017年能源形势的影响因素仍然较为复杂，以下三个方面值得关注。

1. 工业趋稳，未来工业用能有望保持稳定增长

2016年以来，我国供给侧结构性改革有序推进，工业领域去产能初显成效。上半年，在重点化解过剩产能行业中，原煤产量同比下降9.7%，粗钢产量下降1.1%。此外，电解铝产量下降1.9%，水泥、平板玻璃分别增长3.2%和1%，增速也明显低于整体工业的水平。但是，面向市场需求的工业消费品增势稳定向好，成为工业生产稳定增长的重要基础性力量。二季度，工业消费品制造业增长5.1%，增速比一季度加快1.2个百分点。从上半年主要消费品产量看，不少与居民吃穿用日常消费相关的产品保持了良好增长势头。此外，高技术产业发展较快，工业向中高端加速迈进。上半年，包括节能环保产业、新一代信息技术、生物产业、高端装备制造业、新能源产业、新材料产业、新能源汽车在内的战略性新兴产业增加值同比增长11%，高于全部规模以上工业5个百分点。综合来看，据统计局对567种主要工业产品实物产量统计，2015年实现产量增长的产品数量为286种，占50.4%，2016年上半年，实现增长的产品数量达到361种，占63.7%，数量明显增多，表明支撑工业生产稳定增长的力量有所增强。

从经济周期的角度看，2016年以来，虽然我国工业产成品库存累计同比降幅持续扩大，但PPI降幅逐月收窄，9月已经逆转为正，考虑到当前工业增长保持在6%左右的稳定增长，初步判断，我国逐步进入库存周期的被动去库存阶段。2017年若PPI稳定正增长，同时工业产成品库存持续下降，则有利于工业用能保持稳定增长的态势。

2. 国际化石能源供需宽松短期内难以改变，对我国能源行业影响具有两面性

2008 年全球金融危机过去近十年，但全球经济仍然没有彻底从危机之后的余震中整体复苏。信息技术革命之后，新的主导型技术领域尚未形成，美国、英国、日本、德国、法国近十年（2005 ~ 2015 年）的劳动生产率年均增速均较上个十年（1995 ~ 2005 年）大幅下降了 60% ~ 70%，传统的贸易全球化的动力逐步丧失，而主要依靠全球化分工来提升本国生产率的新兴国家增速也必然随之放缓。全球经济“做大蛋糕”难度持续加大，“抢夺蛋糕”的趋势日趋明显。与此同时，全球金融市场投机性明显上升，脱实向虚的流动性进一步拉大了全球的贫富差距。这些趋势短期内难以扭转，也造成了全球能源需求增长逐步放缓。BP 统计数据显示，2015 年全球一次能源的需求仅增长了 1%，与 2014 年 1.1% 的增幅接近，远低于 1.9% 的十年期平均增幅。能源需求迅速放缓，使原有大规模投资形成的能源行业产能出现整体过剩，能源供需宽松的局面短期内难以改变。

当前全球化石能源供需总体宽松对我国能源行业具有显著影响：有利的一面是，可以更加灵活地运用全球市场，加快天然气替代煤炭和石油；不利的一面是，过剩的化石能源供应，加大了可再生能源发展压力，对替代煤电、替代燃油汽车都产生逆向作用，如果没有政策对冲，不利于提升能源系统清洁可持续发展水平。

3. 能源终端价格过高的问题依然突出，需要能源体制改革砥砺前行

金融危机以来，全球大宗初级产品价格普遍出现大幅下跌，但是受资源禀赋、交易税费、定价机制、流通费用等因素影响，我国能源原材料成本既高于俄罗斯、巴西等主要能源资源国，也高于美国，与英法等国基本相当。随着发达国家再工业化的发展，能源价格相对较高对我国制造业竞争力带来的抑制作用不容忽视。煤炭是我国目前的主力能源，但即使是 2015 年我国煤炭价格最低的时候，依然高于国际市场价格。2015 年底中国秦皇岛动力煤价格为每吨 370 元，而同期澳大利亚 BJ、欧洲 ARA 港和南非理查德 RB 动力煤现货价分别为每吨 339 元、313 元和 320 元，中国煤炭价格分别高出

9.1%、18.2%和15.6%。电力是我国最重要的二次能源，但受价格倒挂机制的影响，我国工商业平均电价折合139.43美元/千千瓦时，比OECD成员国工业平均电价（每千千瓦时123.88美元）还要高出近16美元/千千瓦时。更不用说石油和天然气价格，我国的成本劣势更加明显。我国能源价格水平过高，有些是自身资源条件不足造成的，但也不能忽视体制机制不顺的影响。在国家“降成本”的供给侧改革要求下，能源行业迫切需要深化改革，打通症结，削弱垄断影响，降低终端用能成本。

自2015年以来，我国持续推进能源领域体制改革。煤电联动价格形成机制于2015年初出台，明确了电价随煤价波动调整的原则和具体公式。自2015年3月起，电力体制改革取得显著突破，包括加快推进输配电价改革在内的6个核心配套政策和一些其他配套政策陆续出台；与此同时，2016年输配电价格改革试点也扩大到深圳、蒙西和18个省份在内的20个地区，还有4个综合改革试点区和两个售电侧改革专项试点。天然气市场化改革也终于破冰，10月公布的《天然气管道运输价格管理办法（试行）》和《天然气管道运输定价成本监审办法（试行）》使得“管住中间、放开两头”的油气价格改革的基本方向得以落地。2017年，需要能源行业体制改革继续砥砺前行，逐步理顺存在的若干价格扭曲、行政干预、行业垄断，力争早日消除不合理的能源加价。

四 2017年能源需求预测

综合判断，2017年我国能源需求仍将低位徘徊。主要预测如下。

1. 电力消费2017年预计高位回落

2016年因厄尔尼诺导致的夏季异常高温和闰年的影响，全年全社会用电量增速达到5%，2017年随着气温逐步回归正常，对电力需求的影响将明显减弱；另外，2017年我国经济依然处于底部，二产依然在增速6%左右的底部前行，用电增速难以快速提高；此外，2016年的高基数也将影响2017年的增速，综合来看，预计全年用电增速保持在2%~2.5%范围。

2. 煤炭仍将保持负增长

由于电力需求增速放缓，水电恢复正常供应，风电、光伏及核能持续快速推进，煤电的市场空间将进一步被压缩，预计发电用煤将转为负增长。与此同时，钢铁、建材及其他行业散煤消耗仍将持续负增长，但降幅有望收窄。化工用煤增长有望保持稳定。煤炭消费量负增长仍然是大概率事件，预计在 -2% 左右。

3. 成品油消费整体低迷，汽煤柴油走势依然分化

2015 年我国人均 GDP 接近 8000 美元，越来越多的省市居民将有能力购买汽车，我国将步入“汽车进入家庭”的发展阶段，带动汽油消费以 4% ~ 5% 的速度持续稳定的较快增长。与此同时，航空运输业的高速发展期也将持续，煤油还将以 6% ~ 8% 的速度稳定持续增加。相比而言，柴油走势相对不明朗，按照近年趋势，存在继续大幅负增长的可能。但另外，2017 年工业仍将保持 6% 的速度平稳增长，大宗商品生产和行业需求形势基本稳定，对交通运输的需求也逐步稳定。而且，随着国家对炼油行业监管的逐步升级，非标准油品有望逐步退出市场，柴油消费仍有增长的潜力；综合来看，我们认为 2017 年柴油消费会小幅负增长。

4. 天然气消费有望保持平稳较快增长

2017 年是大气污染治理三年行动的决胜之年，预计以气代煤仍将作为重要的投资方向，主要增量仍然来自居民、供热及交通运输用气。工业燃料用气依然受制于经济形势，而燃气发电的尴尬处境难有改观。预计全年天然气消费总量不会超过 200 亿立方米，预计 2017 年天然气消费量难以超过 2300 亿立方米。

G.20

2016年电力形势分析及2017年展望

肖宏伟*

摘 要: 2016年，全社会用电量增速同比提升，电力行业呈现消费结构优化、增长动力转换、供给能力充足、供需总体宽松等特点。展望2017年，受经济增速放缓、占全社会用电量70%的第二产业依然不会有明显改观、厄尔尼诺作用减弱、2016年基数偏高等多重因素叠加影响，预计2017年全社会用电量约61110.4亿千瓦时，同比增长2.2%，增速较2016年回落2.8个百分点，电力供需总体宽松、局部地区过剩的格局仍将延续。2017年电力行业亟须继续围绕供给侧结构性改革，从调整存量、做优增量并举，化解电力过剩产能；深化电力价格机制改革，降低电力消费成本；加强电力基础设施建设，补齐电力发展短板；创新电力供需两侧管理，提高电力系统效率四个方面着力，为实现经济平稳运行提供电力安全保障。

关键词: 全社会用电量 供需总体宽松 煤电产能过剩 电力供给侧改革

* 肖宏伟，统计学博士，国家信息中心经济预测部副研究员，主要研究领域为能源经济、气候变化、经济增长、预测与决策、数量经济模型等。

一 2016年电力形势及特征分析

2016 年前三季度，我国在适度扩大总需求的同时，大力推进供给侧结构性改革和“大众创业、万众创新”，经济运行稳中有进、稳中提质，实现了 6.7% 的中高速增长。受宏观经济运行持续平稳和上年同期电力消费基数偏低等因素影响，全社会用电量增速同比提升趋势明显。总体来看，电力行业呈现消费结构优化、增长动力转换、供给能力充足、供需总体宽松等特点。

1. 电力消费增速总体提升，产业和区域间差异明显

2016 年前三季度，全国全社会用电量 43885.2 亿千瓦时，同比增长 4.5%，增速较上年同期提高 3.7 个百分点。分产业来看，第一产业用电量 844.6 亿千瓦时，同比增长 4.8%，增速较上年同期提高 2.1 个百分点；第二产业用电量 30798.7 亿千瓦时，同比增长 2.0%，增速较上年同期提高 2.9 个百分点；第三产业用电量 6025.3 亿千瓦时，同比增长 11.5%，增速较上年同期提高 4.1 个百分点；城乡居民生活用电量 6216.5 亿千瓦时，同比增长 11.6%，增速较上年同期提高 7.0 个百分点。分区域来看，全社会用电量增速高于全国平均水平（4.5%）的省份有 13 个，其中增速较高的前 5 个省份为西藏、新疆、江西、安徽和陕西，其增速分别为 19.5%、11.7%、9.7%、9.6% 和 9.4%；全社会用电量负增长的省份有 4 个，分别为甘肃、青海、云南和宁夏，其增速分别为 -6.9%、-6.2%、-3.5% 和 -2.1%。全社会用电量增速高于本省上年同期水平的省份有 24 个，其中同比增速提升较快的前 5 个省份为陕西、河北、北京、湖北和河南，其同比增速分别提高 9.8 个、7.6 个、7.4 个、6.3 个和 6.2 个百分点，全社会用电量增速低于本省上年同期水平的省份有 7 个，其中同比增速回落较大的前 5 个省份为甘肃、宁夏、内蒙古、海南和广西，其同比增速分别回落 11.4 个、6.4 个、2.2 个、1.8 个和 1.2 个百分点。

2. 电力消费结构持续优化，消费增长动力转换加快

2016 年前三季度，第一产业用电量占全社会用电量的比重为 1.9%，与上年同期基本持平，第三产业和城乡居民生活用电量占全社会用电量的比重分别为13.7%和14.2%，较上年同期分别提高0.86个和0.9个百分点，第二产业用电量占全社会用电量的比重为70.2%，较上年同期下降1.76个百分点，其中，化学原料及化学制品制造业、非金属矿物制品业、黑色金属冶炼及压延加工业、有色金属冶炼及压延加工业四大高耗能行业用电量占全社会用电量的比重为29.3%，较上年同期回落1.9个百分点，一定程度上反映出我国经济结构在调整过程中不断优化，转型升级态势良好。2016年以来，我国服务业持续较快增长，生产性服务业和生活性服务业发展势头良好，前三季度，第三产业增加值占国内生产总值的比重高达52.8%，较上年同期提高1.6个百分点，对经济增长的贡献率高达58.5%。随着第三产业的持续较快发展、新型城镇化的稳步推进以及居民生活用电水平的逐步提高，第三产业和城乡居民生活用电逐渐成为拉动全社会用电增长的主力军，对全社会用电量增长的贡献率分别高达32.7%和34.0%。第三产业中，计算机服务和软件业，房地产业，电信和其他信息传输服务业，租赁和商务服务、居民服务和其他服务业，批发和零售业，交通运输业用电增速分别达到27.9%、13.9%、13.5%、12.1%、10.7%和10.4%，远高于全社会用电增速。

3. 电源投资和新增装机同比下降，电网投资大幅增长

2016年前三季度，全国主要发电企业电源工程完成投资1989.1亿元，同比下降10.9%。分类型来看，水电完成投资353.8亿元，同比下降20.5%；火电完成投资660.7亿元，同比下降8.4%；核电完成投资329.3亿元，同比下降1.4%；风电完成投资462.2亿元，同比下降29.2%。全国新增发电装机容量7269.9万千瓦，比上年同期少投产158.6万千瓦。其中，水电787.9万千瓦、火电2900.9万千瓦、核电503.0万千瓦、风电824.3万千瓦，分别比上年同期少投产296.9万千瓦、1054.3万千瓦、43.3万千瓦和335.2万千瓦。全国电网工程完成投资3566.3亿元，同比增长31.6%，电网建设全国新增220千伏及以上变电设备容量（交流）17914.0万千伏安，比上年同期多增加432.0万千伏安；新增220千伏及以上输电线路长度

27562.2 千米，比上年同期多增加 1505.4 千米；新增直流换流容量 2240.0 万千瓦，比上年同期多增加 1990.0 万千瓦。

4. 非化石能源发电快速增长，电力供给结构优化

2016 年前三季度，全国规模以上发电厂发电量 43732.3 亿千瓦时，同比增长 3.4%，增速较上年同期提高 3.3 个百分点。分发电类型来看，水电 8108.0 亿千瓦时，同比增长 8.6%，增速较上年同期提高 5.1 个百分点；火电 32289.0 亿千瓦时，同比增长 0.8%，增速较上年同期提高 3.0 个百分点；核电 1544.2 亿千瓦时，同比增长 22.4%，增速较上年同期回落 10.0 个百分点；风电 1693.0 亿千瓦时，同比增长 26.8%，增速较上年同期提高 3.3 个百分点。截至 9 月底，全国 6000 千瓦及以上电厂发电装机容量 15.5 亿千瓦，同比增长 10.8%，大幅高于发电量 3.4% 的增速，增速较上年同期提高 1.4 个百分点。其中，水电 2.8 亿千瓦，同比增长 3.9%；火电 10.3 亿千瓦，同比增长 7.3%；核电 3135 万千瓦，同比增长 29.9%；风电 1.4 亿千瓦，同比增长 28.0%。前三季度，电力供给侧结构性改革快速推进，电力供给结构优化取得积极进展。从发电结构来看，水电、核电和风电占全国发电量的比重分别为 18.6%、3.5% 和 3.9%，较上年同期分别提高 0.85 个、0.54 个和 0.71 个百分点，火电占全国发电量的比重为 74.0%，较上年同期下降 2.1 个百分点。从全国 6000 千瓦及以上电厂发电装机容量结构来看，核电和风电占装机容量的比重分别为 2.1% 和 9.4%，较上年同期分别提高 0.34 个和 1.42 个百分点，水电和火电占装机容量的比重分别为 19.2% 和 69.3%，较上年同期分别回落 0.89 个和 0.87 个百分点。

5. 跨区域输出电量同比增加，电力供需总体较为宽松

2016 年前三季度，全国跨区输出电量 2668.5 亿千瓦时，同比增长 5.6%，其中，东北送华北 152.1 亿千瓦时，同比增长 28.0%；华中送华东 288.7 亿千瓦时，同比增长 22.4%；西北送华中 301.9 亿千瓦时，同比增长 26.6%；西南送华东 787.3 亿千瓦时，同比增长 4.5%；南方送西南 39.1 亿千瓦时，同比增长 119.9%。全国各省输出电量 7120.1 亿千瓦时，同比增长 4.4%，其中，河北输出电量 284.2 亿千瓦时，同比增长 7.9%；辽宁输出电量217.7亿千瓦时，同比增长63.8%；吉林输出电量144.3亿千瓦时，同比增长12.1%；安徽输出电量352.0亿千瓦时，同比增长14.1%；湖北输出电量645.0亿千瓦时，同比增长9.2%；四川输出电量967.4亿千瓦时，同比增长2.8%；贵州输出电量598.8亿千瓦时，同比增长4.8%；云南输出电量617.8亿千瓦时，同比增长9.7%；新疆输出电量263.8亿千瓦时，同比增长17.7%。前三季度，全国供电量37699.9亿千瓦时，同比增长4.2%，全国售电量35320.7亿千瓦时，同比增长3.8%，供电量高于售电量2379.2亿千瓦时，供电量同比增速高于售电量同比增速0.4个百分点，全国电力供需形势较为宽松。分区域来看，所有地区供电量均高于售电量，供给能力充足，富余较多的前5个省份为广东、河南、江苏、山东和河北，分别富余232.8亿、154.2亿、148.4亿、147.5亿和144.5亿千瓦时，除个别时段外，华中、华东、华北、东北、西北和南方区域供需总体较为宽松。

二　当前电力行业需要关注的主要问题

当前，电力供需总体宽松，但区域性电力供应过剩较为严重，电力系统整体运行效率亟须提高。电力行业需要密切关注的主要问题有：煤电项目核准和开工步伐加快，煤电过剩风险日益显现；发电设备利用小时数持续下降，电力产能过剩风险加大；“弃水弃风弃光弃核”形势严峻，可再生能源消纳任重道远。

1. 煤电项目核准和开工步伐加快，煤电过剩风险日益显现

2014年以来，为进一步深化投资体制和行政审批制度改革，切实转变政府投资管理职能，全部火电项目与部分电网项目核准权限已下放至省级或地方政府。在地方政府和行业部门的利益驱动下，各地争相通过投资煤电拉动经济，纷纷加快核准和开工煤电项目，进一步加剧煤电过剩。2016年前三季度，中国华能集团公司、中国大唐集团公司、中国华电集团公司、中国国电集团公司、中国电力投资集团公司等发电企业获核准武汉经开区天然气分布式能源站项目、白音华自备电厂新建项目、大唐青岛天然气热电联产工程项目、甘肃瓜州 4×100 万千瓦时常乐火电厂项目、粤电花都天然气热电有限公司 2×400MW 级燃气－蒸汽热电联产项目等 89 个火电项目，开工建设常州市金坛区大唐热电联产项目、杜集生物质热电联产项目、吐鲁番市高昌区南环路第二热源建设工程项目、平凉中心城区热电联产集中供热二期项目、神华晋江热电联产项目配套热网工程项目等 100 个火电项目。

2. 发电设备利用小时数持续下降，电力产能过剩风险加大

受电力消费增速放缓，装机容量超前高位增长，水电、风电、核电、光伏等新能源快速发展等因素影响，发电设备利用小时数急剧下降，电力相对过剩趋势明显。2016 年前三季度，全国发电设备累计平均利用小时 2818.0 小时，同比降低 179.4 小时，为 2005 年以来同期最低水平。分发电类型来看，全国水电设备累计平均利用小时 2766.0 小时，同比增加 126.9 小时，主要受 2016 年汛期影响；全国火电设备累计平均利用小时 3070.7 小时，同比降低 212.9 小时，其中，云南、西藏不足 1000 小时，四川、广西不足 2000 小时，与上年同期相比，除北京、河北、湖北外，其他省份火电设备累计平均利用小时数均有不同程度降低，其中，海南和青海下降超过 1000 小时，福建、广西和宁夏下降超过 500 小时；全国核电设备累计平均利用小时 5234.7 小时，同比降低 290.3 小时；全国风电设备累计平均利用小时 1251.1 小时，同比降低 66.0 小时。

3. 弃水弃风弃光弃核形势严峻，可再生能源消纳任重道远

受用电需求增长放缓、新能源分布较为集中、电源与外送通道建设不匹配等因素影响，新能源富集地区电力供应能力过剩问题进一步凸显，“弃水弃风弃光弃核”愈演愈烈，破解可再生能源消纳难题任重道远。2016 年上半年，四川和云南两大水电大省弃水电量分别达到 300 亿千瓦时和 400 亿千瓦时；全国风电弃风电量 323 亿千瓦时，同比增加 148 亿千瓦时；平均弃风率高达 21%，同比上升 6 个百分点，超过 2013 年 17% 的历史最高值，达到历史新高，三北地区的内蒙古、辽宁、吉林、黑龙江、甘肃、宁夏、新疆七省区弃风率超过或接近 20%，其中，新疆和甘肃分别高达 47% 和 45%；西北五省（区）光伏发电弃光电量 32.8 亿千瓦时，平均弃光率高达 19.7%，其中，新疆、甘肃光伏发电运行最为困难，弃光率分别高达32.4%和32.1%，宁夏弃光率达10.9%，青海弃光率为3.2%，陕西首次发生弃光限电情况，弃光率为1.7%；中国核能行业协会公布的《2016年1～6月全国核电运行情况》数据显示，多个核电基地出现核电设备利用小时数和设备利用率双降低，其中辽宁红沿河核电厂和福建宁德核电厂最为严重，其核电设备平均利用小时数低于3000小时，核电设备平均利用率低于70%。

三　2017年电力供需形势预测

展望2017年，在供给侧结构性改革、“三去一降一补”、新旧动能转换等政策影响下，宏观经济增速将总体呈现稳中微降态势，预计2017年GDP同比增长6.5%左右。受经济增速放缓、占全社会用电量70%的第二产业依然不会有明显改观、厄尔尼诺作用减弱、2017年夏天气温回归正常水平、2016年基数偏高等因素影响，预计2017年用电需求增速较2016年有较大回落，电力供需总体平衡偏宽松，局部地区存在电力供应过剩。

1. 电力消费呈现“增速放缓、结构优化、动力转换”发展态势

从消费增速看，预计2017年全社会用电量约61110.4亿千瓦时，同比增长2.2%，增速较2016年回落2.8个百分点。其中，第一产业用电量1122.8亿千瓦时，同比增长2.8%，增速较上年回落2.2个百分点；第二产业用电量42560.2亿千瓦时，同比增长0.2%，增速较上年回落2.2个百分点；第三产业用电量8697.1亿千瓦时，同比增长7.8%，增速较上年回落4.8个百分点；城乡居民生活用电量8730.3亿千瓦时，同比增长6.7%，增速较上年回落5.6个百分点。从消费结构看，第一产业用电量占全社会用电量的比重为1.8%，与上年基本持平，第三产业和城乡居民生活用电量占全社会用电量的比重分别为14.2%和14.3%，较上年分别提高0.7个和0.6个百分点，第二产业用电量占全社会用电量的比重为69.6%，较上年下降1.3个百分点。从增长动力看，第三产业和城乡居民生活用电对全社会用电量增长的贡献率分别为48.0%和41.9%，较上年分别提高16.5个和10.6

个百分点，拉动用电增长的主要动力由第二产业向第三产业和居民生活用电转换的步伐进一步提速。

表 1　2016～2017 年电力需求预测

单位：亿千瓦时，%

用电量	2015 年实际		2016 年预测		2017 年预测	
	绝对值	增速	绝对值	增速	绝对值	增速
全社会用电量	56933.0	0.96	59796.0	5.03	61110.4	2.20
第一产业	1040.0	2.55	1092.1	5.01	1122.8	2.81
第二产业	41442.0	0.79	42457.1	2.45	42560.2	0.24
第三产业	7166.0	7.42	8066.7	12.57	8697.1	7.82
城乡居民生活用电	7285.0	5.01	8180.1	12.29	8730.3	6.73

2. 电力供应呈现“总体富余、局部过剩、供需宽松”发展态势

综合考虑现有发电装机规模、新增发电装机速度等因素，预计 2017 年全年新增发电装机容量超过 1.2 亿千瓦，其中，水电、核电、风电、太阳能发电等非化石能源发电装机容量超过 7000 万千瓦；年底全国发电装机达到 16.5 亿千瓦，非化石能源发电装机比重提升至 37% 左右。综合发电设备利用小时数、跨区域输电和各地区的电力供给情况，预计全年电力供应能力总体富余，除部分地区迎峰度夏、迎峰度冬高峰时段供需偏紧外，大部分地区供需宽松，其中，华北、华东、华中地区电力供需平衡偏宽松，西北、西南等地区电力供应过剩较多。

四　促进电力行业健康发展的政策建议

2017 年是实施“十三五”规划承上启下的重要之年，也是推进供给侧结构性改革承前启后的关键之年。电力行业作为保障经济平稳运行的基础和先行行业，2017 年亟须继续围绕供给侧结构性改革，处理好电力供给侧结构性改革和需求管理之间的关系，积极推进电力行业“去产能、降成本、补短板、提效率”四大重点任务的落实，为实现经济平稳运行提供电力安全保障。

1. 调整存量做优增量并举，化解电力过剩产能

当前我国经济发展步入新常态，相应的电力消费亦进入常态，突出表现在电力消费增速换挡，预计“十三五”前中期电力供需将延续总体富余、局部地区过剩的态势，电力行业应抓住电力供需宽松的有利时机进行结构调整，从之前的以增量扩能为主向调整存量、做优增量并举转型。一是严格控制煤电新开工规模。对于电力过剩严重的地区，取消不具备核准条件的项目，停止建设已经核准项目，暂缓建设已经开工项目。二是加大对违规建设煤电项目企业的惩戒力度，在对企业单位进行失信联合惩戒的同时，对企业法定代表人、主要负责人和相关责任人员进行联合惩戒。三是科学安排非化石电力开发时间表，避免过快发展造成发电能力过剩的进一步加剧。统筹规划水电、风电、核电和光伏发电等非化石能源发电发展节奏，鼓励风电、光伏、生物质能、地热能、潮汐能等不宜远距离输送的电力以就近消纳为主，着力解决弃水、弃风、弃光、弃核“四弃”问题。

2. 深化电力价格机制改革，降低电力消费成本

价格机制是电力市场的核心，落实《中共中央国务院关于推进价格机制改革的若干意见》要求，加快推进电力价格机制改革，是推进供给侧结构性改革的关键环节。一是落实《降低实体经济企业成本工作方案》，加快电力市场化交易步伐，对符合国家产业政策的企业实行全电量参与交易，进一步降低企业电力要素成本。二是降低农村农业生产用电和农村居民生活用电价格，进一步从电价政策上加大惠农力度，切实减轻农民生产生活用电负担。三是改革环保电价补贴方式，对燃煤电厂超低排放实行上网电价支持政策，推动煤电企业实施煤炭清洁高效利用。四是完善可再生能源价格形成机制和补贴办法，利用燃煤机组上网电价降低空间，提高可再生能源附加标准，在产能严重过剩行业进一步推行基于单位能耗的差别电价政策。

3. 加强电力基础设施建设，补齐电力发展短板

当前电力发展依然面临不少短板，如城乡区域发展不平衡、电网结构性矛盾突出、资源优化配置能力较低等，“十三五”能源规划在强调去产能的同时，电力基础设施建设“补短板”亦是重中之重。一是继续实施农村电网改造升级工程。在老区、民族地区和边疆地区等贫困地区，稳步实施农网改造升级，有效解决农村电网低电压、动力电不足等问题，逐步提高农村电网智能化水平。二是支持充电基础设施建设。科学布局居民小区停车位、单位停车场、公交站点、出租车集中区、高速公路服务区等主要公共区域充电网，解决新能源汽车的“续航之忧”。三是加快现代配电网建设。深入贯彻《关于加快配电网建设改造的指导意见》和《配电网建设改造行动计划（2015～2020年）》，结合当前我国配电网实际情况，以满足用电需求、提高可靠性、促进智能化为目标，坚持统一规划、统一标准，统筹城乡、协同推进，着力解决城乡配电网发展薄弱问题。

4. 创新电力供需两侧管理，提高电力系统效率

实现电力供需高度协调匹配是电力行业供给侧结构性改革的核心目标之一，亟须从根本上转变单纯依靠扩大供给规模来满足电力需求，形成供需两侧有效联动机制。一是在电力用户侧实施需求侧响应，削减或转移用户的部分高峰负荷，降低峰谷差，减少系统对新增发电容量和输配电系统扩容的需求。二是设计合理的电力价格及激励政策，配合分布式、储能、电动汽车等灵活的电力需求侧响应资源，引导电力用户负荷主动追踪可再生能源发电出力，在大规模可再生能源发电并网的背景下提高供需双侧的匹配度，促进电力供给侧结构性调整。三是电力供应商通过大数据分析、监测预测预警系统、数据挖掘等技术手段对用户的用电特点、负荷发展特性等进行深度挖掘，为用户提供更为个性化的用电服务模式，使电力供给与用户的实际用电需求更为吻合。

G.21

2016年汽车行业运行分析及2017年展望

祁京梅*

摘　要：在适度扩大需求和供给侧结构性改革措施作用下，2016 年以来，我国经济呈现稳中有进的良好态势，前三季度经济增长 6.7%，增势好于预期。在国家产业政策精准调控下，伴随着传统过剩高耗能产业的压缩减速，新动能、新业态对经济发展的支撑和引领作用增强。其中汽车行业的表现十分突出，2016 年汽车业产销呈现明显加快的增长态势，行业经济效益逐步改善，对整体经济的拉升作用显著增强。展望 2017 年，汽车行业的后续发展空间要大于其他行业，产销经营将继续保持较好水平。但是，受经济转型升级以及汽车拥有率不断提高的影响，作为传统和新动能融合的产业，汽车行业下行压力仍不可小觑。

关键词：汽车产销　汽车新政　新能源车　SUV

一　前 9 个月汽车行业呈现良好增长态势

2016 年随着经济结构调整转型力度加大，工业各行业生产经营分化格局较为严重，“僵尸企业”逐步被淘汰，新兴产业蓬勃发展。汽车产业是具

---

* 祁京梅，国家信息中心经济预测部三级研究员，主要研究领域为宏观经济、消费需求和产业经济等。

备传统制造业和高新技术的融合产业，在经历了2015年的低迷调整后，得益于政策支持和企业创新驱动，生产经营形势逐步改善，2016年1～9月汽车行业的产销、利润均呈现明显回升态势，特别是新能源汽车、SUV车型产销继续保持高速增长。

1. 汽车业增加值增速大幅加快，对工业经济的支撑作用增强

2016年1～9月，我国工业增加值增长6%，增速与上半年持平。工业增速企稳与产业结构转型升级动能转化密切相关，8月、9月部分高技术产业增速加快、贡献增大，有效地遏制了整体工业速度的下滑。在各行业中，汽车工业增速大幅加快，成为稳定工业运行最重要的行业。1～9月汽车业增加值同比增长14.6%，比上年同期加快9.7个百分点，高于工业平均增速8.6个百分点，在17个主要行业中增速排名第一。9月汽车工业增加值更是高达22.5%，遥遥领先其他行业的增长。汽车工业的较快增长得益于：积极落实供给侧结构性改革，大力挖掘自身潜力，不断研发创新推出高品质、高技术、多功能的新车型，特别是新能源汽车和自主品牌的SUV、MVP车型迅速发展，规模持续扩大，附加值不断增加，有效推动了汽车工业的快速增长。

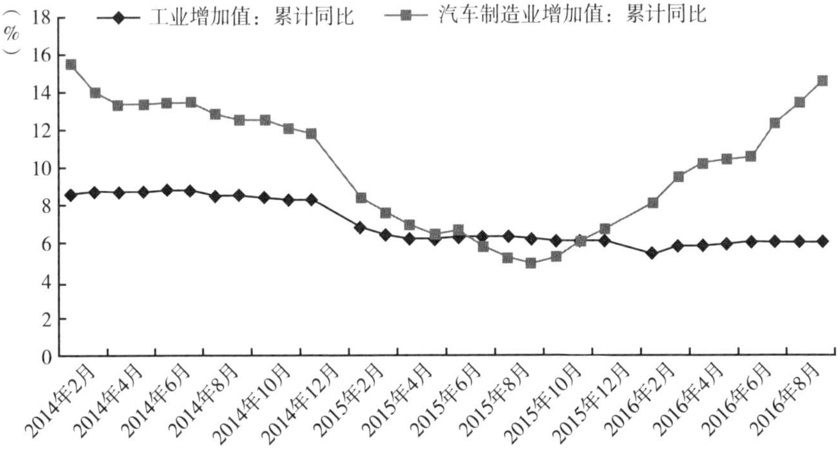

图1　2014年2月至2016年9月工业和汽车业增加值增速

资料来源：Wind资讯。

2016年以来，汽车实物量生产的增长情况也大幅改善，呈现不断加快的增长态势。1~9月汽车行业完成产量1942.2万辆，增长13.3%，增速同比加快14.1个百分点，扭转了上年同期负增长的局面。其中，乘用车产量1681.8万辆，增长14.7%；商用车产量260.4万辆，增长4.8%。乘用车增长势头好于商用车，说明我国经济转型调整对汽车生产的影响依然存在。在乘用车中，1~9月运动型SUV和多功能MPV车型产量分别增长46.0%和18.5%，大大高于行业平均水平，汽车行业消费结构升级、年轻化、追求运动型、多功能型的需求格局正在成为主流趋势。

9月，我国汽车产量比上月和上年同期均呈现较快增长，也存在特殊因素，主要是上年9月汽车生产处于低谷，出现增速下降的罕见局面，2015年同期的基数较低一定程度上推高了2016年的增速。

2.汽车销售增势良好，SUV继续保持高增长

一改上年汽车销售低迷的走势，2016年前9个月，我国汽车销售呈现规模扩大、增速逐季加快的喜人变化，1~3月汽车销售增长6%，1~6月增长8.1%，1~9月汽车销量1936万辆，同比增长12.9%，增速高于上年同期12.9个百分点。汽车价格相对平稳、新功能车型不断涌现、汽油价格走低等是促进汽车销售较快增长的重要原因。与此同时，2015年出台的1.6升及以下排量汽车购置税减免的优惠政策，在2016年底到期，未来政策走向尚不明确，为了享受政策红利，出现了部分消费者提前购车、提前消费的情形。此外，购车出游客户群体的增加，也导致“十一”假期前市场需求的增加。

汽车销售反弹的主要动力来源于乘用车市场销售的快速增长。1~9月乘用车销售1675.2万辆，比上年同期增长14.8%，高于汽车销售平均增速1.6个百分点。在乘用车主要车型中，轿车销售平稳，同比增长2.7%；SUV销售继续保持高速增长，增长45.9%；MPV增速加快，增长22.9%。值得一提的是，1.6升及以下排量乘用车销售增长迅猛。1~9月1.6升及以下排量乘用车销售1203.5万辆，同比增长22.1%，占乘用车销量的比重为71.8%，比上年同期提高4.1个百分点。该类车型销售快速增长，成为1~9月汽车销售快速增长的一大亮点。

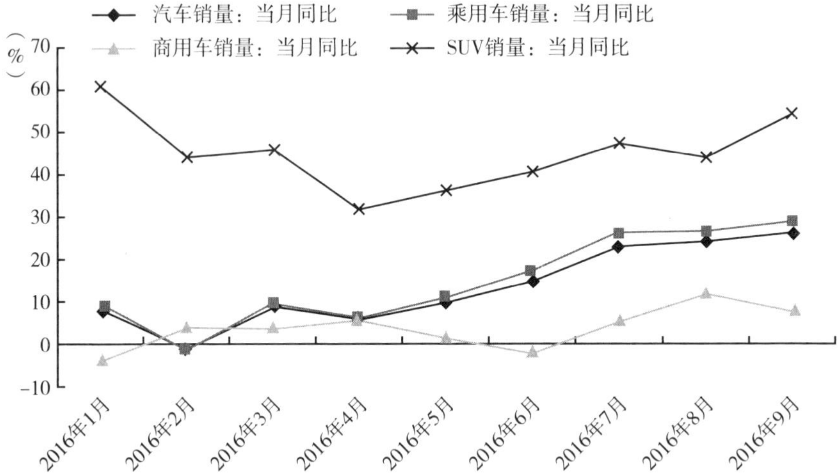

图 2　2016 年 1～9 月主要车型销量当月同比增速

资料来源：Wind 资讯。

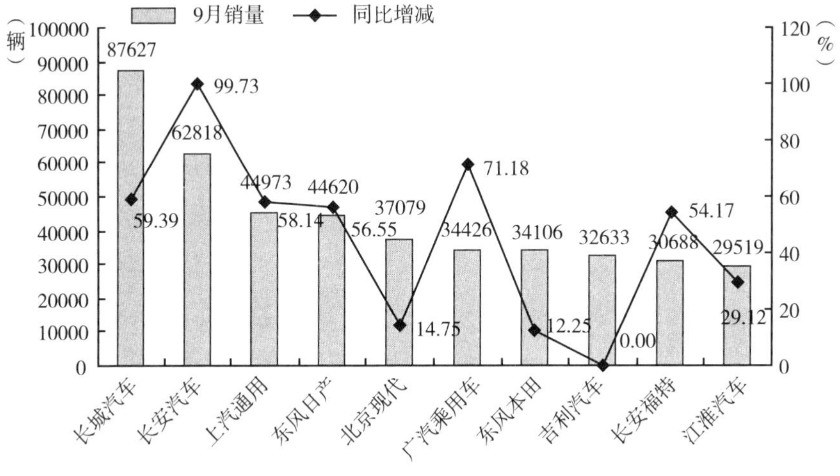

图 3　2016 年 9 月全国 SUV 车型销量前十企业

3. 清理“骗补”影响，新能源车增速减缓但依旧保持高位

“十二五”以来，新能源汽车在政策支持下井喷式超高速发展，产销量以成倍、数倍的速度增长。但是，2016 年以来，新能源汽车的产销增速大

大逊色于往年。1～9 月，新能源汽车生产 30.2 万辆，销售 28.9 万辆，同比分别增长 93.0% 和 100.6%。其中，纯电动汽车产销分别完成 22.9 万辆和 21.6 万辆，同比分别增长 118.1% 和 128.4%；插电式混合动力汽车产销均完成 7.3 万辆，同比分别增长 41.7% 和 47.2%。相比前几年，2016 年新能源汽车产销增速大幅放缓，但是，与其他各类汽车类型产销增速相比仍然高居榜首。

新能源汽车产销增速回落，主要受国家清理“骗补”和提高行业门槛的影响。过去几年，新能源车企数量和产量呈爆炸式增长，估计新能源汽车生产企业已超过 3000 家，2015 年新能源汽车销量已超越美国成为全球第一，国家和地方政府对新能源车的补贴也不断增加，仅 2015 年中央和地方政府用于新能源市场的补贴总数已超过百亿元。但是，高额补贴也吸引了大量不具备生产条件企业的盲从加入，突击造车、拿国家和地方补贴成为新的利益链条，由此产生了诸多“骗补”行为。财政部网站公布了 5 家典型企业和 72 家涉嫌骗补的企业名单，国家对这次骗补处罚的力度和决心非常大，各部门陆续开始清理、取消甚至追回不符合条件新能源车企的销售补贴。与此同时，工信部公布了《新能源汽车生产企业及产品准入管理规定》，对新能源车企提出更高的技术资质要求，并规定已获得资质的企业要在 2 年时间内完成审查，逾期未完成审查的，暂停生产、销售有关新能源汽车产品。政府减少补贴、提高行业发展门槛，对近几个月新能源汽车的生产和销售产生了较大影响，产销出现滑坡在所难免。

4. 自主品牌乘用车份额不断提高，但轿车份额降低

受益于自主品牌 SUV、MPV 生产快速扩容，市场销售快速增长，最近几年中国自主品牌乘用车市场销售份额连年以 1～2 个百分点的速度稳步提升。1～9 月，中国品牌乘用车共销售 707.2 万辆，同比增长 18.7%，占乘用车销售总量的 42.2%，比上年同期提高 1.4 个百分点。其中，自主品牌 SUV 销售 337.3 万辆，同比增长 56.6%，占 SUV 销售总量的 56.2%，比上年同期提高 3.8 个百分点；自主品牌 MPV 销售 156.5 万辆，同比增长 25.4%，占 MPV 销售总量的 89.5%，比上年同期提高 1.8 个百分点。

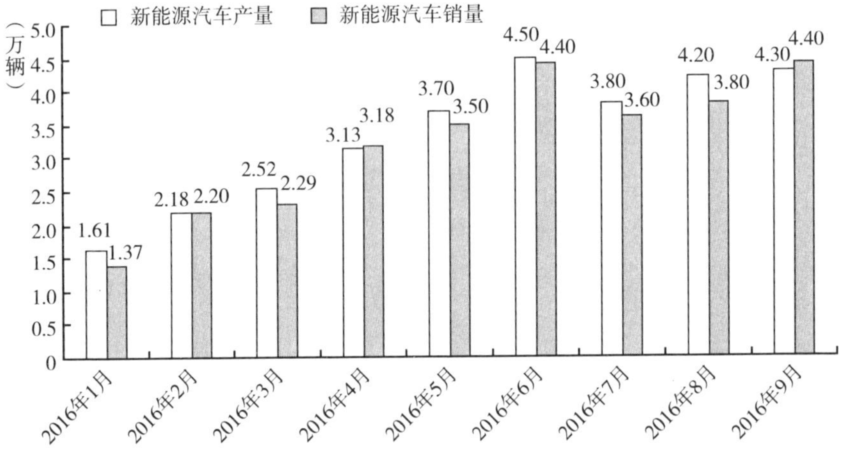

图4　2016 年 1 ~9 月新能源汽车月产销量

但是，在自主品牌系列中，轿车与多功能运动车型的发展趋势截然不同。由于进口轿车在安全舒适、造型美观、动力充沛等方面依然存在竞争和认同优势，特别是随着居民收入增加和消费档次提高，国外高档豪华车型进一步受到追捧，市场占有率居高不下，因此，自主品牌轿车销售增速和市场占有率呈现不升反降的走势。1 ~9 月中国品牌轿车销售 157. 2 万辆，同比下降 8. 1% ，占轿车销售总量的 18. 6% ，比上年同期下降 2. 2 个百分点。

5. 企业营业收入增速提升，汽车行业对工业利润贡献增大

受汽车行业产销增速明显提升的影响，2016 年以来汽车行业营业收入增速不断加快，企业实现利润稳步增长。从重点车企看，1 ~8 月汽车工业重点企业（集团）累计实现营业收入 21989. 39 亿元，增长 12. 86% ，增幅比1 ~7月提高 2. 09 个百分点。1 ~8 月，汽车工业重点企业（集团）利润总额、利税总额稳步增长，增长率双双超过 6% 。累计实现利润总额 2374. 19 亿元，增长 6. 24% ，增幅比 1 ~7 月提高 4. 40 个百分点。累计实现利税总额 3667. 08 亿元，增长 6. 11% ，增幅比 1 ~7 月提高 2. 41 个百分点。

从汽车业全行业看，汽车行业实现利润快速增长，对整体工业利润增加起到积极拉动作用。1 ~8 月，全国规模以上工业企业实现利润总额 40583. 6

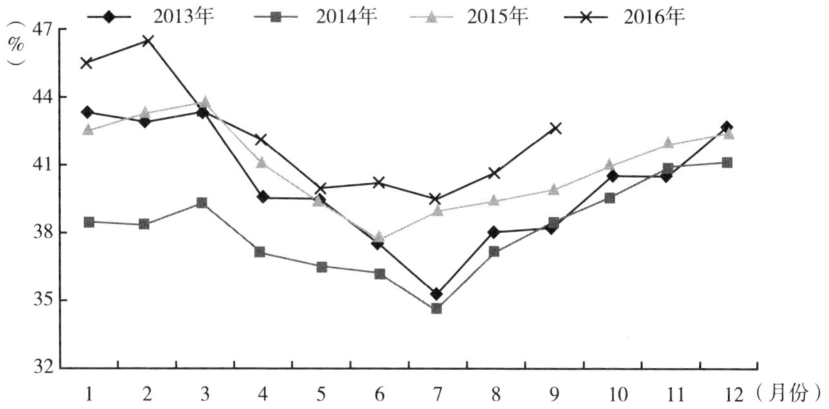

图5　2013～2016年自主品牌乘用车市场份额

亿元，同比增长8.4%，比上年同期加快10.3个百分点。其中，前8个月汽车行业实现利润增长11%，同比加快12.9个百分点，特别是8月汽车行业产销两旺，实现利润增长高达43.9%，成为拉动工业利润增长的重要因素。

二　2017年汽车行业发展环境及走势预测

2017年全球经济难以彻底摆脱低迷的状态，我国既肩负着提振世界经济的使命，也不能放弃调结构、转方式的发展战略，稳增长和调结构的任务显得同样重要，预计国民经济仍可实现6.5%左右的增长。由于经济转型尚未完成，经济总体增速减速，汽车行业面临的下行压力仍然存在，但也有机遇和优势条件。在生产环节，要增强创新意识和精益求精的匠人精神，把产业做大作强作精，提升核心竞争力和产业附加值。在销售环节，要顺势而为挖掘不同群体个性化、多样化需求，最大限度地激发和释放消费潜能。总体看，汽车行业的产销经营状况将好于其他行业。

1.汽车行业发展存在有利因素

（1）汽车行业库存压力较小，有利于行业轻装发展

目前，许多传统行业面临消化过剩产能、去库存的压力，进一步发展受

到限制。但是，汽车行业得益于生产工艺以及技术水平不断推陈出新，加之区域收入和消费水平差异导致消费需求仍未达到饱和，库存预警指数长期处于警戒线以下，因此，汽车行业仍有较大发展空间。最新数据表明，9 月汽车行业经销商库存预警指数为 47.3%，比上月下降 1.8 个百分点，这是该指数连续第四个月处在 50% 的荣枯线下。库存预警指数不断降低，库存压力较小，汽车流通行业持续向好，企业流动资金充沛，提升了生产者和经销商的信心，有助于 2017 年汽车行业产销量继续呈现较快增长势头。

（2）政策助力新能源车企瘦身，行业整合有望提升发展水平

我国新能源汽车发展存在产品参差不齐、电池产能紧缺、充电设施滞后、政策与市场缺乏良性互动等问题，国家处罚和清理新能源汽车“骗补”行为，工信部公布《新能源汽车生产企业及产品准入管理规定》，并组织制定电动汽车远程监控标准、电动客车安全条件，电池管理系统技术条件、动力电池的编码以及规格尺寸等，不仅将迫使不具备发展新能源汽车条件的企业退出，保护和获准有技术、有专注力的优秀企业加入，促使新能源车企数量减少，避免新能源车企过多可能出现的新一轮产能过剩。而且更高的技术研发能力要求，将引导我国新能源汽车的市场推广从注重数量向追求品质转变，强调车企重视整车安全性，消除少数电动汽车“带病上岗”的隐患，促进新能源汽车突破技术瓶颈，提升产品品质，实现高水平、高质量的发展。

（3）二孩政策拓展 SUV 需求，自主品牌 SUV 发展空间扩大

2016 年以来，我国自主品牌 SUV 车型继续保持迅猛增长，成为中国车市的一大亮点。目前，SUV 已成为目前国内车市增量最快的一个分支，许多自主品牌车企积极响应，快速研发并投放了一大批精品 SUV 抢占市场先机，自主品牌车企得到了长足发展。未来一个时期，随着国家二孩政策的出台，多口之家不断增加成为主流，七座车型和多功能运动车型将备受关注和青睐，给予自主品牌车企新的发展机遇和空间。前不久，海马福美来已上市了 7 座版轿车，其他自主品牌车企业也正在充分发挥主观能动性、创造性，快速抢夺市场先机，积极研发精品车型，自主品牌 SUV 车企的发展空间不

可估量。

（4）汽车零部件企业经营业绩提升，将为整车发展提供支持

2016年以来，随着汽车产销稳定增长，与之相关的发动机及零部件企业业绩回升较快，64%的零部件公司营业收入和净利润实现双增长，为汽车工业的配套发展提供了有效支持。数据显示，96家零部件上市公司总营业收入为2556.61亿元，同比增长19.8%，31家企业营业收入增长超过20%。归属上市公司股东的净利润一改2015年大幅下滑四成的态势，同比增长13.1%，37家企业净利润增长超过20%。

汽车零部件公司业绩提升的原因，一方面，在行业增速放缓、企业盈利能力下降的情形下，零部件公司纷纷通过内部调整，实行精益化管理，提效降本；另一方面，充分利用上市公司这一融资平台，通过募投新项目、新建子公司或合资公司、兼并收购等方式，整合各种资源，紧紧抓住政策和市场新的盈利点进行产业链拓展，包括新能源汽车、智能驾驶汽车技术等方向。汽车零部件公司通过转型升级，积极挖掘内部潜力，不断促进业绩提升，将为汽车行业高端化、优质化和配套化发展提供有效支撑。

2. 不利因素

在世界经济低迷、中国经济转型发展的特殊时期，汽车业作为发展多年的传统成熟产业，国家政策的不断调整、技术创新的欠缺、尾气排放和限行限号的约束、消费者的个性化需求，都会对汽车产业发展提出更高、更严的要求。

（1）国务院决定原则上不再核准新建传统燃油车企

汽车行业产能过剩的情况不太严重，但是汽车结构性产能过剩问题已经出现。据中汽协统计，中国现有乘用车产能2575万辆，乘用车产能利用率为81%；商用车产能547万辆，商用车产能利用率仅为52%，商用车的产能利用率明显是偏低的。基于多种考虑，2016年10月8日，李克强主持召开国务院常务会议，会议上决定“对钢铁、煤炭、电解铝等产能严重过剩行业，各地不得以任何方式新增产能，原则上不再核准新建传统燃油汽车生产企业”。

国家决定不再核准新建传统燃油汽车生产企业，具有重要意义，我国传统燃油汽车不符合节约油气资源、减少城市尾气排放的节能减排要求，且已经出现或多或少的产能过剩现象，适当予以控制是结构调整必须要付出的代价。但是，在新能源汽车生产技能、核心环节和续航里程等不能满足需求，难以替代燃油汽车的情况下，停止新建技术较为成熟的燃油汽车的生产，短期内将会使汽车行业的产销形势受到一定影响。

（2）汽车用户满意度指数降低，质量和品牌亟待提升

最新数据表明，2016 年中国汽车行业用户满意度指数（CACSI）为 77 分，同比下降 2 分，创下近八年来的最低水平。CACSI 从 2003 年开始持续 10 年稳步增长，2012 年实现历史最高水平 80 分。但是此后 CACSI 指数开始震荡下行。

当前，我国汽车市场竞争价格因素的影响力持续弱化，质量和品牌形象是影响满意度最重要的因素，它们对满意度的贡献率达到 88%。由于当前我国汽车产品和服务质量水平还未能充分满足用户日益增长的个性化需求，与用户的期望有较大差距，所以，用户的满意度指数不断降低。这对于汽车行业的后续发展极为不利，要提高竞争力、保持市场占有率，各类车企必须提高生产和服务质量，从生产到售后都要创新和培育自己的优势品牌。

（3）内陆整车进口业务大崛起，国产车发展面临考验

近两年，以重庆为代表的内陆整车进口口岸陆续崛起，业务量持续攀升，开辟了整车内陆进口的先河，继重庆之后，四川成都、河南郑州、湖南岳阳等内陆整车进口口岸也相继获批，内陆整车进口口岸的崛起，将大大释放内陆地区的汽车消费市场的潜能。但是，大量的进口车涌入中国市场，消费者一味追求进口车，国产车无人问津，将使处于不成熟、不稳定、竞争力不强的中国自主品牌车企遭遇严峻的考验。各级政府只有充分利用内陆整车进口汽车迅速发展的契机，把宝马、奔驰等世界知名汽车厂商的零部件、主机生产基地、分拨中心向内陆地区集聚，同时以汽车进出口贸易为突破口，逐渐向生产领域延伸，最终将形成辐射内陆地区的进口汽车产业基地，才能促进内陆地区汽车产业的转型升级和深度发展。

3. 2017年汽车行业供求走势预测

2017 年汽车工业发展的机遇和挑战并存，只要广大车企客观清醒定位行业取向，坚持用新发展理念引领新常态增长，坚定不移地推进供给侧结构性改革，并适度扩大和挖掘各类潜在需求，2017 年汽车行业仍将延续良好发展趋势。

（1）汽车产销有望保持较好增势，但增速将低于 2016 年

随着经济结构调整取得成效，新业态、新动能对经济发展的支撑作用进一步增强，2017 年我国经济将继续保持 6.5% 左右的增长，适当的经济增速可以确保不断扩大的新增就业，加之 2016 年离退休人员、军人以及公务员陆续提高工资水平，居民收入增长情况较好，有利于城市居民汽车消费的更新换代，以及追加对 MPV/SUV 等私家车的新增购买，改善性中高档车型和 7 座版轿车有望呈现加快增长之势。

在供给侧改革大背景下，MPV 和 SUV 将成为商用车企业寻求突破增长的“双引擎”，自主品牌的 SUV 产销仍可保持 50% 左右的高增长，物流业进一步规范化发展，也将促使商用车销售的升温增长。

此外，国际油价低水平趋稳，国内成品油价格调整至消费者可以接受的较低水平，燃油用车成本降低，将鼓励和刺激汽车消费需求增加。

上述因素有利于 2017 年汽车生产和销售继续保持较快增长。预计 2017 年汽车制造业增加值增长 10% 左右，继续高于工业整体增速。汽车产量和销量分别增长 10% 和 8.5%，增速将在 2016 年高基数上有所回落。

（2）新能源汽车产销将继续呈现高增长

虽然 2016 年出现了清理、处罚个别企业“骗补”，提高新能源企业技术门槛等问题，但综合分析，2017 年新能源汽车发展仍将呈现较快发展态势。一是经过若干年的积累和探索，我国新能源汽车特别是电动汽车企业积累了经验，取得了长足发展，特别是充电桩、锂电池等基础装备的布局得到有效规划和积极落实，新能源车新政的出台和落实，将进一步促进行业规范有序和高水平发展。二是国家和地方政府欲将过去对新能源汽车销售环节的补贴，转向增加生产和技术研发的补贴扶持，有助于提高行业发展的技术创

新动力，促进行业发展的转型升级。三是国家停止传统燃油车企的新建，也为新能源汽车的发展打开了空间。随着电动汽车各种配套设施和服务的完善，新能源汽车特别是电动汽车公用和民用需求将持续增加，清洁环保的电动汽车新增量潜力巨大。初步估计，2017 年新能源汽车的产销增速仍可达到 60% ~70%，其中电动汽车产销量有望突破 50 万 ~60 万辆。

G.22

2016年煤炭行业运行分析及2017年展望

王　硕*

摘　要：2016年煤炭行业继续受经济增速下滑、产能过剩等不利因素的制约，但供给侧结构性改革的深入推进，直接扭转了煤炭行业景气下滑的态势，在去产能、去库存、降成本等政策措施的多重发力下，煤炭行业产能缩减，煤炭产量平稳下降，煤炭价格企稳回升，全行业经济效益逐渐好转。煤炭行业是淘汰落后产能、清退“僵尸企业”的重点行业，国家陆续出台了调减产能、结构调整、人员安置等多项政策，产能和产量的下降改善了煤炭行业的供需矛盾，同时煤炭下游行业如钢铁、化工、建材、电力等产业受经济逐渐企稳、投资拉动等因素影响逐渐回升，带动了煤炭需求保持相对稳定。2016年煤炭经济运行趋于好转是供给侧结构性改革取得的成果，未来煤炭行业的健康发展，需要进一步推进供给侧结构性改革，在产能控制、“僵尸企业”退出、结构调整等方面保持调控力度，巩固煤炭行业企稳回升的基础。

关键词：煤炭　供给侧结构性改革　去产能

2016年，国民经济保持增速平稳，在去产能、去库存、去杠杆、降成

* 王硕，经济学硕士，国家信息中心经济预测部高级经济师，主要从事产业经济分析与预测、行业景气研究。

本、补短板等举措综合发力下，前三季度，国民经济保持了6.7%的增长速度，煤炭行业去产能进展顺利，煤炭产量平稳下降，煤炭市场供过于求的矛盾有所缓解，煤炭价格止跌回升，煤炭企业经济效益明显改善，煤炭进口增速大幅回升。整体上，供给侧结构性改革的深入推进改善了煤炭行业运行态势，行业景气触底回升。

一 2016年1~9月煤炭行业经济运行分析

1. 煤炭工业生产加快下降

自2014年以来煤炭行业生产持续处于低迷态势，煤炭产量持续平稳下降。2016年第一季度煤炭产量继续保持小幅下降态势，但自4月以来，国家陆续出台了压减煤炭行业产能的多项政策文件，去产能调控政策发力使煤炭产量下降速度逐月加快。2016年1~9月，全国原煤产量完成24.56亿吨，同比下降10.5%，下降幅度比第一季度及上年全年的降幅明显增大。2014年和2015年全国原煤产量同比分别下降2.1%和3.5%，2016年煤炭产量的下降速度在4月之后明显加快，去产能的调控政策效果直接而明显，煤炭产量的下降是主动调控的结果，顺应了煤炭市场的供求形势，有利于煤炭经济运行的改善。

由于煤炭产量加快下降，煤炭行业工业增加值同比增速同步回落，1~9月煤炭开采和洗选业工业增加值同比下降1.3%，比上年同期回落3.2个百分点。从趋势上看，煤炭行业工业增加值在第一季度仍能保持小幅增长的局面，但第二季度出现明显负增长，直接反映了去产能的调控政策对煤炭工业增长产生了立竿见影的效果，随着煤炭产量降幅趋稳，煤炭工业增加值在第三季度已经有所回升，9月当月煤炭工业增加值同比增长2.2%，行业的结构性增长动力依旧较强。

2. 煤炭市场价格止跌回升

2016年，煤炭市场价格整体上呈现止跌回升态势，结束了自2012年以来连续4年的下降周期，特别是2016年6月之后，煤炭市场价格出现加速

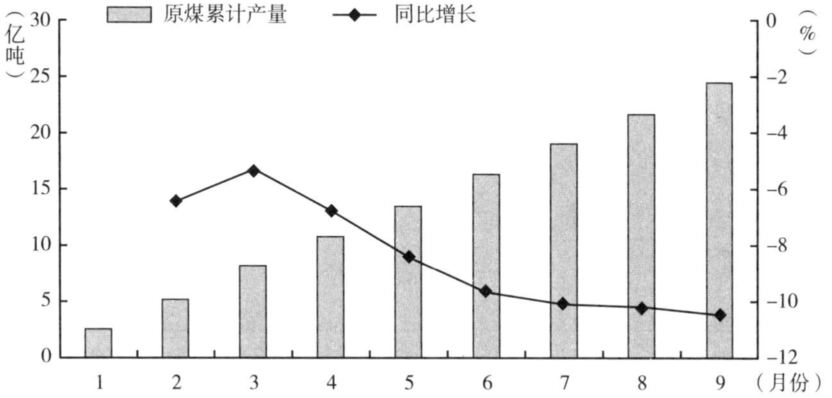

图1　2016年1~9月全国原煤产量及增速

上扬态势。煤炭产能得到有效控制，煤炭产量下降缩减了煤炭的供给，改善了煤炭市场供需矛盾，刺激了煤炭价格的加快回升。2016年10月，环渤海5500大卡动力煤价格已经回升到570元/吨以上，比年初大幅上涨了55.5%，仅2016年前10个月1吨就上涨了200多元，几乎直接收复了2014年、2015年两年的跌幅。煤炭价格的强势回升体现出去产能的调控政策取得明显成效，煤炭市场立即做出了反应，导致煤炭市场价格曲线在2016年出现明显拐点，目前支撑煤炭价格上升的主要动力来自煤炭产量的下滑，煤炭市场需求仍然没有明显改善，煤炭价格上升的趋势能否延续取决于去产能的力度能否延续。

煤炭市场供需形势有所改善主要是由于煤炭产量大幅减少，煤炭市场需求仍然疲软，2016年国民经济增速虽然平稳，但仍然有所回落，导致煤炭市场需求继续下滑。根据煤炭运销协会的数据，1~8月全国煤炭消费量为24.5亿吨，同比下降3.1%，在2014年下降2.9%、2015年下降3.7%的基础上继续下滑，降幅比2015年有所收窄。其中，电力行业1~8月耗煤12.2亿吨，同比下降3.2%；钢铁行业耗煤4.2亿吨，下降3.3%；建材行业耗煤3.4亿吨，增长0.1%；化工行业耗煤1.8亿吨，增长6%，钢铁、电力行业的煤炭需求继续疲弱是煤炭需求下滑的主要原因。

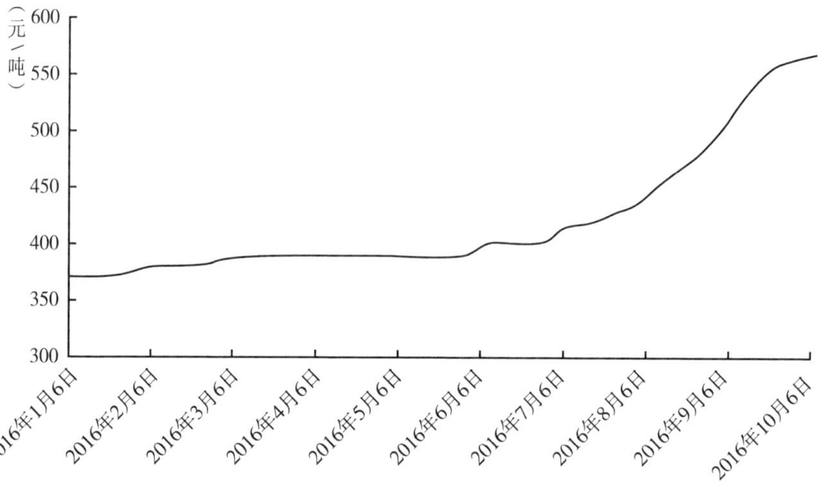

图 2　2016 年以来环渤海 5500 大卡动力煤平均价格

3. 煤炭进口持续增长

2015 年由于煤炭市场需求持续低迷，煤炭进口一度出现大幅下滑，2016 年第一季度煤炭进口继续呈现较大下滑态势。但第二季度以来，煤炭进口量开始明显回升，国内煤炭市场供给的减少、需求回暖带动了进口煤炭的较快增长，1～9 月我国煤及褐煤进口总量达到 1.8 亿吨，同比增长 15.2%。随着煤炭市场价格回升、煤炭库存下降，进口煤炭增长势头愈发强劲，8 月、9 月我国煤炭进口量同比增速均超过 50%，尽管国际市场煤炭价格随着国内市场煤炭价格的上涨同步出现回升，但进口煤炭在性价比上仍具有比较优势，我国煤炭进口增长的动力充足，特别是长期进口煤炭合约的存在，支撑了进口煤炭保持一定的规模。

4. 煤炭行业经济效益明显好转

在前两年煤炭行业低迷的运行状态下，煤炭企业经济效益处境艰难，行业利润连续两年大幅下滑。2016 年以来，煤炭行业经济效益增速直线回升，1～8 月煤炭行业主营业务收入同比下降 10.2%，降幅比上年同期缩减 3.7 个百分点；累计实现利润同比增长 15%，年内首次实现正增长，改变了利润持续下滑的局面。产品价格的回升直接刺激了煤炭行业经济效益的大幅改

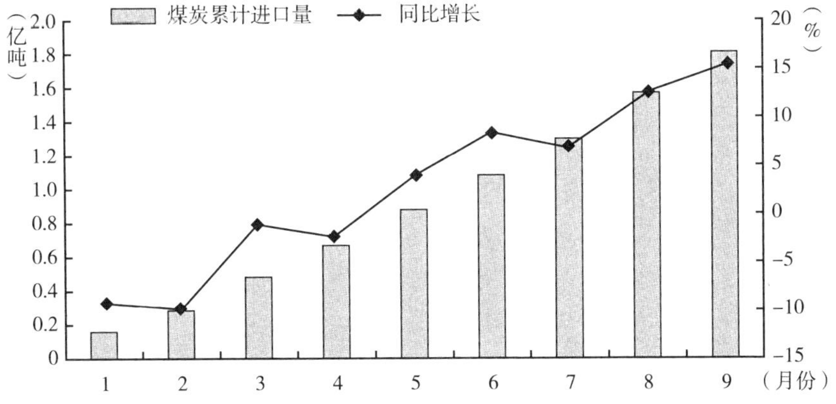

图3　2016年我国煤炭进口量及增长

善，第一季度和上半年煤炭行业利润同比分别下降111%和39%，到8月就实现正增长15%，体现了供给侧结构性改革对煤炭行业经济效益的改善起到了明显的促进作用，8月煤炭行业利润增速由负转正，大幅回升，对整个工业利润的增速回升也起到了重要的促进作用。

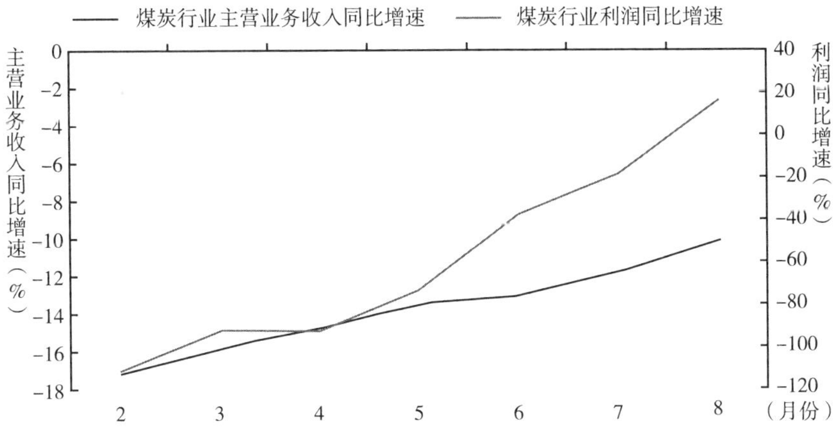

图4　2016年煤炭行业经济效益增长情况

5. **煤炭行业投资加速下降**

2016年煤炭行业固定资产投资加速回落，1～9月煤炭开采和洗选业完成固定资产投资2200亿元，同比大幅下降26%，降幅比上年同期扩大9.5个百分点。2016年煤炭行业的重点任务是去产能，严格控制新增产能、停建违规产能等措施使煤炭行业固定资产投资增速直接受到抑制。虽然煤炭行业景气出现好转，但整体上煤炭行业产能过剩的矛盾仍然较为突出，为控制产能，国家在土地、环保、安全、贷款等多项政策上严格限制新增煤矿项目的建设，并加大了督查力度，树立了正确的市场预期，煤炭投资热情降温有利于去产能工作顺利推进。

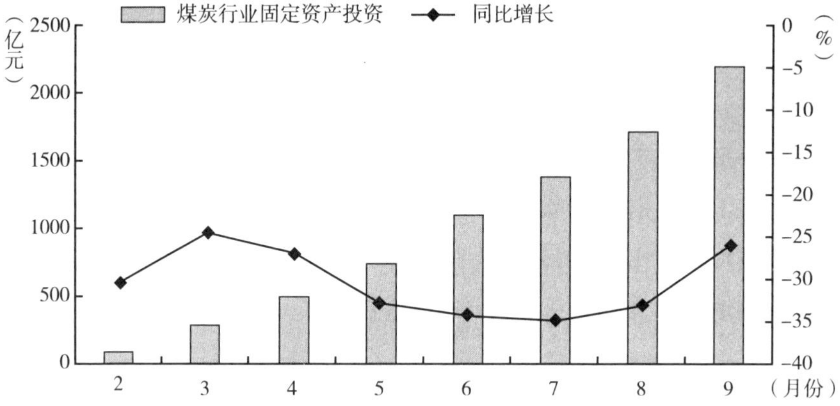

图5　2016年煤炭行业固定资产投资及增速

6. 煤炭库存明显减少

由于煤炭供给的减少，煤炭去库存工作进展顺利。截至8月末，全国煤炭企业存煤1.25亿吨，同比下降9%。重点发电企业存煤4993万吨，同比下降23.9%，可用13天，比上年同期减少了12天。港口存煤也明显减少，9月12日环渤海五港存煤1002万吨，同比下降42.5%，其中，秦皇岛港存煤降到300万吨以下，为258万吨。为了稳定煤炭市场供应，调节市场预期，国家一度启动了煤炭市场一级响应，增加了煤炭产量，使煤炭库存逐渐回升，10月全国重点电厂存煤5606万吨，比上月末增加528万吨，增长10.4%，可用17天。秦皇岛港存煤317万吨，回到300万吨以上。

二　当前煤炭行业发展影响因素分析

1. 供给侧结构性改革综合施策，改善了煤炭行业运行态势

2016年4月《国务院关于化解煤炭行业过剩产能实现脱困发展的意见》印发后，5月中旬又陆续出台了工业企业结构调整专项奖补资金、财税、金融、职工安置、国土、环保、质量、安全8个专项配套政策文件，在煤炭行业去产能的任务上形成了较为完整的政策体系，并建立了煤炭行业去产能和结构调整的部级联席会议机制，从治理违法违规、减量化生产和淘汰落后等方面全面推动煤炭行业过剩产能化解工作，这些供给侧结构性改革的内容精准发力，综合施策，立即扭转了煤炭行业持续低迷下滑的态势，特别是全国煤矿按276个工作日重新确定产能并严格按核准产能安排生产，直接核减煤炭产能5.9亿吨，直接降低了煤炭市场的供给。通过多项政策的综合发力，多部门联合执法、督查，煤炭行业去产能加速推进，我国确定2016年全年煤炭去产能任务为2.5亿吨，上半年我国煤炭去产能完成了任务的29%，此后我国煤炭去产能便开始加速推进，7月底完成了任务的47%，8月底完成了60%，截至2016年9月底，则已经完成全年目标任务量的80%以上。煤炭去产能顺利进行，直接降低了煤炭产量，改善了供需矛盾，刺激了煤炭价格直线回升。

2. 经济增速平稳回落，煤炭需求回升不明显

2016年前三季度，国民经济维持了6.7%的增长，整体上经济增长速度保持平稳，没有持续下降，国民经济企稳态势增强。但经济增长速度仍比上年有所回落，2016年的经济增长仍然困难，稳增长的压力较大。从煤炭需求来看，1~9月全国火电发电量仅同比增长0.8%，而且前8个月火电发电量一直为负增长，导致电力行业耗煤同比减少；钢铁行业方面，1~9月全国生铁和粗钢产量同比分别下降0.3%和增长0.4%，同样是微幅增长，钢铁行业和煤炭行业一样是去产能的重点领域，钢铁行业的煤炭需求也没有明显改善。建材方面生产比较稳定，对煤炭的需求保持稳定。煤炭需求增长较快的是化工，但整体需求规模不大，对煤炭总需求的影响有限。总的来看，我国煤炭市场需求已经进入峰值平稳区间，没有大幅上升的空间，2016 年 1 ~9 月煤炭市场需求仅同比小幅下降，已经得到房地产、汽车等产业链终端需求的大力支撑。2016 年，房地产市场火热，汽车销售保持较快增长，是拉动国民经济实现稳增长的重要力量，煤炭市场需求因此保持了一定强度，整体上煤炭市场需求改善并不明显，煤炭行业需求不足的矛盾仍然存在。

3. 行政手段调控作用影响直接，煤炭行业增长的内生动力不足

2016 年煤炭行业经济形势的好转直接来源于供给侧结构性改革措施的发力，其中 2016 年 4 月公布的《关于进一步规范和改善煤炭生产经营秩序的通知》明确提出，全国煤矿自 2016 年起按照全年作业时间不超过 276 个工作日，将煤矿现有合规产能乘以 0.84 的系数后取整，作为新的合规生产能力，这是直接运用行政手段调控煤炭生产、改善供需矛盾，虽然政策手段取得明显成效，但这种方式并没有从实质上消减产能，产能仍在，随着形势的好转，煤炭产能有重新释放的可能，9 月，为稳定煤炭供应、平稳市场价格，国家就已经启动煤炭市场二级、一级响应允许部分优质产能突破这一限制，增加产量。因此，目前，煤炭市场受行政调控手段的影响较大，煤炭行业自身通过结构调整、提质增效带来的增长动力依然不足，煤炭行业的劳动生产率、产业集中度等指标并没有明显改善，落后产能规模依然庞大，小煤矿依然占据我国煤炭生产单位数量的主体，煤炭行业的转型升级进展缓慢。

4. 进口煤炭具有性价比优势，对国内市场的冲击依然较大

2016 年，我国煤炭进口增速直线回升，从第一季度的同比下降回升到前 9 个月的大幅增长，显示出进口煤炭较强的市场竞争力。虽然国际煤炭市场价格跟随国内煤炭价格的上涨也出现大幅回升，但进口煤炭在质量、价格上仍具有一定竞争优势，特别是南方地区进口煤炭在便利性、成本上均具有较大吸引力，随着国内煤炭市场的好转，煤炭进口随时存在大幅增长的可能。我国是煤炭需求大国，而澳大利亚、印度尼西亚、越南等周边的煤炭生产国十分注重中国煤炭市场，特别是在炼焦煤、褐煤等品种上，进口煤炭的市场空间较大，对国内煤炭企业的竞争压力较大。

三 2016年煤炭行业预测与2017年展望

1.2016年煤炭行业预测

2016年前9个月，煤炭市场企稳回升态势明显，煤炭价格上涨较快，特别是9月以来煤炭价格快速回升已经引起政府重视，国家发改委已经连续启动煤炭市场二级响应和一级响应，全国74个优质矿井日均增产50万吨，这会直接增加第四季度的煤炭产量。因此，第四季度煤炭产量增速会有所回升，煤炭产量降幅会有所缩窄。预计2016年全年全国原煤产量为33.8亿吨，同比下降9%；煤炭进口2.8亿吨左右。

2.2017年煤炭行业展望

（1）煤炭下游需求难以大幅上升

煤炭作为上游原料产品，对电力、钢铁、有色、石化、建材等高耗能产业的依赖较大，在国民经济进入新常态的情况下，结构调整、转型升级已经成为我国经济发展的主基调，国民经济的走势进入较低速度增长区间，传统高耗能行业已经走过了快速增长阶段，进入平稳发展期，意味着煤炭行业的市场需求不会明显上升。2016年，我国电力生产结构继续改善，火电占比下降，前9个月火电发电量仅同比增长0.8%，而水电、核电的发电量同比分别增长8.6%和22.4%，风电和太阳能发电也同比分别增长16%和31.6%。电力生产的结构调整不利于煤炭需求的改善，同时，钢铁、有色等行业也将继续受制于产能过剩、结构调整的矛盾没有大幅增长的空间，煤炭下游需求仍旧受到抑制。

（2）房地产、汽车等终端需求拉动减弱

2016年以来房地产市场的火热难以持续，10月以来热点城市已经按照中央的部署纷纷推出了新一轮房地产调控政策，热点城市的房价上涨势头将会受到遏制，2017年房地产市场会有所降温，这对于拉动煤炭市场需求形成较大不利影响。同时，汽车销售保持了较快增长，也是2016年煤炭市场需求获得支撑的重要因素，但2016年底小排量汽车购置税减半的政策即将到期，政策效应退去，汽车市场销售形势也将面临新的压力，难以继续保持快速增长势头。房地产和汽车市场同样面临调整压力，2017年，煤炭市场的终端需求拉动力量会有所减弱，煤炭市场回升的势头会受到需求限制。

（3）煤炭去产能任务依然艰巨

2016年煤炭去产能工作进展整体顺利，但即便全部完成去产能任务，全年压减产能数量也就只有2.5亿吨，相比于47亿吨的有效产能，煤炭行业产能过剩的压力依然较大。同时2016年煤炭产量下降在很大程度上是国家按照276个工作日对煤炭产能的重新核定，产能规模并没有同步减少，市场形势的好转会增加扩大生产的诱惑力，同时该淘汰的落后产能也存在恢复生产的冲动，因此，煤炭行业去产能的任务依然艰巨，产能过剩依然对煤炭行业增长形成压力。受制于产能过剩，煤炭价格持续回升的基础不稳，随着国家调控措施到位，产量增加，煤炭市场囤积惜售、供应商炒作等非理性涨价因素会消退，市场预期恢复理性，煤炭价格上升动力会有所减弱，恢复到平稳运行的态势。

（4）进口煤炭会保持一定规模

整体上进口煤炭会保持性价比优势，当前煤炭市场转暖已经形成了煤炭进口快速增长的趋势，进口活动的活跃、合同量的增加都会保持一定的惯性，同时我国南方沿海地区已经产生了对进口煤炭的一些长期合同，存在一定规模的稳定的煤炭进口需求，这也使我国煤炭进口会保持一定的规模。

初步预计，2017年我国原煤产量为33亿吨，基本保持平稳；煤炭进口量为2.5亿吨左右；煤炭价格将保持平稳。

四　政策建议

1. 坚定供给侧结构性改革决心，推进煤炭去产能

2016年9月以来，煤炭价格上升势头较快，行业利润增速迅速反弹，这不利于去产能工作的稳步推进，形势好转增大了落后产能、违规产能重新投产的诱惑，部分该淘汰的产能存在复产的冲动，因此要密切关注煤炭行业的生产态势，严防形势好转带来的落后产能复产可能。要充分认识到我国煤炭行业产能过剩的矛盾将长期存在，煤炭行业的“僵尸企业”对资源的浪费必须得以制止，以提升煤炭行业的发展质量。在行业利润上升的诱惑下，更要坚定不移地推进供给侧结构性改革，巩固改革成果，避免出现随着环境的好转而导致落后产能淘汰工作停滞甚至复产的现象。

2. 巩固稳增长的政策，保持对煤炭的需求强度

2016 年以来主要是由于投资保持了一定的强度，投资对工业增长的拉动作用较大，从而使煤炭市场需求保持一定强度。但 2016 年全社会固定资产投资增速已经从第一季度的 10.7% 下降到前三季度的 8.2%，民间投资仅同比增长 2.5%，投资拉动作用减小不利于煤炭需求的改善。因此，需要保持稳增长政策的实施力度，重点是落实好已经推出的重点工程包项目，加快实施进度，保持国有投资对全社会投资的引领作用，保证投资强度不减；充分利用当前较好的市场环境，加大对民间投资的支持力度，重点是落实好促进民间投资健康发展的若干政策措施，加大政府与社会合作的 PPP 项目的建设力度，在推出第三批 PPP 示范项目的基础上，在土地、金融等配套政策上加快完善支持体系，鼓励省级部门尽快推出省级 PPP 项目库，为民间投资的回升继续创造良好的环境和条件，以投资拉动支撑煤炭的市场需求强度不减。

3. 加快煤炭行业的兼并重组，促进结构升级

煤炭行业的供给侧结构性改革，不仅要有效缩减产能，而且要加快煤炭行业的结构调整，发展现代化的煤炭生产体系。应利用供给侧结构性改革的机遇，加快煤炭行业的兼并重组，落实好一系列鼓励兼并重组、减量并购、化解“僵尸企业”等的政策措施，在去产能的基础上推动煤炭行业的集约化生产，坚决淘汰规模在 9 万吨以下的小煤矿，扩大优质高效煤炭集团的产能规模，提高产业集中度。

G.23

2016年钢铁行业运行分析及2017年展望

耿德伟*

摘　要：　2016年，在经济继续稳中趋缓、经济发展方式转型和产业结构升级加快推进的大背景下，我国不断加大钢铁行业过剩产能化解力度，推动钢铁行业脱困发展，钢铁行业发展形势总体好于预期，钢铁企业主要经济指标出现改善。展望2017年，我国经济将总体保持稳中向好态势，但经济发展中的不确定性和风险点仍不容忽视，特别是房地产业可能将面临较大调整，这将对钢铁行业发展造成较大压力；同时，钢铁行业将继续大力推动供给侧改革，稳步化解过剩产能，推动钢铁企业脱困。基于此，预计2017年钢铁产量将保持低速或减速增长态势，钢材产量全年增长1%左右。

关键词：　钢铁　运行分析

一　2016年钢铁行业运行情况分析

1. 产业发展现企稳回暖迹象

2016年，面对复杂的国内外环境，我国经济总体保持稳中趋缓、稳中向好态势，去产能、去库存、去杠杆、补短板、降成本等取得积极进展，企业经济效益出现一定改善。截至2016年第三季度，我国GDP同比增长

---

* 耿德伟，经济学博士，国家信息中心经济预测部副研究员，研究方向为产业经济。

6.7%，仍处于合理的目标区间。宏观经济总体趋稳为钢铁行业发展创造了一定空间，2016年我国钢铁行业发展出现回暖迹象，与上年比，主要产品产量跌幅缩小或出现小幅上升。具体而言，2016年1～8月，我国粗钢产量累计达53631.6万吨，同比下降0.1%，跌幅较上年同期缩小1.9个百分点；钢材产量累计达75510.7万吨，同比增长2.2%，增幅较上年同期提高0.7个百分点。

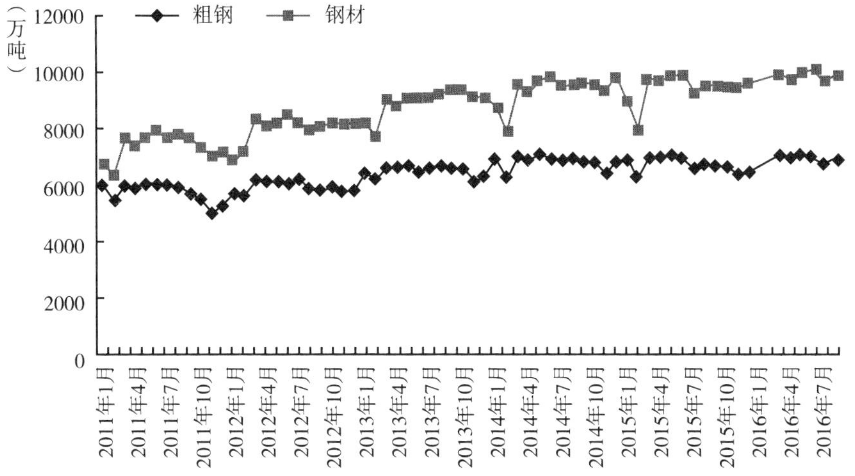

图1　2011年1月至2016年10月钢铁月产量

2. 钢铁产品供需格局有所好转

较为严峻的供需失衡一直是近年来制约钢铁产业可持续、健康发展的重要因素。2016年，钢铁产品下游需求总体保持稳定，同时，主要钢铁企业加大了化解过剩产能力度，供需失衡格局有所好转。

需求方面，2016年1～8月，全国固定资产投资完成额累计同比增长8.1%，增速较上年同期下滑2.8个百分点。其中，建筑安装工程投资同比增长9.5%，增速较上年同期下滑2.8个百分点；而受火热的房地产市场行情推动，1～8月房地产投资同比增长5.4%，增速较上年同期提高1.9个百分点。在工业方面，2016年1～8月，我国规模以上工业增加值同比增长6%，增速较上年同期小幅下降0.3个百分点。其中，对钢铁产品需求较大

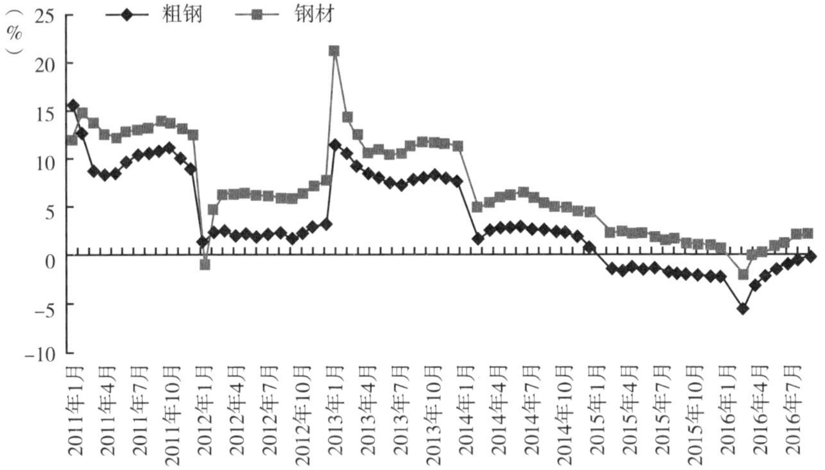

图 2　2011 年 1 月至 2016 年 10 月我国钢铁产量累计同比增速

资料来源：Wind 资讯。

的通用设备制造业、汽车制造业、铁路船舶航空航天和其他运输设备制造业、电气机械及器材制造业四大行业工业增加值同比分别增长 4.6%、13.4%、4.2% 和 8.8%，除铁路船舶航空航天和其他运输设备制造业增速较上年下滑 4.7 个百分点外，通用设备制造业、汽车制造业和电气机械及器材制造业增速较上年同期分别提高 1.0 个、8.2 个和 1.6 个百分点，带动了对钢铁产品的需求增长。

供给方面，2016 年初国务院印发了《关于钢铁行业化解过剩产能实现脱困发展的意见》，对未来一段时期钢铁行业化解过剩产能工作进行了总体部署，并提出了用 5 年时间压减粗钢产能 1 亿 ~1.5 亿吨的总体目标。在此基础上，各部门陆续出台了相关配套措施，各地方政府也出台了相应的意见。经过各级政府、部门以及有关企业的不懈努力，截至 8 月底，全国已完成 2016 年化解钢铁过剩产能目标任务量的 77%，有力地推动了钢铁供需格局的改善。

3. 钢铁产品价格明显回升

受市场供需格局出现改善以及市场预期我国将继续大力化解钢铁过剩产

能等因素推动，2016 年，钢铁产品价格逆转了过去几年持续下滑的格局，实现了较大幅度反弹。数据显示，截至 2016 年 9 月底，中国钢铁工业协会 CSPI 钢材综合价格指数为 75.56 点，较上年底上涨 19.19 点，涨幅达 34.0%。分类看，截至 2016 年 9 月底，长材价格指数为 74.19 点，较上年底上涨 17.27 点，涨幅达 30.3%；板材价格指数为 78.48 点，较上年底上涨 21.69 点，涨幅达 38.2%。板材价格 2016 年涨幅明显高于长材，这在一定程度上与汽车、电器等对板材需求量较大的行业发展势头出现明显回升等有关。

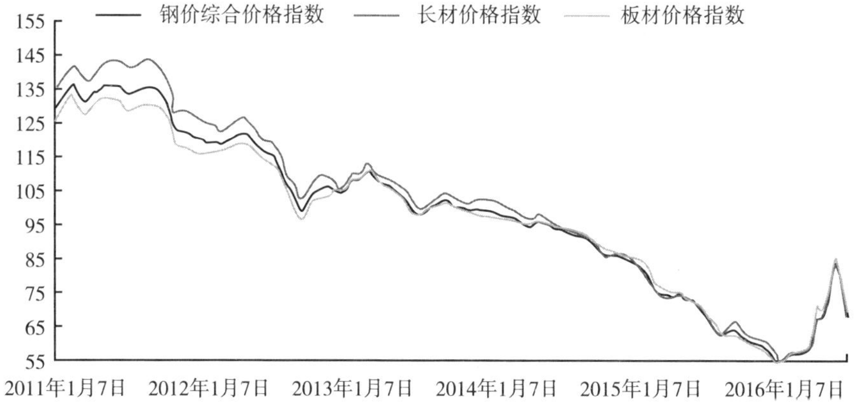

图 3　2011 年以来中国钢铁价格指数

资料来源：Wind 资讯。

4. 钢铁产品出口数量继续增长

由于国内市场需求总体趋于饱和，2016 年我国主要钢铁企业继续加大出口力度，消化富余产能，产品出口数量保持稳步增长态势。海关总署统计显示，2016 年 1～8 月，我国钢材产品出口量累计达 7635.0 万吨，较上年同期增加 448.4 万吨，增长 6.2%。但另外，1～8 月我国钢材出口金额累计达 367.8 亿美元，较上年同期减少 64.6 亿美元，降幅达 15.0%。在出口数量继续保持增长的同时，出口金额大幅下降，这一方面是由于 2016 年以来人民币对美元汇率继续走低，另一方面是因为我国钢材产品出口单价不断走低。数据显示，2016 年 1 ~ 8 月，我国钢材产品平均出口单价为 481.8 美元/吨，较上年同期大幅下降 120.0 美元/吨，降幅近 20%。随着我国钢铁产品出口继续增长，围绕我国钢铁出口的国际贸易争端正趋于激烈，美国、欧盟等相继对我国钢铁产品出口征收高额反倾销税，我国钢铁国际贸易环境不容乐观。

5. 原燃料价格出现触底反弹

2016 年以来，受我国不断加大煤炭等行业去产能、去库存力度，以及钢铁行业发展总体好于预期等因素推动，钢铁行业上游原燃料供需状况不断改善，原燃料价格出现显著回升。统计数据显示，截至 2016 年 9 月 30 日，我国铁矿石价格指数（CIOPI）为 205.54 点，较上年末提高了 45.07 点，上涨幅度达 28.1%。其中，国产铁矿石价格指数为 208.19 点，较上年末提高了 37.92 点，上涨幅度达 22.3%；进口铁矿石价格指数为 205.04 点，较上年末提高 47.32 点，上涨幅度达 30.0%。分析显示，进口铁矿石价格出现显著回升是推动 2016 年我国铁矿石价格不断走高的主要原因。此外，随着供需状况改善，我国工业生产者出厂价格也出现明显反弹趋势。截至 2016 年 8 月底，我国工业生产者出厂价格同比下降 0.8%，降幅较上年同期缩小 5.1 个百分点。从环比来看，自 2016 年初以来的 8 个月中，工业生产者出厂价格有 5 个月价格出现环比上涨。原燃料价格不断回升，一方面为钢铁产品价格提供了支撑，另一方面也对钢铁企业利润形成挤压。

6. 企业经济效益显著改善

2016 年，在各级政府的大力引导下，我国主要钢铁企业加快实施行业重组、化解过剩产能、推动产业转型升级。经过不懈努力，钢铁市场供过于求的格局有明显改观，企业经济效益显著改善。数据显示，2016 年 1 ~ 8 月，我国黑色金属冶炼及压延加工业（主要为钢铁行业）主营业务收入累计达 40264.3 亿元，较上年同期减少 2927.3 亿元，同比下降 4.8%；但在利润总额方面，2016 年 1 ~ 8 月，黑色金属冶炼及压延加工业利润总额达 1014.8 亿元，较上年同期增加 656.5 亿元，增幅高达 209.6%。从销售利润率来看，2016 年 8 月，黑色金属冶炼及压延加工业销售利润率达 2.52%，

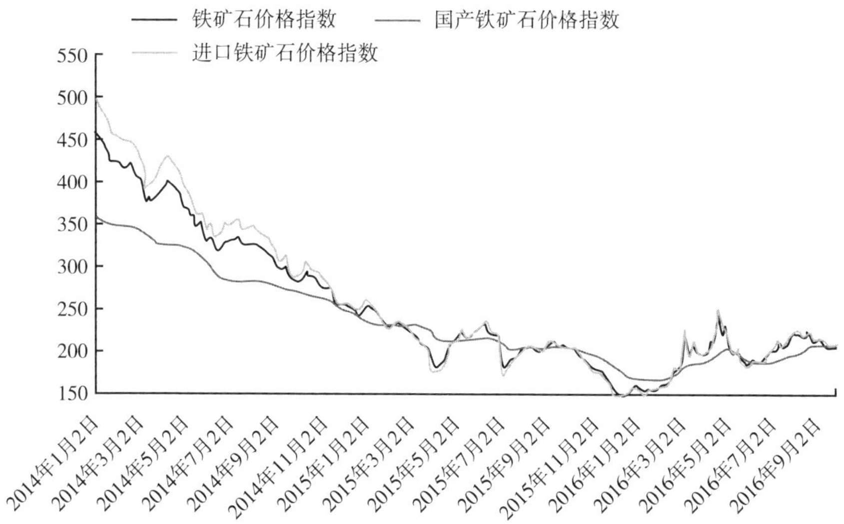

图 4 2014 年以来铁矿石价格指数趋势

资料来源：Wind 资讯。

较上年同期的 0.83% 提高 1.69 个百分点，这表明，随着推动钢铁行业实现脱困发展的各项政策措施的加快实施，钢铁企业盈利能力有了显著提升。

二 2017年钢铁行业发展环境分析及预测

钢铁行业是国家重要的基础原材料产业，产业关联度高，行业影响大。近年来，我国钢铁行业不断发展壮大，为国民经济和社会发展做出了重要贡献。但与此同时，钢铁行业发展中存在的问题和矛盾也不断暴露，行业产能过剩、主要企业经济效益不佳、环境污染严重等一系列问题极大地制约了行业可持续发展。为了促进钢铁行业健康发展，近年来，我国出台了一系列相关措施，推动钢铁企业加快实施兼并重组，大力化解过剩产能，促进产业结构优化升级，取得了积极效果，从而为钢铁行业后续发展奠定了良好的基础。展望 2017 年，我国钢铁行业发展仍将面临较复杂的国内外环境，机遇和挑战并存。

1. 钢铁行业发展的有利因素

一是国家继续加大对钢铁行业脱困发展支持力度。作为重要基础原材料行业，国家一直高度重视钢铁行业的发展。近年来，针对钢铁行业发展中存在的各类问题，各级政府和相关部门出台了一系列相关举措，推动钢铁行业健康、可持续发展。2017 年，我国各级政府和相关部门将着眼于钢铁行业供给侧结构性改革，充分发挥市场作用，加强政府引导，加快推动钢铁企业兼并重组，化解钢铁行业过剩产能，促进钢铁行业装备水平提升和产业布局优化，完善支持钢铁行业发展的税收、金融支持政策，在推动钢铁行业结构优化的同时实现脱困发展和提质增效。

二是重大国家战略加快实施，拓宽行业发展空间。近年来，面对经济发展新常态，我国相继推出了“一带一路”“新型城镇化”“长江经济带”“京津冀协同发展”“深化泛珠三角合作”等多个重大国家战略。作为这些国家战略的重要组成部分，铁路、公路、机场、港口、桥梁等一系列重大基础设施建设项目相继开工，极大地提升了对钢铁产品的需求，为钢铁行业发展带来了重要机遇。此外，以“一带一路”等国家战略为依托，我国正加快构建对外开放新格局，不断提升对外合作水平和层次。作为我国优势产业领域，钢铁行业在推进国际资源开发、优势产业转移、钢铁贸易、技术和装备输出方面也面临前所未有的有利局面，产业发展空间不断拓宽。

2. 钢铁行业发展的不利因素

一是国内钢铁产品需求增长持续趋缓。近年来，随着我国经济发展步入新常态，我国经济发展特征出现了显著变化。首先，经济增速持续放缓，2016 年预计全年增长 6.7%，较上年又下降了 0.2 个百分点，已经连续 6 年放缓；其次，在经济发展方式方面，我国经济增长正由投资拉动型向消费拉动型转变，2016 年前三季度消费对经济增长的贡献达 73.4%，再创近年来新高；最后，产业结构转型升级稳步推进，传统制造业发展动力趋于耗尽，第三产业和高新技术产业成为经济的主要增长点。这一系列转型的背后，我国经济社会发展对钢铁产品消费的带动能力正日趋减弱，抑制了钢铁产品消费的增长。世界钢铁协会预计，2016 年我国钢铁消费较上年将下降 1%，预计 2017 年将进一步下降 2%。

二是钢铁产能过剩局面未有根本改观。产能过剩是近年来制约钢铁行业发展的首要问题，据工信部估计，2015 年我国粗钢产能利用率仅为 67%，远低于 80% 左右的合理产能利用区间。2016 年初，国务院专门印发《关于钢铁行业化解过剩产能实现脱困发展的意见》，推动钢铁行业去产能、去库存，并在 2016 年取得积极成效。但由于产能过剩是产业发展中多年累积下的结构性问题，规模庞大、问题复杂、容易反复，去产能仍是近一个时期我国钢铁行业发展面对的最主要任务。

三是钢铁出口环境总体趋紧。由于国内钢铁需求增长总体疲软，自上年以来我国钢铁产品出口规模持续高速增长，在一定程度上缓解了国内钢铁供需矛盾。随着我国钢铁出口规模持续扩张，由钢铁出口引起的贸易摩擦正日趋增多，据不完全统计，仅 2016 年上半年，有关国家发起的涉及我国钢铁企业的贸易争端就达 60 余起。此外，有关钢铁贸易以及产能过剩的相关议题也日益成为重要国际会议的热点话题。总体来看，我国钢铁出口环境正不断趋紧，未来钢铁出口很难继续高速增长。

3. 2017年钢铁行业发展预测

2017 年，我国经济社会发展仍将面临复杂多变的国内、国际环境，经济将总体保持稳中向好态势，但面临的不确定性和风险点也不容忽视。特别是，随着我国主要城市加大房地产市场调控力度，我国房地产业将迎来新一轮调整，这将给钢铁产品下游需求带来一定压力。另外，2017 年我国将继续推动钢铁行业供给侧结构性改革，化解过剩产能，改善供需格局。基于此，预计 2017 年钢铁产量将保持低速或减速增长态势，钢材产量全年增长 1% 左右，而随着钢铁行业供需格局的改善，钢铁企业经济效益总体向好。

三　政策建议

1. 不断完善去产能机制措施

化解过剩产能是我国钢铁行业发展目前面临的首要任务，必须认真贯彻落实国务院《关于钢铁行业化解过剩产能实现脱困发展的意见》的精神，坚持地方主责、企业主体，发挥市场机制作用，通过加大金融、财税支持力度，稳妥做好职工安置工作，合理利用钢铁产能退出后的土地资源，综合施策，提高去产能的总体效率。严格执行环保、能耗等法律法规和产业政策，更有效地发挥市场在资源配置中的决定性作用，加快转变政府职能，优化产业政策，有效防范过剩产能卷土重来。

2. 大力推进行业兼并重组

据统计，目前，我国有大小钢铁企业500余家。钢铁企业数量过多，无序竞争问题严重是导致产能过剩的重要根源。截至上年底，前十大钢铁企业产能仅占全国总产能的34.2%，远低于政府设定的60%的目标。基于此，应在推动钢铁行业化解过剩产能的基础上，充分发挥市场决定性作用和政府引导作用，加快钢铁行业兼并重组步伐，鼓励有条件企业跨行业、跨地区、跨所有制兼并重组，优化行业结构，促进钢铁产业健康有序发展。

3. 提升钢铁行业创新发展能力

创新是产业发展的不竭动力。要紧紧把握时代脉搏，把创新作为推动钢铁行业实现脱困发展的重要手段，按照“企业为主体、市场为导向、产学研相结合”的方向，不断完善钢铁行业自主创新体系，着力提升钢铁行业自主创新能力。重点加强高强度、高抗腐蚀性、高专项性能等新产品研发，提升智能制造、柔性制造、绿色制造水平，推动钢铁行业两化融合发展，通过提升品牌品质提高我国钢铁行业的整体效益和竞争力。

G.24

2016年建材行业运行分析及2017年展望

耿德伟*

摘　要：　2016年，面对复杂的国内外环境，建材行业围绕“去产能、去库存、去杠杆、降成本、补短板”等主要任务，积极推动供给侧结构性改革，不断夯实产业发展基础，产业供需结构稳步改善，发展动力有所增强，总体呈现温和复苏态势。2017年，我国经济仍面临一定下行压力，同时房地产市场也将迎来新一轮调整。在此背景下，建材产品下游需求增长将继续趋缓，建材行业的重点任务仍是化解主要建材产品过剩产能、推进建材工业转型升级。基于此，预计2017年建材行业总体将保持中低速增长态势，行业规模以上工业增加值将同比增长5%，水泥、平板玻璃等主要建材产品产量保持1%左右的低速增长态势。

关键词：　建材行业　运行分析

一　2016年建材行业运行情况分析

1. 建材行业发展温和复苏

2016年，我国经济发展的内外环境非常复杂。国外方面，世界经济复苏乏力，我国外部需求持续疲软；国内方面，我国经济发展面临着经济增长

* 耿德伟，经济学博士，国家信息中心经济预测部副研究员，研究方向为产业经济。

动能转换、产业转型升级、经济发展风险防控等多重挑战。面对复杂形势，我国积极推动去产能、去库存、去杠杆、降成本、补短板，夯实产业发展基础，产业发展动力不断增强。具体到建材行业，在房地产市场行情火热等因素推动下，2016 年我国建材行业实现温和复苏，1～8 月，非金属矿物制品业工业增加值同比增长 7.2%，增速较上年同期提高 0.6 个百分点。从主要产品产量情况来看，1～8 月，全国水泥产量达 15.4 亿吨，同比增长 2.5%，增速较上年同期提高 7.5 个百分点；平板玻璃产量累计达 51504.4 万重量箱，同比增长 2.6%，增速较上年同期提高 10.6 个百分点。

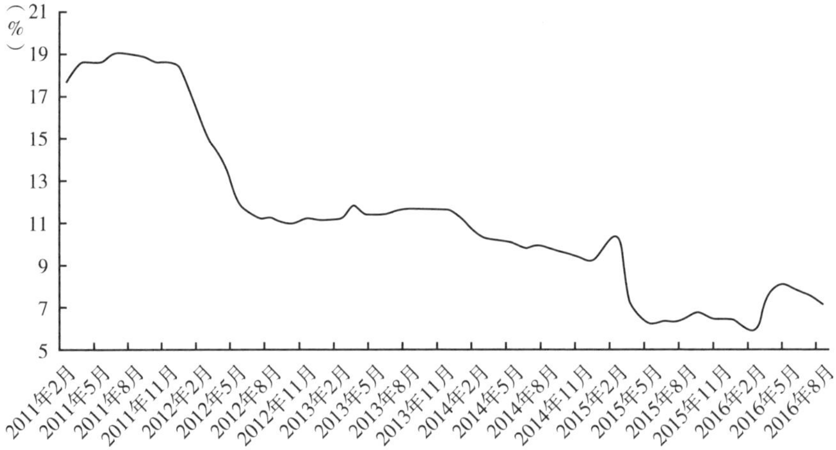

图 1　2011～2016 年建材行业工业增加值增速

资料来源：Wind 资讯。

2. 建材行业供需格局趋于改善

需求方面，随着我国经济发展动力逐步由投资拉动向消费驱动转型，我国固定资产投资增长继续放缓。2016 年 1～8 月，全国固定资产投资完成额累计同比增长 8.1%，增速较上年同期下滑 2.8 个百分点。其中，基础设施建设固定资产投资累计同比增长 18.3%，增速较上年同期下滑 0.5 个百分点。但另外，受多种因素推动，2016 年伊始，我国房地产市场行情日趋火热，提升了房地产开发企业投资热情，房地产固定资产投资增长有所加快。

1～8月，我国房地产开发投资同比增长5.4%，增速较上年同期提高1.9个百分点，带动了对主要建材产品的需求。总体来看，2016年建材产品需求状况好于预期。

供给方面，面对市场需求总体不足、部分建材产品产能过剩严重、企业经济效益下行等问题，国务院办公厅于5月印发了《关于促进建材工业稳增长调结构增效益的指导意见》，部署推动建材行业尤其是水泥、平板玻璃等行业压减过剩产能，提升产品质量、性能，并提出到2020年使水泥熟料、平板玻璃等产能利用率回到合理区间。近期，工信部也正按照意见要求，开展压减水泥等传统建材过剩产能专项行动，改善建材产品供需格局。

3. 建材产品价格持续走高

截至2016年9月底，中国水泥网全国水泥价格指数为89.16点，较上年底提高9.91点，提高幅度达12.5%；全国玻璃综合价格指数为1059.28点，较上年底提高202.20点，提高幅度达21.5%。总体来看，由于下游市场对建材产品需求好于预期，同时建材行业化解过剩产能力度不断加大影响，2016年以来，建材产品供需格局明显好转，成为推动建材产品价格持续走高的主要原因。此外，随着各项供给侧结构性改革不断推进，我国主要工业品如煤炭等价格也在稳步回升，提高了主要建材产品的成本，也在一定程度上推动了部分建材产品价格持续走高。

4. 建材产品出口形势不容乐观

目前，全球经济复苏仍较乏力。同时，由于各国贸易保护主义势力不断增强，全球贸易增长势头日趋低迷，WTO预计全年仅同比增长1.7%，创2009年金融危机以来最低增速。受此影响，2016年我国主要建材产品出口形势不容乐观。海关总署统计显示，截至2016年8月，我国平板玻璃、胶合板及类似多层板、花岗岩石料及制品、家用陶瓷器皿、家用或装饰用木制品等主要建材产品出口金额分别为10.0亿美元、35.4亿美元、31.6亿美元、122.1亿美元和12.8亿美元，其中，仅平板玻璃出口状况较上年同期有明显改善，出口额增速较上年同期提高了49.1个百分点；胶合板及类似多层板、花岗岩石料及制品、家用陶瓷器皿、家用或装饰用木制品出口额增

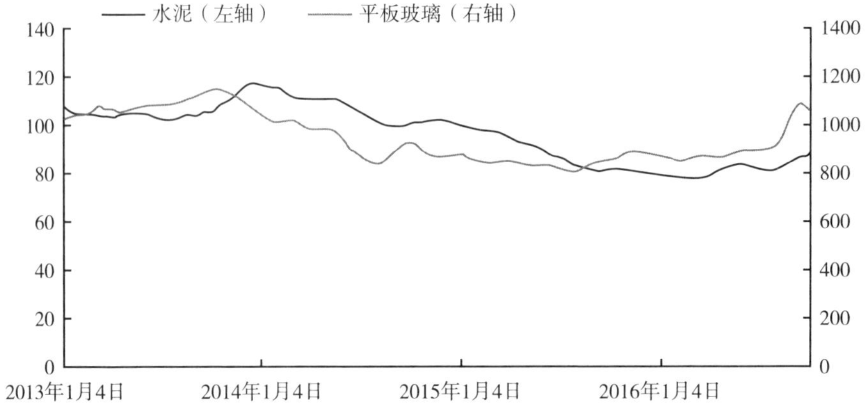

图2　2013～2016年水泥、平板玻璃价格指数

资料来源：Wind资讯。

速则较上年同期分别下滑0.5个、15.3个、42.5个和12.4个百分点。

5. 建材行业固定资产投资增速下滑

近年来，随着我国工业化、城镇化水平不断提高以及经济发展动力、主导产业结构的不断演化，我国对主要建材产品的需求水平和需求结构都在发生深刻变化，建材行业产能过剩问题不断累积。此外，日趋严格的环境保护制度也导致建材企业运行成本不断提高。这都在一定程度上抑制了建材企业的投资热情。2016年，建材行业供需状况虽有所好转，但建材行业总的发展格局未发生明显改观，企业投资热情仍较低迷。统计显示，截至2016年8月，非金属矿物制品业固定资产投资累计达10389.0亿元，较上年同期减少181.8亿元，同比下降1.7%，增速较上年同期下滑9.4个百分点。

6. 建材行业经济效益好转

受供需格局改善以及主要建材产品价格不断回升走高推动，2016年以来，我国建材行业经济效益明显好转，企业主要经济效益指标增长加快。数据显示，2016年1～8月，我国非金属矿物制品业主营业务收入累计达38364.9亿元，较上年同期增加1332.8亿元，同比增长4.6%，增速较上年同期提高0.88个百分点；在利润总额方面，1～8月非金属矿物制品业利润

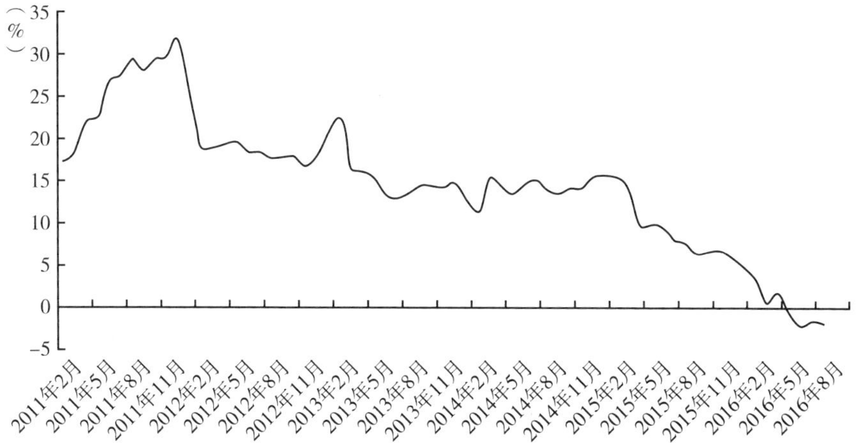

图3　2011～2016年非金属矿物制品业固定资产投资增速

资料来源：Wind资讯。

总额累计达2317.2亿元，较上年同期增加202.2亿元，同比增长9.1%，增速较上年同期提高17.06个百分点。此外，表征工业企业盈利能力的主要指标销售利润率也升至2014年底以来的最高点，达6.04%，较上年同期提高0.33个百分点。

二　2017年建材行业发展环境分析及预测

经过多年发展，我国建材工业规模不断扩大，结构不断优化，创新能力、绿色发展水平都在显著提高，在促进经济社会发展、改善人居条件、治理生态环境等方面都发挥着重要的积极作用。另外，随着经济发展步入新常态，我国经济发展动力和产业结构正在发生深刻变化，建材行业发展面临着市场需求不足、产能过剩严重、环境约束不断增强等一系列挑战。2017年，我国将继续加快推动供给侧结构性改革，培育经济发展新动能，但经济发展中的不确定性和风险也不容忽视。总体来看，建材行业发展仍面临新的机遇和挑战。

1. **建材行业发展的有利因素**

一是新型城镇化等加快实施，拓展行业发展空间。截至2015年底，我国城镇化率仅为56.1%，远低于同等发达程度国家的平均水平。而为了实现2020年城镇化率达60%的总体目标，我国每年将有1000多万新增人口进入城镇生产、生活，这将带来对住房以及各类基础设施的巨大投资需求。此外，在加快推进新型城镇化的同时，我国也将稳步推进新型工业化、农业现代化等，扩大对铁路、公路、机场、水利、海洋工程等领域的投资规模，这都为建材行业发展提供了较有利的条件。

二是国家重大战略稳步推进为建材行业发展创造了更大需求。近年来，面对经济发展新常态，党中央、国务院相继提出了“一带一路”“新型城镇化”“长江经济带”“京津冀协同发展”“深化泛珠三角合作”等一批重大国家战略。通过各方面的努力推进，目前这些重大国家战略正在催生一个个重大项目、重大工程的落地生根、开花结果。重大项目、重大工程加快建设步伐，也必将为各类建材产品带来巨大的需求，增强产业发展动力。

三是国家继续支持建材行业转型升级、健康发展。建材行业是国民经济的重要基础性产业和原材料工业，但受多种因素影响，近年来，我国建材行业发展面临较多困难，产能过剩问题严重，企业经济效益出现下滑。针对这些问题，近年来，各级政府和相关部门已出台了一系列文件、政策，有力地支持了建材行业发展。2017年，各级政府和相关部门将以提升建材行业质量和效益为中心，以推动建材行业供给侧结构性改革为主线，以压减建材过剩产能、改造提升传统产业、积极发展新兴建材和绿色建材等为主要任务，积极拓展建材行业发展空间，推动建材行业由大变强，从而为建材行业健康、可持续发展打下更坚实的基础。

2. **建材行业发展的不利因素**

一是我国对部分建材产品的需求增长将总体趋缓甚至下降。近年来，随着我国经济发展水平的提高以及劳动力、土地等生产要素禀赋结构持续变化，我国经济发展正逐步由投资拉动转向消费拉动、由工业特别是重工业主导向服务业主导转变。经济发展方式和经济结构的深刻变化在很大程度上抑制了市场对主要建材产品的需求增长。据工业和信息化部预计，与2015年相比，到2020年我国水泥熟料需求规模将年均下降2%至12亿吨，陶瓷砖需求将年均下降1%至95亿平方米；平板玻璃需求规模虽然将年均增长1%到2020年至7.8亿重量箱，但该增速明显低于“十二五”时期的增长速度。

二是房地产市场新一轮调整对建材产品需求形成压力。受多种因素推动，近两年尤其是2016年以来我国房地产价格出现新一轮大幅上涨。为了遏制住房价格过快上涨，稳定房地产市场，9月以来，北京、上海、深圳等十多个主要城市已经陆续出台了新一轮房地产调控政策。预计受新的调控政策影响，我国房地产市场行情将逐步趋于稳定，这将在一定程度上抑制房地产市场投资，并对建材产品需求形成压力。

三是主要建材产品产能过剩问题仍较严峻。近年来，产能过剩一直是制约建材行业健康发展的主要难题。为此，5月，国务院办公厅印发的《关于促进建材工业稳增长调结构增效益的指导意见》明确提出，要通过严禁新增产能、淘汰落后产能、推进联合重组以及推行错峰生产等方式压减过剩产能。经过努力，目前主要建材产品产能利用率有所提升。不过，作为建材行业多年累积的结构性问题，产能过剩尚未得到根本解决，压减过剩产能仍任重道远。中国水泥协会统计显示，上半年我国水泥熟料产能利用率仅为64.5%，远低于80%的目标值。

3.2017年建材行业发展预测

2017年，全球经济预计仍将维持弱复苏态势，同时我国经济发展方式和结构也将继续不断调整、转型，受此影响，我国经济发展面对的不确定性因素进一步增强，但仍存在一定下行压力。特别是，受房地产市场调控等因素影响，我国固定资产投资增速可能进一步放缓，从而给建材产品需求带来一定压力。另外，由于水泥、平板玻璃等主要建材产品产能过剩仍较严峻，2017年我国将继续深入推进建材行业供给侧结构性改革，压减主要建材产品过剩产能，推动行业转型升级。在此背景下，预计2017年建材行业总体将保持中低速增长态势，行业规模以上工业增加值将同比增长5%，水泥、平板玻璃等主要建材产品产量保持1%左右的低速增长态势。

三　政策建议

1. 稳步化解建材行业过剩产能

产能严重过剩、低水平同质化是制约建材行业实现健康可持续发展面临的最突出问题。要充分认识化解过剩产能任务的艰巨性和重要性，充分发挥市场机制的决定性作用和政府引导作用，努力攻坚克难，积极探索化解过剩产能的长效化机制。不断完善金融、财税、土地、职工安置等各项配套措施，以水泥、平板玻璃等为重点，加快淘汰安全、能耗、环保、质量等不达标产能，严禁以各种名目新增产能，稳步推进建材行业去产能，提升行业产能利用率和整体效益。

2. 大力推动建材行业创新发展

高度重视创新在推动产业可持续发展中的核心作用，依托企业集团、科研院所、大专院校等单位，加快构建“政、产、学、研、用”相结合的产业发展创新平台，不断完善创新业态和创新模式，提升产业创新能力。积极顺应我国产业转型、需求升级等变化趋势，大力实施建材行业供给侧结构性改革，推动传统建材升级换代，积极发展高性能纤维增强复合材料、先进无机非金属材料和矿物功能材料等新型建材。加快建材行业生产技术创新，着力提升建材行业绿色、低碳、循环制造水平和两化融合发展水平。

3. 加快建材行业“走出去”步伐

随着我国经济发展水平不断提高，我国建材行业的发展空间正趋于饱和，“走出去”已成为我国建材行业拓展发展空间的不二选择。为此，要紧紧把握“一带一路”、国际产能合作等国家重大战略提供的有利机遇，以“一带一路”沿线国家为重点，围绕亚洲公路网、泛亚铁路网、高铁及配套设施、港口、油气管道、跨界桥梁、跨境电力与输电通道、光缆传输系统等国际重点基础设施建设的需求，鼓励有能力、有条件的建材企业加快海外布局，带动优势建材产能“走出去”，拓宽产业发展空间。

G.25
2016年有色金属行业运行分析及2017年展望

魏琪嘉*

摘　要：　2016年1～9月，有色金属行业生产、投资、出口等指标表现不及预期，处于深度调整的关键时期。国际大宗商品价格回暖客观上缓释了产业发展面临的压力，预计2016年规模以上有色金属工业增加值增速将保持在8%～10%区间内，企业利润较2015年有好转。当前，有色金属行业面临的问题主要有两个，一个是产能过剩问题，另一个是转型增效问题。产业发展和改革的核心难题是解决阻碍健康发展的深层次矛盾；面临的主要任务是在优化要素结构配置的前提下，促进转型升级；所需的重要抓手是提升全产业链条的相互配合与带动能力。

关键词：　有色金属　产能过剩　增速

一　行业运行的主要特点

1. 生产增速保持平稳

2016年1～9月，规模以上有色金属冶炼及压延加工业增加值增速为

* 魏琪嘉，国家信息中心经济预测部副研究员，研究方向为产业经济。

8.1%，比第二季度下滑1.9个百分点，从行业运行的特点来看，生产增速保持了总体稳定，没有出现大起大落的现象（见图1）。十种有色金属产品产量同比增长0.9%，增速比第二季度提升0.8个百分点。铜材、氧化铝、铝材产量分别为1524.9万吨、4409.2万吨、4325.3万吨，同比分别增长14.1%、0.4%和13.3%，增速比第二季度分别加快1.1个、2.0个和0.4个百分点（见表1）。

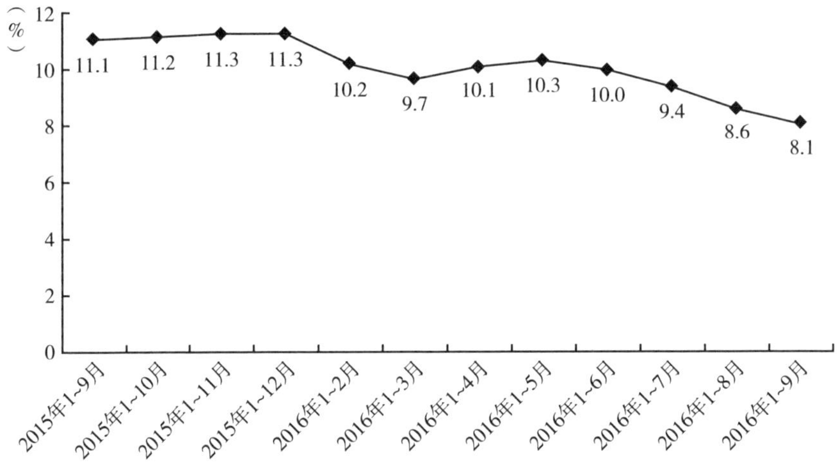

图1　规模以上有色金属冶炼及压延加工业增加值累计增速

注：本报告图表数据如无特殊说明，均来自国家统计局。

表1　有色金属产品累计产量及累计同比增速

单位：万吨，%

时间	十种有色金属		铜材		氧化铝		铝材	
	累计产量	累计同比	累计产量	累计同比	累计产量	累计同比	累计产量	累计同比
2015年9月	3824.00	9.00	1365.50	6.54	4261.00	11.40	3820.63	6.15
2015年10月	4260.55	8.37	1552.79	8.20	4734.82	10.55	4258.85	8.49
2015年11月	4704.60	7.50	1723.60	8.40	5219.50	10.20	4734.80	8.30
2015年12月	5090.20	5.80	1913.70	7.10	5897.90	9.60	5236.40	9.00
2016年2月	761.20	-4.30	241.40	8.50	901.50	2.30	804.00	12.70
2016年3月	1206.10	-0.40	417.80	11.40	1435.10	-0.50	1292.40	12.20

续表

时间	十种有色金属		铜材		氧化铝		铝材	
	累计产量	累计同比	累计产量	累计同比	累计产量	累计同比	累计产量	累计同比
2016 年 4 月	1636. 40	0. 30	587. 60	9. 90	1918. 10	-0. 80	1791. 00	14. 20
2016 年 5 月	2067. 80	0. 30	764. 90	10. 50	2357. 40	-4. 10	2249. 70	12. 40
2016 年 6 月	2511. 70	0. 10	968. 20	13. 00	2863. 00	-1. 60	2802. 70	12. 90
2016 年 7 月	2963. 20	0. 50	1139. 30	12. 90	3367. 80	-0. 60	3263. 90	12. 30
2016 年 8 月	3410. 30	0. 70	1313. 90	12. 70	3890. 50	-0. 30	3800. 80	13. 30
2016 年 9 月	3864. 20	0. 90	1524. 90	14. 10	4409. 20	0. 40	4325. 30	13. 30

资料来源：Wind 资讯。

2. 投资在低位剧烈波动

2016 年 1 ~9 月，有色金属冶炼及压延加工业固定资产投资同比减少 7%，投资连续 4 个月负增长。数据表明，投资增速除了处于历史低位外，还呈现剧烈波动的特点（见图 2），这凸显了产能过剩背景下行业投资者投资意愿阴晴不定的状态。落后产能受退出渠道的限制无法有效退出市场，压低工业品出厂价格，工业品价格低迷致使投资者投资意愿下降，综合因素共同作用导致投资在低位剧烈波动。

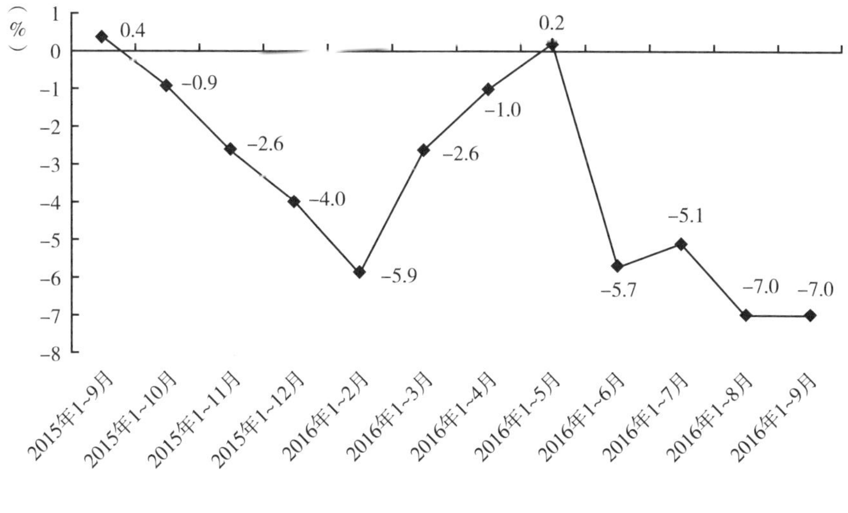

图 2　有色金属冶炼及压延加工业投资累计增速

3. 重点产品出口大幅下滑

最新统计数据显示（有色金属产品出口数据截至2016年8月），氧化铝、铜材、铝材的出口同比分别下滑42%、17%和14%，降幅比上年同期进一步扩大（见表2）。一方面，世界主要经济体对有色金属需求明显下滑，有色金属产能过剩不仅是中国面临的问题，同时也成为一个世界性的难题。在经济整体增速放缓、复苏不及预期的背景下，有色金属产品出口受到持续冲击在意料之中。另一方面，有色金属产品出口贸易摩擦增多，贸易保护主义在一定程度上影响了产品的出口。

表2　重点产品出口金额累计同比变化情况

单位：%

时间	氧化铝	铜材	铝材
2015年8月	-29.7	-14.4	24.5
2015年9月	-2.9	-14.5	18.8
2015年10月	2.6	-15.5	14.6
2015年11月	28.4	-16.3	15.7
2015年12月	28.7	-15.9	8.6
2016年1月	91.2	-26.2	-19.7
2016年2月	35.8	-28.7	-31.0
2016年3月	47.4	-22.1	-20.0
2016年4月	80.5	-21.3	-19.7
2016年5月	-4.1	-20.1	-17.5
2016年6月	-22.6	-18.7	-20.3
2016年7月	-19.9	-17.7	-17.7
2016年8月	-41.8	-16.9	-14.2

资料来源：Wind资讯。

4. 工业生产者出厂价格降幅持续缩小

2016年1～9月，有色金属冶炼及压延加工行业工业生产者出厂价格同比下降5.9%，降幅比第二季度收窄2.9个百分点，比上年同期收窄0.8个百分点。2016年初开始，有色金属价格开始呈现上涨态势，出厂价格同比增速虽然仍是负数，但是降幅的程度在不断收窄（见图3）。价格上升与库存较低有密切关系。从有色金属产品库存情况来看，上期所有色金属期货库存自第二季度以来呈现下降趋势。此外，房地产、汽车行业需求回暖也带动了有色金属企业消化前期积累的库存，在一定程度上促进了价格的回升。

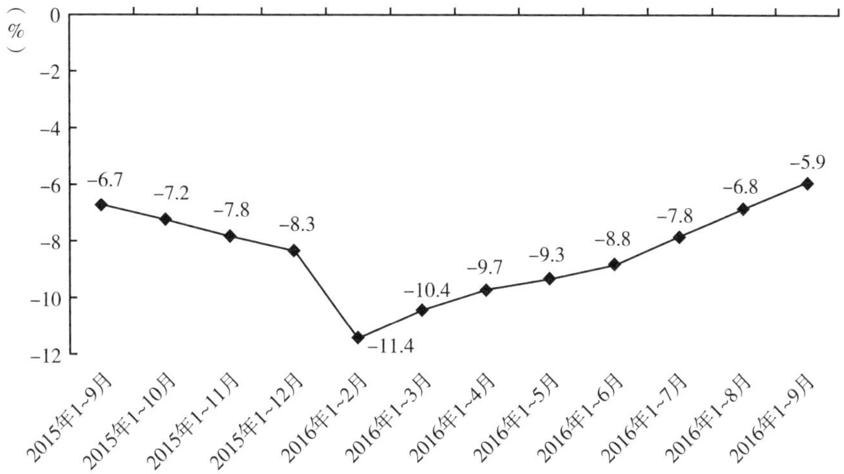

图3　有色金属冶炼及压延加工行业PPI累计同比增速

5. 利润出现恢复性增长的特征

2016年1~8月，有色金属冶炼及压延加工行业实现利润982.7亿元，同比增长31.1%，增速比第二季度加快14.3个百分点，比上年同期快27.5个百分点。从利润增速情况来看（见图4），自4月开始，利润增速逐月攀升，有色金属冶炼及压延加工行业利润实现了恢复性的增长。前8个月行业完成主营业务收入33478.4亿元，同比增长3.3%，增速比第二季度加快0.3个百分点，比上年同期快0.8个百分点。利润实现恢复性增长的背后是主营业务成本增幅放缓。如图5所示，自4月以来，规模以上有色金属冶炼及压延加工业主营业务收入增速持续快于主营业务成本增速。此外，国际大宗商品价格不断回升（见表3），第二季度以来有色金属工业品出厂价格降幅进一步缩小，企业盈利空间不断拓宽。

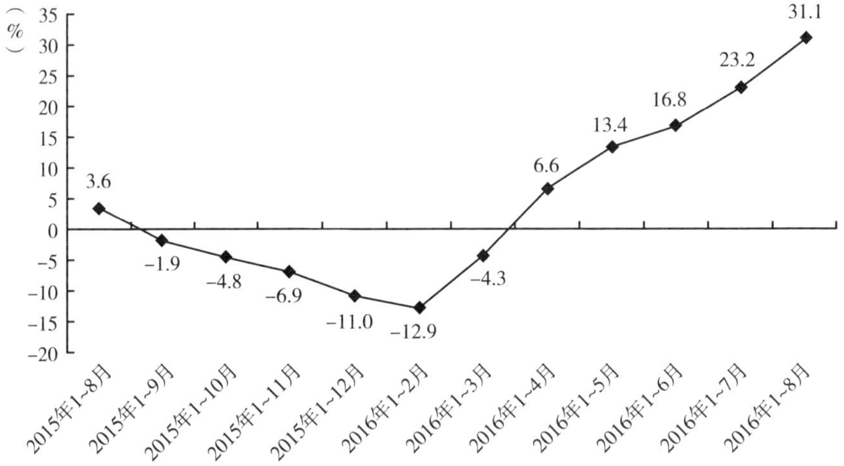

图4　有色金属冶炼及压延加工行业利润累计增速情况

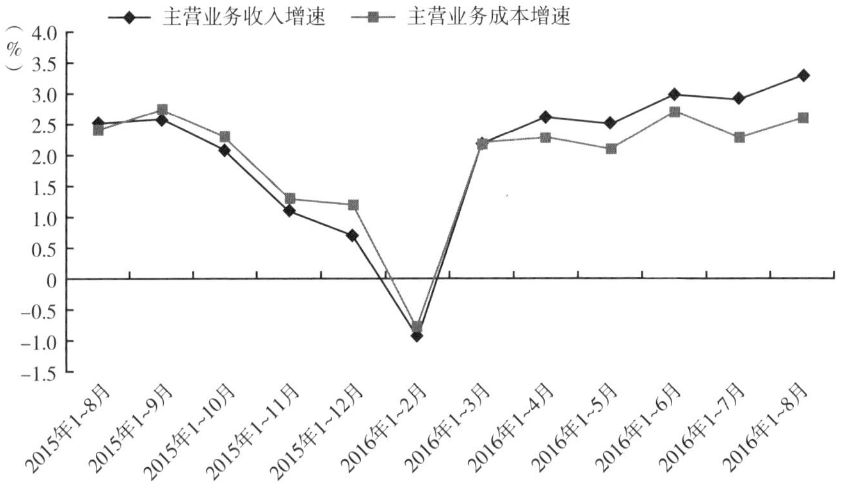

图5　规模以上有色金属冶炼及压延加工行业
主营业务收入与主营业务成本增速

表3　主要有色金属商品期货收盘价格

单位：美元/吨

指标名称	锌	铅	铜	铝	镍	锡
2016年2月29日	1781.00	1770.00	4691.00	1585.50	8455.00	15975.00
2016年3月31日	1792.50	1710.50	4820.50	1501.00	8360.00	16875.00
2016年4月29日	1946.00	1797.00	5034.00	1675.00	9490.00	17300.00
2016年5月31日	1927.00	1698.00	4675.00	1559.00	8520.00	16250.00
2016年6月30日	2098.00	1784.50	4835.00	1643.50	9475.00	17050.00
2016年7月29日	2217.00	1798.00	4865.00	1628.00	10510.00	17770.00
2016年8月31日	2322.00	1880.00	4620.00	1624.00	9795.00	18805.00
2016年9月30日	2380.00	2105.00	4847.00	1669.00	10540.00	20100.00
2016年10月21日	2264.00	2025.00	4657.00	1621.00	10030.00	19875.00

资料来源：Wind资讯。

综上，结合对有色金属行业供需关系的判断，2016年有色金属行业将继续呈现稳中趋缓的发展态势，预计工业增加值增速在8%～10%范围内，行业利润较2015年有好转。

二　行业发展面临的问题

有色金属行业的发展面临产能结构性过剩、产业链整合速度滞后、环保压力大以及价格预警能力不强四方面问题。解决好这些问题，对促进行业健康、可持续发展意义重大。

1. 产能结构性过剩

一方面，传统金属产品绝对过剩。电解铝、铜材等金属冶炼生产产业集中度不高，产能利用率不足75%，市场恶性竞争、同质化竞争、无序竞争问题严重。另一方面，高端产品短缺且需要进口。例如，当前我国乘用车铝面板材还未达到产业化、批量化自主生产的水平。

2. 产业链整合速度滞后

一是关键技术、共性技术的研发滞后，精深加工能力不足导致产品质量不高、附加值偏低。二是标准的落后影响了产品国际化进程和市场竞争力提高。三是上游盈利、中下游亏损的局面没有得到根本扭转，不利于产业的转型和升级。四是资源保障能力不足。对国内、国际两个市场缺乏有效的统筹，关键原材料对外依存度居高不下。

3. 环保标准提高对行业清洁发展提出更高要求

有色金属加工行业环保标准“水涨船高”，对行业清洁化发展提出更高要求。现有环保技术水平与实现环保标准达标的目标存在一定差距，企业环保成本较大；有色金属产业的区位布局不合理，有的大型加工企业距离城市中心区近，安全隐患较大；企业的环保工艺水平整体不高，重金属排放超标的问题时有发生，治理难度较大。

4. 价格波动频繁且难以有效预判

一方面，有色金属产品具有极高的金融属性，增加了价格预判工作的难度。国际上金融衍生工具的多样化，大宗商品市场上买卖双方相互博弈，使有色金属价格的波动变得更为复杂。另一方面，各国货币政策协调性差，某种程度上加剧了有色金属价格的波动，生产者单凭供需关系难以判定价格的走势。

三　2017年行业发展预测

2017 年是有色金属行业发展的关键节点。国际经济环境错综复杂，国内工业持续企稳的基础还不牢固。有色金属行业面临优化结构、稳定增长、提升效益的多重压力。

1. 从国际大环境来看，我国有色金属工业面临较为严峻的形势

一是可预见的贸易摩擦不会减少，针对中国有色金属产品的“双反”调查将对生产销售造成较大负面影响。此外，发达国家贸易保护的手段日趋隐蔽化，往往通过提高技术标准等非常规措施达到阻止相关产品进入本国市场的目的。二是行业发展的环保约束越来越强。碳排放的限制与行业稳增长的目标存在矛盾，依靠粗放式发展扩大生产已经难以为继。三是有色金属生产、加工、销售的国际竞争格局更加复杂。新兴的发展中国家正处于通过资源换取发展的阶段，对我国有色金属出口造成一定的竞争压力；发达国家布局先进制造业，凭借技术、资本和标准优势继续在有色金属产品价值链条上处于高端。可以说，2017 年以及未来的几年时间，我国有色金属工业面临的外部形势不容乐观。

2. 有色金属工业虽然面临来自外部的挑战，但从国内环境来看，仍然具备可持续发展的有利条件

一是政策导向明确。“结构调整、优化布局、提质增效”是“十三五”时期行业发展的指导思想。2016 年印发的《国务院办公厅关于营造良好市场环境促进有色金属工业调结构促转型增效益的指导意见》以及配套的专项规划进一步明确了行业政策导向。落实相关规划、实现预期发展目标将是有色金属行业的主要任务。

二是有色金属行业中长期发展具备坚实的需求基础。稳增长的一系列举措将带动有色金属需求的回暖。工业机器人、高端装备制造等产业的快速发展将对有色金属工业平稳运行提供重要支撑作用。新型城镇化建设、“一带一路”战略、制造业 2025 战略将创造更多的有效需求，促进有色金属行业内部资源要素实现有效整合。

三是有色金属行业供给端结构将持续改善。随着行业去产能工作稳步推进，行业供给侧的结构不断优化，有助于行业可持续发展。大量落后产能退出市场，将为先进产能的释放提供市场空间，提升有色金属产品的有效供给水平。

综合国内外形势判断，2017 年，有色金属冶炼及压延加工行业将继续保持平稳运行的态势，不会出现指标异常波动的现象。有色金属价格将继续保持区间内小幅震荡的特点，规模以上工业增加值增速将保持在 8% 左右，行业的技术结构、组织结构、区域布局结构将不断优化，为提升有色金属行业竞争力并使其以更高水平参与国际竞争打下基础。

四　相关政策建议

促进行业健康发展，在继续提高效益的同时优化结构，关键是统筹处理好行业供给侧结构性改革和稳增长的关系，形成供给和需求良性互动的局面。

1. 淘汰落后产能的措施不能变

一是继续发挥环保标准、技术标准对行业内落后产能的倒逼作用，防止落后产能因价格回升而重新投入生产。二是严格贯彻已经出台的行业技术标准，适时提高行业产品质量标准，促进产能向高端化迈进。三是做好去产能的债务处置和职工安置工作。防止因在这些事情上遇到阻力而延误淘汰落后产能的进度。

2. 延伸产业链的发展方向不能变

一是探索建立有色金属重点产品的国家储备制度，确保资源储备充足，有效应对国际大宗商品市场的频繁波动。二是探索建立境外资源开发的机制。通过优势技术和装备的输出，建立参股式的境外资源开发运作模式。三是加快对核心技术和关键技术的专项公关，在资金薄弱环节由国家组织科研力量进行集中式的技术研发，在资本运作相对成熟的环节鼓励投资者以“商业资本 + 科研”的模式进行技术突破。四是坚持高端装备自主制造，为有色金属行业发展提供稳定的技术支撑和需求保障。

3. 减税、降负的政策导向不能变

一是严格落实降成本的各项举措，加快制定有色金属加工行业涉企收费的“负面清单”。二是简化程序，让“僵尸企业”快速从市场中退出，腾出宝贵的信贷资源，降低资金成本。三是对淘汰落后产能进展快的地区适当加强政策和资金倾斜，通过减税、降负优化行业结构。

中国经济区域篇

Reports on Regional Economics of China

G.26

2016～2017年区域经济发展分析

胡少维 *

摘　要：2016年，各地区经济发展基本平稳，区域合作不断取得新成效，但分化增长态势更为明显。2017年，区域经济一体化和产业转移将进一步加速，创新成为区域经济发展新动力，不同类型区域将呈现不同的发展态势，东部地区经济增幅可能稳中略降，中西部地区基本保持平稳，东北地区经济增幅依然最低，产业结构重型化的资源性省份仍面临比较大的增长压力。本文提出以下建议：加快改革步伐，积极发挥区域规划、政策作用，更加注重区域之间的协同发展，对遭遇断崖式增速下滑的地区给予必要的财政支持。

* 胡少维，国家信息中心经济预测部高级经济师，主要研究宏观经济、区域经济等问题。

关键词：　区域　经济发展　产业转移

2016年以来，各地区认真贯彻落实党中央、国务院重大决策部署，牢牢树立创新、协调、绿色、开放、共享发展理念，主动适应、把握和引领经济发展新常态，全力推动各项政策措施落地生根，经济发展保持了总体平稳的态势，但受经济体量、发展阶段、产业结构、转型升级、创新活力等因素影响，分化增长态势更为明显。2017年，在国家区域协调发展战略指引下，各区域仍有望继续保持良好发展态势，在去产能、加快经济转型的大背景下，尽管有国家的政策支持，但产业结构重型化的资源性省份仍面临比较大的增长压力，需要加快改革步伐，出台更有针对性的政策，促进区域间公共服务的基本均等化，保持社会稳定，为长远、持续、稳定发展创造条件。

一　2016年区域经济发展特点

2016年，各地区经济发展在保持基本平稳态势的同时，也呈现一些新的特点。

1. 地区差异化发展更加明显

近年来，受国际市场需求低迷和国内经济转型调整的影响，区域经济分化加剧。一些结构调整步伐快、新经济发展好、民营经济活跃、产业竞争优势强的省份经济运行总体平稳；一些重工业、资源型产品所占比重较高，产业结构单一的省份下行压力加大。尤其是东北和少数中西部省份经济持续下滑，人才、资金等要素资源从困难地区流出较多。2015年末，天津、北京、上海、江苏、浙江人均GDP列全国前五位，其中，天津、北京、上海均已超过10万元。福建、广东、辽宁、山东、重庆、吉林、湖北的人均GDP高于全国平均水平（5.2万元），主要集中在珠三角、长三角、环渤海地区。而人均GDP低于全国平均的省份则主要集中在黄河中上游、长江中上游和珠江中上游三大区，均属中西部地区。我国区域人均GDP的最大值与最小值的比值为4.13倍（天津：甘肃），较2014年扩大0.15。这表明不仅是不同产业的生产率存在区域差异，而且更重要的是区域产业结构、就业结构存在巨大差异。

2016年上半年，从各地区GDP增速来看，超过10%的有重庆（10.6%）、西藏（10.6%）和贵州（10.5%），在9% ~10%之间的有天津和江西，在8% ~9%之间的有8个地区，在7% ~8%之间的有10个地区，北京、吉林、上海、河北、云南增幅均在6.6% ~6.7%内，黑龙江增长5.7%，山西增长3.4%，辽宁是唯一负增长的省份（-1%）。2016年上半年数据反映出，在推动经济由投资拉动型向消费和高科技拉动型转型的背景下，各省份之间的差异进一步明显。东部沿海省份的经济增长相对较快，这些省份有更多的先进制造业、高科技产业以及中央政府希望大力扶持的初创企业。而那些产业结构较为单一、国有企业占主导地位、市场高度垄断的地区由于传统动力弱化、新动力生成不足增长困难比较大。因而，地区之间的增速极差和标准差有扩大的趋势。

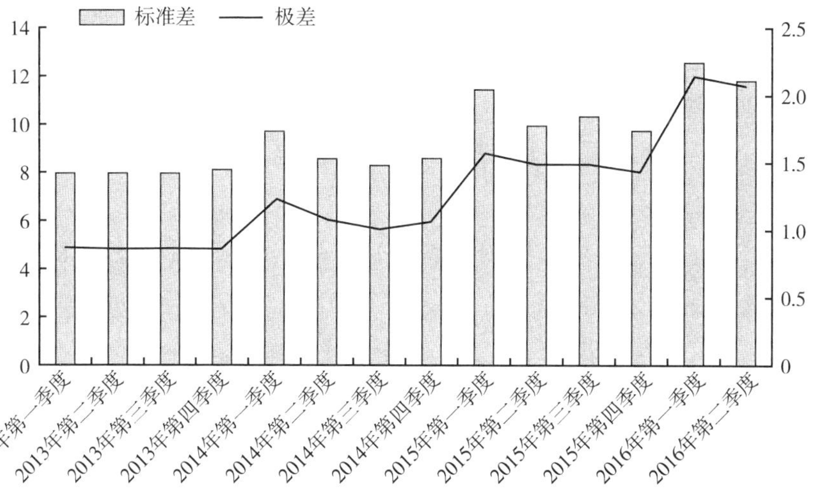

图1　31个地区经济增幅极差和标准差

2. 跨区域协调取得实质性进展

京津冀协同发展和长江经济带协调发展上升为国家战略，从国家层面推进跨区域的协调与协同发展，以及其他一些跨区域协调机制的建立，均表明中国跨区域协调取得了实质性进展。

3. 区域经济增长极的引领辐射作用开始显现

上海自由贸易试验区自设立以来，在金融、贸易、投资、通关等领域先行先试，已经形成一系列可推广、可复制的经验模式，率先在长江沿线城市推广。另外，国务院相继批准设立前海深港现代服务业合作区、青岛西海岸新区、陕西西咸新区等一批重要的国家级新区，分布在东西部不同发展水平的区域，目的是在这些点上通过集中政策资源和项目资金的投入，加快培育、壮大一批区域经济增长极，发挥对周边区域的辐射带动和引领示范作用。从实施效果来看，长江经济带经济增长态势看好，一批新的区域经济增长点开始出现。

4. 区域合作渐成发展主流

区域协同发展不断推进，不少地区打破行政壁垒，大力推进协同发展、一体化进程。区域深度融合不仅体现在产业项目对接中，更表现在基本公共服务、社会治理、生态环境领域的不断突破上，这表明我国区域经济发展不断走向成熟。

二　区域协调发展思路已明确

经国务院同意，国家发展改革委正式印发《关于贯彻落实区域发展战略促进区域协调发展的指导意见》，提出了优化经济发展空间格局、完善创新区域政策、加强区域合作互动、健全区域协调发展机制等多方面要求，到2020年要实现形成区域发展新格局的目标。并强调，要推进区域协同发展。推动京津冀、长三角、珠三角不断扩大协同合作领域和范围，促进环渤海地区合作发展，推动东北地区新一轮振兴，深化泛珠三角、泛长三角区域合作，提升合作层次和水平。

未来将从五个方面着力促进区域协调发展。第一是坚持两头推进。一方面是让条件好的地区率先开发开放，从而加速形成若干带动力强、联系紧密的经济带；另一方面是抓欠发达地区，特别是贫困地区的跨越发展，采取特殊的手段让这些地方能够追赶上来。第二是强化纽带支撑。以“一带一路”建设、京津冀发展、长江经济带等为引领，发挥纽带支撑的作用。第三是扩大统筹空间，以空间扩展来促进区域协调发展。第四是发挥功能优势，根据主体功能区的定位来发挥各个地区的比较优势。第五是健全促进机制。形成一些有效的体制和机制，避免区域发展的差距不断扩大。

三 区域经济发展趋势

1. 创新成为区域经济发展新动力

近年来，在国家对“大众创业、万众创新”的持续推动下，各地升级发展孵化器、大力兴办众创空间的热情不断高涨，形成了政府与社会力量争相创办孵化器、投身创新创业的新局面。与此同时，孵化器也从中心城市或国家高新区向县市区辐射，孵化器在区域经济格局中的地位也变得更加重要。欣欣向荣的创业孵化器不仅为科技创业活动提供了良好的环境，更重要的是，可使一个地区的创新创业精神得到极大发扬，可激发当地民众的创造力，使区域发展更加富有活力。特别是占我国孵化器总数近一半的专业技术孵化器成为区域新兴产业发展的源头支撑，不断壮大区域高新技术产业发展，成为推动区域产业转型升级的重要引擎。随着创业孵化服务的升级，这些创新创业载体与区域经济发展进一步深度融合，创新创业与当地资源、产业方向和市场需求形成有效对接，成为推动区域发展的新动力。

2. 区域经济空间格局将发生调整

当前，中国区域经济空间格局正在发生重大调整，大交通、大物流的发展极大地促进了区域间的经济联系，改变了区位条件，特别是高铁网络的编织使中国区域可达性格局逐步由航空主导型向高速铁路主导型转变，这对原有的区域经济空间格局产生了冲击。此外，区域战略、区域规划和区域政策的密集出台和实施对区域经济空间格局的优化也有积极影响。

3. 区域经济一体化将加速

由于新一代信息技术、现代交通技术的快速发展，支撑区域经济发展的资本、劳动、技术等要素流动速度在加快，流动方式也出现了重大变化。传统上更多的是地理邻近区域之间，通过产品或者劳动力的地理转移而实现，在新技术条件下，超越地理空间、跨越式流动的特征将越来越显著。这一变化将导致经济活动的地理边界日趋模糊，资源要素可以在更大的空间范围内实现优化配置。区域之间的经济联系更加复杂，由传统基于不同产业链而形成的线性关系向基于价值链的网络关系转变。

4. 区域之间的分化可能进一步加剧

以互联网和智能制造为核心的新技术本质上具有较强的网络积聚效应，先发地区可利用其技术、资本、人才等方面的有利条件，吸引更多要素资源向该地区聚集，其先发优势被进一步强化。相比之下，对于尚处在工业化阶段的欠发达地区而言，由于其基础设施、人力资本、金融资本等方面都不具备优势，在短期内又难以改变，再加上其他一些因素的影响，如国家宏观经济增长速度下降和结构调整所导致的能源、矿产等大宗产品的市场需求减弱，发达地区受宏观经济下行压力加大的影响，欠发达地区仅有的自然资源优势无法得到充分发挥，由此导致地区之间的进一步分化。

5. 区域发展路径将被重塑

由于生产活动模块化、数字化、智能化程度的不断提高，一个地区的经济发展对劳动力的技能、基础设施（主要指信息通信设施和公共服务设施）的先进水平和制度条件提出了更高的要求。要素的知识性、不可替代性和不可复制性成为决定一个地区竞争优势的重要因素。低成本劳动力，廉价的土地、能源资源，以及地理区位等传统优势，都将由于生产组织方式、商业模式的变革而被替代，对经济活动空间布局的影响已明显减弱。在此背景下，基于传统比较优势，主要依托本地资源的“自身消耗型”的区域发展路径，越来越难以适应经济新常态下区域发展环境的变化。无论是发达地区还是欠发达地区，都积极主动向“创造型”的发展路径转变，以适应新时期区域竞争的要求。

6. 产业转移将进一步加速

2016 年 9 月 14 日，国家发改委就《中西部地区外商投资优势产业目录（修订稿）》征求意见，明确提出这一产业目录的主要原则是支持中西部地区承接产业转移，发展外向型产业集群；立足中西部地区产业基础和劳动力、资源等优势，增加对当地经济发展有显著带动作用的产业条目；改造传统产业，促进服务业发展，严格控制产能过剩项目等。随着第三批自贸区的设立，西部发展的方式、动力引擎会发生非常大的改变。在西部的口岸加大开放后，产品可以直接输送到国际市场，节省了人力、物力成本，因此，产业会加速向西部转移。

四　2017年区域经济发展判断

1. 区域经济整体增幅将略有回落

有研究表明，第二产业占比的提高与生产率增速之间正相关，而第三产业占比的提高与生产率增速之间负相关。第二产业的生产率水平高于第三产业是世界主要经济体中普遍存在的现象，第三产业的崛起往往伴随着整体劳动生产率水平的下降。目前，我国经济结构正发生着深远变化，经济增长由投资驱动向消费驱动转型，第三产业日渐崛起。因此，从规律上讲，整体经济增幅长期将由高回中，特别是在目前世界经济仍然不大景气、大规模刺激政策不太可能实施的情况下，预计 2017 年区域整体经济增幅有可能略有回落。

2. 不同类型区域的发展态势

大致上，可以将 31 个省份的经济发展分为以下几个类型。

一是以北京和上海为代表的大都市经济。城市功能逐渐由生产型向服务型转变，产业结构进入以现代服务业为主导的阶段。以技术密集为特征的新兴产业，特别是高新技术产业的比重不断上升，服务业特别是与信息技术等高新技术密切结合的现代服务业发展迅速。发展重心开始转向以社会发展为主，市民生存资料的支出比重明显下降，享受和发展资料比重上升。基于高等院校和研究机构聚集的优势，现代金融服务产业、科技服务产业、信息服务产业、现代教育培训、服务外包产业、文化创意产业、专业服务产业、房地产业等现代服务业成为支柱产业和经济增长点，产业发展走向高端化、低碳化、服务化，经济增长基本进入相对稳态。

二是民营经济相对活跃的东部沿海地区。这些地区的产业结构调整都在深入推进，转型升级亮点进一步显现，发展的质量、效益、结构和动力都不断得到改善，对经济波动的自适应能力有了较大提升。但稳定经济增长的基础还不稳固，资源、能源、环境约束持续加大，资金、土地、劳动力等要素成本持续上升，不仅严重削弱了传统制造业的竞争力，也大大制约了高技术产业的发展后劲。因此，实体经济走势还比较疲弱，重点行业产销率不高，新开工项目数量不及预期，企业对扩大再生产和新项目投资比较谨慎。但鉴于这些地区民营经济相对活跃，民间投资增幅相对较高，因此，这些地区的抗风险能力相对较强，经济波动幅度相对较小，预计 2017 年仍然能够保持相对高的增幅。

三是产业结构相对较轻的中西部地区。这些地区普遍城镇化、工业化水平相对不高，要素成本较低，经济增长空间较大。如果能够改善当地的营商环境，创造一个公平、透明度高、交易成本低的市场环境，在国家区域协调政策支持下，产业转移的加快将有力地促进经济的增长。比如，重庆成为全球最大的电脑生产基地之一和国内重要的汽车生产基地，就与近年来吸纳产业转移是分不开的。同时，一些中西部地区总量规模偏小，一旦在某些方面取得突破，就容易带动整个区域的经济增长，比如，贵州把推进供给侧结构性改革作为经济工作的主抓手，着力优化结构，推动转型升级，努力走出一条落后地区跨越发展、绿色发展的新路，取得了明显成效。贵阳把大数据作为弯道取直、后发赶超的核心引擎，取得一系列重大突破，产业基础进一步夯实，经济结构进一步优化，发展潜力进一步加大，在全国领跑的地位进一步确立。预计 2017 年这些地区仍是区域经济增长的亮点。

四是资源型、重工业大省。这些地区的共性是产业结构较为单一、国有企业占主导地位、市场高度垄断，这些因素使这些地区承受宏观经济冲击和波动的能力极差。在全国宏观经济形势整体向好时，上述地区尚能迅速发展，然而一旦出现下行冲击，地区单一经济结构弊端马上显现，短期内难以实现复苏增长。尽管国家会出台一系列政策对其支持，但产业培育需要时间，因此，在“三去一补”继续的大背景下，估计增幅有限。

3. 四大区域经济发展判断

2016 年，除东北外，其他三个区域经济增幅相差不大，一个很重要的原因在于东部地区固定资产投资增幅与中西部地区的增幅差距缩小，同时进出口顺差表现最好。展望 2017 年，鉴于消费需求的刚性增长，加上各区域居民收入在政策支持下增速差异缩小，估计各区域 2017 年消费增幅仍然差异不大，经济增幅差异仍将取决于投资和进出口情况。2016 年，中西部地区基础设施投资高速增长。1～8 月，中西部地区基础设施投资 40920 亿元，增长 29.1%，占全部基础设施投资的比重为 57.8%。中西部地区基础设施投资主要集中在铁路、农村公路、农田水利等薄弱领域，从目前施工项目和新开工项目看，预计 2017 年其仍将维持高水平。2016 年 1～9 月，西部地区实际使用外资 417.6 亿元，同比增长 18.2%，说明随着产业转移的加快，中西部吸引外部投资的能力增强。综合而言，中西部地区投资增幅仍将维持相对高的水平。东部地区新旧发展动能转换步伐加快，高技术产业投资会保持一定增幅，加上民间投资相对积极，估计投资增幅相对平稳，与中西部地区增幅差距不大。东北地区尽管在振兴东北战略指引下，相关领域投资会不断加大力度，但从目前施工、新开工情况看，投资增幅仍可能最低。从进出口看，2017 年面临的不确定性因素仍比较多，东部地区能否保持 2016 年顺差对经济的贡献存疑，中西部、东北地区估计变化不大。

综合判断，东部地区经济增幅可能稳中略降；中西部地区基本保持平稳，增幅依然最高；东北地区经济增长有望企稳，但增幅依然最低。

表 1　2016 年 1～8 月四大区域投资、进出口情况

地区	固定资产投资增长（%）	进出口增长（%）	出口增长（%）	进口增长（%）	比上年同期顺差增加（亿美元）	施工项目个数（个）	增长（%）	新开工项目个数（个）	增长（%）
全国	8.1	-1.82	-0.97	-2.94	111	573968	19.1	407548	27.9
东部	10.2	-0.99	1.08	-3.61	284	214490	19.8	150862	25.0
中部	12.6	-0.37	-0.52	-0.10	-3	136196	23.6	95176	43.2
西部	12.5	-8.15	-15.48	6.12	-144	189128	19.8	133812	28.8
东北	-29.0	-10.26	-16.11	-5.31	-26	34154	-1.7	27698	-0.1

五　促进区域协调发展的建议

随着我国经济发展进入新常态，区域经济发展所面临的内外条件都出现了显著的变化，为了适应这一系列新趋势，需要进一步完善区域发展思路，创新发展路径。

1. 全面深化改革是区域协调发展的基石

在决定区域发展格局的各种因素中，制度是最根本的因素。改革开放以来，通过建立有效激发各地发展活力和动力的体制机制，各地发展进入了快车道。但是，目前的体制机制仍然存在这样那样的瑕疵，导致区域发展出现了“底线竞争”、产业结构同质化等不协调现象。比如，在目前的财税制度和中央、地方财政支出责任安排下，各地公共服务供给能力、公务员工资等都与当地经济增长和财政收入水平高度相关，必然使各地在处理经济发展与资源环境的关系时过于看重经济增长。对地方干部业绩水平的评估与当地经济发展高度相关，导致一些地方形成过于强烈甚至不顾约束条件的发展冲动。以全国一盘棋的思维布局生产力，尽管很合理并被广泛认可，但因现行规划对各地约束不力，在实践中难以完全落实。可见，促进区域协调发展，最根本的在于通过全面深化改革，建立健全与之相适应的体制机制。

2. 构建完整的区域经济新体系

目前我国地区相对差距开始缩小，地区绝对差距还在扩大，只有构建合理的空间市场一体化下的完善的区域分工合作新体系，才能正确反映和指导未来我国区域经济发展差距调控的方向和力度。不同地区生态环境和资源条件不一样，区域经济发展的方向和水平也不一样，实现区域经济与其生态环境可持续发展，必须因地制宜，按照不同区域体系的要求，采取不同的发展模式，才能获得事半功倍的效果。区域分工合作可在多个层次展开，不同层次的区域分工与合作解决不同的区域经济问题。各层次的区域分工合作需要与各层次的城镇体系相结合，以促进区域经济“点线面”结构的优化。

3. 更加注重区域之间的协同发展

在坚持区域协调发展的基础上，更加注重区域之间的协同发展。政策协同是实现资源要素空间布局优化调整的基本条件，也是实现不同区域分工协作的必备条件。因此，应将政策协同作为推动区域协同发展的首要突破口。尽快消除影响要素跨区域流动的政策壁垒和地域歧视性政策，加强区域之间基本公共服务和社会保障政策的一致性；加快构建以要素流动、利益共享为核心的区域合作机制；进一步明确中央和地方政府在区域事务上的权责关系；加快推动地方政府政绩考核制度的改革；尽快修订完善城乡规划、环境保护等方面的法律，依法推进区域协同发展。

4. 积极发挥区域规划、政策的作用

应充分发挥区域政策在宏观调控政策体系中的积极作用，加强区域政策与财政、货币、产业、投资等政策的协调配合，突出宏观调控政策的空间属性，提高区域政策的差异性、精准性和有效性，保持区域政策的连贯性。同时，应增强区域规划的约束力，避免“图上画画、墙上挂挂”，做好区域规划与相关规划的衔接配合，做到“一张蓝图绘到底”。

5. 对遭遇断崖式增速下滑的地区给予必要的财政支持

全国经济进入新常态之后，部分省份国内生产总值增速出现断崖式下跌，比如，山西和以辽宁为代表的东北等地区地方经济增速长期放缓不仅导致居民收入放缓甚至绝对下降，地方政府的收入亦会下降，削弱地方政府实施宏观经济政策的能力。经济增长和财政收入面临崩塌现象的地区通常也是“三去一降一补”工作中任务最重的地区。在此背景下，应该更加关注局部区域财政收入崩塌的问题，特别是基层财政收入突变带来的各种民生问题。建议设立过渡期基层财政救助体系，适度弱化财政收入的目标，防止地方政府通过加大税收征收力度和非税收等方式，变相增加企业的负担。财政支出从投资导向转向民生导向，利用积极的财政政策加速广泛的大福利体系的构建，利用定向宽松的财政政策加大养老产业、健康产业以及中高端服务业的发展，释放相应的需求。

参考文献

刘勇：《空间市场一体化条件下构建区域分工合作》，《中国国情国力》2016 年第 5 期。

张军扩、侯永志：《开创区域协调发展新局面》，《人民日报》2016 年 8 月 5 日。

汪阳红等：《2015 年区域发展形势分析与 2016 年展望》，《发展观察家》2016 年 1 月 7 日。

杨荇、藏波：《区域经济结构性分化未来将形成新增长带增长极》，《上海证券报》2016 年 9 月 20 日。

王一鸣：《“十三五”时期推动区域协调发展的几点思考》，“国研智库论坛 · 新年论坛 2016”上的演讲，2016 年 1 月 16 日。

安晓明：《中国区域经济发展的新特点与未来政策走向》，《区域经济评论》2015 年第 5 期。

G.27

2016年长三角地区经济形势分析与2017年展望

刘伟良　韩 磊*

摘 要: 2016年以来，长三角三省一市继续把握经济新常态运行特征，落实“创新、协调、绿色、开放、共享”新发展理念，积极推进供给侧结构性改革。各项经济指标保持在合理区间，呈现增长区间转换平稳、新型发展优势稳步培育、结构优化调整取向加固等阶段性特征。展望2017年，长三角三省一市需要把握经济发展环境变化的新趋势、新特征，遵循经济运行内在逻辑，加快部署、落实供给侧结构性改革的各项举措，进一步提升经济增长的稳定性与持续性，逐步形成与经济新常态相适应的发展方式。预计，2017年长三角地区经济下行压力继续存在，“平稳、趋优、有进”的运行态势不会发生大的变化。

关键词: 长三角　经济运行　新常态　供给侧

2016年以来，长三角地区落实“创新、协调、绿色、开放、共享”新发展理念，积极推进供给侧结构性改革，以创新驱动促进经济发展动力转换，以结构转型、产业升级为重点保持经济中高速增长和产业迈向中高端，经济运行总体平稳。

---

* 刘伟良，经济学硕士，江苏省信息中心副主任，研究员，主要研究领域为数量经济、区域经济；韩磊，经济学硕士，江苏省信息中心经济师，主要研究领域为产业经济、经济体制改革。

一　长三角地区经济运行态势与主要特征

前三季度，长三角地区经济运行总体平稳，各项经济指标保持在合理区间，呈现“平稳、趋优、有进”的运行态势，经济新常态特征更加凸显。

1. 前三季度长三角地区经济运行态势

（1）中高速平稳增长延续，增速变动相对较小

2016 年前三季度，长三角地区经济运行的平稳趋势在延续，依然处于中高速增长区间，浙江、上海、江苏地区生产总值分别增长 7.5%、6.7%、8.1%，同比回落 0.5 个、0.1 个、0.4 个百分点，安徽增长 8.7%，与上年同期持平。从年度增长来看，2016 年长三角地区延续了 2011 年以来的增速回落趋势，但回落幅度减少（见图 1）。从季度增长来看，长三角地区各个季度增长变动相对稳定，除浙江出现小幅波动外，江苏、上海、安徽经济波动性较小，经济运行的稳定性增强（见表 1）。

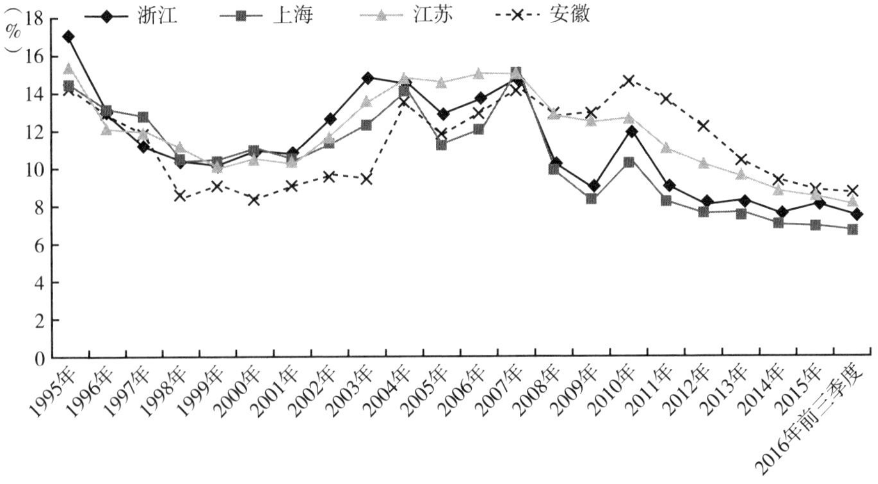

图 1　浙江、上海、江苏、安徽地区生产总值增速变化趋势

表1　2015年以来长三角地区各季度累计GDP增长情况

单位：%

地区	2015年第一季度	2015年上半年	2015年前三季度	2015年	2016年第一季度	2016年上半年	2016年前三季度
浙江	8.2	8.3	8.0	8.0	7.2	7.7	7.5
上海	6.6	7.0	6.8	6.9	6.7	6.7	6.7
江苏	8.4	8.5	8.5	8.5	8.3	8.2	8.1
安徽	8.6	8.6	8.7	8.7	8.6	8.6	8.7
全国	7.0	7.0	6.9	6.9	6.7	6.7	6.7

（2）需求结构继续分化，消费带动作用增强

2016年前三季度，投资、消费、出口三大需求继续呈现分化趋势，消费带动作用明显增强。受过剩产能化解、投资收益下滑等因素影响，投资增速继续放缓，除上海增速小幅提升和浙江基本持平外，江苏、安徽固定资产投资增速比上年同期分别回落2.0个、1.9个百分点；在信息、旅游等新兴消费热点的带动下，除上海增速与上年基本持平外，浙江、江苏、安徽社会消费品零售总额继续保持较高增长速度，增速比上年同期分别提高2.1个、0.5个、0.1个百分点，最终消费对经济增长的贡献率继续提高；对外贸易依然乏力，出口处于负增长或低速增长区间。

表2　前三季度长三角地区三大需求同比变动情况

单位：%，个百分点

地区	固定资产投资增速			社会消费品零售总额增速			出口增速		
	2015年前三季度	2016年前三季度	增速变动	2015年前三季度	2016年前三季度	增速变动	2015年前三季度	2016年前三季度	增速变动
浙江	11.2	11.1	-0.1	8.0	10.1	2.1	1.2	2.7	1.5
上海	6.1	6.4	0.3	8.0	7.9	-0.1	-2.8	-2.4	0.4
江苏	10.5	8.5	-2.0	10.3	10.8	0.5	-1.4	-6.8	-5.4
安徽	13.4	11.5	-1.9	12.1	12.2	0.1	-4.2	-24.9	-20.7
全国	10.3	8.2	-2.1	10.5	10.4	-0.1	-1.9	-1.6	0.3

（3）就业物价形势稳定，居民收入保持增长

在经济稳定增长的同时，就业、物价、居民收入呈现良好发展态势。首先，地区就业形势基本稳定。前三季度，在更加积极的就业政策带动下，上海市新增就业岗位比上年同期增加 1.08 万个，浙江、江苏、安徽城镇登记失业率控制在年内既定目标。其次，地区居民消费价格基本稳定，价格运行出现趋势性新变化。与全国居民消费价格（CPI）同比提高幅度步入［1，2］区间的趋势基本一致，前三季度，浙江、江苏、安徽 CPI 同比变动也维持在“2”区间上下，整体物价涨幅变动较小，上海 CPI 变动幅度相对较大，变动区间在［2.5，4］。工业生产者出厂价格（PPI）降幅持续收窄，但是短期内好转无法根本改变工业生产紧缩形成的惯性影响；工业生产者购进价格继续下跌，前三季度，浙江、上海、江苏、安徽分别下跌 4.1%、4.6%、4.1%、3.8%。最后，居民收入增长与经济发展同步。前三季度，浙江、上海、江苏、安徽居民人均可支配收入比上年同期分别增长 9.2%、8.8%、8.5%、9.1%。

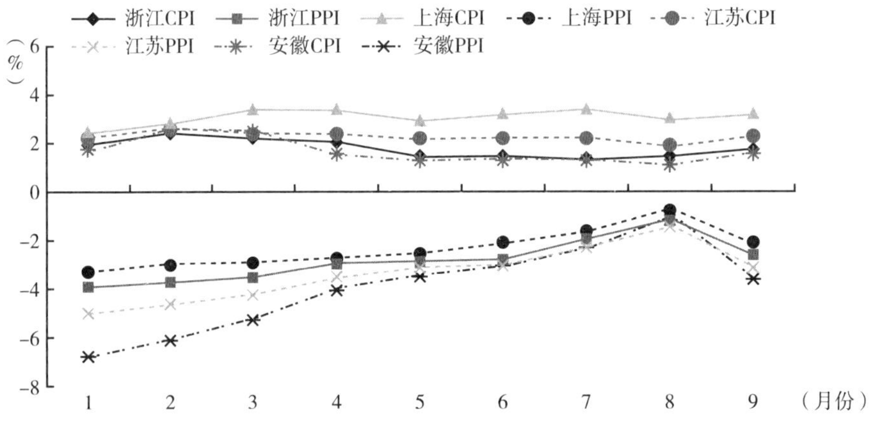

图 2　前三季度 CPI 与 PPI 同比涨幅情况

（4）微观经济活力继续提升，企业效益趋于改善

作为民营经济发达的地区，民营经济保持较高增速，以江苏为例，前三季度，江苏民营工业增加值增长 10.2%，比规模以上工业增加值增速高出

2.4 个百分点。自年初以来，浙江、上海、江苏、安徽分别围绕降低制度性交易成本、物流成本等出台具体措施，大力推进“营改增”，企业降本减负效果显著，生产效益趋于改善。1～8 月，浙江、上海、江苏规模以上工业企业利润总额分别增长 17.2%、4.7%、12.0%。其中，上海税金总额下降 8.3%，浙江规模以上工业企业每百元主营业务收入中的成本为 84 元，比上年同期下降 0.8 元，安徽民营工业企业实现利润 872.8 亿元，增长 11%，对全省利润增长的贡献率为 54.6%，江苏规模以上亏损企业亏损额下降 4.1%。

2. 长三角地区经济运行的主要特点

2016 年，长三角地区依然处于从高速增长向中高速增长转换的时间段，经济运行正在经历新的再平衡过程。根据新发展理念要求，长三角地区通过供给侧结构性改革，重定地区发展新起点，重构经济增长新动力，重塑地区竞争新优势，地区经济呈现三个典型特点。

（1）经济增速下行放缓与产业结构持续优化并存

长三角地区正在经历自 2011 年出现的经济总量增速下行期，2016 年前三季度，地区生产总值为 124177.2 亿元，增长 7.8%①，比上年同期下降 0.3 个百分点。在下行幅度放缓的同时，三省一市经济结构持续优化调整。浙江、江苏第一产业比重降至 5% 以下，安徽正处于工业化加速期，第一产业比重相对较高。同时，浙江、江苏、安徽第二产值比重继续从阶段性峰值下降，前三季度分别降至 44.4%、45.8%、48.7%，第三产业比重继续提升，分别达到 51.7%、50.3%、42.6%。由于上海转型升级启动较早，产业间的结构性转型基本完成，三次产业比重相对稳定，第三产业比重远远高于浙江、江苏、安徽。如果与京津冀、珠三角经济圈比较，除安徽外，长三角地区产业服务化的优化取向更为明显（见表 3）。

---

① $G_{地区} = \sum_{i=1}^{n} G_i \times A_i$，其中，$G_{地区}$ 表示地区 GDP 增长率，G_i 表示第 i 省（市）GDP 增长率，A_i 表示第 i 省（市）占区域 GDP 总量的比重，$n=4$，区域 GDP 由区域内所辖省（市）GDP 加总获得。

表3　前三季度京津冀、珠三角、长三角产业结构情况

单位：亿元，%

地区 \ 指标		地区生产总值	第一产业		第二产业		第三产业	
			增加值	占比	增加值	占比	增加值	占比
长三角地区	浙江	32234.0	1251.0	3.9	14330.0	44.4	16653.0	51.7
	上海	19529.7	61.1	0.3	5630.3	28.8	13838.3	70.9
	江苏	55281.5	2151.1	3.9	25308.0	45.8	27822.4	50.3
	安徽	17132.0	1502.4	8.7	8337.5	48.7	7292.1	42.6
京津冀地区	北京	17367.8	91.6	0.5	3064.5	17.6	14211.7	81.8
	天津	13339.4	144.4	1.1	6018.0	45.1	7177.0	53.8
	河北	22496.1	2369.8	10.5	10755.5	47.8	9370.8	41.7
珠三角地区	广东	57000.0	2622.0	4.6	24453	42.9	29925.0	52.5

（2）消费稳定增长与消费结构新型化升级并存

长三角地区消费保持稳定增长，呈现消费结构优化升级的趋势。一方面，基本生存型消费向发展改善型消费升级。前三季度，浙江、上海、江苏、安徽人均食品烟酒消费、人均生活用品及服务支出等基本生存型消费比重下降，人均居住、交通通信、教育文化娱乐、医疗保健等改善型消费支出增长较快，特别是上海、江苏两地，改善型消费支出增长较快，在消费支出中的比重上升。另一方面，传统消费向新型消费升级，健康、养老、旅游等新消费增长点不断催生，以移动平台、移动互联网等为代表的新商业模式发展态势良好。前三季度，浙江网络零售额达到6335.6亿元，增长34.2%；上海无店铺零售额为1150.97亿元，增长13.8%；安徽网上零售额为602.1亿元，增长38%；江苏网络零售额为405.6亿元，增长45.8%。

（3）供给侧稳步调整与供给需求再平衡过程并存

长三角地区正处于供给侧调整步伐加快阶段，各省市正积极引导资本、劳动、技术等要素资源配置到需求与效益更高的部门，推进供给结构、生产能力逐步适应经济发展的根本需求。从进入经济新常态与结构调整较早的上海来看，2016年提出落实专项调整路线图及年度实施计划，前三季度，钢材、水泥产量同比分别下降7.4%、4.7%，同时，与产业发展目标契合的信息传输、软件和信息技术服务业增长15.1%。江苏年初出台32条措施降低实体企业成本，十大举措去库存，将产能增量甚至部分存量要素资源从传统行业引导到新兴行业，前三季度高技术产业和装备制造业增长6.8%。浙江以处置“僵尸企业”450家以上为基础力推去产能工作，前三季度工业产能利用率提升到78.9%，规模以上工业企业实现利润增长超过15%。安徽大力度补齐人力资本、软硬基础设施建设等方面的短板，前三季度技术改造和设备创新投资增长11.7%，降成本效果显现，8月末全省规模以上工业企业产成品存货下降2.3%。

二　2016年长三角地区经济运行的主要问题

1. 地区经济发展协调程度有待提升

长三角地区作为重要的战略性区域，其内部发展仍存在不平衡。从城镇化进程来看，上海城镇化率超过85%，浙江、江苏城镇化率超过65%，安徽城镇化率为50%，上海、浙江、江苏进入城镇化率提升的减速阶段，而安徽则处于城镇化加速阶段，发展阶段存在明显差异。从收入水平来看，前三季度，上海居民人均可支配收入较高，江苏、浙江次之，安徽相对较低，上海是安徽的2.73倍；前三季度，江苏财政收入最高，上海、浙江次之，安徽相对较低，江苏财政收入是安徽的1.8倍。

2. 传统增长动力拉动效应继续减弱

从产业拉动来看，受发达国家再工业化战略实施导致高端产业回流和新兴经济体依靠低成本承接中低端产业转移战略导致中低端产业外流的双重影响，地区工业增速已经滞后于地区生产总值增速。前三季度，上海（-1.4%）工业负增长态势延续，浙江（6.5%）、江苏（7.8%）、安徽（8.6%）规模以上工业增加值增长区间继续下移，分别滞后于地区生产总值增速1.0个、8.1个、0.3个、0.1个百分点。从投资拉动来看，受传统产业发展空间饱和、新兴产业投资回报不确定性较大、房地产投资对其他投资挤压效应加大等因素影响，浙江、上海、江苏、安徽投资增速在前期大幅回落的基础上相对中速运行，固定资产投资增速分别为11.1%、6.4%、8.5%、11.5%，偏离阶段性高点17.9个、5.7个、15.4个、23.5个百分点①。

3. 供给要素方面制约依然显著

从土地供给来看，土地刚性需求旺盛，土地价格高于全国总体水平，根据全国城市地价动态监测系统的最新数据，长三角地区综合地价水平为5377元/平方米，同比增长5.18%，其中，工业用地价格同比增长1.94%，上海、南京、合肥等地综合地价增速超过10%，土地价格依然处于上升态势；从资金供给来看，资金成为制约长三角地区经济发展特别是实体经济发展的重要因素，特别是债务压力依然较大，1～8月，浙江、上海、江苏、安徽企业负债分别增长2.9%、2.3%、3.4%、5.0%。

三 2017年长三角地区经济运行总体判断

前三季度，长三角地区发展环境已经发生重大转变，准确把握发展环境的新变化、新趋势，对地区塑造新动力、确立新优势至关重要。经济运行新常态下供给侧结构性改革全面推进与区域发展战略持续加码。我国经济发展进入新常态，“L”型长期经济走势已经形成。在经济新常态约束条件下，经济发展依赖于社会供给结构优化提升，依托新供给创造新需求和新的经济增长点，2017年供给侧结构性改革将全面推进，供给侧新动能将逐步培育，为有效解决依靠要素驱动效应递减、供给结构与市场需求脱节、增长动力不足等问题奠定基础。同时，国家发布的长江经济带发展规划纲要、长江三角洲城市群发展规划等将为长三角地区协调发展、形成国际竞争新优势、创新驱动路径、促进产业发展高端化提供有利契机。

① “十二五”以来，固定资产投资季度累计增速阶段性高点分别为：浙江29%（2011年一季度）、上海12.1%（2013年二季度）、江苏23.9%（2011年二季度）、安徽35%（2011年二季度）。

结合长三角地区所处的发展阶段以及面临的国内外发展环境，综合判断：2017年，长三角地区经济下行压力继续存在，“平稳、趋优、有进”的运行态势不会发生变化，预计2017年浙江、上海、江苏、安徽经济增长分别为7.5%、6.5%、8.0%、8.5%，经济增长新区间形成、供给需求趋于平衡、产业结构深度调整、创新驱动全面推进，将演化为地区经济发展新特征。

表4　2016～2017年浙江、上海、江苏、安徽GDP增长预测

单位：%

地　　区	2015年（实际数）	2016年（预测数）	2017年（预测数）
长三角地区	8.1	7.8	7.6
浙　　江	8.0	7.5	7.5
上　　海	6.9	6.7	6.5
江　　苏	8.5	8.1	8.0
安　　徽	8.7	8.7	8.5

四　保持长三角地区经济平稳运行的对策建议

2017年，长三角地区需要加快落实供给侧结构性改革的各项举措，进一步提升经济增长的稳定性与持续性，逐步形成与经济新常态相适应的发展方式。

1. 以持续增长为中心，实现经济平稳发展

针对地区增长基础弱化的问题，要围绕有效供给，抓住缺口和短板，夯实宏观平稳发展基础。一是切实保证投资增长势头。长三角地区应积极利用国家下达的基础设施、基础产业、民生项目建设等“微刺激”政策的契机，努力保持投资的适度增长，为下阶段发展提供支点。二是积极打造经济新增长极。充分发挥上海龙头带动的核心作用和区域中心城市的辐射带动作用，充分发挥中国（上海）自由贸易试验区建设可复制可借鉴经验，加快发展浙江舟山群岛新区、江苏南京江北新区、安徽皖江经济带等新兴经济发展区，形成一批功能清晰、定位明确、发展规范的地区经济新经济增长极。三是全面提升开放水平，促进外贸提质增效。积极策应国家“一带一路”战略，全面提升长三角地区国际化水平和配置全球资源能力，加快建立与最新国际贸易规则相衔接的体制机制，充分提升地区开展国际贸易的质量与水平，促进外贸稳定发展和转型升级。

2. 以创新驱动为中心，实现创新协同发展

在经济发展动力转换阶段，长三角地区应依托科技资源、高层次人力资源优势，全面推进创新驱动，实现创新协同发展。一是加快区域协同创新网络体系建设。围绕国家推进长三角发展的战略规划部署，强化上海地区创新中心功能，加快张江国家自主创新示范区、苏南国家自主创新示范区、杭州国家自主创新示范区、合芜蚌自主创新综合试验区建设，提升原始创新、自主创新能力。二是加快形成区域创新传递链条。整合区域内科技资源，引导、鼓励创新能力强的地区向创新弱的地区传递，如苏南向苏北、上海向苏中、皖南向皖北、杭州向浙北与浙西，形成区域创新传递链条；强化战略性新兴产业、生产性服务业等关键领域创新，带动传统产业升级，形成产业创新传递链条。

3. 以产业升级为中心，实现功能协调发展

聚焦产业转型升级，依托产业空间布局优化，实现长三角地区生态环境容量、主体发展定位、资源要素禀赋三个方面的功能协调发展。一是加快打造具有国际竞争力的现代产业体系。积极落实浙江、上海、江苏、安徽关于《中国制造 2025》产业发展的具体部署，形成一批具有前瞻性和竞争力的智能制造业和生产性服务业产业集群。二是推进产业协同合作发展。依托承接产业转移示范区，支持和鼓励开展区域间产业园区战略合作，在战略性新兴产业等领域加大产业项目谋划和储备力度，采取 PPP 等有效的项目模式，引导民间资本参与产业合作项目建设。三是积极培育新一代地区主导产业。坚持调整存量、做优增量，充分利用企业核心资源，实现市场整合、标准制定、技术配套，发展专业服务、增值服务等新业态，培育新经济增值空间，从低端向高端攀升、从量大到质优跨越。

附：2016 年长江经济带沿线地区经济发展情况

长江经济带横跨我国地理三大阶梯，覆盖上海、江苏、浙江、安徽、江西、湖北、湖南、重庆、四川、云南、贵州 11 省市，面积约 205 万平方公里，占全国的 21%，对实现长江上中下游地区协同发展和东中西部互动合作发展具有重要战略地位。前三季度，长江经济带沿线 11 省市（以下简称“长江沿线”）经济运行保持平稳，各省市经济增速明显快于全国平均增速，经济发展存在总量、速度、结构差异。

1. 经济增长

前三季度，长江沿线地区生产总值为 234705 亿元，占全国总量的 44.3%，其中下游地区的上海、江苏、浙江经济总量较大，三省市占沿线省市经济总量的 45.6%。增速方面，长江沿线有 10 个省市经济增速超过全国平均增速，中上游省市后发优势明显，增长速度明显高于下游的上海、江苏、浙江，重庆、贵州增速达到 10.7%、10.5%，依然处于高速增长区间。总量与增速差异表明区域内部经济发展层级与发展阶段的分化，也充分表明通过制定区域性、基础性协调发展政策，能够充分发挥长江沿线各省市分工与合作优势。

表 5　2016 年前三季度长江经济带经济发展总量与增速

地区	地区生产总值（亿元）	同比增长（%）	高于全国增速（个百分点）
上海	19529.7	6.7	持平
江苏	55281.5	8.1	1.4
浙江	32234.0	7.5	0.8
安徽	17132.0	8.7	2.0
江西	12587.3	9.1	2.4
湖北	22198.4	8.1	1.4
湖南	21771.1	7.6	0.9
重庆	12505.1	10.7	3.0
四川	23793.6	7.5	0.8

续表

地区	地区生产总值(亿元)	同比增长(%)	高于全国增速(个百分点)
云南	9536.9	7.6	0.9
贵州	8135.4	10.5	2.8
合计	234705.0	—	—
全国	529971.0	6.7	—

2. 经济结构

由于经济增长要素和自身发展能力的差异，长江沿线各个地区经济结构存在明显不同。从投资来看，上海固定资产规模扩张阶段基本结束，投资重点是第三产业，前三季度，上海第三产业投资增长7.4%，而第二产业投资仅增长0.7%；正处于经济发展期的安徽、江西、四川、重庆、湖北等地更注重投资总量的扩张，同时积极调整投资结构，前三季度，湖北、安徽第三产业投资增速高于第二产业1.8个、3.3个百分点；经济发展相对落后的贵州、云南等地注重三次产业投资的平衡。从消费来看，由于各地经济不断发展，长江沿线社会消费增势良好，社会商品零售总额均保持增长，但消费规模与增长速度存在很大差距，总量最高的江苏与最低的贵州相差1.8万亿元，增速最高的重庆与最低的上海相差5.2个百分点。从外向型经济来看，长江沿线外贸形势好转迹象并没有明朗，但长江中上游省市充分利用“一带一路”战略机遇，加强与中亚、欧洲路上联通，外贸进出口状况稍好于上海、江苏、浙江等地。

G.28

2016年中部地区经济形势分析与2017年展望

阮华彪　倪　梦*

摘　要：2016年以来，国内外形势复杂严峻，中部地区坚持贯彻落实新发展理念，积极适应引领发展新常态，进一步调整增长方式，优化经济结构，宏观经济运行呈现基本平稳、稳中有进、好于预期的格局。随着保持经济继续较快增长压力的不断增大，中部地区需要利用好国家政策机遇，继续加快产业结构调整步伐，大力推动区域合作，积极深化重点领域改革，为中部地区的经济发展注入新动力。展望2017年，随着国际经济的缓慢回升以及国内稳增长政策的实施，中部经济仍将保持稳中有进。

关键词：中部地区　经济运行　稳中有进

一　2016年中部地区经济运行基本态势

1. 经济增速高于全国，运行总体保持平稳

2016年以来，在稳增长政策效应持续释放和供给侧结构性改革不断推进的共同作用下，中部地区经济运行保持缓中趋升。前三季度中部六省GDP平

* 阮华彪，经济学硕士，安徽省经济信息中心预测处副处长，高级经济师，主要研究宏观经济分析与预测、区域经济、产业经济等问题；倪梦，经济学硕士，安徽省经济信息中心预测处经济师，主要研究宏观经济分析与预测、区域经济等问题。

均增长7.9%，较上年同期回落0.2个百分点，但经济增速仍然高于全国1.2个百分点。从季度走势来看，各季度保持平稳，与全国水平一致。从各省增速来看，六省均保持稳定增长，除山西外，其余各省前三季度仍保持7.6%以上的增速。其中，江西以9.1%的增速继续保持领先地位，也是唯一增速超过9%的中部省份。持续低迷的山西经济增长4%，经济呈现较为明显的复苏势头。

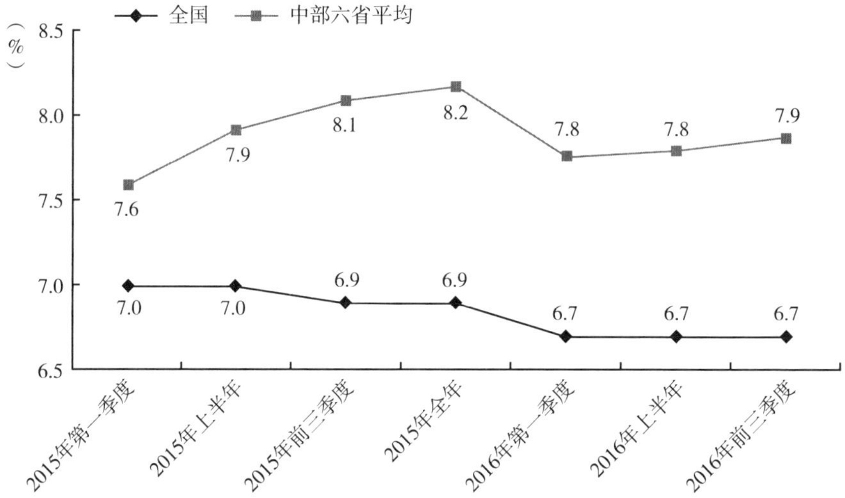

图1　2015年以来全国及中部六省GDP平均增速

2. 工业增速略有回升，结构调整步伐加快

中部六省工业经济整体好于全国。前三季度规模以上工业平均增速达到7.3%，较一季度回升0.4个百分点，高出全国1.3个百分点。除山西外，其余各省仍保持6%以上的增长，其中，山西规模以上工业增加值增速虽然依旧为负值，但是降幅大大收窄。

表1　中部六省规模以上工业增加值增速

单位：%

地区	2015年第一季度	2015年上半年	2015年前三季度	2015年全年	2016年第一季度	2016年上半年	2016年前三季度
全国	6.4	6.3	6.2	6.1	5.8	6.0	6.0
山西省	-2.9	-3.9	-3.3	-2.8	-2.5	-2.0	-0.1

续表

地区	2015 年第一季度	2015 年上半年	2015 年前三季度	2015 年全年	2016 年第一季度	2016 年上半年	2016 年前三季度
安徽省	9.0	8.7	8.7	8.6	8.5	8.5	8.6
江西省	9.5	9.6	9.4	9.2	9.1	9.0	9.1
河南省	8.6	8.5	8.5	8.6	7.7	8.0	8.0
湖北省	8.4	8.2	8.3	8.6	7.7	8.0	8.0
湖南省	8.0	7.7	7.8	7.8	6.2	6.5	6.6
中部平均	7.8	7.9	7.4	7.5	6.9	7.1	7.3

工业结构优化调整态势明显。一是高成长性制造业增速加快、占比提高，工业发展继续向中高端迈进。前三季度河南高成长性制造业增长10.1%，增速高于全省工业2.1个百分点；安徽高新技术产业增长14.9%，增幅比上半年高1个百分点，贡献率由上半年的59.7%提高到63.4%。二是先进制造业增长较快，传统支柱产业产品结构向质量更优、技术含量更高的方向调整。前三季度，湖北汽车制造业同比增长13.4%，计算机通信设备制造业增长15.7%；湖南汽车制造业增长39.7%，计算机、通信和其他电子设备制造业增长14.8%，医药制造业增长12.5%，通用设备制造业增长11.3%；安徽制造业增长8.8%，其中，装备制造业增长12.2%，增幅比上半年高0.5个百分点，贡献率由上半年的48.8%提高到50.4%，有力地支撑了工业的稳定增长。三是企业效益有所回升。1~8月，湖南规模以上工业企业利润总额增长9.2%，比上半年加快2.3个百分点；湖北规模以上工业企业主营业务收入利润率为5.6%，同比提高0.3个百分点；江西规模以上工业企业主营业务收入利润增长12.3%，比上半年提高0.2个百分点。

3. 固定资产投资增速回落，投资结构持续改善

前三季度中部六省平均增速达到12.4%，高于全国平均水平4.2个百分点，但比上年同期回落3个百分点。其中，江西以14.2%的增速位居中部第一。

从投资结构看，促转型投资加快。前三季度，安徽第三产业投资增长

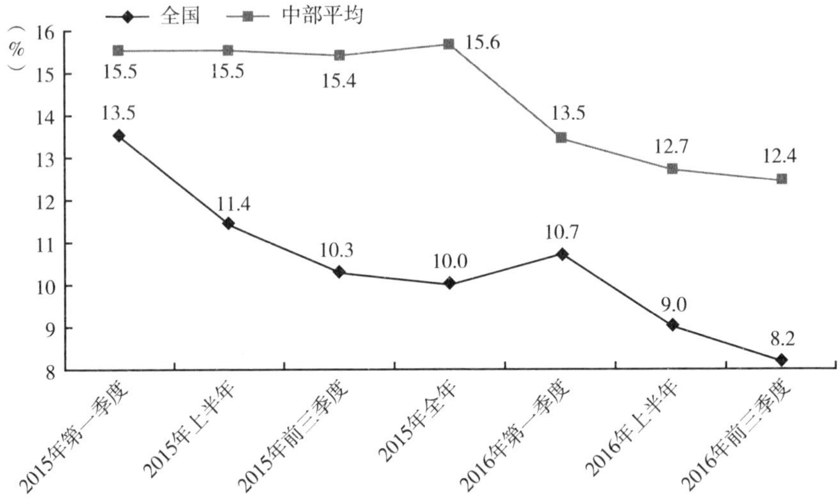

图 2　中部地区固定资产投资总额及增速

13.2%，远高于一产、二产投资增速。河南第三产业投资增长 17.7%，高于全省固定资产投资增速 4.7 个百分点，高于工业投资增速 10 个百分点。湖南第三产业投资增长 18.5%，比上半年加快 1.7 个百分点，租赁和商务服务业投资增长 32.5%，互联网和相关服务业投资增长 53%，娱乐业投资增长 1.1 倍。从投资成效看，补短板成果显著。前三季度，湖北全省基础设施投资增长 17.7%，环比提高 0.1 个百分点，高于全省平均投资增速 14.3 个百分点；湖南部分薄弱环节投资增长较快，教育、卫生、社会工作、生态保护和环境治理投资增速分别为 25.2%、29.8%、49.4% 和 1.1 倍；河南基础设施投资增长 29%，高于全省投资增速 16 个百分点。从投资主体看，民间投资拉动作用显著。前三季度，安徽民间投资增长 6.6%，占全部投资的比重为 69.3%；江西民间投资增长 9.5%，比上半年提高 0.2 个百分点，占全省投资的 71.7%，对全省投资增长的贡献率达 49.9%。

4. 消费需求稳步增长，消费结构持续升级

前三季度，中部六省的社会消费品零售总额增长 11%，较 2016 年一季度回升明显。除山西增速低于全国平均增速，仅为 6.9%，其余五省增速均为两位数。

一是新兴消费加快成长。互联网购物增长势头强劲。前三季度，按买家所在地统计，安徽网上零售额同比增长40.3%；湖北网购消费增长60.8%；湖南限额以上餐饮业中通过公共网络实现的餐费收入增长1.6倍，快递业务量增长55.8%。二是消费结构进一步升级。发展型、改善型、康乐型消费增长较快。前三季度，湖北通信器材类消费增长59.3%；江西体育娱乐用品类增长26%；湖南汽车类零售额增长15.1%，通信器材类增长18.7%，文化娱乐体育健康类增长24.4%。三是居住家装类消费快速增长。楼市升温、改善型购房需求释放，带动居住家装类消费快速增长。前三季度，湖北建筑装潢类消费增长16.8%；江西家具类增长19.3%，建筑及装潢材料类增长22.8%；湖南家具类增长32.5%，建筑及装潢材料类增长40.7%，同比分别加快14.3个和21.4个百分点。

表2　中部六省社会消费品零售总额累计增速

单位：%

地区	2015年第一季度	2015年上半年	2015年前三季度	2015年全年	2016年第一季度	2016年上半年	2016年前三季度
全国	10.6	10.4	10.5	10.7	10.3	10.3	10.4
山西省	5.5	5.0	5.2	5.5	5.3	6.4	6.9
安徽省	12.3	12.1	12.1	12.0	12.0	12.1	12.2
江西省	10.9	11.2	11.0	11.4	6.6	11.9	11.9
河南省	12.3	12.2	12.3	12.4	11.5	11.5	11.7
湖北省	12.2	12.2	12.1	12.3	11.7	11.4	11.4
湖南省	12.1	12.1	12.0	12.1	11.2	11.4	11.6
中部平均	10.9	10.8	10.8	11.0	9.7	10.8	11.0

5. 外贸出口冷热不均，总体保持较快增长

前三季度，中部六省出口平均增长3.0%，虽然高出全国增速4.6个百分点，但较上年同期大幅回落3.6个百分点。从各省具体情况看，山西进出口总值以同比增长19.4%的速度位列全国第一，是中部六省中唯一增速为两位数的省份，也是中部地区进出口平均增速高于全国平均水平的主要拉动力。

表 3　全国及中部六省出口平均增速比较

单位：亿元，%

地区	2016 年前三季度			
	进出口	增幅	出口	增幅
山西省	799.6	19.4	478.8	27.2
安徽省	2042.0	-0.7	1315.7	-2.4
江西省	2061.8	5.0	1585.6	2.1
河南省	3011.9	-2.6	1743.9	-1.6
湖北省	1943.0	5.3	1299.6	8.1
湖南省	1103.0	-12.9	729.0	-15.2
中部总计/平均	10961.3	2.3	7152.6	3.0
全国	175318.0	-1.9	100585.0	-1.6

中部六省进出口虽然分化明显，但依然有亮点。一是制造业，尤其是特大型企业对促进进出口作用显著。前三季度，山西加工贸易大幅增长，其中电器及电子产品出口增长 81.7%，占出口的 64.2%，是拉动山西外贸经济大幅增长的主力。新一代“湖北制造”出口大幅增长，其中，联想集团前三季度共出口 201.2 亿元，占湖北出口的 15.5%。河南进出口总值中，加工贸易进出口贡献超过六成，其中富士康及其所属企业进出口值占河南同期进出口值的 62.2%。二是民企成为拉动外贸增长的助推器。前三季度，湖北民营企业进出口总值增长 25.6%，占全省外贸总值的 52.5%。河南民营企业进出口同比增长 7.2%，占同期外贸进出口总值的 25.4%。

二　2016年中部地区经济运行中的主要问题

2016 年以来，中部六省的经济运行态势与全国趋势基本一致，继续保持总体平稳、稳中有进、稳中提质的发展态势。但由于我国经济仍处在转型升级、动能转换的关键阶段，国内因素和国际因素相互影响，不稳定、不确定因素仍然较多，经济持续发展的基础尚不牢固，中部地区发展面临较多不利因素，经济运行中面临不少问题和压力。

1. 经济回升基础不牢

2016 年前三季度，中部六省平均经济增速仅领先全国 1.2 个百分点，较上年同期再度缩小 0.1 个百分点，快于全国的幅度逐年缩小。工业经济依然面临严峻的困难。湖南 9 月工业用电量降幅由 8 月的 5.6% 扩大至 18.3%，铁路货运量累计仍下降 7.7%，工业税收由增长 1% 转为下降 1%。湖北 1 ~9 月全部工业 41 个行业中有 25 个增速回落，工业经济运行平台监测的产能利用率累计为 76.8%，仍处于产能过剩区间。山西 9 月全社会用电量环比降低 8.84%，除一产外，各产业用电量环比均为负增长。中部地区保持相对较快增长的压力仍然很大，亟须培育加快经济发展的新动力。

2. 市场需求和供给依然偏弱

在需求方面，产品价格是反映市场需求状况的晴雨表，部分省份 PPI 下跌的趋势没有得到根本扭转。前三季度，安徽 PPI 为 -3.6，湖南 PPI 同比下降 2.5%；山西 PPI 同比下降 8.8%。在供给方面，湖北工业投资增速从 2013 年起递减，2016 年 1 ~8 月增速同比回落 2.8 个百分点，其中，制造业回落 6 个百分点，工业民间投资增长率回落 6.7 个百分点。前三季度，山西工业投资增速为 -2%；湖南完成工业技术改造投资同比下降 7.1%，降幅较1 ~8 月扩大 0.1 个百分点。

3. 外贸增长乏力

前三季度，中部六个省份进出口相关数据中正增长与负增长的省份各占 50%，其中，河南、湖南降幅都大于全国平均水平。以降幅最大的湖南为例，传统优势产业出口下降明显，加工贸易进出口总额下降 29.8%，对外承包工程带动货物出口下降 68.8%。未来进出口这一驾马车对经济的拉动作用将进一步降低。

三 2017年中部地区面临的发展环境

2017 年，中部地区面临的发展环境总体保持稳定。世界经济仍然低迷，但呈现缓慢回升态势。国内经济下行压力不减，但政策托底力度仍然有力；

产能过剩总体区域没有改变，但需求环境有所改善；要素成本总体仍然较高，但政府在力促企业成本降低。总体上看，中部地区经济仍将保持平稳增长。

1. 世界经济仍然低迷，发展中国家增长有望加快

金融危机以来，全球经济一直难有持续性复苏。按照 IMF 的预测，2016 年全球经济增速预期仅为3.1%，低于2008 金融危机以来3.3%的平均增速，经济增长中枢不断缓慢下移。货币政策的刺激效应持续减弱，世界经济增长越来越取决于生产效率等长期因素改善，预计 2017 年世界经济仍难有明显改善。IMF 预测，发达经济体 2017 年经济增速仅有 1.8%，较 2016 年回升 0.2 个百分点，但仍低于 2015 年增速 0.3 个百分点。受俄罗斯、巴西经济的企稳回升以及印度和东盟地区经济的强势增长，发展中国家经济有望出现近六年来的第一次加快增长，预计增速达到 4.6%，较上年加快 0.4 个百分点。由于发展中国家经济的改善，资金有望重新流向新兴市场。

2. 国内政策预期稳定，经济仍将保持平稳增长

第三季度以来，国内经济出现企稳迹象。制造业 PMI 指数已经连续两个月稳定在 50% 以上；PPI 指数结束了连续 54 个月的下降趋势，首次上升；企业效益大幅改善，截至 10 月 24 日，已公布业绩的上市公司三季度利润增长超过 50%。考虑到当前宏观经济稳定的基础仍然薄弱，预计 2017 年的货币政策总体上仍保持宽松。面对房地产调控政策对 2017 年投资产生的影响，国家可能通过提高赤字水平、加大专项基金和 PPP 项目推进力度等手段推动基础设施建设和扶贫开发，来对冲房地产投资的下降，预计全年经济仍能保持在 6.5% 以上。

3. 市场环境有所改善，行业效益有望改善

随着政策推进力度的加大，下半年国内重点行业去产能进程明显加快。2016 年前 7 个月，煤炭、钢铁分别仅完成年度去产能任务的 38% 和 47%，8 月后去产能进度明显加快，前三季度已完成全年去产能任务的 80% 以上，全年去产能任务有望提前完成。2017 年，煤炭、钢铁等行业去产能仍将继续推进，推动行业兼并重组取得实质性进展，加快行业结构的不断优化和资源利用效率明显提高，市场供需形势有望继续好转，有利于中部地区钢铁、煤炭以及其他相关行业效益和市场预期的改善，支撑工业经济的企稳回升。

4. 要素成本有望下降，企业负担有所减轻

2016 年以来，中部各省都采取了一系列措施降低企业的用工、用地、用能和资金成本。湖南鼓励采取长期租赁、先租后让、租让结合等灵活多样的供地方式，鼓励各地以工业用地在法定最高出让年期内缩短出让年期等方式实行弹性出让；湖北阶段性将企业职工基本养老保险单位缴费比例由 20% 降至 19%；将失业保险总费率由 2% 降至 1%。河南从用电、融资、社保、资源使用等 10 个方面降低实体经济成本，预计能够给企业减少成本约 830 亿元。安徽突出从降低制度性交易成本、企业人工成本、税费负担、财务成本、用能用地成本、物流成本六大方面降低企业成本，预计年降低企业成本 900 亿元左右，可降低企业成本 2.7% 左右。这些举措将在 2017 年有效地减轻企业负担。

综合分析，2017 年中部各省仍将继续加大供给侧结构性改革力度，围绕重大基础设施建设、扶贫开发、保障房建设、生态环境等领域加大投入，继续强化投资对经济增长的稳定作用。通过加大改革力度、减轻企业负担和推广 PPP 等投资新模式，逐步激发民间资本活力，确保经济保持平稳较快增长。初步预计，2017 年中部经济能够保持 8% 以上的增速。

四　政策建议

国家“十三五”规划纲要对中部地区在未来五年的发展提出了明确要求，通过建设现代立体交通体系和现代物流体系，加快培育壮大沿江沿线城市群和都市圈增长极；通过有序承接产业转移，加快现代农业和先进制造业的发展，推动战略性新兴产业和高技术产业基地建设；通过郑州航空港经济综合实验区建设、武汉等自由贸易区建设，加快发展内陆开放型经济。这些都为未来一段时期内如何推进中部地区崛起指明了方向。

1. 产业承接与创新驱动并举，进一步增强中部地区崛起产业支撑

中部仍是国家鼓励承接沿海地区产业转移的重点区域。近期，国家正式同意将皖江城市带承接产业转移示范区规划展期到2020年；武汉自贸区的设立也是落实中央关于中部地区有序承接产业转移、建设一批战略性新兴产业和高技术产业基地的要求。中部地区要把握全球产业重新布局和国家政策带来的新机遇，积极探索承接产业转移新路径。一方面，要发挥产业配套优势和中欧班列开通带来的物流效率的提升，大力承接沿海地区加工贸易转移，提高经济外向度水平。另一方面，要充分发挥武汉、郑州、合肥等区域性中心城市的创新优势，积极承接电子信息、移动通信、汽车及零部件、集成电路、医疗设备、航空航天、生物医药、新能源、新材料、节能环保等新兴产业领域资金、技术的转移，加快中部地区战略性新兴产业和高技术产业基地建设，进一步强化中部地区加速发展的产业支撑。不断创新产业承接机制，探索建立区域产业转移引导制度和区域产业链条上下游联动机制，推动中部地区通过委托管理、投资合作等多种形式与东部沿海地区合作共建产业园区。

2. 积极参与“一带一路”建设，化通道优势为竞争优势

充分发挥中部地区承东启西、联南接北的作用，进一步加强与东西部地区基础设施互联互通，积极落实好“一带一路”对接实施方案，利用好国际产能合作、长江中上游与伏尔加河沿岸联邦区合作机制、中东欧国家地方领导人会议、友好城市等平台，精心打造一批重点合作项目，推动冶金、建材、汽车、装备制造、家电等优势产业抱团“走出去”。

3. 把握长江经济带建设契机，深入推动区域合作

2016年，《长江经济带发展规划纲要》已经正式印发，这是推动东中西协调发展的重要机制，中部六省有四省列入其中。未来一个时期，中部地区要充分利用这一机制和平台，统筹推进区域内综合立体交通走廊建设和产业、城镇布局的优化，通过发挥沿江沿线城市群和武汉、长沙、南昌、合肥等都市圈增长极的辐射带动作用，带动区域资源优势互补、产业分工协作和城市互动发展。加强跨省区的政策协调，探索建立毗邻省份发展规划衔接机制，在省份交界地区开展区域一体化发展试点试验，切实推动区域间的协同发展。

4. 加快推进重点领域改革，营造良好的发展环境

中部地区在营造发展环境上主动拉高标杆，在体制创新、行政效率、政府服务等方面与沿海地区等对接。大力推进放管服改革，完善权责清单、涉企收费清单等制度，推进简政放权，落实事中事后监管，加强信息保障等，构建宽松便捷、公平有序的营商环境。进一步放宽民间投资市场准入，加大力度推进市场化改革，加强和改善政府管理服务，营造更加公平透明的投资环境。

G.29

2016年西部地区经济形势分析与2017年展望

肖若石*

摘　要：　2016年西部地区经济保持快速平稳的增长态势，前三季度，西部各省份的GDP增速均高于全国平均增速，成为我国新的区域经济增长引擎。投资消费双轮驱动的模式逐渐形成，投资增速平均达到13.6%，消费平均增速为10.59%。西部地区中的重庆、贵州连续多个季度成为各省份GDP增速的领军者、排头兵，积累了大量后发地区实现跨越式发展的成功经验。但西部地区在快速发展时也存在一定的问题，内部分化日趋加剧，传统的投资依赖型的发展模式已经不足以支撑西部地区的快速增长。预测2017年西部地区整体的经济运行情况不会出现较大变化，但部分投资依赖较强的西部省份经济增速将出现小幅下滑。未来西部地区应进一步培育自主创新能力、加快转型升级、调整投资结构，为实现西部地区长期稳定快速增长打好基础。

关键词：　西部地区　区域发展　转型升级　增长模式

2016年西部地区经济整体快速平稳增长，各省份主动适应经济新常

---

* 肖若石，经济学博士，就职于国家信息中心经济预测部，主要研究方向为经济体制改革、区域经济、收入分配、物价监测等。

态，全面贯彻落实五大发展理念，以供给侧结构性改革引领经济发展，根据自身的禀赋特点打造各具特色的发展模式，逐步成为我国新的经济增长引擎，成为化解我国经济下行压力的重要支撑。但西部地区的增长仍然十分依赖投资拉动，创新驱动能力尚待培育，同时由于底子薄、基础差，经济发展的总量与质量与东部地区存在较大差距，因此，应继续挖掘发展潜力、拓展增长空间、加快新旧动能转换，以保持快速增长的良好态势。

一　西部地区经济运行基本态势及分析

1.2016年西部地区经济发展基本情况

2016年西部地区经济运行总体保持平稳快速增长，实体经济对经济增长的支撑作用日益增强，西部地区成为我国区域经济发展新的排头兵。从三大区划生产总值的加权平均增速来看，西部地区前三季度增速最快，平均为8.11%，分别高出东、中部地区0.63个与0.33个百分点。从各省情况看，全国GDP增速排名前三的省份均来自西部地区，分别是重庆、西藏和贵州，增速为10.7%、10.7%与10.5%，排名前十的省份有六个来自西部地区，西部各省份的GDP增速均高于全国平均增速。从GDP增速的变动情况来看，西部地区与中部地区的变动情况相近，前三个季度均下降0.3个百分点左右，东部地区下降最多，达到0.43个百分点。从前三季度投资情况来看，在三大区划中，西部地区的固定资产投资累计增速最快，平均达到13.6%，分别高于东、中部地区约10个百分点与2个百分点，全国增速排名前五的省份中西部地区占据四席，分别是贵州21.7%（第1）、云南19.2%（第2）、西藏19.2%（第2）与广西13.7%（第5）。从消费情况看，西部地区的社会消费品零售累计增速略低于中部地区，高于东部地区，平均增速为10.59%，其中，重庆、贵州增速分别为13.1%、12.8%，排全国前两位。从工业增长情况看，西部地区较东、中部最快，前三季度工业增加值累计增长率约为7.61%，分别高于东、中部地区3.6个与1.6个百分点。

表 1　三大区划 GDP 增速及变动情况

单位：%，个百分点

地区	2015 年上半年	2015 年前三季度	2016 年上半年	比上年同期增长	2016 年前三季度	比上年同期增长
东部	7.88	7.91	7.56	-0.32	7.48	-0.43
中部	7.85	8.09	7.77	-0.08	7.78	-0.31
西部	8.29	8.46	7.96	-0.33	8.11	-0.35

资料来源：各省份统计局公布数据整理。

2. 西部地区在发展中存在的主要问题

（1）仍然依赖传统的投资拉动模式

近五年西部地区投资增速不断加快，固定资产投资年均增幅在 20% 左右，而东、中部地区分别约为 14% 与 16%。从固定资产投资占 GDP 的比重看，前三季度固定资产投资占 GDP 的比重在 80% 左右，高于全国平均水平 10 个百分点以上。尽管西部地区保持了较快的经济增长，但在投资这把双刃剑的作用下，效益递减、有效投资不足两大问题日益凸显。首先，从投资效率下降看，西部地区的单位固定资产投资产出 GDP 是三大区域中最低的。其次，从产能利用率看，将东北三省剔除后，西部地区仍是三大区域中产能利用率最低的区域，大规模的投资并未促进生产可能性边界的扩张，这从另一个侧面证明了西部各省份的有效投资显著不足。

（2）创新驱动能力尚需培育

从全要素生产率对经济增长的贡献率来看，西部地区是三大区域中最低的，低于东部地区约 15 个百分点，创新驱动能力仍然较为薄弱。西部各省份规模以上工业企业平均研发投入约为 200 万元，而东部各省份与全国的平均数值分别约为 300 万元与 280 万元；西部地区专利申请受理数量占全国总量的约 14%，而东部约为 70%，西部是东部的 1/5；西部地区技术市场交易份额只占全国的 15%，而东部约为 65%，西部不到东部的 1/4。从劳动力素质看，西部地区劳动力平均受教育年限不到 9 年，低于我国义务教育年限，适龄劳动力大多只能从事简单的体力劳动，人才水平不足以支撑知识、技术以及制度的不断创新。因此，西部技术的积累与创新能力的培育仍然需要较长的时间，需要进一步加强政府扶持激励，构建完善的自主创新体系。

（3）对外开放水平有待提升

西部地区贸易依存度只有15%，低于我国35%的平均水平，人均吸引外资数量不到600元，也远低于东部沿海地区，对外开放的广度和深度尚需加强。已在西部地区投资的外商企业（除重庆外）大都是产业链低端的装配与零部件制造，而研发、上游的零部件制造、销售、结算均没有放在当地，FDI的溢出效应显著不足。这种既没有产业链条延伸，也没有模仿提升技术水平的外商投资，将严重制约西部地区下一阶段的产业转型升级。通常吸引外资不仅带来了投资量、先进技术和经营方法，还规范了政府与市场的关系，有助于构建良好的营商环境。现阶段西部地区的市场化程度仍是三大经济带中最低的，除了依靠政府自身的职能转变与简政放权外，西部地区也应重视引进外资对推动市场化水平提升的重要作用。

3．“重庆经验”为西部地区经济增长的成功模式

（1）以合理的产业布局推动经济均衡发展

在新常态之前的发展阶段，我国普遍采取了赶超与比较优势相结合的发展战略推动经济增长，这往往会导致产业结构的失衡。东部发达地区凭借着雄厚要素禀赋和政策优势，可以较为顺利地调整这种失衡，而对于后发地区而言，产业发展失衡的调整就比较艰难。重庆经验证明，在经济新常态下，后发地区应摒弃传统的从二产到三产的发展路径，转而施行一二三产均衡发展的经济发展战略，根据不同区域的要素禀赋进行全产业的布局，实现产业的均衡发展。做好产业发展的“减法”与“加法”，对未来5～10年将出现产能过剩的行业一定要用“政府的手”严格限制，对未来有良好前景的高新技术产业要发挥政府与市场的合力，加快引进积极培育。

（2）积极发挥市场配置资源的决定性作用

当前政府对市场的影响力已经越来越小，无法对一个地区的经济社会发展大包大揽，因此，要积极发挥市场高效配置资源的作用，推进经济发展。重庆的经验表明，后发地区的政府应当把相对稀缺的资源（土地、矿产、自然资源）交由市场配置，这样不仅提升了资源配置效率，并且可以吸引更多的资本投入该地区的建设。此外后发地区应积极以PPP或其他形式吸引社会资本参与到交通基础设施和公共服务设施建设中，缓解资本匮乏与投资需求缺口较大之间的矛盾。

（3）加快补齐自身在发展中的短板

供给侧结构性改革的“三去一降一补”主要任务中，政府与社会各界比较关注的是去产能、去库存、去杠杆、降成本，而补短板往往被忽视，但真正制约一个地区发展的正是短板效应。从重庆的发展经验看，正是由于将困扰自身发展的三大短板补齐转化为自身的比较优势，才实现了经济的快速增长。同时重庆所存在的三大短板在中西部的后发地区比较有代表性，因此后发地区补短板的着力点应在加快交通与基础设施建设、优化产业结构、破除城乡二元结构三个方面。

（4）重视投资对于经济的拉动作用

在经济新常态下，强调从要素驱动向创新驱动的转型，但由于我国区域间经济发展差异较大，应该采取差异化的区域经济发展战略。东部地区已经具备了驱动方式转变的基本条件，可以逐渐降低要素投入，依靠技术进步推动经济增长。而从重庆的经验看，中西部后发地区还应坚持赶超战略，增加投资与资本积累，才能保持经济的高速增长，缩小区域间的不平衡。特别是要加强交通与基础设施建设领域，这种投资短期内很难有效刺激经济增长，但从重庆的发展经验看，长期而言，这些资本积累是保障未来经济快速发展的重要基础。

二　2017年西部地区需要重点关注与解决的问题

1. 人口与城镇化的红利释放

西部地区有大量的农村富余劳动力，15～64岁的适龄劳动人口大约为1.3亿人，保守估计仍有3000万的农村适龄劳动力没有转移出来。从西部地区整体人口结构来看，少年的人口抚养比高于25%，高于东、中部地区，这表明未来西部地区将有大量的新增劳动力对冲人口老龄化的影响，劳动力的供给将保持稳定。但劳动力素质却低于全国平均水平，熟练技术工人占劳动力总数的比重偏低，新兴产业、业态所需的高素质劳动力严重短缺。亟须通过加快教育、加强培训等政策措施提升劳动力素质，形成人力资本红利与劳动力供给红利叠加释放。劳动力的转移是需要城镇化的发展作为支撑，当前西部地区的城镇化率约为48%，低于全国8个百分点。城镇化的发展将有效扩大投资与消费需求。从投资角度看，城镇化的基础设施建设产生大量的钢铁、水泥、玻璃、能源、建材等需求，这将化解西部地区过剩产能的压力。从消费角度看，转移出的农村人口会在住房、工业品、生活服务业等方面产生大量消费需求，按照2000万农村人口向城市转移计算，大约可以新增4万亿元的消费需求。人口与城镇化的红利释放，将会为西部地区的持续发展注入强劲的动力。

2. 提升开放水平承接产业空间梯度转移

从对外开放看，传统上讲西部地区远离沿海口岸，在承接对外开放时有着先天的区位劣势。但当前随着“一带一路”与长江经济带战略的深入实施，国家对西部地区交通及基础设施进行了大规模的投资建设，贵州、广西、重庆等多个西部省份已经成为我国对外开放的重要窗口。从对内开放看，随着我国区域间经济发展水平与质量的日趋分化，产业在区域间的梯度转移需求快速增加，地区间的合作日趋紧密。西部地区应牢牢抓住这一机遇，充分发挥劳动力要素的比较优势，加快承接东部沿海地区及发达国家的产业转移，输入更多的优质生产要素，带来更先进的管理经营理念，发挥更有效的技术溢出，实现后发地区的跨越式发展。

3. 推动工业结构与产业结构的双升级

从我国整体的发展经验看，工业结构往往落后于产业结构的升级速度，但就西部地区而言，两者转型升级的速度都较为缓慢。当前西部地区工业占主导地位的仍是高耗能的资本密集型企业与低附加值的劳动密集型企业，此外东部沿海地区大量的低端制造业也转移到西部地区，西部地区的工业结构距以技术密集型为主导的高阶工业化阶段仍有不小的距离。因此，短期内西部地区还应以“雁阵模式”作为产业升级的主要路径，通过购买现成的先进设备、技术，并配套引进高效的生产管理方式推动工业结构在短期内实现跨越发展。西部地区二、三产比重分别约为47%与41%，第三产业的发展潜能没有得到充分的释放。对于一个有大规模制造业和近4亿人口的区域而言，未来生产性服务业与生活性服务业的发展空间是巨大的，西部地区应在推动工业升级的同时加快服务业的发展。工业结构与产业结构的双升级能为西部地区带来更持久、更高质的增长。

三 2017年西部地区经济运行发展展望

1.影响西部地区未来经济发展的主要因素

（1）国际因素

2017年全球经济仍将处于金融危机的延伸期，各国政治风险加剧，诸如英国退欧黑天鹅事件的不断出现，全球经济增长的不确定性在增加。从世界主要经济体8月的指标来看，美国非农数据仍然低于预期，PMI也出现收缩，GDP增速不到3%；而日本出口大幅下滑，下降9.6%，经济增速也低于预期，欧洲主要国家受英国退欧事件影响，经济增长也持续偏软，全球经济的增长空间进一步缩小。新兴经济体的增速同样有所放缓，但仍然保持了较高的经济活力，印度、越南、巴基斯坦等国家仍能保持5%以上的经济增长。国际环境对于西部地区而言是挑战与机遇并存，挑战是全球经济疲软，外部需求不足，会影响西部各省份的进出口与外商投资，而机遇是西部各省份所对接的“一带一路”沿线国家经济发展总体向好。

（2）国内因素

这两年是“十三五”的开局之年，为完成保持经济增长的规划目标打好开局、奠定基础，国家会在此期间加大财政政策的支撑力度。从近期看，发改委专项债券建设基金、财政部PPP第三批项目等稳增长的重大举措密集出台，西部地区成为政府投资的主要区域。同时随着“一带一路”战略、长江经济带战略的深入实施，对西部地区的政策支持力度也在不断加大，仅

2016 年就批复宁夏为国家内陆开放实验区，重庆、四川为自由贸易实验区，广西凭祥为重点开发实验区。2017 年西部地区将继续释放叠加政策红利，经济快速增长的基本走势不会出现变化。此外，通过深入贯彻落实创新驱动战略与供给侧结构性改革任务，西部地区新旧动能的转化进程也将进一步加快。

（3）区域内部因素

西部地区内部的经济增长出现了一定程度的分化，前三季度各省份 GDP 增速的标准差、变异系数较上年分别增加了 12.5% 与 21%。尽管西部地区总体依赖投资拉动经济增长，但部分政策支持力度大、市场化程度高、有一定自主创新能力的省份如重庆、贵州、宁夏等仍然保持了中高速的增长，而一些政策扶持相对较少、发展路径单一、创新驱动能力不足、对外开放迟滞的省份如云南、陕西等增速都出现了较大幅度的下滑。未来西部各省份能否保持均衡的快速增长是影响其整体经济持续稳定发展的重要因素，重庆、宁夏、贵州这些发展相对较快的省份要起到促进区域增长的支点作用，要通过这些支点省份把先进生产要素向西部后发地区流通，挖掘经济增长的新动能。

2. 西部地区经济发展的主要指标预测

通过分析国际经济环境与国内宏观形势、改革政策及区域内部的经济结构，可以判断，2017 年西部地区整体的经济运行情况不会出现较大变化。但考虑到我国宏观政策将更为审慎的可能性，西部地区投资增速将逐步放缓，结构调整与动能转换力度也将不断加大，部分对于投资依赖较强的西部省份经济增速将出现小幅下滑。

表 2　西部地区经济增速预测

单位：%

地　　区	2015 增速	2016 预测	2017 预测
广西壮族自治区	8.1	7.1	7.0
重　庆　市	11.0	10.7	10.8
四　川　省	7.9	7.5	7.8
贵　州　省	10.7	10.5	10.7

续表

地　　区	2015 增速	2016 预测	2017 预测
云　南　省	8.7	7.1	7.5
西藏自治区	11.0	10.5	10.5
陕　西　省	8.0	7.2	7.0
甘　肃　省	8.1	7.6	7.1
青　海　省	8.2	8.2	8.0
宁夏回族自治区	8.0	8.0	8.0
新疆维吾尔自治区	8.8	8.2	8.1

资料来源：各省份统计公报及笔者测算。

四　保持西部地区经济快速发展的相关政策建议

1. 构建良好的营商环境，进一步激发民营投资活力

当前西部地区的投资主要来源于国有投资，如西部民营经济发展较快的重庆，国有投资比重也在70%以上，而东部、中部大部分地区民营投资占比均在60%以上。西部地区在下一阶段发展中，要把撬动民营资本、活跃民营经济作为政策的发力点。一是要优化市场环境，保障民营企业能同权获得合法权益、同价获得生产要素、同等获得竞争机会。二是要加大简政放权力度，加快建立模块化的审批机制，制定政府责任和权力清单与企业负面清单，厘清政府与市场边界。三是要加大力度扶持民营经济，积极开展混合所有制经济改革，打造各类“双创”平台，鼓励民营资本向基础设施领域进行投资，依法规范PPP模式，设立西部中小企业扶持基金与担保性金融机构，全面减轻中小企业税费负担。四是政府要减少对微观经济领域的干预，避免制订不符合产业发展趋势的产业规划，减少从东部地区承接的高耗能、低技术企业。

2. 加快人力资本培育与技术要素合作，提升创新驱动水平

西部地区短期内依靠域内科研资源提升生产技术水平是较为困难的，只有通过域外的技术引进才能快速提升全要素生产率水平。因此，西部地区应打造以企业技术引进与研发为核心的科研创新体系，充分发挥企业在承担创新发展中的主体地位，鼓励建立企业国家重点实验室，培育国家级高新技术产业化基地，支持引进国内外先进生产技术。创新驱动发展不仅需要一大批拔尖的科技创新人才，更需要职业教育培养的一线技术技能人才，将大量创新成果转化为现实生产力。西部地区应依托职业教育的方式提升劳动力素质，以培育复合型技术工人为目标，使劳动力不仅有较强的专业技术水平，也兼具一定的研发和创新能力。

3. 大力推进转型升级，实现跨越式发展

西部地区要采取推动工业结构与产业结构的双升级的策略，从工业结构看，要积极落实好供给侧结构性改革任务，进一步降低过剩、低效产能行业占比，重点培育已有的特色产业，加快工艺流程改进、制造装备升级、生产管理体系提升。还应着重发展特色产业集群的上下游延伸，实现西部各省份内部产业集群的相互协作。从推进服务业发展看，生产性服务业要与产业集群发展相配套，构建研发、上下游的零部件制造、销售、物流、结算的全产业链条。生活性服务业要发挥西部地区优质的自然资源，以旅游业与养老康体业的发展为突破口，带动其他现代型生活性服务业的发展，提升服务业的占比。

G.30 京津冀经济（合作）发展及未来展望

郝彦菲*

摘　要：2016年，京津冀三地经济保持平稳增长，发展的整体性、协同性不断增强，一体化取得新进展。展望2017年，京津特别是北京的外溢效应将进一步显现，京津冀产业发展格局将更加合理，京津冀经济有望保持平稳发展，增幅稳中略降。本文提出如下建议，加快京津冀协同立法步伐，处理好利益平衡关系，继续加快推进京津冀区域公共服务一体化，健全生态补偿和区域援助机制。

关键词：京津冀　合作发展　协同发展

2016年，京津冀三地积极贯彻落实中央部署，推进京津冀协同发展，协同发展的趋势逐步显现，发展整体性、协同性不断增强，经济保持平稳发展。2017年，随着政策的逐步到位、思想观念的进一步转变，京津冀协同发展有望再上台阶。

一　2016年京津冀一体化取得新进展

1. 协同发展规划体系初步形成

三省市将京津冀“十三五”规划确定的总体目标、战略要求、重大任

---

* 郝彦菲，国家信息中心经济预测部经济师，主要研究环境经济、区域经济等问题。

务，细化落实到各自的“十三五”规划纲要和相关专项规划中，坚持“三地一盘棋”，增强整体性。按照推动京津冀协同发展、推进生态文明体制改革的总体部署，探索编制全国第一个京津冀空间规划，开展“三规合一”试点。同时，京津冀土地、农业、能源、水利等专项规划印发实施，城乡、教育、卫生等专项规划编制完成，初步构建以规划纲要为基本遵循、以京津冀“十三五”规划为指引、以空间规划为支撑、以各专项规划为重点，目标一致、层次明确、互相衔接的京津冀规划体系。

2. 基本公共服务均等化取得新成效

2016年以来，京津冀三省市和党中央、国务院有关部门牢固树立共享发展理念，积极引入市场机制，充分发挥政府引导作用，持续提高公共服务均等化水平，切实让协同发展的成果惠及广大群众。一是促进教育资源共享。《北京市“十三五”时期教育改革和发展规划（2016～2020年）》强调，要促进京津冀教育协同发展，引导教育资源布局不断优化，整体提升区域教育发展水平。未来5年，北京将疏解部分高等教育功能，支持在京中央高校和市属高校通过整体搬迁等方式向郊区或河北、天津转移，北京将加强与天津、河北两地的教育资源共享。支持组建京津冀不同学科类型的高校联盟和职业教育集团，建设北京职业教育服务京津冀课程资源库，促进北京数字学校面向京津冀地区提供公共教育服务。二是加强医疗卫生协作。京津冀132家医疗机构检查结果将互认，第一批临床检验结果互认试点工作将于2016年10月1日起实施；京津两市医院与河北省249家二级以上医疗单位签署实施或意向医疗合作项目377项，其中，北京市通过燕达医院等医疗合作项目向河北省派出合作医师1000余人，接诊患者约7万人次。三是推动文化体育旅游共建。借举办2022年北京冬奥会重大契机，京冀共同推进以冰雪运动和文化民俗为核心的旅游产品体系建设，三省市旅游行业管理信息实现共享，京津冀文化遗产保护传承协同推进。四是加大脱贫攻坚力度，京津两市对口帮扶河北省张承贫困地区工作方案制定完成，环首都贫困地区脱贫攻坚步伐加快。

3. 交通、生态、产业三个重点领域率先突破取得积极进展

2016年以来，京津冀三省市和有关部门认真贯彻党中央、国务院要求，深入实施规划纲要，以年度重点工程、重大项目建设为抓手，密切配合，扎实工作，推动三个重点领域率先突破取得积极进展。一是大力推进交通一体化建设，铁路、公路、机场、港口等项目工作积极推进，交通智能化和运输服务一体化方面稳步推进。二是持续加强生态环境保护，京津冀及周边地区大气污染和水污染防治协作机制进一步完善，在信息共享、环评会商、联防联治等方面积极发挥作用。三是积极推动产业升级转移。从2016年上半年情况来看，三地产业、交通、生态一体化继续取得新进展，优势互补、互利共赢、协调发展的趋势逐步显现。

4. 协同发展改革创新和试点示范工作取得重要突破

京津冀三省市众创空间已建成100余家，占全国备案众创空间总数的21%。河北·京南科技成果转移转化试验区、京津冀技术交易河北中心等平台加快建设，京津科技成果加速在河北落地转化。高新技术、大数据等产业协同创新工作深入推进，在京津冀三省市培育建立国家创新型产业集群试点8家，占全国的11.3%。

5. 三地经济保持平稳增长

2016年上半年，京津冀三地地区生产总值合计34382.4亿元，占GDP的9.9%，三次产业结构为4.8∶37.1∶58.1。京津冀三地地区生产总值同比分别增长6.7%、9.2%和6.6%。

1～8月，北京规模以上工业增加值增长2.9%，实现主营业务收入11833.8亿元，比上年同期增长2.1%，实现利润907.5亿元，比上年同期增长6.8%；天津规模以上工业增加值增长8.8%，民营工业增加值增长19.2%；河北规模以上工业增加值增长5.4%。1～8月，北京实现社会消费品零售总额6783.8亿元，同比增长4.3%；天津实现社会消费品零售总额3634.48亿元，同比增长7.3%；河北实现社会消费品零售总额同比增长6.3%。1～8月，北京完成全社会固定资产投资4801.3亿元，比上年同期增长6.4%；天津完成全社会固定资产投资10115.10亿元，

同比增长 10.4%；河北完成固定资产投资 20110.2 亿元，比上年同期增长 9.3%。

总的来看，京津冀三省市自觉加快打破“一亩三分地”思维定势，朝着协同发展目标迈进。北京市加快构建高精尖经济结构，部分新产品生产增势较好，1～8月，新能源汽车、卫星导航定位接收机产量分别增长 1.7 倍和 1.1 倍；金融、科技、信息等高端服务业对全市经济增长的贡献率达到六成以上。天津市以创新引领转型发展，新产业、新业态、新商业模式加速发展。河北省以化解过剩产能、推进结构调整为重点，第三产业增加值对经济增长的贡献率提高，六大高耗能行业增加值比重降低。京津冀三省市发展整体性、协同性不断增强。

二　京津冀区域经济一体化面临的问题

尽管京津冀合作取得一定进展，但京津冀合作、一体化还有一些问题亟待解决。

1. 京津冀三地经济发展水平差距较大

改革开放以来，京津冀地区的经济都取得较快的发展，但是三个地区经济发展的差距仍然比较大。2015 年，北京、天津的人均 GDP 分别为河北的 2.64 倍和 2.68 倍；城镇居民人均可支配收入，北京、天津为河北的 2.02 倍和 1.3 倍；农村居民家庭人均纯收入，北京、天津为河北的 1.86 倍和 1.67 倍。

北京和天津都是中国的直辖市环渤海地区的重要中心城市。作为中国的首都，北京有着其他城市不可比拟的科技智力支撑以及位居前列的经济实力和历史沉淀。天津和河北靠近北京既是优势，也是劣势。河北很多城市地处山区，交通、通信等领域基础设施落后。区域经济一体化客观要求各城市和地区之间发展程度较接近并且各有自己的发展特色。京津冀三地经济差距较大，严重影响着京津冀区域经济一体化发展。

表 1 京津冀三地生产总值及结构

单位：亿元，%

地区	2010 年				2015 年			
	地区生产总值	第一产业	第二产业	第三产业	地区生产总值	第一产业	第二产业	第三产业
北京	14113.6	0.90	24.00	75.10	22968.6	0.61	19.71	79.68
天津	9224.5	1.60	52.50	46.00	16538.2	1.26	46.49	52.25
河北	20394.3	12.60	52.50	34.90	29806.1	11.54	48.27	40.19

表 2 京津冀三地主要经济指标 1

地区	2010 年	2015 年						
	人均生产总值（元）	人均生产总值（元）	全社会固定资产投资（亿元）	投资率（%）	社会消费品零售总额（亿元）	网上零售额（亿元）	规模以上工业利润（亿元）	规模以上工业利润/全部工业增加值（%）
北京	75943	106284	7496	32.64	6340.3	4650.7	1580.3	43.14
天津	72994	107960	11832	71.54	2860.2	496.0	2002.9	28.69
河北	28668	40255	29448	98.80	6821.8	662.9	2181.4	17.28

表 3 京津冀三地主要经济指标 2

地区	城镇人均可支配收入（元）		农村家庭人均纯收入（元）		一般预算收入（亿元）		一般预算支出（亿元）		年末城镇人口比重（%）	
	2010 年	2015 年	2010 年	2015 年	2010 年	2015 年	2010 年	2015 年	2010 年	2015 年
北京	29072.9	52859	13262	20569	2353.9	4723.9	2717.3	5751.4	85.96	86.5
天津	24292.6	34101	10075	18482	1068.8	2667	1376.8	3233	79.55	82.64
河北	16263.4	26152	5958	11051	1331.9	2648.5	2820.2	5593.2	44.5	51.33

2. 内部城镇化发展失衡

2015 年，北京、天津、河北的城镇化率分别达到 86.5%、82.6%、51.3%。显然，京津两市的城镇化率远远高于我国的平均水平（2015 年我国的城镇化率为 56.1%），已经达到国际发达国家的水平，但是，河北省的城镇化率水平却低于全国平均水平。京津冀地区市区人口 500 万人以上的是北京、天津；而长三角市区人口 200 万到 500 万的城市有九个，京津冀只有两个：石家庄、唐山。长三角有一群“小老虎”，京津冀只有两个。北京、天津比较突出，河北的一些城市总体上相对都比较弱，缺少一些能带动周边发展的城市群。目前，京津冀还处于典型的中心－外围模式，京津两市（特别是北京）依靠集聚效应和循环累积效应从周边地区吸引了大量的资源和人口。

3. 深层次的产业分工与协作缺乏

京津冀合作以物资协作和浅层次的垂直分工居多，深层次的产业合作很少，导致三地经济增长的相关性较弱。在第一产业内部，京津与河北之间的合作有了一定的发展，但也主要是围绕着京津城市居民的菜篮子、米袋子而动。农产品的低价格以及由此导致的低收益，在很大程度上抑制了河北开展区域合作的积极性。北京、天津的第三产业多是为当地服务，没有形成跨区域的产业链条，缺乏外部联动能力。理论上，能够对河北发展产生显著影响的是第二产业，但北京、天津的第二产业整体层次并不高，再加上各自都追求地方财政收入增长而限制传统产业向外转移或产业链的向外延伸等诸多原因的存在，京津的发展还不能对河北产生强大的拉动作用。

4. 产业结构不合理

京津冀区域经济结构明显不合理，国有经济比重过高，地区政府对资源控制能力强，对企业干预比较大。目前世界上经济最发达的地区，大多是以城市群的面目出现的，如美国东北部城市群和五大湖区城市群、日本关西城市群、英国中部城市群、德国中部城市群等。这些城市群大小城市之间，在避免产业同构和重复建设的基础上，逐步形成了产业部门合理分工的多层次网络型协调发展的产业布局体系。可以说，通过区域经济一体化的方式，在合作与资源共享的基础上提高大城市的综合实力与综合竞争力，是在世界经济一体化大背景下城市发展的必然选择。

三　京津冀经济（合作）发展趋势

1. 京津冀产业发展格局将更加合理

工业和信息化部与北京市人民政府、天津市人民政府、河北省人民政府联合发布公告提出，根据党中央、国务院有关工作部署及京津冀地区产业协同发展需要，为引导京津冀地区合理有序承接产业转移，优化产业布局，加快产业结构调整和转型升级步伐，工业和信息化部与北京市、天津市、河北省联合编制《京津冀产业转移指南》，构建“一个中心、五区五带五链、若干特色基地”的产业发展格局。依托北京的科技和人才资源优势，打造具有全球影响力的科技创新中心和战略性新兴产业策源地，承担京津冀地区产业研发、设计、服务等功能，辐射全国。以北京中关村、天津滨海新区、唐山曹妃甸区、沧州沿海地区、张承（张家口、承德）地区为依托，强化政策支持与引导，实现率先突破，建成京津冀产业升级转移的重要引擎。以“五带”为支撑优化区域布局，以“五链”为特色形成区域优势。即京津走廊高新技术及生产性服务业产业带，沿海临港产业带，沿京广线先进制造业产业带，沿京九线特色轻纺产业带，沿张承线绿色生态产业带。发挥京津冀现有产业基础与优势，引导汽车、新能源装备、智能终端、大数据和现代农业五大产业链合理布局，协同发展。以点状经济作为带状经济的重要补充，发展若干特色产业基地。为此，国家将继续加强产业、金融、财税、科技等政策的协同，以改革精神和创新意识推进京津冀产业有序转移工作。产业政策精准发力，严格执行京津冀三省市发布的产业负面清单，严禁超出本地区资源环境承载力的项目落地建设；继续推进财政和税收体制改革，建立产业转移项目投资共担和收益共享机制。在三地推行企业和人才资质互认、信息互通、数据共享改革，最大限度地方便生产要素合理流动。在政策推动下，相信京津冀产业发展格局将更加合理。

2. 创新将成为京津冀整体发展的重中之重

京津冀是我国目前唯一以创新为导向的城市群。京津冀三地将进一步促进创新链、产业链、资金链、政策链深度融合，建立健全区域创新体系，推动形成京津冀协同创新共同体，打造中国经济发展新的支撑带。在此基础上，京津冀将建立跨区域产业创新联盟，建立大型仪器设备共享联盟，制定公益性与市场化相结合的大型仪器共享规则，形成稳定的服务京津冀发展的网络服务平台，并建立京津冀技术交易联盟。为更好地增强科技转化的承载能力，河北将综合考虑区位、交通、产业创业创新等基础条件，建设北京非首都功能疏解集中承载地，加大国家重大科技基础设施建设，建设创客新城。同时，将围绕白洋淀科技城、固安高新开发区、亦庄等地建设京南国家科技成果转化试验区。同时，规模达1000亿元的“京津冀开发区产业发展基金”在曹妃甸成立，未来将重点支持三地开发区基础设施建设及产业升级项目。同时，天津成立总规模100亿元的京津冀产业结构调整引导基金，存续期为10年。京津冀产业结构调整引导基金将通过财政资金的杠杆作用引导资金流向，未来将在整个京津冀区域，在高端装备制造、高新技术产业、精密制造、“互联网+”、现代服务业等领域形成一批具有核心自主知识产权、创新创业示范效应明显的特色产业集群，推进供给侧结构性改革。此外，三地将建立京津冀标准化联盟，研究提出京津冀相关专业领域的标准体系，简化标准立项审批流程，缩短标准制定周期。同时加快发展多层次资本市场，为企业创新提供资金。未来，京津冀城市群将以北京为核心进行创新研发，在天津、河北实现产业转化和出口，从而形成完整的产业链。

3. 京津特别是北京的外溢效应开始显现

2015年，京津冀三地互投（扣除给自身投资）一共投了1948.75亿元，其中，北京对天津、河北的投资额达到1600多亿元，占84.25%，反映了北京的外溢效应显现，已经在推进协同发展中发挥了重要的作用。北京对天津的投资倾向于研发环节和资本环节，研发主要是科技研究与技术服务，还有一个资本环节，主要是以金融服务为导向。2015年北京投入天津的研发环节和资本环节大体上占北京对津冀这两个行业投资的75%～90%，投金融90%多投到天津，投研发70%多投到天津。北京对河北的投资倾向于制造环节，大体上占了60%多。天津对河北投资主要投在房地产业和制造业；河北对天津的投资主要集中在商务服务和金融领域。

2016～2017年，随着京津冀一体化步伐的加快、政府思想观念及认识的转变、生产要素的变化，估计这种趋势将更为明显。

4. 京津冀经济有望保持平稳发展

北京：2016年，房地产销售持续火爆，加上节能家电补贴政策叠加带动，住房相关的家用电器和音像器材类、家具类、建筑及装潢材料类增长较快，拉动了社会消费品零售总额增长，但随着房地产市场的调控，估计2017年这方面的消费需求增幅将下降，但2016年信息器材类消费领先增长的局面可能仍将延续，总体而言，消费需求仍将处在低速增长区间。2016年北京投资增长主要依赖基础设施投资的拉动，而民间投资疲弱，出现负增长。2017年，北京仍处于基础设施建设扩张期，投资力度会比较大，在国家PPP新规指引下，民间投资会有所恢复，整体上将保持一个相对平稳、低速增长的态势。不过北京有良好的科技资源优势，截至2016年6月末，北京新创办科技型企业累计超过39万家，全市国家高新技术企业12388家，占全国近20%。众创空间200余家，各类孵化器、大学科技园等151家，创业投资和私募股权投资管理机构3942家，管理的资金总额超过1.6万亿元。因此，在创新带动下，相关服务业仍将保持较高增幅，预计经济增长6%~6.5%。

天津：预计其经济增长可能继续领先，原因在于其近年民营经济发展良好。2016年8月，天津新登记民营市场主体14698家，占全市新登记市场主体的98.1%，其中，民营企业7684家。1~8月，民营工业增加值增长19.2%，快于规模以上工业10.4个百分点，占全市工业的比重达到45.7%，同比提高1.4个百分点，拉动全市工业增长8.0个百分点；民营商品销售额增长18.2%，快于限额以上批发和零售业15.8个百分点，占全市限额以上销售额的比重为45.6%，同比提高6.1个百分点；民间投资5846.99亿元，增长7.7%，占全社会投资的57.8%。特别是天津的产业结构已经发生了根本改变，已经是重化工业和战略性新兴产业并举，像航空航天、汽车装备、电子信息、生物医药、新能源等已经成为其工业的主力，加上获批建设中国（天津）自由贸易试验区，获得了政策上先行先试的优势。因此，预计天津经济增长可能维持在9%左右，仍将处在各地区经济增速前列。

河北：在经济发展新常态下，河北赖以发展的传统支柱产业出现产能严重过剩，生态环境特别是大气污染的“倒逼”比以往任何时候都更加强烈，单纯依靠钢铁、煤炭等资源难以支撑，低成本、低价格的竞争优势难以持续，环境容量难以容纳，以前传统的经济增长模式不可持续，客观上“倒逼”河北痛定思痛，采取果断措施化解过剩产能，加快产业结构调整、转型升级。当前，河北转型升级正处在“爬坡过坎”的关键时期，供给侧结构性问题突出，中低端产品产能过剩，高科技、高品质产品供给相对不足。特别是河北“6643”的任务，即6000万吨钢、6100万吨水泥、4000万吨标准煤、3000万标箱玻璃压产的任务要求2017年必须要完成，对经济增长会构成一定影响。不过，在京津产业转移、资金技术支持影响下，经济增幅尚不至于突降，总体保持平稳，估计在6%左右。

整体而言，京津冀经济有望保持平稳发展，增幅稳中略降。

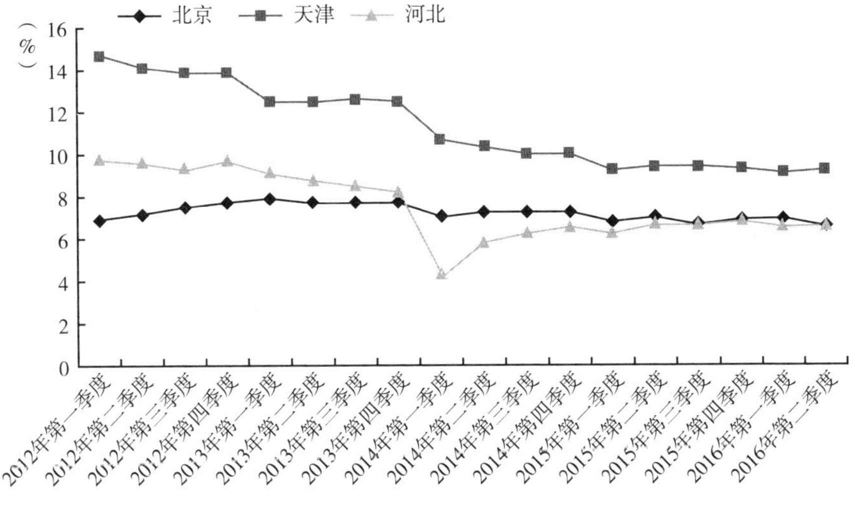

图1　京津冀三地GDP增长

四　促进京津冀协同发展的建议

京津冀是我国北方最大的经济核心区，三个地区在地域、文化、经济方面互相联通，是我国政治、文化、经济与科技创新的中心，也是我国参与国际竞争的重要区域中心。有序推进京津冀一体化有利于京津冀地区协同发展，有效发挥北京在全国范围内的首都核心功能以及打造以北京为核心的世界级城市群，将进一步增强我国在国际城市群建设中的竞争力。

1. 京津冀协同发展应协同立法

贯彻实施京津冀协同发展这一重大国家战略，应在法治理念指引下实施，应在法制框架内推进，而前提就是要有效发挥立法的引领和推动作用，积极推进京津冀三地协同立法。京津冀协同发展问题的解决既有赖于政策的创新，更离不开法律的保障，必须以法治的方式优化制度设计，构建法治化的协作机制和利益协调机制，以实现制度改革，从而突破行政边界刚性约束的分割，冲破地方政府利益固化的藩篱，并最终推进京津冀协同的纵深化发展。

2. 京津冀协同发展要处理好利益平衡关系

协同发展实质上是基于共同利益的合作，合作方预期到区域合作能给双方带来好处，就会形成合作的动力。但是区域合作也存在内在的难题，由于合作收益是双方努力的结果，单方面的努力与合作收益之间不具有直接关联，因此，就会造成合作方的“偷懒”行为。例如，环境污染治理、基础设施建设等区域公共物品具有较强的外部性，区域合作中常常会出现“搭便车”等行为，导致区域合作陷入困境。因此，要正确处理区域合作中的利益平衡关系，完善利益平衡机制，明确区域合作方的责任，确保区域合作顺利实施。对双方共享的非竞争性项目，应主要强调双方在项目中的合理分工；对“各取所需”的互补性项目，双方要主动寻求利益结合点，扩大合作范围和领域；对竞争性项目，合作方需要围绕自身的核心关切进行协商，中心城市应强调疏散目标，周边城市则应强调合作项目对本地经济的带动性。只有合作方都从长远利益考虑，才有可能妥善处理好利益分配关系。

3. 继续加快推进京津冀区域公共服务一体化

京津冀三地公共服务水平还有很大的差距，在诸如养老、就医、教育、就业等方面还存在很多壁垒。这些差距和壁垒不解决，北京向河北疏解的人口就还有可能回流，京津对河北的“虹吸效应”就不可能破解，京津两地的“大城市病”也不可能得到根本性缓解。推进京津冀协同发展，必须加快京津冀公共服务一体化步伐，建立区域内统一的公共就业服务平台和劳务协作会商机制，落实养老保险跨区域转移政策等。

4. 健全生态补偿和区域援助机制

目前，京津地区开发强度偏高，生产空间比例偏大，而生活空间和生态空间不足。推进京津冀协同发展，必须树立绿色发展理念，科学划定生态红线，合理设置绿色隔离带，扩大环境容量和生态空间。优化生产、生活、生态空间，需要建立完善的生态补偿机制，对水源保护地、农业保护区、生态公园和重要生态功能区等进行生态补偿，使这些地区能够在“不开发”的条件下实现经济繁荣和生活富裕，共享改革发展成果。当前，可以试点开展生态价值核算工作，积极探索市场化生态补偿机制。同时，建立对口帮扶和区域援助机制，鼓励和引导发达地区帮助贫困地区，实现协同发展、共同富裕。

参考文献

王英建：《京津冀协同发展存突出问题 应发挥“1＋1＋1＞3”作用》，中国网，2016年9月27日。

魏后凯：《打造京津冀协同发展的命运共同体》，《人民日报》2016年7月5日。

王超、崔福明、韩更新：《京津冀经济一体化面临的问题及对策研究》，《中国物价》2014年第11期。

张可云、蔡之兵：《京津冀协同发展历程、制约因素及未来方向》，《区域与城市经济》2015年第4期。

祝尔娟：《京津冀协同发展最新战略研究》，宣讲家网，2016年7月25日。

G.31
2016年辽宁经济形势分析及2017年展望

于晓琳*

摘　要：2016年以来，辽宁经济在攻坚克难中前行，表现出"筑底企稳、稳中有进、稳中有难、稳中有忧"的基本特征，运行质量有所改善，增长动能正在集聚，预计2016年辽宁经济下降1.5%左右。初步预计，2017年将继续企稳并有望缓慢回升至3.0%左右。辽宁应紧紧抓住国家新一轮东北振兴发展的重大历史机遇，切实贯彻落实五大发展理念，坚持稳中求进工作总基调，以提高经济发展质量和效益为中心，加大供给侧结构性改革力度，统筹推进"调结构、激动能、优环境、稳增长、惠民生、控风险"，加快形成引领辽宁省经济发展的体制机制、经济结构和发展方式。

关键词：辽宁　经济形势　筑底企稳

一　当前辽宁经济运行的基本特征

2016年以来，在世界经济复苏弱于预期和国内经济下行压力加大的环境下，辽宁经济在攻坚克难中低速前行，面临振兴以来前所未有的挑战。但

* 于晓琳，辽宁省信息中心经济预测处处长，高级经济师，研究方向为宏观经济。

是近期多项宏观经济指标改善，全省经济运行已在筑底过程中显现企稳态势，可以概括为“筑底企稳、稳中有进、稳中有难、稳中有忧”的基本特征，呈现“五稳、五进、四难、四忧”。

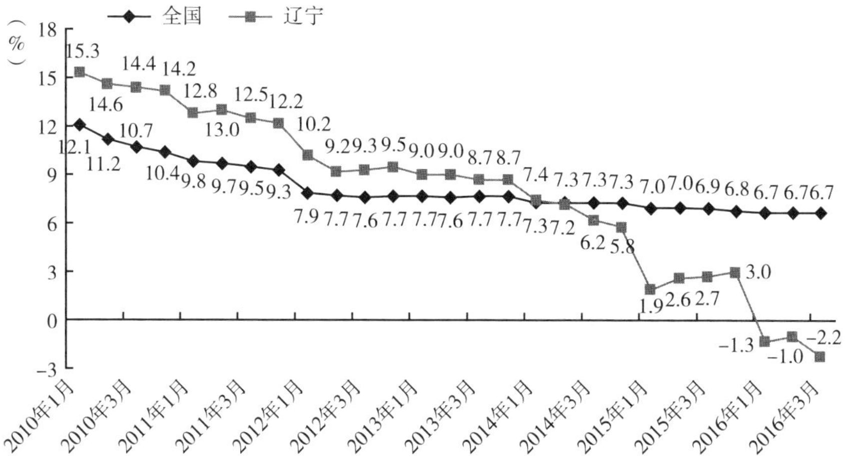

图1　辽宁地区生产总值季度累计增长率与全国对比

1. 经济运行“筑底企稳”

前三季度，辽宁经济总量下降2.2%，降幅比一季度扩大0.9个百分点，比上半年扩大1.2个百分点，连续10个季度累计增速低于全国平均水平。全省工业增加值、固定资产投资等主要指标均呈现持续负增长态势，且降幅继续扩大。但是，经济运行的质量有所提高，经济结构进一步优化，全省经济已呈现筑底企稳的运行态势，表现出“五稳”的特征。

（1）先行指标企稳

截至2016年第三季度，全省工业用电量在连续23个月负增长后，降幅连续4个月收窄，尤其是8月、9月两个月，已恢复正增长，分别增长2.0%和2.5%；全省公路运输货运量增长3.1%，比上半年提高0.3个百分点；港口货运吞吐量增长2.3%，比上半年提高0.6个百分点。受国际大宗商品价格持续回升，供给侧结构性改革的持续推进，特别是去产能取得阶段性进展等因素影响，全省工业生产者出厂价格（PPI）降幅呈逐月收窄趋势，其中9月当月上涨0.9%，结束了自2012年6月以来连续51个月同比下降的局面。同时，自5月起，全省PPI当月降幅已连续5个月低于全国水平。

（2）农业生产平稳

年初以来，全省农业生产保持平稳态势，农业生产顺利推进。前三季度，粮油播种面积达到4604万亩，预计全年粮食总产量有望获得丰收。

（3）消费物价平稳

年初以来，全省消费形势基本保持平稳。前三季度，社会消费品零售总额同比增长7.2%，比上年同期略低0.6个百分点，比一季度和上半年略有小幅回落，但总体保持平稳态势。前三季度，全省居民消费价格指数（CPI）同比上涨1.5%，各月上涨幅度均保持在2%以下。

（4）财政收入趋稳

年初以来，全省财政收入呈现降幅收窄、结构优化、总体趋稳的态势。前三季度，一般公共预算收入下降7.0%，继6月以来降幅持续缩小至个位数，比上年同期收窄20.4个百分点，比上年全年收窄26.4个百分点，比上半年收窄11.6个百分点，比前8个月收窄6.4个百分点。当月增速保持下半年以来的正增长态势。

（5）社会形势平稳

虽然经济增幅持续下行，但是保障民生有成效，社会保持基本稳定。年初以来，全省精准扶贫扎实开展，总体就业形势基本稳定，社会保障、医疗等民生工程顺利实施。前三季度，全省城镇新增就业41.9万人，完成全年目标；城镇登记失业率3.8%，低于年度控制目标0.7个百分点。城乡居民可支配收入保持平稳较快增长，分别增长5.8%和6.7%。

2. 经济运行“稳中有进”

年初以来，全省大力推进供给侧结构性改革，加快转变经济发展方式，经济结构调整稳步推进，经济运行表现出“五进”的特征。

（1）经济新动能孕育取得进展，市场主体加快成长

全省保持较强的经济活跃度，创业创新热情持续升高。前三季度，全省

新三板挂牌企业达182家，比上半年增加33家；新登记各类市场主体34.5万户，比上年同期增长6.2%；注册资本金7488.8亿元，比上年同期增长69.4%。前8个月，全省发明专利申请增长45.5%，发明专利授权增长40.2%。

（2）供给侧结构性改革取得进展，“三去一降一补”见实效

一是去产能方面，作为去产能的攻坚行业，全省钢铁和煤炭行业的产品产量持续下降。前8个月，全省粗钢、钢材、生铁同比分别下降2.0%、3.5%、1.5%。二是去库存方面，全省商品房待售面积连续8个月同比负增长。截至8月末，全省规模以上工业企业产成品同比下降5.4%，且比全国平均水平多下降3.8个百分点，连续11个月保持同比下降态势。三是去杠杆方面，全省工业企业负债增长有所放缓，前8个月增长3.8%，增速比上年同期下降2.1个百分点。四是降成本方面，前8个月，全省规模以上工业企业主营业务成本同比下降21.4%，降幅扩大7.2个百分点；每百元主营业务收入的成本为85.7元，同比减少1.5元，比全国多下降1.3元。减免企业各项地方税收257.8亿元，取消、停征涉企收费、基金41项，降低涉企收费标准230项。降低企业用电成本23亿元。五是补短板方面，前8个月，全省第三产业投资占固定资产投资比重为62.6%，同比提高7.7个百分点，分别比一季度、上半年提高3.5个、1.0个百分点。

（3）新经济发展取得进展，新产品、新业态、新产业加快发展

一是新产品释放潜力，高技术新产品研发与生产加速。前三季度，全省规模以上工业企业生产机器人产量增长28.7%，新能源汽车产量增长49.6%。传统工业产品中科技含量较高的产品产量也加快增长，如发动机、民用钢制船舶、合成纤维单体等均呈两位数增长。二是新产业活力迸发，带动产业结构不断优化。以高端装备制造、新材料、新能源等为代表的战略性新兴产业，占全省规模以上工业的比重已达到11.1%。前三季度，全省机器人、民用航空、IC装备、新材料等产业的产值增长均在10%以上；集成电路、软件信息等新兴产业发展重点企业增幅均超20%。高新技术产业增加值占比有所提升。具有明显优势的特色产业发展形势良好。三是新业态凸

显爆发力，汇聚转型新动能。全省以互联网经济为代表的新增长点快速成长。实体商贸流通企业纷纷“触网”拓展营销，电子商务市场交易规模不断扩大，前三季度，全省电子商务网络交易额增长22.5%。

（4）市场化进程取得进展，市场配置资源的作用有所增强

企业家和民众的创新和转型升级的主观意识明显增强，自发的行动明显增多。不少企业通过内部加强管理，化解成本上升的压力；通过对外广泛寻求合作，抱团取暖，组建产业联盟，进行企业重组并购，共渡难关；积极与科研院所、大专院校开展合作，加大研发投入，开发新产品，提高产品附加值。靠市场，不单纯靠“市长”，向“专精特新”型企业转型，已经成为多数企业的共识。

（5）政府职能转变有进展，简政放权力度持续加大

各级党政机关领导和工作人员的发展理念有所转变，商事制度改革取得明显成效。经济数字“挤水分”成效明显并且继续坚持做实数字。当前财政收入降幅大幅收窄在很大程度上是前两年做实数据的结果，而工业增加值、固定资产投资降幅扩大在一定程度上也是做实数据的结果。

3.经济运行“稳中有难”

面对严峻复杂的国内外发展环境，辽宁经济趋稳动力和下行压力相持，新动力成长和传统动力减弱对冲，影响经济运行的不确定和不稳定因素增多，经济运行正面临“四难”。

（1）工业难

工业低迷态势加剧，企业经营困难重重。当前，辽宁工业结构调整进入“深水区”，下行压力有增无减，工业生产形势更加严峻。前三季度，全省规模以上工业增加值下降11.1%，比上半年扩大3.4个百分点，连续25个月负增长。企业生产经营面临着市场环境和要素供给的双重压力，工业盈利能力和运营效率依然处于较低水平，效益指标并未有明显改善。前8个月，全省规模以上工业主营业务收入利润率为3.2%，比全国平均水平低2.5个百分点；利润总额下降26.0%，主营业务收入下降20.3%，亏损企业亏损总额增长36.3%。规模以上工业企业家数持续减少，截至8月末，全省企

业家数为10310，比上年末减少四成以上。在经济下行期，企业融资难、融资贵问题突出，三角债问题普遍，承担税费、缴纳社保等也加大了企业生产经营负担。前8个月，全省规模以上工业企业应收账款占主营业务收入的19.9%，比全国平均水平高3.2个百分点。尚未形成有效的产能退出机制，产能过剩矛盾依旧突出。因此，在外部需求没有好转迹象、新增长点作用尚不明显的形势下，全省工业经济探底趋势持续而明显，触底回升态势仍不明朗。

（2）投资难

投资需求不振，增长难以为继。年初以来，辽宁固定资产持续大幅降速，前三季度同比下降63.5%，创历史新低。一是第二产业投资、基础设施投资、非国有经济投资较大幅度下降下拉固定资产投资增速。二是大项目投资大幅减少，项目建设困难较大，开复工率下降，项目质量不高，新项目储备不足。三是固定资产投资领域的“挤水分”效应。2014年以前的几年，辽宁省固定资产投资“虚增”现象严重，是“数字政绩”的“重灾区”之一。同时，全省房地产市场降温也是固定资产投资增速大幅回落的主要原因。前8个月，全省房地产开发投资累计下降40.1%，是2014年8月全省房地产开发投资出现下降以来的最大降幅，房地产市场形势依然严峻。全省各市不仅待售住宅存量巨大，商业地产过剩也逐步显现，工业地产也不容乐观。三、四线城市乃至许多县、镇的去库存化，短则三五年，长则七八年，“烂尾”工程已不是个案。

（3）外贸难

国际市场需求低迷，贸易环境依然趋紧。前三季度，全省外贸出口总额下降17.3%，下半年以来累计降幅逐月收窄。但外贸形势依然处于波动之中，能否企稳仍具有较大的不确定性。

（4）改革难

改革效应作用尚需时日，软环境建设还需加强。部分改革措施在实际运行中难于落地、难于深化、难见成效。政府部门工作效率不高，由于缺乏激励机制而“不愿为”，担心承担风险而“不敢为”，工作能力不够而“不会为”。经济发展软环境建设滞后，政府承诺不兑现或兑现不及时，二、三线城市人才流失现象严重，金融体系不健全，金融生态环境的巨大差异直接导致企业金融成本的增加。

4. 经济运行“稳中有忧”

经济下行过程中，各种矛盾和问题表现得更加明显，风险暴露增多。从目前来看，虽然经济风险总体可控，但局部风险增多，需要特别关注和警惕“四忧”。

（1）影响社会稳定的因素增加

一是经济持续下行对居民收入的影响开始显现，收入增速小幅持续减缓。二是长期存在但并不突出的收入差距问题、腐败问题、环境问题、食品安全问题、社会信用缺失问题等，都有可能成为引发社会动荡的诱因。同时，改革将对不同社会阶层的利益和权益产生不同程度的冲击。三是随着国有企业改革的不断深化，职工数量大、下岗人员多、就业压力大、地方财政困难、城市贫困人口庞大、社会保障资金缺口突出等一系列社会问题更加突出。

（2）就业形势不容乐观

一方面，经济持续下行，对就业的负面影响开始显现。虽然数字上的城镇失业率并不高，但受当前经济形势影响，制造业、建筑业、餐饮业、住宿业等传统优势产业和劳动密集型产业中员工间歇性、轮换式休假等隐性失业增多，并出现降薪欠保甚至裁员现象，农民工返乡持续加剧，高校毕业生就业压力突出。另一方面，结构调整、转型升级以及劳动力技能结构与企业需求差距拉大，就业的结构性矛盾更加突出。未来一段时间内，受经济下行影响，加上化解产能、处置“僵尸企业”、改革厂办大集体，社会上还会出现一定数量的失业人员，规模性裁员风险依然存在，就业形势依然严峻。

（3）地方债务风险增加

当前全省债务风险总体可控，但也存在一定问题。一是政府负有偿还责任的债务增长较快。二是部分地方和行业债务负担较重，其中较大一部分市级、县级、乡镇政府负有偿还责任的债务率高于100%。三是政府性债务对土地出让收入依赖程度较高。四是融资平台风险隐患严重。有些地方政府和单位钻融资平台管理的漏洞，进行违规融资、违规担保。

（4）潜在金融风险增加

实体经济压力进一步向金融体系传递，与产能过剩行业、房地产业和地方融资平台相关联的金融风险增多。受实体经济需求不足和经济结构调整的双重影响，信贷增长放缓。前三季度，辽宁省本外币贷款余额增速从2014年初的13.4%持续下滑至6.4%，低于全国平均增速5.6个百分点，且差距逐渐拉大。尤其是中长期贷款余额增速始终处于较低水平。

二　2016年辽宁经济走势基本判断

国际货币基金组织认为，2016年全球经济仍将低迷不振，形势低于预期，预计经济增速将进一步下调至3.1%；国内经济运行总体平稳，多数机构预测，全国经济增速将在6.7%左右。从当前全省经济发展趋势来看，第四季度经济运行仍面临较大的下行压力，工业生产、固定资产投资等主要指标仍将维持低位运行态势。但与前三季度相比，增速进一步下滑的可能性不大。再加上全年经济还将有一定的技术性增长空间，第四季度将延续当前“筑底企稳”态势，预计全年经济增速将在－1.5%左右。若全省工业形势继续恶化，经济增速也不排除低于－2.0%的可能，达到－2.5%左右。2016年作为“十二五”开局之年，也很有可能是未来五年经济增速的谷底。

三　2017年辽宁经济发展趋势展望

展望2017年，辽宁经济发展的内外部环境仍然错综复杂，发展面临的困难和挑战依然较多，但是积极因素和新的动力正在聚集。

1. 积极因素和新的动力聚集

从国际来看，全球增长依然呈现弱复苏态势，国际货币基金组织2016年10月《世界经济展望》预测，2017年及之后，在新兴市场强劲表现的带动下，全球经济增长将小幅加快，预计将回升至3.4%。

从国内来看，当前国民经济运行总体平稳、稳中有进、稳中提质，好于预期，经济增速保持在合理区间。尤其是供给侧结构性改革取得积极进展，“三去一降一补”取得实效。新旧动力加快转换，新经济继续保持较快发展。社会各界对经济发展的信心在恢复。2017年，我国宏观调控政策仍具有较大空间，各项改革将进一步释放红利，“四个全面”战略布局更加系统地提升到新的高度，对全国经济发展的统领和推动作用将进一步显现，将为辽宁经济企稳回升创造有利条件。

从省内来看，自2014年国家实施新一轮东北振兴战略以来，中央和部委先后出台多个重要指导文件，中央各部门和央企积极响应和落实中央政策部署，将进一步加大对辽宁的政策倾斜和投入力度。同时，辽宁省委、省政府也先后出台相应的实施意见、规划纲要和对接方案，加大政策实施和推进力度，将为辽宁带来更多的发展机遇和政策红利，新的增长点将会加快形成，供给侧结构性改革效果将进一步显现，全省经济增长的内生动力将会更加充足。加速传统工业转型升级，加快推动全省制造业强省建设，推进机器人产业发展，促进战略性新兴产业发展，加快新兴业态发展等政策措施，将进一步促进工业经济的企稳回升。信息消费的发展、网络销售模式的推广、城乡居民就业平稳等，将促进全省消费需求的增长和服务业的发展。深入实施创新驱动战略，推进创新创业发展，推动沈大国家自主创新示范区和沈阳全面创新改革试验区建设，加快中德（沈阳）高端装备制造产业园建设等，将为加快经济发展增长动力转换提供有利条件。加快实施改革驱动和市场驱动战略，加快推进简政放权，加大政府职能转变力度，加快重点领域改革步伐，将进一步改善辽宁营商环境。全面实施开放驱动战略，加快辽宁自贸区建设，加速推进“一带一路”战略，鼓励企业“走出去”，加强国际产能合作等，将为全省外贸恢复发展提供良好的政策环境和动力支持。同时，虽然辽宁经济下行压力持续加大，但经济运行质量有所提升，生态环境逐步改善，各项风险总体可控，社会民生保持平稳，这些因素都有利于支撑全省经济的增长。

2. 困难、挑战、风险依然较多

从国际来看，全球经济依旧低迷，经济长期内生增长动力日益衰弱，弱复苏趋势难有改善，潜在风险广泛存在。贸易壁垒大幅提高，贸易保护主义加剧，世界贸易将继续保持低速增长的发展态势。中国经济的转型，大宗商品价格急剧下跌，全球金融状况收紧，地缘政治局势紧张等因素，仍将使2017年全球经济增长面临较多风险。

从国内来看，当前我国经济进入转型升级、动能转换关键阶段，支撑经济发展的各种条件发生深刻变化，国内外不稳定、不确定因素仍然较多，经济持续发展的基础尚不牢固。投资回报率下降、人口红利减少、劳动力成本上涨、老龄化严重以及环境保护等问题导致的经济潜在增长率下降将长期困扰中国经济。产能过剩依然是宏观调控中的最大挑战，房地产市场、财政金融等领域风险隐患增加，经济增长内生动力的形成尚需时日，供给侧结构性改革依然任重道远。全年全国经济运行总体平稳，但下行压力仍然较大。预计2017年将继续小幅降低。IMF和亚行最新预测，2017年我国经济增速将放缓至6.2%～6.4%。

从省内来看，当前辽宁经济发展形势依然严峻，面临较多的不利因素。

一是世界经济低迷和中国经济新常态，使辽宁经济失去了快速增长的外部动力。未来几年，总需求低迷和产能过剩并存的格局难以根本改变，辽宁经济发展仍将面临较长时期的困难。

二是体制机制性问题、结构性矛盾、周期性的波动交织，使辽宁经济面临来自内在的强烈的下拉力量。随着经济下行压力的加大，辽宁的体制机制的深层次问题进一步暴露，各种结构性矛盾日益突出。传统发展动力不断衰弱，新的发展动力虽然快速成长但整体还很弱，区域之间、行业之间分化比较明显，国企内部体制僵化，民营经济活力不足，金融改革和体系建设严重滞后，人才流失日渐严重，软环境难尽人意等，都是辽宁经济再振兴必须解决的现实问题，并直接导致了各项振兴政策效应低于预期。尤其是当前辽宁经济的长、中、短期的经济周期性波动同时处于下行区间。这种内在周期性波动导致的经济下行，也是影响全省经济形势的重要因素。

三是社会、政治因素交织，使当前辽宁经济发展面临的内部条件和环境发生了深刻变化。辽宁处于城镇化成熟期、人口老龄化加速期、政治生态修复期的“三期叠加”发展阶段。劳动力资源的减少，老龄人口的持续较快增加，成为辽宁调整需求结构、产业结构和分配结构时不可忽视的不利因素。长期的“政府主导型”体制使政治生态恶化，经济积累高风险、大泡沫、高水分，一些未彻底解决的历史遗留问题和矛盾又添“新情况”。

当前辽宁经济发展面临的严峻形势是各种长期积累的深层次矛盾与复杂的现实问题的集中体现，由于这些矛盾与问题相互影响、相互作用，全省经济发展筑底企稳回升不会是一个短期过程，更不会是一帆风顺的。

初步预计，2017 年辽宁经济下行压力依然较大，但将开始步入缓慢回升通道。如果国内外经济环境持续改善，各项改革加快推进，则 2017 年全省经济运行有望摆脱低迷，走出谷底，经济增速回归至正增长，增长 3%左右。

2017 年，面对严峻复杂的发展形势，全省应紧紧抓住国家推进新一轮东北地区发展振兴的重大历史机遇，继续深入贯彻习近平总书记系列重要讲话特别是关于东北、辽宁振兴发展的重要指示精神和相关文件要求，坚持稳中求进工作总基调，以五大发展新理念为引领，主动适应、把握、引领经济发展新常态，以提高经济发展质量和效益为中心，提高全要素生产率，加速推进“四个着力”，加快实现“四个驱动”，加大供给侧结构性改革力度，统筹推进“调结构、激动能、优环境、稳增长、惠民生、控风险”，加快形成引领辽宁省经济发展新常态的体制机制、经济结构和发展方式，为加快实现老工业基地振兴发展奠定坚实的基础。

G.32
2016年广东经济形势分析及2017年展望

龚联华　蒙卫华*

摘　要：　2016年，广东经济保持平稳运行态势。工业生产、投资与消费保持平稳增长，外贸结构进一步优化。经济增长的质量和效益提升。展望2017年，广东经济将保持平稳增长、稳中向好的态势。预计2017年广东经济有望增长7.5%。广东将加大稳增长力度，加大供给侧结构性改革，加强房地产市场调控，加大创新经济和区域协调发展，使经济更有效地高质量增长。

关键词：　广东　经济形势　投资　创新驱动

2016年以来，面对错综复杂的国内外形势和持续加大的经济下行压力，广东坚决贯彻落实中央关于经济工作的各项决策部署，坚持稳中求进的工作总基调，大力实施创新驱动发展战略，大力推进供给侧结构性改革，国民经济总体保持平稳运行态势。经济结构持续优化调整，经济增长质量和效益不断提升，经济稳中有进的态势更加凸显。

* 龚联华，广东省宏观经济分析中心副主任，高级经济师，主要研究方向为宏观经济、经济发展政策与规划；蒙卫华，广东省宏观经济分析中心预测部部长，高级经济师，主要研究方向为宏观经济预测与分析。

一　2016年广东经济运行的主要特征

1. GDP 保持平稳增长

2016 年前三季度，广东实现地区生产总值 56924.53 亿元，同比增长 7.3%，增幅同比回落 0.6 个百分点，处于年度增长区间内（7.0% ~ 7.5%）。其中，第二产业增加值 24527.86 亿元，同比增长 6.2%，第三产业增加值 29808.02 亿元，同比增长 8.6%。预计全年广东地区生产总值有望同比增长 7.5%，实现年度经济增长目标。

2. 工业生产增长平缓，民营企业较快增长

2016 年以来，广东工业增加值增速基本保持在 6.5% ~7.0% 之间的小幅波动。1 ~9 月，全省规模以上工业增加值 22677.13 亿元，同比增长 6.7%，增速比 2015 年同期低 0.6 个百分点。分行业看，电子、汽车等主要支柱行业生产保持稳定，增速相对较高，铁路、船舶、航空航天和其他运输设备制造业也保持了较高增速。2016 年全省民营企业较快增长。1 ~9 月，全省规模以上民营企业完成增加 10916.4 亿元，同比增长 12.4%，比上年同期提高 0.6 个百分点，比全省高 6.1 个百分点。企业利润保持较快增长。1 ~9 月，广东规模以上工业实现利润总额同比增长 16.1%，增速同比提高 8 个百分点。

3. 投资增长平稳，房地产开发投资有所回升

1 ~9 月，广东完成固定资产投资 22307.07 亿元，同比增长 12.3%，比上年同期低 4.7 个百分点。其中，第一、二、三产业分别完成投资 289.56 亿元、7393.76 亿元、14623.75 亿元，分别增长 8.2%、11.6%、12.5%。1 ~9 月，全省房地产开发投资 7222.55 亿元，同比增长 18%，增速比 2015 年同期提高 2 个百分点。

4. 市场消费平稳增长，新兴消费增长较好

1 ~9 月，广东全省累计实现社会消费品零售总额 25465.26 亿元，同比增长 10.1%，增速与上年同期持平。其中，城镇消费 22301.15 亿元，同比增长10%，增幅与2015年同期持平，乡村消费3164.11亿元，同比增长10.5%，增速比城镇快0.5个百分点。网络消费、信息产品消费呈现较快增长态势。

5. 外贸进出口趋稳，结构进一步优化

1～9月，广东全省外贸进出口总额44874.8亿元，同比下降0.2%，降幅比全国窄0.8个百分点，占全国的25.4%。其中，出口28407.2亿元，同比增长0.4%，占全国的28%；进口16467.6亿元，同比下降1.1%，占全国的21.9%。一般贸易进出口比重上升，对欧盟、“一带一路”沿线国家进出口保持稳定增长，民营企业较快增长。

6. CPI保持平稳，PPI企稳回暖

1～9月，广东CPI上涨2.3%，比全国高0.3个百分点。9月，广东PPI同比持平，同比指数自2012年5月以来首次脱离负增长区间，且降幅已持续12个月收窄。PPI的积极变化，意味着市场供求关系逐渐得到改善。

7. 经济发展中存在的主要问题

（1）工业生产经营困难仍较大

2016年以来，工业总体增速缓慢回落态势渐显。1～9月，广东轻工业增加值仅增长3.5%，食品制造、烟草制品、纺织服装、家具、造纸等行业增速均较低。实体企业生产经营困难仍较大，人工成本持续上涨、市场竞争更趋激烈等因素也增加企业经营难度。

（2）投资增长后劲不足

工业企业投资增产扩能意愿不强。民间投资连续多月放缓。1～9月，广东民间投资增速14.8%，同比2015年回落5.7个百分点。而且，投资增长还受以下因素影响。一是重大项目前期报批报建手续多，用地、用林和用海等报批进度较慢，影响项目开工建设。二是建设用地难落实，部分项目征地拆迁进展缓慢，建设用地无法及时交付。三是建设协调难度大。主要是线状工程、互跨工程在落实线位方案等方面协调难度大，抢建抢种、无理阻工等现象时有发生，影响工程进度。四是建设资金筹措压力大。地方融资平台功能受限，地方政府举债有硬约束。社会投资意愿不强，资金来源少，融资压力大。

（3）进出口形势依然严峻

国际需求未见明显改善，全省工业出口交货值自上年6月以来，持续负增长，虽然进出口负增长降幅有所收窄，但要扭转进出口负增长态势仍有较大难度。

8. 经济发展的经验

尽管2016年广东经济遇到多种下行压力，但总体上广东经济继续保持平稳运行态势，呈现经济结构不断优化、经济增长的质量效益不断提高的好趋势。这主要得益于广东大力度推进改革开放、创新驱动发展和大力推进供给侧结构性改革等新举措，有效地化解各种经济困难，加快推进广东转型升级发展。

（1）深入推进重点领域改革

近年来，广东把大力深化改革作为经济发展转型的重要抓手，有力地促进了经济发展。一是推进行政审批制度改革，实施省、市、县三级政府部门权责清单管理，大力精简行政许可事项，清理规范行政许可中介服务。大力深化商事制度改革，健全事中事后监管体系，探索实行多证合一。开展市场准入负面清单制度改革，推进负面清单全覆盖。二是深化财税和投资体制改革。建立事权和支出责任相适应的制度改革，扩大预算绩效管理范围。落实“营改增”等税改政策，完善地方税体系，推进国地税征管体制改革。深化企业投资管理体制改革，认真落实企业投资项目准入负面清单、行政审批清单和政府监管清单管理，进一步优化网上备案管理以及并联审批。三是加快金融改革创新。推进珠三角金融改革创新综合试验区建设，打造广州、深圳区域金融中心。培育新型金融机构和地方金融组织，深化地方金融机构和监管体制改革。加快综合信用体系建设，优化金融生态环境。

（2）大力实施创新驱动发展战略

一是大力推进珠三角国家自主创新示范区和全面创新改革试验试点省建设。强化以企业为主体的自主研发体系建设，重点培育高新技术企业和引领型创新企业，培育新型研发机构，实施高新区创新发展提升行动。全面推进产学研合作和协同创新，支持发展重点行业产业技术创新联盟。加强国际创新合作，积极融入全球创新网络。二是强化重点领域关键环节科技攻关。实施重大科技专项，重点突破一批核心技术和共性技术，研发推广一批重大战略产品。支持企业开展重大产业关键共性技术、装备和标准研发攻关。三是大力促进“大众创业、万众创新”。不断完善科技企业孵化育成体系，实施孵化器倍增计划。建设新兴产业“双创”示范基地、创业孵化（实训）基地，强化创新创业公共服务。推进科技基础设施、大型科研仪器和专利信息资源开放共享。

（3）加快推进供给侧结构性改革

2016年以来，广东着力促进去产能、去库存、去杠杆、降成本、补短板。把处置“僵尸企业”作为化解产能过剩的“牛鼻子”，通过兼并重组、债务重组、破产清算等方式分类处置，逐步实现市场出清。扩大国际产能合作，推动富余产能和生产环节向外转移。促进加工贸易、传统优势产能向粤东西北地区梯度转移。加快淘汰水泥、造纸等落后和过剩产能。开展降本增效专项行动，打好降低企业交易、人工、社会保险、财务、物流等成本的“组合拳”。以减税降费减轻企业负担，抓好国家各项减税降费政策落实，加快免除省定涉企行政事业性收费。

（4）加快推进产业优化升级

广东把加快推进产业优化升级、构建产业新体系作为优化经济发展的重要方面来抓。一是贯彻落实《中国制造2025》，深入实施工业转型升级攻坚战三年行动计划，加快建设珠江西岸先进装备制造产业带，发展“工作母机”类装备制造业。加快高档数控机床和机器人等智能装备的研发和产业化，打造一批智能制造示范基地。做大做强战略性新兴产业，推进新一代显示技术等重大产业区域集聚发展。二是加快发展现代服务业，围绕先进制造业重点发展研发设计、信息服务、供应链服务、产权股权交易等生产性服务业，推动生产性服务业向专业化和价值链高端延伸。三是深入推进新一轮技术改造，加快扩产增效、设备更新和智能化、绿色化改造，全面提高产品技术、工艺装备、能效环保等水平。

二　2017年广东经济展望

1. 国内外发展环境分析

从全球经济来看，世界经济仍处于危机后的深度调整分化阶段，经济增长总体仍较疲弱且十分不均衡。美国经济虽然温和增长但复苏的力度尚未及预期，ISM 制造业指数、非农就业人数、消费者信心指数等美国主要经济指标也有所反复，加上外需疲弱、通胀温和上升，美联储 12 月的加息预期较大，全球市场对流动性宽松预期也已开始出现转变，这对全球经济的影响将不断显现。欧元区经济改善仍然较为缓慢，英国公投“脱欧”事件加剧了欧元区经济的不稳定性和不确定性，负面冲击较大，削弱了欧盟国际地位和全球政治经济影响力，可能使欧盟自由贸易进度放缓，欧元存下行压力。由于贸易增长疲弱、投资不振、经济转型等因素，除印度外，其他新兴经济体经济增速持续放慢，这对全球经济的影响将进一步显现。总体判断，2017 年世界经济仍将在低位复苏前行，经济运行仍然具有诸多不确定性。

从国内情况来看，2016 年以来，全国经济总体处于平稳运行态势。随着国家在以稳增长目标预期下不断加大投资力度，一批 PPP 重点项目加快推进，固定资产投资将保持较好的增长势头；国家大力推进供给侧结构性改革，去产能、去库存将不断发力，经济结构将不断优化。10 月以来各地密集出台房地产调控政策，大力促进房地产健康平稳发展，金融监管改革不断完善，积极鼓励资金“脱虚向实”，不断提高实体投资回报率，这有利于国内经济的平稳发展。国家大力推进行政审批、财税体制、国有企业、科技体制、投融资体制改革，创新驱动战略深入实施，市场配置资源的决定性作用将进一步发挥，经济发展新动能将快速成长。

2. 2017年主要指标预测

广东经济结构转型升级较早，经济内生增长动力在逐步增强，有条件率先实现经济走稳回升。在国内外经济环境不发生较大变化的情景下，结合

“广东省宏观经济季度预测模型”对广东主要经济指标进行测算，预测2017年广东GDP将增长7.5%。主要经济指标预测如表1所示。

表1 广东主要经济指标2016～2017年预测值

主要指标	2016年前三季度		2016年		2017年	
	实际值	增长(%)	预测值	增长(%)	预测值	增长(%)
地区生产总值(亿元)	57061.17	7.3	78938	7.5	86305	7.5
第一产业增加值	2588.65	3.1	3717	3.1	4134	3.2
第二产业增加值	24497.29	6.2	34212	6.4	36538	6.5
第三产业增加值	29975.23	8.6	41009	8.7	45632	8.7
规模以上工业增加值(亿元)	22677.13	6.7	31688	6.8	34001	7.3
固定资产投资(亿元)	22307.07	12.3	33337	12.0	37504	12.5
社会消费品零售总额(亿元)	25465.26	10.1	34920	10.2	38936	10.3
进出口总额	6857.20	-6.1	9714	-5.0	9469	-2.5
出口总额	4340.80	-5.6	6164	-4.2	6113	-0.8
进口总额(亿美元)	2516.40	-6.9	3550	-6.4	3356	-5.5
CPI(上年同期=100)	102.3	2.3	102.3	102.3	102.4	2.4

注：主要经济指标总量及增速预测是在“广东省宏观经济季度预测模型”基础上，结合经验调整后得到的结果。

（1）消费将保持平稳较快增长

近年来，与城乡居民消费升级相关的产品，住房、汽车、教育、文化、旅游等消费增长较快，成为拉动消费增长的主动力。随着新型城镇化加快推进，城乡户籍制度改革力度加大，广东居民消费升级必将持续加快，消费有望保持较快增长态势。预计2017年广东消费品零售总额将增长10.3%。

（2）固定资产投资增速将保持平稳

2017年，重大项目投资仍将继续发力，投融资管理体制改革进一步深化落实，民间投资增速有望保持较快增长。预计2017年全省固定资产投资将增长12.5%。

（3）外贸将持续回升，降幅收窄

据有关模型测算，人民币贬值1个百分点，将拉动广东出口增长约0.4个百分点，拉低进口增长约0.3个百分点。2017年，全球经济将略有回升，人民币贬值预期仍在增强。预计2017年进出口仍将负增长。

（4）CPI 将保持温和上涨

2016 年，受食品价格涨幅较大、劳动力成本上升等影响，居民消费价格指数温和上涨。目前房地产市场有所降温，充裕的资金可能涌入传统商品市场。预计 2017 年广东 CPI 将延续温和上涨态势，上涨 2.4%。

三　促进广东经济2017年及长期健康发展政策建议

1. 继续加大稳增长力度

认真贯彻落实中央稳增长的各项政策措施，扎实推进各项改革和建设，坚持稳增长与调结构相互协调，优化存量、引导增量、主动减量紧密结合，推进经济结构深度调整和实体经济转型升级。继续加大有效投资实现对稳增长的关键作用。坚持立足稳增长和调结构的平衡点，提高投资有效性和精准性。加快地铁和城际轨道交通建设，抓好港口、航道及配套产业园区以及重大产业等项目建设。进一步建立健全政府和社会资本 PPP 合作机制，鼓励社会资本参与扩大重点领域投资；努力激发消费潜能对稳增长的支撑作用。大力促进广货全国行、广货网上行和各类促销活动。促进信息消费，发展智能终端产品及增值服务。推动电子商务向农村、境外和服务领域延伸。积极发展教育、文化、体育等消费服务，壮大养老健康消费。不断完善消费产品质量监控体系和消费者权益保护机制；大力推动外贸进出口平稳增长对稳增长的引领作用。强化对外贸稳增长的政策支持，支持企业深耕传统市场，拓展新兴市场，巩固出口市场份额。建立、完善对技术性贸易壁垒的防范和应对体系。

2. 加快推进供给侧结构性改革

全面落实广东率先出台的《广东省供给侧结构性改革总体方案》及五个行动计划，围绕去产能、去库存、去杠杆、降成本、补短板五大任务，加快过剩产能供给侧减量和结构调整，以质量和效益为中心，以转方式、调结构为主线，以创新驱动发展为核心，以增加有效供给为导向，以推动中高端发展为目标，创新补短板投入机制，加快补齐软硬基础设施短板。通过技术改造等激活存量资产，修复现有产业和企业发展动力，提高全要素生产率，力促广东经济从粗放型向集约型、从扩张主导向质量主导、从要素驱动向创新驱动转变。

3. 加强引导和调控，促进房地产市场健康平稳发展

一是贯彻落实好调控政策，更加注重分类指导，通过供需双向调节，保持房价、地价总水平的相对稳定，促进市场平稳运行。二是加强房地产市场监管。加强商品房销售管理，规范房屋交易行为，推行房地产交易与权属规范化管理，强化对房地产开发企业、中介机构的监管。三是加快实施去库存行动计划。积极构建购租并举的住房保障制度，促进全省住房租赁市场规范发展。四是优化房地产开发用地的供应时序和结构。根据城镇总体规划、土地利用规划，科学编制住房建设规划及年度实施计划，合理确定房地产发展目标、规模和建设节奏。五是加强房地产市场监测分析。定期发布房地产市场运行报告，稳定市场预期。

4. 大力促进创新经济发展

以大力实施创新驱动发展战略为统领，以产业转型升级为动力，大力推动创新经济发展。加快推进“互联网+”行动计划，催生新产业、新业态、新商业模式等“三新”经济，培育新的经济增长点，引领经济发展潮流，力促广东成为新经济发展的排头兵。重点推进先进制造、高技术、战略性新兴产业的加快发展，大力引导信息消费、养老消费、旅游消费等新业态稳定发展，积极鼓励国内电商、跨境电商、互联网金融、城市商业综合体、众创、众包、众扶、众筹等新商业模式健康发展。

5. 大力推进区域协调发展

大力推进珠三角地区优化发展，加快推进珠江西岸先进装备制造产业带建设，高标准建设自由贸易试验区，推动珠三角地区率先创新驱动经济发展转型。进一步完善粤东西北交通基础设施建设，积极创新对口帮扶思路，促进产业省内梯度转移，探索区域协调发展新路子。加快构建覆盖常住人口的公共服务体系，提高公共服务均等化和优质化水平，完善制度安排，强化政策兜底，合理引导预期，进一步缩小粤东西北与珠三角地区的基本公共服务地区差异，提高全省居民的幸福感。

世界经济篇

Reports on International Economics

G.33

2016年世界经济形势分析与2017年展望

张亚雄　程伟力*

摘　要：2016 年，发达经济体明显减速但新兴市场与发展中国家企稳，国际贸易出现触底回升迹象，国际油价过低弊端显现，物价下行压力加大但资产价格上扬，2016 年全球经济增速继续延续下滑趋势，预计增速将比 2015 年下降 0.1 个百分点。展望 2017 年，国际油价有望回归理性，国际金融市场抗风险能力进一步增强，新兴市场与发展中国家有望重新引领世界经济增长。但是，当今世界缺乏主导经济增长的产业和技术、全球债务高企继续阻碍经济复苏、收入分配不平等也在抑制

* 张亚雄，国家信息中心经济预测部副主任，研究员；程伟力，国家信息中心经济预测部副研究员，博士。

全球潜在增长能力发挥、美联储加息仍可能引起金融动荡。预计2017年全球经济增速有望止跌并可能出现小幅回升，但从整体上看仍然处于低速增长状态。

关键词：减速　企稳　油价　逆全球化　世界经济

一　2016年世界经济形势分析

1. 发达经济体减速，新兴市场与发展中经济体企稳

2013年以来，以美国为代表的发达国家一改经济增长停滞不前的状态，经济复苏步伐不断加快；与发达国家相反，新兴市场经济体增速逐步放缓，巴西和俄罗斯甚至出现较为严重的衰退，由此导致国际社会舆论出现金砖国家"褪色论""破碎论"。在这一背景下，发达国家似乎又重新主导世界经济增长格局，但2016年这一趋势发生逆转，发达国家明显减速，而新兴市场经济体逐步企稳。IMF预计2016年发达经济体经济增长1.6%，比2015年下降0.5个百分点；新兴市场与发展中国家增长4.2%，比上年高出0.2个百分点。在新兴市场经济体筑底的过程中，其增速的上升无法抵消发达经济体的下降，因此全球经济总体上保持低迷状态。IMF预计，2016年全球经济增长3.1%，比2015年下降0.1个百分点。

2016年一季度，美国经济增长只有0.8%，二季度也只有1.4%，比上年同期的2%和2.6%的水平均低1.2个百分点，持续半年的经济低迷说明美国经济增长乏力，这一增速也明显低于潜在的经济增速。2016年欧元区前两个季度经济增长1.7%和1.6%，也低于2015年同期水平。作为世界第三大经济体，日本经济增长仍然乏力，IMF预计2016年的增长只有0.5%。

2016年，俄罗斯和巴西等被西方唱衰的国家表现出较强的韧性和反危机能力，经济企稳迹象明显。俄罗斯并没有出现金融危机及国家主权债务危机，2016 年前 9 个月工业生产同比增长 0.4%。巴西经济仍处于衰退之中，但从环比数据来看，3 月以来巴西工业生产已连续六个月实现增长，这表明当前巴西工业生产境况不断改善，开始触底缓慢回升。亚洲新兴经济体继续表现出较强的韧性，2016 年前两个季度，印度经济同比分别增长 7.9% 和 7.1%，位居世界主要经济体之首。非洲国家积极应对能源和大宗商品价格暴跌产生的负面影响，促进经济多元化，一些非资源出口国如埃塞俄比亚、肯尼亚和塞内加尔等国经济增速将超过 5%。

2. 国际贸易上半年增长乏力，下半年出现触底回升迹象

2016 年，全球贸易增长仍然乏力，前八个月，美国商品进口和出口分别比上年同期下降 4.3% 和 4.8%，日本下降 18% 和 10%，欧元区下降 1% 和 3%，巴西下降 25% 和 4%，印度下降 15% 和 5%，俄罗斯下降 6% 和 26%。下半年以来，衰退幅度有所下降，逐步出现转正迹象，但复苏的基础不牢固。根据世界贸易组织的最新预测，2016 年全球贸易增速只有 1.7%，这一增长速度为 2009 年以来的最低水平，创下七年新低，这也是 15 年来全球贸易增长速度首次低于全球经济增速。

事实上，2012 年以来，全球商品和服务贸易一直保持 3% 左右的低速增长态势，不到前 30 年平均增速的一半。根据国际货币基金组织的定量研究，全球贸易增长放缓的主要原因是经济疲软。与 2003 ~ 2007 年相比，最近五年贸易增长下降 3/4 主要与全球经济增长下滑有关，核心原因在于投资下降大幅降低了投资品和中间产品的国际贸易。另外，其他原因也不可忽视。一是国际能源和大宗商品非理性的下跌导致了贸易价值的下降，也进一步削弱了资源出口国的进口能力。二是逆全球化趋势有所加强，无论是发达国家还是发展中国家，都出现了形形色色的贸易和投资保护主义。三是产业回流降低了国际贸易水平。近年来，发达国家再工业化的呼声很高，部分技术含量高的生产环节回流到国内，这直接导致国际贸易的下降，虽然产业回流规模相对较小，但对贸易增量的影响则相对较大。

3. 国际油价过低弊端显现，物价下行压力加大但资产价格上扬

2014 年，国际原油价格从每桶 100 美元的价格回落，毋庸置疑，这对能源和资源输入国而言可以大幅降低生产和消费成本，从而促进经济增长，日本、印度以及欧洲等国家无疑是受益者。但是，“谷贱伤农”的道理同样适用于石油，一旦市场价格低于生产成本，价格过低将会扰乱市场经济秩序。首先，低油价直接导致产油国经济大幅下滑。以美国为例，2014 年美国石油和天然气行业的增加值为 3022 亿美元，但 2015 年下降到 1744 亿美元，直接导致名义 GDP 下降 0.7 个百分点，石油在美国经济中的比重较低，但价格的变化对 GDP 的增量影响仍然较大。对以石油为主导产业的国家而言，油价的暴跌无疑是一场灾难。其次，低油价直接冲击了全球清洁能源、节能及相关产业的发展，对国际社会应对气候变化也产生负面影响。最后，石油企业前期投资成本难以收回，企业将面临巨大亏损，再投资能力削弱，相关的贷款也存在较大的违约风险。

油价过低也在一定程度上导致消费者价格指数低位徘徊，全球物价下行压力加大。以 CPI 来衡量，全球面临较大通货紧缩压力。不过，全球超发的货币并没有消失，而是流入了资产领域。根据标准普尔的统计，2016 年以来，美国 20 个大中城市房价每月同比上涨均超过 5%。与此同时，2016 年 9 月，美国道琼斯工业平均指数同比上涨 12.4%。资产价格的过快上涨无疑给全球金融市场带来了巨大的潜在风险。

4. 就业市场相对稳定，但结构问题依然突出

2016 年，美国失业率始终保持在 5% 及以下水平；欧元区就业状况也持续改善，8 月失业率为 10.1%，同比下降 0.6 个百分点；日本失业率一直保持在 3.5% 以下；遭受经济衰退的俄罗斯失业率并没有上升，8 月失业率为 5.2%，同比下降 0.1 个百分点。从整体上看，就业市场似乎并无问题，但就业结构存在一定问题，民生问题依然突出。对美国而言，劳动参与率始终保持在 63% 以下，而 2009 年则保持在 65% 以上，这说明大量失业者退出劳动力市场，同时美国黑人失业率始终保持在 8% ~9% 的水平。俄罗斯失业率虽然相对较低，但是贫困人口的数量却在上升。据统计，收入低于最低生活标准的俄罗斯人数量已达到总人口的约 13%，但在 2014 年这个比例只有 10%，贫困人口增加了将近 500 万人。

二　2017年世界经济发展趋势及影响因素分析

2014 年全球经济增速为 3.4%，2015 年下降到 3.2%，预计 2016 年将降低到 3.1%，换言之，世界经济增速已经经历了持续两年的下滑。展望 2017 年，全球经济增速有望止跌并可能出现小幅回升，但从整体上看仍然处于低速增长状态。IMF 预计 2017 年全球经济增速为 3.4%，高出 2016 年 0.3 个百分点。其中，发达经济体增长 1.8%，增速提高 0.2 个百分点；新兴和发展中国家增长 4.6%，增速提高 0.4 个百分点。预计在国际社会的共同努力下，这一增速有望实现，但仍面临很大不确定性。

1. 影响世界经济发展的有利因素

（1）新兴市场经济体与发展中经济体有望重新引领世界经济增长

2016 年以来，以巴西和俄罗斯为代表的新兴市场经济体已经出现复苏迹象，2017 年这一趋势将会延续，主要原因如下，一是改革政策的落实将有效促进经济增长，近年来新兴市场国家正在加快改革步伐，政策的累积效应有望在 2017 年集中显现，从而实现改革推动的经济增长。二是经济多元化及进口替代战略将进一步促进新兴市场与发展中国家的工业增长。三是国际投资者信心增强，国际资本有望加快流入。在经济处于严重衰退、总统遭受弹劾的情况下，巴西仍然出乎意料成功举办了 2016 年奥运会；在遭受西方制裁以及油价暴跌的条件下，俄罗斯经济没有崩溃，外汇储备稳定回升。这两个国家的经济表现必将增强国际投资者信心，从而有利于吸引外资，推动经济快速增长。

（2）国际油价有望回归理性

2016 年国际石油价格经历了非理性下跌，其中的原因比较复杂，众说纷纭，莫衷一是。但是，在经历了多轮博弈之后，各利益主体均应认识到过低的油价对各方都是不利的，从最终结果来看是一种多输的格局。对于期货市场上的空头，短期似乎可以获利，但覆巢之下岂有完卵，由此导致的经济下滑对这些投机者同样是有害的。因此，2017 年国家油价有望回归理性，并带动大宗商品价格的回升，这不仅对资源输出国是有利的，对美国实现能源自给战略同样是有重要意义的。

（3）国际金融市场抗风险能力进一步增强

美国次贷危机以来，国际金融市场经历了多轮市场动荡，但无论哪一次金融动荡，在各国以及国际社会的共同干预下，最终能够得以平息。经历了美联储首次加息的洗礼，国际投资者也趋向理性和成熟，尽管全球经济表现欠佳，2016 年全球金融市场保持了稳定向好的趋势。2017 年，国际金融市场将再度经历美联储加息的考验，但在国际投资者充分消化其预期之后，对金融市场的冲击应当较弱，世界经济的发展仍然处于相对有利的金融环境中。

2. 影响世界经济发展的不利因素及潜在风险

（1）当今世界缺乏主导经济增长的产业和技术

一个国家要保持较长时期的高速增长离不开主导产业的发展，主导产业有三方面作用。第一，后向联系效应，即新产业部门处于高速增长时期，会对原材料和设备产生新的投入需求，从而带动一批工业部门的迅速发展；第二，旁侧效应，主导产业部门会引起周围一系列变化，这些变化进一步推进工业化；第三，前向联系效应，即主导产业部门通过增加有效供给促进经济发展。在美国经济起飞阶段，铁路充当了主导产业，20 世纪 90 年代，IT 行业基本符合了主导产业的三个特征。全球金融危机后美国大力提倡使用清洁能源，积极推动发展页岩气和页岩油的发展，新能源成为美国乃至全球的新兴主导产业。美国石油和天然气设备及建设投资大幅飙升，各国新能源产业蓬勃发展，但国际油价的暴跌终结了本轮周期的繁荣。展望未来，在相当长的一段时间内，难以出现主导全球经济增长的产业和技术，新技术推动的经济增长周期难以再现。

（2）收入分配不平等抑制了全球潜在增长能力发挥

消费不足理论是在凯恩斯之前就出现的最古老的经济周期理论，其观点之一是收入分配的不平等是终止经济扩张的原因，在次贷危机中表现为美国低收入者丧失还款能力，从而导致富人聚集的华尔街全面爆发金融危机。这一问题至少可以追溯到 20 世纪 70 年代，为摆脱滞胀状态，资方和管理层不断压低工人工资。80年代，里根政府出台相关法案帮助雇主削弱工会力量，并于1981年解雇“专业空运管理组织”中13000名罢工成员，从此工会的力量无足轻重，而资方和管理层的力量变得更为强大，一线工人和非管理人员及资方的收入差距不断拉大。更为严重的是，这一收入分配模式在全球迅速推广，从而加剧了世界各国收入分配的不平等。当前，高收入社会阶层的消费已经没有增长空间，广大中低收入者无力消费，这就形成了消费不足，即使印度这样的发展中国家也出现了产能过剩。展望未来，全球性收入分配改革进展缓慢，中低收入者有效消费能力不足将继续压制各国潜在生产能力的发挥。

（3）全球债务高企阻碍经济复苏

最近40多年，高负债一直困扰着世界经济发展。1974年，西方经济陷入严重衰退，美国执行了力度更大的财政赤字政策，在后来的20年间，巨额赤字成为全球经济稳定和扩张的必要条件。克林顿执政之后实行了平衡性财政政策，财政赤字逐步消灭，在这种情况下，美联储把提高私人部门的债务规模作为需求管理的新手段，私人债务代替财政赤字成为拉动全球经济增长的主要力量。这种手段能够实施的前提条件是股价不断上升及其产生的财富效应。在美联储的干预下，股价不断上升，从1994年到2000年第一季度，美国家庭持有的股票价值从4.5万亿美元上升到11.5亿美元，但储蓄率从1992年的8.7%下降到0.3%，家庭债务占可支配收入的比例在1993～1999年间高达94.2%。但是，这一政策伴随着新经济泡沫的破灭而失效，美国经济重新陷入衰退。进入21世纪之后，房价上涨的财富效应再次提高了家庭债务率，家庭债务促进了上轮经济周期的形成，但次贷危机的爆发为此画上句号。次贷危机爆发后，低利率和量化宽松的货币政策直接导致全球债务的积聚攀升。根据IMF的报告，截至2015年底，全球债务占GDP的比重已经高达225%，即便不出现全球性债务危机，过高的负债也必将制约借款主体的投资和消费能力，从而抑制潜在经济增长能力的实现。

（4）全球通胀压力上升，美联储加息仍可能引起金融动荡

2017年全球通货膨胀将呈现上升趋势，一方面，能源和大宗商品价格

的上涨将推动物价上行；另一方面，全球货币超发首先导致资产价格上涨，最终将传到生产领域与消费领域。在一个充分竞争的市场里，各种商品的比价应该是相对稳定的，一种商品价格的持续上涨最终带动整个商品价格体系的上涨。因此，2017 年通货膨胀存在抬头的可能，一旦 CPI 上涨幅度超过 2%，GDP 增速不低于 2%，失业率在 5% 以下，国际原油价格持续保持在每桶 50 美元上下，美联储必将加息。尽管国际金融市场的免疫力有所增强，但仍然难以避免短期的动荡，也不排除由此诱发全球债务危机的可能。

三　我国的对策

展望未来，世界经济格局向新兴市场和发展中国家转变的趋势不会改变。作为发展中的大国，我国应抓住历史机遇，深化国际合作，推动世界经济的健康发展。

1. 联合国际社会，坚决抵制逆全球化趋势

近年来，贸易和投资保护主义势力有所抬头，逆全球化趋势明显。无论是从长期还是从短期来看，逆全球化将会降低全球劳动生产率，对新知识、新技术的推广也是极为不利的，贸易和投资的倒退只能加剧全球经济停滞不前的局面。我国应通过联合国、G20、APEC 等国际组织及有关国际会议，加强国际协调，促进经济全球化，坚决抵制逆全球化趋势。

2. 以设备和技术为核心，继续推进国际产能合作

在全球缺乏主导产业和技术的条件下，国际的设备和技术合作可以在很大程度上提高经济增长水平，有利于世界经济的复苏。在当前形势下，我国应加强如下方面的工作，一是进一步扩大技术设备进口，在促进我国产业升级的同时带动世界经济复苏，展现负责任大国形象。二是以小国为突破口，深化高端产能合作。有的国家经济规模较小，但是科技发达、产业创新能力很强，这些国家开放程度高，保护势力弱。通过产能合作吸收这些国家先进的技术设备具有重要意义。三是加大对发展中国家设备技术输出，促进东道国产能升级。

3. 以“一带一路”为核心，积极推动基础设施建设与产业园区建设

基础设施落后是“一带一路”沿线国家的经济发展瓶颈之一，加强与东道国之间的基础设施建设合作有利于消除东道国发展瓶颈。另外，“一带一路”沿线国家大多在实施经济多元化战略，产业园区的建设可以促进这一战略的实现，同时可以保障未来“一带一路”的货运量。

4. 加强国际舆论引导，正确认识中国经济和世界经济发展态势

作为世界第二大经济体，国际社会对我国的关注程度日益提高，但是不良的国际舆论容易造成市场的恐慌。因此，我国应通过高端国际会议及媒体，客观地宣传介绍我国情况，让国际社会正确认识中国经济“新常态”和世界经济发展态势，引导国际资本流入实体经济，从而促进世界经济健康发展。

G.34

2016年世界贸易形势分析及2017年展望

陶丽萍*

摘　要：　2016年以来，世界贸易增速大幅低于预期，为此，近期国际组织纷纷大幅下调世界贸易增长率预测。世界贸易组织（WTO）9月预计，2016年下半年世界贸易增速将快于上半年，但反弹幅度有限，全年增长率仅为1.7%，远低于其4月2.8%的预测，为连续第五年放缓，也为2008年国际金融危机爆发以来的最低水平。展望2017年世界贸易走势，我们认为，由于世界经济复苏缓慢，世界贸易仍将持续低迷，预计增长率为2.3%，略高于2016年。世界贸易呈现趋势性放缓是周期性和结构性因素共同作用的结果。综合来看，未来几年，世界贸易疲软可能会持续。即使世界经济增长势头最终加强，世界贸易增速也不可能恢复到国际金融危机之前的水平，低增速将成为未来世界贸易的发展趋势。

关键词：　世界贸易　持续低迷　放缓态势

一　2016年将成为金融危机以来世界贸易增长最慢的一年

2016年上半年，由于几个主要的发展中经济体以及北美进口需求下滑和经济增长缓慢，世界贸易（按进出口平均计算）增长大幅低于预期，第一季度环比下降了1.1%，第二季度虽有所反弹，但反弹幅度只有0.3%。与2015年同期相比，2016年前两个季度世界贸易平均下降了0.3%。

---

* 陶丽萍，国家信息中心经济预测部高级经济师，主要研究世界经济、能源等问题。

2016年上半年，世界进口总体停滞，第一季度环比下降1.0%，第二季度增长0.2%，出口需求总体疲弱。其中，发展中经济体第一季度进口环比下降3.2%，第二季度增长1.5%；发达经济体第一季度进口环比增长0.8%，第二季度下降0.8%。

分地区来看，2016年第二季度南美和其他地区（包括非洲、中东和独联体）进口由第一季度的环比下降转为上升，而北美和欧洲进口继续微降。亚洲地区第一季度进口环比下降3.4%，第二季度增长1.3%；第一季度出口环比下降3.3%，第二季度增长3.2%。

由于2016年上半年世界贸易增速大幅低于预期，近期国际组织纷纷大幅下调世界贸易增长率预测。世界贸易组织（WTO）9月预测，2016年下半年世界贸易增速将快于上半年，但反弹幅度有限，全年增长率仅为1.7%，远低于其4月2.8%的预测，为连续第五年放缓，也为2008年国际金融危机爆发以来的最低水平。其中，发达经济体和发展中经济体出口将分别增长2.1%和1.2%，进口将分别增长2.6%和0.4%（见表1）。得益于喜人的汇率变化，南美洲出口增长最快，增长率为4.4%，其次是欧洲2.8%、其他地区（包括非洲、独联体国家和中东）2.5%、北美0.7%、亚洲0.3%。进口分化更明显，欧洲进口增长最快，增长率为3.7%，其次是北美1.9%、亚洲1.6%、其他地区（包括非洲、独联体国家和中东）-2.8%、南美和中美洲-8.3%。国际货币基金组织（IMF）10月也预测，2016年世界货物和服务贸易增速为2.3%，比其4月预测值下调了0.8个百分点。

表1　2012～2016年世界贸易增长率

单位：%

指　标	2012年	2013年	2014年	2015年	2016年*
世界贸易	2.2	2.4	2.8	2.7	1.7
出口:发达经济体	1.1	1.7	2.4	2.8	2.1
发展中经济体	3.8	3.8	3.1	3.2	1.2
进口:发达经济体	-0.1	-0.2	3.5	4.6	2.6
发展中经济体	4.8	5.6	2.9	1.1	0.4

注：*2016年为预测值。

资料来源：WTO《世界贸易预测》，2016年9月。

从长期来看，世界贸易扩张速度通常是世界经济增长率的1.5倍，特别是在20世纪90年代全球化快速发展时期，世界贸易增速甚至高达世界经济增速的2倍。然而近几年，该比率下滑到1:1，不仅低于20世纪90年代的峰值，也低于长期平均水平。WTO预计2016年世界经济增长率为2.2%，这标志着2016年世界贸易与世界经济增速比率自2008年国际金融危机爆发以来将首次低于1:1（见图1），即世界贸易增速将首次低于世界经济增速。

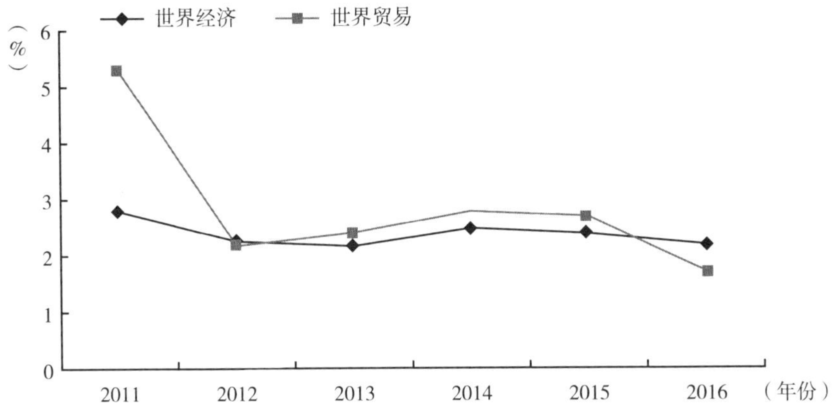

图1　2011~2016年世界经济与贸易增长率

资料来源：WTO《世界贸易预测》，2016年9月。

二　2017年世界贸易持续低迷

展望2017年世界贸易走势，我们认为，由于世界经济复苏缓慢，世界贸易仍将持续低迷，预计增长率为2.3%，略高于2016年。WTO预测，2017年世界贸易将增长1.8%~3.1%，远低于其4月预估的3.6%。其中，发达经济体出口将增长1.7%~2.9%，发展中经济体出口将增长1.9%~3.4%；发达经济体进口将增长1.7%~2.9%，发展中经济体进口将增长1.8%~3.1%（见表2）。

表 2　国际组织对 2016～2017 年世界贸易增长率预测

单位：%

类　别	WTO		IMF		联合国	
	2016 年	2017 年	2016 年	2017 年	2016 年	2017 年
世界贸易	1.7	1.8～3.1	2.3	3.8	1.2	2.8
出口	—	—	—	—	1.3	2.7
发达经济体	2.1	1.7～2.9	1.8	3.5	1.6	2.8
发展中经济体	1.2	1.9～3.4	2.9	3.6	1.0	2.5
进口	—	—	—	—	1.2	2.0
发达经济体	2.6	1.7～2.9	2.4	3.9	1.8	2.9
发展中经济体	0.4	1.8～3.1	2.3	4.1	0.8	2.8

资料来源：WTO《世界贸易预测》，2016 年 9 月；IMF《世界经济展望》，2016 年 10 月；联合国《全球经济展望》，2016 年 10 月。

1. 世界经济不振是世界贸易放缓的根本原因

2008 年国际金融危机爆发后，世界经济已经维持了多年的低速增长。国际组织一致认为，2017 年世界经济增长将略好于 2016 年，但仍维持在一个较低的水平上（见表 3）。其中，2016 年 10 月 IMF 的预测最为乐观，预测 2017 年世界经济将实现 3.4% 的增长，比 2016 年加快 0.3 个百分点，其中发达经济体增长 1.8%，发展中经济体增长 4.6%，但增速比其 4 月的预测值有所下调。经济增长疲软导致需求减少，自然影响全球贸易。IMF 经济学家的实证研究发现，2012 年以来世界实际贸易增长下降的 3/4 归因于经济增长疲软，尤其是投资不振。

表 3　国际组织对 2016～2017 年世界经济增长率预测

单位：%

类　别	IMF		联合国		世界银行	
	2016 年	2017 年	2016 年	2017 年	2016 年	2017 年
世界	3.1	3.4	2.2	2.8	2.4	2.8
发达经济体	1.6	1.8	1.5	1.8	1.7	1.9
发展中经济体	4.2	4.6	3.6	4.4	3.5	4.4

资料来源：IMF《世界经济展望》，2016 年 10 月；联合国《全球经济展望》，2016 年 10 月；世界银行《全球经济展望》，2016 年 6 月。

2. 贸易保护主义抬头阻碍世界贸易发展

21世纪以来，多边贸易体制的发展受阻，多哈回合难以获得全球范围内的共识。各国政府试图通过双边或区域等多种形式的经济合作来改善贸易机制，为本国寻求更多的经济发展机会。据WTO数据，目前在WTO备案的各种自贸区协定多达277个，这种“碎片化”的片区贸易模式直接割裂了全球价值链的分工与合作，从而冲抵了由区域贸易协定带来的“额外收益”。

更为重要的是，与贸易“碎片化”相伴的是，贸易保护主义在全球甚嚣尘上。WTO的报告显示，自2008年以来，仅二十国集团（G20）成员就共计采取了1583项贸易限制措施。而从2015年10月中旬到2016年5月中旬，G20成员共出台了145项保护主义措施，相当于每周出台5项新的贸易限制举措，为2008年以来的最高水平。G20成员贸易占全球贸易总额的80%以上，这意味着全球贸易的4/5正在遭遇2008年以来最严重的贸易保护主义措施的影响。

“逆全球化”是笼罩在世界贸易上空的又一大阴影。国际金融危机爆发之后，世界经济持续低迷，就业市场难以复苏，贫富差距不断拉大，这触发了全球范围内的“反全球化”浪潮。如美国新任总统特朗普痛骂“全球主义”，他认为，美国加入的世贸组织协定、北美自由贸易协定等贸易协定中的很多条件有碍于美国经济发展，并承诺树立新的壁垒，这极大地助长了反全球化贸易的思潮。IMF警告称，特朗普鼓吹的反贸易主义政策可能点燃危险的贸易保护主义运动，使全球经济受到严重伤害。英国投票选择脱欧已经使世界经济增长蒙上阴影，如果另一个大国实行新的贸易壁垒，将造成毁灭性的影响。

3. 发达国家货币政策分化拖累世界贸易增长

当前全球主要经济体货币政策分化明显，一方面，美联储从2015年12月正式开启加息通道，2016年底还有可能进一步加息的动作；另一方面，欧洲、日本央行率先实行了负利率并持续保持宽松节奏。目前来看，这些刺激措施市场效果并不乐观，欧、日央行仍有可能进一步宽松，这给世界经济和金融的稳定带来很大不确定性。而一旦美国经济向好信号增强，美联储实施加息政策，美元将进一步走强，这将使国际大宗商品价格进一步承压，以美元计价的世界贸易也会表现得更为低迷。同时美联储加息，美元有回流的趋势，对以出口为主的发展中国家的经济将进一步造成压力，使它们的进口受到限制。此外，受到经济压力的影响，这些区域的政治矛盾更容易激化，也对世界贸易产生了阻力。

4. 英国脱欧可能对欧洲乃至世界贸易格局带来影响

2016 年 10 月 2 日，英国首相特雷莎·梅宣布，英国将于 2017 年 3 月底之前正式开启脱欧程序，预计 2019 年完成。而英国“脱欧”公投的影响也在欧盟内部持续发酵，法国、荷兰、意大利等国的极端党派也纷纷表示将仿效英国启动脱欧公投。欧盟的建立与发展曾被全球视为区域经济合作的典范，英国脱欧则反映了自由贸易中的资源流动不公平与成员国之间的经济矛盾。英国脱离欧盟将对欧洲的一体化进程形成巨大挑战，并损害全球贸易自由化进程，给欧洲乃至世界贸易格局带来影响。

三　世界贸易步入放缓态势

在国际金融危机爆发之前，世界贸易平均增速大约是世界经济增长率的 2 倍，但从 2011 年中期开始到现在，世界贸易增长水平一直低于长期平均水平，仅能达到与世界经济增速同步的状态，这创下了半个世纪以来最长时期的纪录。世界贸易呈现趋势性放缓，是周期性和结构性因素共同作用的结果。

从周期性因素来看，主要发达经济体经济复苏乏力，导致进口需求疲软，直接影响世界贸易。此外，国际金融危机爆发后，许多国家推出了一些在 WTO 框架允许范围内的临时性国际贸易和国际投资保护主义措施，限制了贸易流动。

就结构性因素而言，从经济原理上分析，世界贸易增长要持续不断地高于世界经济增长，其重要前提条件之一是国际贸易中商品和服务的价格相对各国国内贸易中商品和服务的价格呈不断下降趋势。而促成这种相对价格不断下降的因素包括：技术进步降低国际运输成本，新的贸易协定减少关税和其他贸易壁垒。1990－2000年，世界贸易增长之所以能够以两倍以上的比例高于世界经济增长，的确受益于这两类因素。如信息和通信技术革命降低了国际贸易成本，促进了全球价值链的形成和不断延伸，将制造业生产流程分解成不同的阶段，并由不同的国家去完成设计、生产、销售、售后服务，全球价值链的发展推动了世界贸易的加速增长。关贸总协定多边贸易谈判乌拉圭回合取得的成果降低了关税和其他一些贸易壁垒。中国以及其他一些原来比较封闭的新兴经济体和发展中经济体采取的开放政策，逐步融入全球经济一体化，减少了国际贸易和投资壁垒，特别是中国加入WTO后对世界贸易的推动。苏联解体后，转型经济体国家也逐步融入全球经济一体化，特别是中欧和东欧国家与西欧贸易增长明显。欧盟，尤其是欧元区货币一体化，降低了贸易成本，不但促进了欧洲各国之间的贸易，也促进了欧洲与其他地区的贸易。

然而，上面这些曾经促进世界贸易加速增长的因素目前似乎都明显减弱或消失。WTO多哈回合多边贸易谈判在过去14年进展甚微，没有能够继续降低国际贸易关税和非关税壁垒。虽然一些新的区域贸易协定仍然可以促进一些地区贸易，但区域贸易协定对世界贸易的长远和整体效果并不确定，无法取代世界多边贸易协定的作用。中国、苏联和中、东欧转型经济体国家融入全球经济的过程经过20多年的加速阶段之后，目前已经达到稳定状态。中国对外贸易经过20多年平均20%以上高速增长之后，在全球贸易中的份额已经从微不足道增加到13%，并且成为世界第一贸易大国。随着工资明显增长，劳动力从农业部门向制造业部门转移过程的逐步完成，以及与工业化相关的环境成本上升，中国出口很难再以20%的速度增长。

综合来看，未来几年，世界经济活动回升可能有限，意味着世界贸易疲软可能会持续。即使世界经济增长势头最终加强，世界贸易增速也不可能恢复到国际金融危机之前的水平，低增速将成为未来世界贸易的发展态势。

四　中国的应对策略

世界贸易步入放缓态势，使我国外贸发展面临的形势更加严峻复杂，下行压力不断增大。我国必须认清形势，尽早制定积极的应对策略。

1. 提升中国在全球贸易规则制定中的话语权

当前全球贸易规则体系正处于新一轮的重构期，WTO 多边贸易体制面临着严峻的挑战。美国等发达国家通过主导 TPP、TTIP 等贸易投资协定谈判，力图推行代表发达国家利益的高标准的贸易投资规则，重塑全球贸易规则体系。全球贸易规则重构，不仅对世界经贸发展与合作产生深远的影响，也给我国开放型经济发展带来了新的机遇和挑战。面对当前进展加快与竞争激烈的贸易投资规则重构，我国要增强紧迫感，积极参与其中，以自身发展去适应和引领全球贸易规则重构，不断增强我国在全球贸易规则制定中的影响力，提高我国在全球贸易治理中的话语权。

2. 多方联动应对贸易摩擦

当前全球贸易保护主义抬头，中国遭遇的贸易摩擦不断增多。据商务部数据，2016 年前三季度，我国出口产品共遭遇来自 21 个国家（地区）发起的 91 起贸易救济调查案件，同比上升 44%；涉案金额 111 亿美元，同比上升 90%。目前来看，这一趋势短期内很难改变。为此，我国应多方联动应对贸易摩擦，一是面对不合理的要求，企业要尽可能积极应诉；二是行业协会要提高市场反应速度，同时加强与一些行业龙头企业联盟的联系；三是要建立政府层面的交流机制，让不同国家都意识到贸易战的弊端；四是我国政府还应引导本国企业合理有序竞争，尽量避免恶性竞争。

3. 多措并举促进我国外贸增长

当前世界贸易持续低迷，我国外贸下行压力不断增大。未来几年，我国外贸都有可能保持低速增长态势。我国应继续将外贸稳增长和调结构相结合，多措并举促外贸：一是真正将外贸稳增长举措落实到位；二是坚定不移调结构，着力推进外贸领域供给侧结构性改革；三是培育外贸竞争新优势，为外贸长远发展奠定坚实基础；四是通过加快推进“一带一路”建设和自贸区建设等为外贸创造更多增长动力。

G.35

2016年国际金融市场分析及2017年展望

张　鹏*

摘　要：　2016年国际金融市场的波动性前高后低，短期风险有所化解，但低利率环境加剧银行经营困难，低增长环境拖延去杠杆进程，长期风险没有减小，反而继续积累。展望2017年，世界经济复苏进程的强弱、美联储升息步伐的快慢、欧洲银行系统性风险的大小等因素将决定国际金融市场态势。预计美联储货币政策趋向鸽派的转变有助于稳定人民币汇率，缓解资本外流，有助于我国国内金融市场的稳定。

关键词：　国际金融市场　低利率　美元汇率　德银危机

一　2016年全球金融形势基本特征

1.市场波动性前高后低

2016年初，在实体经济增长乏力、货币政策分化、大宗商品价格下跌等因素的影响下，全球金融市场延续了2015年的动荡。1月，全球股市大跌，进一步加剧基本金属和原油等大宗商品价格下跌动能。汇市中，原本走势平稳的美元突然雪崩，连续大跌，再加上德银巨亏以及朝鲜半岛局势紧张等多重因素的影响，避险情绪急速升温，黄金、日元等避险资产价格暴涨。

* 张鹏，博士研究生，国家信息中心经济预测部政策仿真实验室主任，副研究员，主要研究国内外宏观经济预测、经济政策分析和数量经济模型等。

但从二季度开始，由于美元加息预期减弱，人民币汇率和中国宏观经济态势趋于稳定，提升了市场风险偏好，大宗商品价格触底反弹，资金重新流入新兴市场，新兴市场国家汇率普遍深度贬值后回升，国际金融市场波动性有所下降，稳定性略有回升。

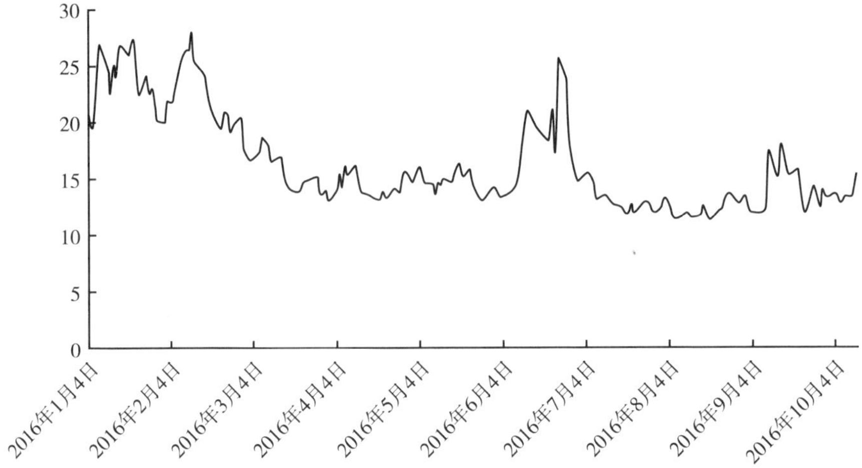

图1　美国标准普尔500波动率指数（VIX）

2. 短期风险化解但长期风险积聚

由于美联储升息预期弱化，加之中国经济和人民币汇率预期改善，英国脱欧对市场造成的直接冲击得以较快平息，投资者风险偏好提升，短期全球金融市场风险有所下降。但是，虽然暂时风平浪静，国际金融市场深层次长期风险却在积累发酵。

国际货币基金组织（IMF）最新的《财政监测报告》表明，全球非金融部门债务总量在2015年达到152万亿美元，占世界GDP的225%，创下历史新高，其中2/3（约为100万亿美元）为私人部门负债。当前全球经济低迷已和高额债务形成恶性循环。一方面，低增长阻碍了去杠杆过程，另一方面，过高的债务使得经济形势恶化。在名义产出增长率较低以及通缩压力显现的全球环境下，解决债务问题异常困难。

2008年金融危机爆发后，时任美国财政部长的经济学家萨默斯认为超低利率以及QE可以推动资产价值回升，有利于维护金融市场稳定和改善资产负债表状况。目前看来，虽然资产价值出现了超预期的大幅上升，但是债务增长的速度远远超过资产价值增长的速度，资产负债表状况依然糟糕，债务风险并未化解，危机依然存在。

3. 新兴市场风险外溢性增强

随着新兴市场国家经济快速成长，以及全球经济一体化程度提升，新兴市场国家风险外溢性增强，如今发达国家资产价格波动中有1/3以上来源于新兴市场经济体的股价和汇率带来的溢出效应。新兴市场国家与发达国家之间双向金融联系的增强使得新兴市场经济波动对全球经济及金融市场的冲击力增强。

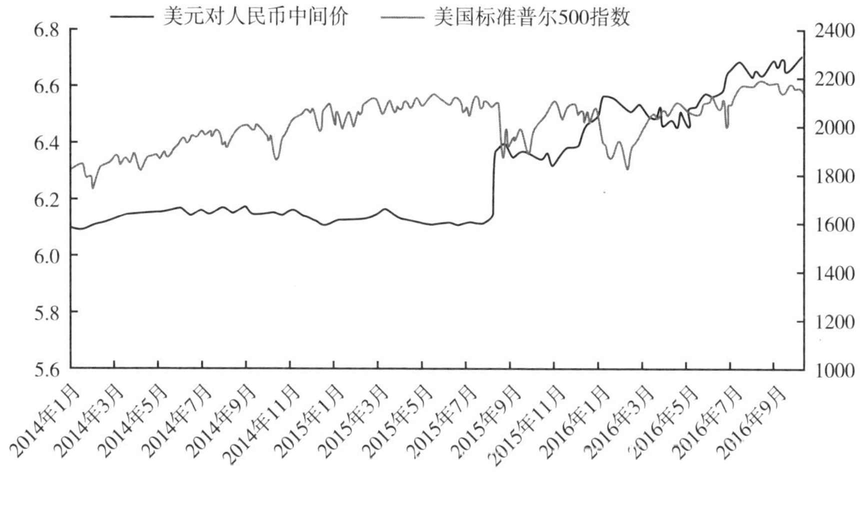

图2　2015年8月人民币汇率变动对美国标普指数的冲击

新兴市场国家风险外溢性增强的突出表现在于，中国因素在国际金融市场具有了与美联储加息几乎同样的影响力。例如，2015年8月，人民币汇率大幅调整，引发全球股市震动（见图2）；2016年1月中国A股触发熔断机制也冲击了全球股市。危机后，美元进入强周期，与此同时，中国经济增速放缓、需求减少、人民币贬值，从而形成了对新兴市场国家的双重打击。人民币贬值，不仅直接造成中国企业购买力下降，还引发了市场进入低风险偏好模式，投机者纷纷抛出大宗商品和新兴市场资产转而持有低风险资产，加剧了资源出口国汇率贬值、国际收支失衡和资本外流。据美国银行估计，人民币每贬值1%，大宗商品价格就会下跌0.6%。目前，多数新兴市场国家汇率走势与人民币保持一致，这种同步现象在东亚国家中表现的尤为突出，越南、泰国、印尼、哈萨克斯坦等国货币都曾追随人民币进行调整。

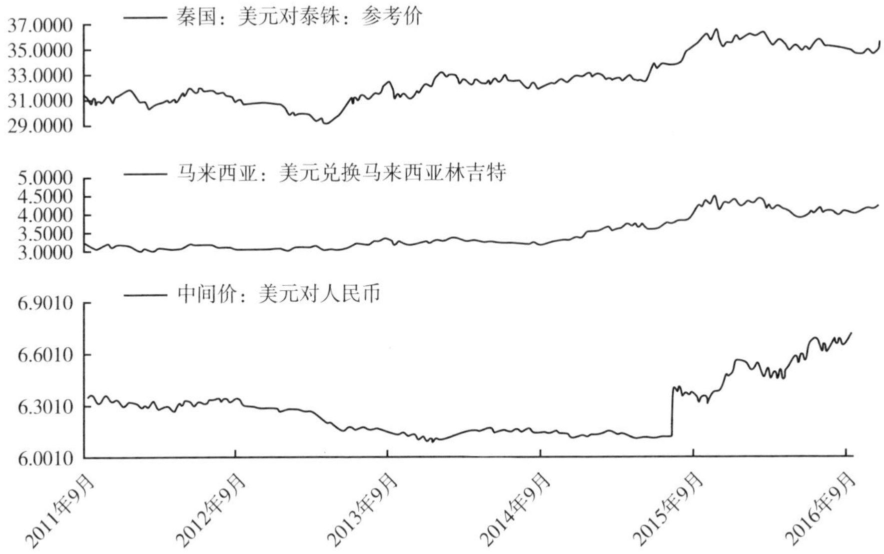

图3　泰铢、马来西亚林吉特、人民币对美国汇率

4. 低利率环境加剧金融风险

低利率时期，资产收益率普遍下降，造成银行名义收益率降低。银行为了防止储户流失和挤兑，无法有效降低存款成本，有可能造成利率敏感性资产大于利率敏感性负债，利率下降会使处于利率敞口的该部分资产受损，加剧了低利率对银行盈利的损害。由于长期低利率环境对银行资产估值、业务收入和现金流产生冲击，为了追求名义收益率，银行往往加大对高风险产品的投资，从而增大金融和宏观经济的系统性风险。例如，德意志银行爆发危机的一个重要原因就是为了增加利润大量扩张衍生品交易业务。

低利率乃至负利率刺激投资者在新兴市场国家等海外市场寻求更高收益资产和更低成本借贷融资，加剧了跨币种的投机和资金流动，不仅提高了外汇风险对冲需求，也加剧了国际金融市场的敏感性和脆弱性。

长期低利率环境还使许多寿险公司和养老金的偿付能力受到威胁。人口老龄化提升了保险公司和养老金对资产收益率的硬性要求，但低利率严重削弱了资产名义收益率，使得保险公司和养老金无法维持长期净现金流。这会迫使人们增加储蓄，从而加剧金融和经济停滞。

二　2016年全球金融市场表现

1. 股市

股市是各国央行量化宽松政策的最大受益者。虽然金融危机爆发后世界经济长期低速增长，但央行降息和大规模资产购买提供了充裕的流动性，推动股市高度繁荣。2016 年，美国三大股指仍在不断创出新高，伦敦金融时报 100 指数、法兰克福 DAX 指数也处于历史性高位。

图 4　2016 年道琼斯工业平均指数和伦敦金融时报 100 指数波动情况

2016年初，世界经济异常疲弱，投资者情绪悲观，全球主要股指均出现大幅跳水。但3月后，欧洲央行宣布进一步降息和扩大QE规模，美国经济走势弱于预期降低了美联储加息概率，日本央行谋划加大货币投放，使得全球货币环境大为宽松，新兴市场国家金融市场的紧张情绪大为缓解，二季度全球股市股指开始V型反弹。6月24日，英国公投脱欧的结果出乎意料，这一黑天鹅事件一度造成全球股市暴跌，但市场很快化解了英国脱欧冲击，股指震荡上行。四季度后，由于美联储加息预期加重、美国大选带来的政治风险加大、德银等欧洲银行经营困难对股市冲击加剧，主要股指开始震荡。

2. 债市

2016年，由于避险情绪高涨，全球主要债券市场收益率均呈下降趋势。

2016年1月，日本央行总裁黑田东彦宣布日元进入“负利率”时代，从此日本的量化宽松（QE）被冠以一个新名词“QQE”，以显示新的量化宽松政策增加了负利率要求。由于日本坚持负利率政策，2月后日本10年期长期国债收益率降至负数，在下半年由于英国脱欧造成资金大量涌入传统日元避险资产，日债在负利率的道路上越走越远。2016年9月，日本央行货币政策会议公布“货币政策新框架”，引入收益率曲线控制政策（Yield Curve Control），央行维持短期政策利率目标水平在-0.1%，在降低收益率曲线的短端利率的同时，促使收益率曲线平坦化。回顾QE实施以来，金融机构寻求正利率的行为增加了对正利率长期国债的需求，成功降低了长期日本国债收益率，已经实现了长期利率下行。未来日本央行能否实现从盯住货币基础向盯住利率曲线的转换，从而更有效地控制收益率曲线，充满了不确定性。从最新债市表现看，由于日本央行购买长期国债数量减少，10年期国债收益率已经从7月-0.297%上升到10月初-0.06%，上浮较大，与明面上的日本央行政策目标背道而驰，所以，野村证券甚至认为，日央行引入利率曲线控制实际上是发出了紧缩信号。

美国国债收益率在2016年继续下滑，表明市场对美联储加息的预期下降。在欧洲经济不景气、欧洲央行坚持扩大QE的背景下，德国国债收益率也大幅下跌，并在9月后也进入负利率。由于英国脱欧、德银危机等事件对德国金融市场冲击较大，且欧洲和美国在货币周期和经济周期的总基调上相差较大，所以，美国和德国利差呈现扩大趋势。

欧美国家逐渐进入负利率时代后，投资者对正回报资产的需求高涨，新兴市场再次被看好，资金正在逐渐流向新兴债券市场。

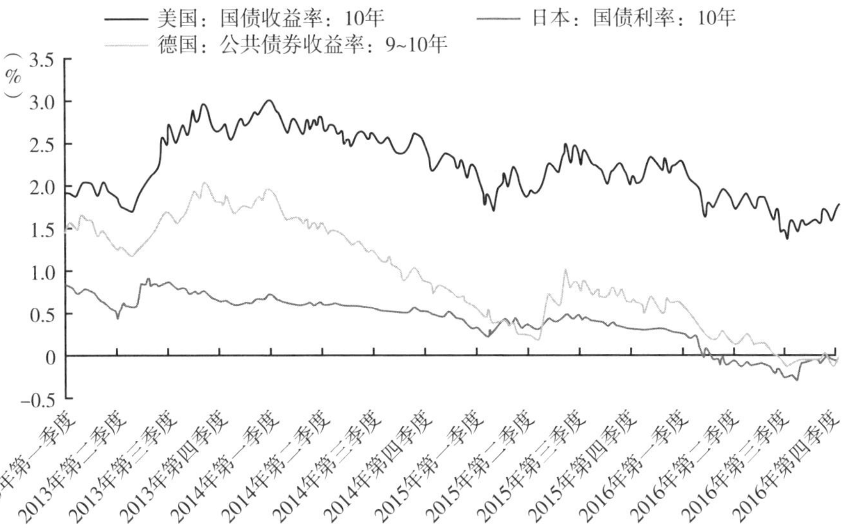

图5　美、日、德国债收益率

3. 汇市

2015年美元强势上升，给其他国家的货币，特别是新兴市场国家货币带来巨大压力。2016年以来，由于经济形势逊于预期，美联储持审慎态度，维持利率不变，舒缓了美元升值压力。由于美元升值压力减缓，新兴市场国家货币出现反弹。但由于大宗商品供需长期失衡无法解决，加元、澳元等与大宗商品价格关联紧密货币无法有效上涨。

日本央行在2016年推出负利率政策，希望刺激日元贬值和物价上涨，但由于国际金融市场动荡加剧、避险情绪浓郁的影响，日元对美元汇率不贬反升，与政策意愿背道而驰，从而使日本央行面临通缩和日元升值两大难题。随着美联储加息预期减弱，未来日元升值压力仍然存在。

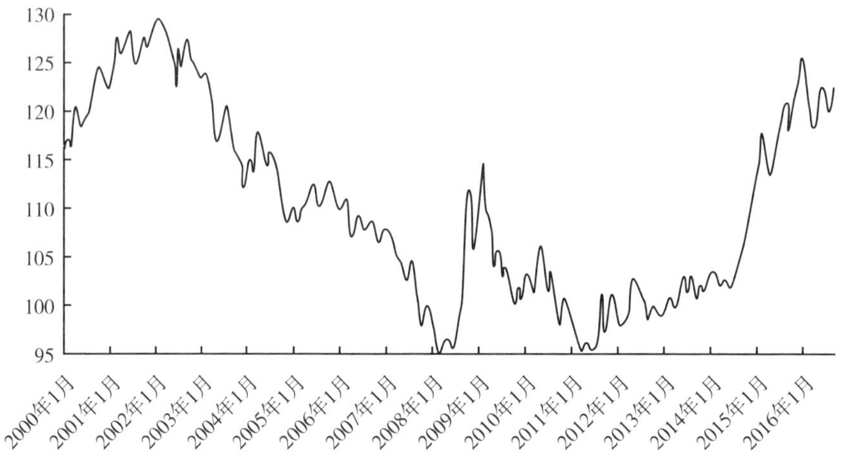

图6　名义美元指数

三　影响2017年国际金融市场的主要因素

1. 世界经济复苏进程的强弱

金融危机后，世界经济陷入以低增长、低通胀、高失业和高负债为特征的“新平庸”阶段。首先，发达国家内部问题重重，仍处于调整和修复阶段，需求不足。由于投资和政府支出下降，2016 年美国经济增长迟滞，展望 2017 年，预计美国经济仍无法摆脱弱增长格局，美国不能充当世界经济的火车头。欧洲经济由于出口不力、银行风险提升、英国脱欧等因素的影响，增长较弱。日本经济在“安倍经济学”的“三支箭”先后效力消失后，日元大幅升值，通胀目标无法实现，在近期看不到走出停滞泥潭的希望。其次，发展中国家在大宗商品牛市后也出现需求不足问题。危机后，大宗商品市场供大于求，资源出口国贸易条件急剧恶化，出口额大幅下降，进口能力被削弱，这不仅造成很多发展中国家国内消费品供给不足、通胀压力飞涨，也造成前期高涨的矿产投资完全消失，并引发工业制成品出口国外需下降，已经形成了从大宗商品价格下跌到全球外贸增速下滑的恶性循环。投资需求不足、消费需求不足已成为全球性难题，形成增长的桎梏。世界经济走势是决定金融市场态势的核心因素，考虑到全球总需求不足问题突出，产业结构变革没有实质性突破，经济复苏乏力，债务负担沉重，刺激政策空间狭小，2017 年世界经济的疲弱状态不会改变，加大了国际金融市场风险积聚和爆发的可能性。

2. 美联储升息步伐的快慢

2015 年 12 月，美联储首次加息至 0.5%，后续加息进程成为牵动世界金融市场的关键因素。之所以美联储加息对世界金融市场的影响巨大，最重要的原因是美联储加息预期与全球经济低迷态势存在严重冲突。首先，美联储加息与美国自身经济走势不符。虽然美国就业形势乐观，但与危机前无就业增长态势完全相反的是当前出现“无增长充分就业”，低失业率与低 GDP 增速并存（见图 7）。并且通胀预期水平仍然较低，5 年期国债与同期通胀指数国债收益率差仅为 1.5%，显示市场不看好长期物价走势。目前公认的是，由于经济潜在增长率降低、人口结构变动、金融市场内在不稳定性存在、全球金融市场一体化程度加深等结构性因素，美国长期均衡联邦基准利率已经大幅下降，激进观点认为长期均衡基准利率已经降至 0.5% 的水平。

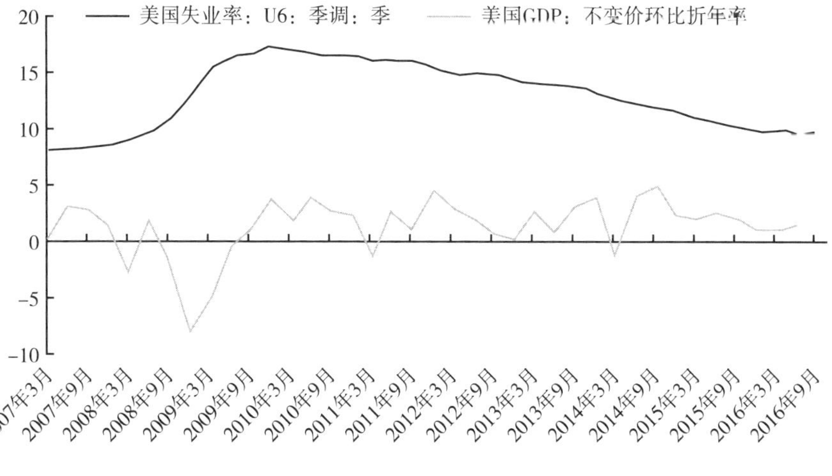

图 7 美国失业率与 GDP 增速

其次，美联储加息与世界经济整体形势冲突。美元走强及美元资产吸引力上升使资本回流美国，必然会给世界经济，特别是那些经济抗压能力弱、经济基础薄的国家，带来巨大的压力。根据IFM发布的《全球金融稳定报告》，美联储加息将使巴西、阿根廷、印尼等国资本外流加剧。在全球一体化时代，各国金融风险溢出效应增强，波动传导加快，美联储无法完全忽略加息对外部金融环境稳定性的冲击以及对美国经济的负反馈。

总的看来，美国自身以及全球的经济金融形势限制了美联储加息速度、幅度，可以预计，此轮美联储加息周期和以前不具有可比性，加息进程很缓慢，即使2016年12月加息一次，预计接下来的一次将较为滞后，不会出现连续快步加息的情况。所以，2017年，美联储加息对国际金融市场的影响力不会大于2015年或2016年。

3. 欧洲银行业风险的大小

当前，以德意志银行为代表的欧洲银行业经营风险急剧上升。2015年德银亏损达67.72亿欧元，2016年第一季度的净利润锐减60%到2.14亿欧元，第二季度净利润只有1800万欧元，同比暴跌98%。德银净资产有600亿欧元，虽然看似财大气粗，但传统零售银行业务不是德银核心业务，其经营偏重金融衍生产品交易，2015年持有的衍生产品名义价值高达42亿欧元，是表内资产的26倍，这导致德银资产负债表对衍生品风险异常敏感。由于德银经营风险的暴露与发酵，投资者将其视为下一个雷曼兄弟，德银股价相比金融危机前已经跌去约90%，并被IMF视为全球最具风险性的金融机构。除了德银之外，实际上整个欧洲银行业都在面临巨大风险，风险的直接原因在于以下几点，第一，欧洲银行业监管日趋严格，导致经营成本急剧上升。按巴塞尔协议Ⅲ制定的新资本监管要求，欧洲银行业需要补充大量资本。2015年欧洲央行已要求未来几年德银普通股一级资本充足率始终要保持在10%以上，到2019年不得低于11.5%，大大增加了经营成本。第二，负利率压缩了银行盈利空间。在负利率条件下，银行担心存款流失及挤兑，并不能有效降低融资成本，但资产端收入大幅下降，使银行净利差受到严重侵蚀。第三，违规经营招致巨额罚款。自2012

年以来，德银被多个国家司法部门指控操纵银行间基准拆借利率。德银已经同意向欧盟支付总计 7.25 亿欧元罚款，向美国司法部、美国商品期货交易委员会和美国纽约州金融服务局支付总计 21.75 亿美元罚款，向英国金融行为监管局支付 2.27 亿英镑罚款。2016 年，因抵押贷款支持证券不当销售，美国政府要求德银缴付 140 亿美元的和解金，同时由于涉及账户造假用于掩盖衍生品亏损并操纵市场，还可能面临意大利政府的罚款。

不局限于德银的问题，站在全球金融市场大格局下，可以发现，危机以来美日欧银行体系潜在风险并没有减少，反而在积累蔓延。这是因为，全球贸易停滞不前，企业投资意愿低迷不振，金融监管日趋严格，造成金融交易量不断减少，加之负利率政策压缩盈利空间，银行体系稳定性受到动摇，营利性受到投资者的高度怀疑。短期内，以德银为代表的美日欧银行业亟须避免系统性危机的大爆发。从市场反应看，投资者对类似雷曼兄弟危机那种不确定性风险非常恐惧，因为精心设计的风险控制工具被证明根本无法抵御金融市场内部那些被隐藏的相关性，很多金融损失只有在发生后才能知道是什么因素造成的。德银之所以被比作雷曼兄弟，是因为无法准确估量其问题有多大以及对金融市场的潜在冲击有多大。而一旦投资者认为银行股价被高估，股价下跌会进一步引发银行资本充足率不足，加速危机的到来。所以，银行体系必须迅速解决不良资产和资本充足率问题。长期来看，银行业必须理顺资产负债表和产业结构，适应低增长和低利率的新环境。2017 年，欧洲银行业风险存在进一步恶化的可能，若德银不能得到德国政府乃至整个欧洲的有效救助，危机爆发概率将大大增加。

四　2017年国际金融市场趋势及对我国的影响

1. 2017年国际金融市场趋势分析

预计 2017 年全球金融市场出现整体性危机的可能性不会边际增大，但由于银行体系不稳、经济增长停滞，欧洲和新兴市场国家金融市场爆发局部危机的可能性依然存在。

美联储货币政策的有效性主要体现在美国国债收益率上，只有改变国债收益率，特别是长期收益率的货币政策才具有效力。2004 年之后，前美联储主席格林斯潘意识到泡沫经济问题，开始连续加息，但长期国债收益率未受影响，造成国债利率曲线扁平化，出现所谓的“格林斯潘难题”。当前美联储已经启动加息进程，但由于美国经济前景暧昧难测，其他主要经济体还坚持实行超常规量化宽松政策，且通胀率较低，再次出现“格林斯潘难题”的概率存在，加之日本央行开始调控长期收益率曲线，因此，预计 2017 年欧美国债收益率将保持低位，负利率时代不会结束。

2008 年因为全球资金避险美元指数曾出现短期暴涨，2014 年之后，由于美联储退出 QE 和升息预期的强化，美元指数再次大幅升高。但 2016 年，美联储升息步骤较为迟滞，美元指数上行动能减弱。美元指数疲软给了大宗商品市场和新兴市场国家宝贵的喘息机会，当前大宗商品价格和新兴市场国家经济均出现边际改善，IMF、联合国经社事务部等国际组织均预测巴西、俄罗斯等国在 2017 年将摆脱负增长，实现正增长。由于新兴市场国家经济企稳，加之欧美发达国家进入负利率时代，新兴市场再次被看好，全球资金回流，这对新兴市场国家防范金融风险、促进经济增长有极大帮助。总的来看，2017 年美元汇率不会再现 2014 ~ 2015 年的飞速上涨，新兴市场国家的货币贬值和资本外流压力将有所减缓，有利于世界经济稳定增长。

2. 美元走势对我国的影响

美联储启动加息后，美元进入强势周期，我国经济受到较大影响。2014 年，人民币改变单边升值趋势呈现双向波动，2015 年 8 月后出现较大贬值。人民币贬值造成资本外流加剧，并引发一些新兴市场国家竞争性贬值，加剧了国内、国外两个金融市场的动荡。美联储的货币政策趋向鸽派的转变有助于稳定人民币汇率。从离岸人民币汇率的走势看，2014 年后离岸人民币汇率显示了强烈的贬值预期，但自 2016 年初以来离岸汇率与在岸汇率走势趋同，显示中国人民银行对人民币贬值趋向管理加强、投资者对人民币贬值预期降低。随着人民币贬值压力降低，资本外流将得到缓解，有助于稳定国内金融市场。

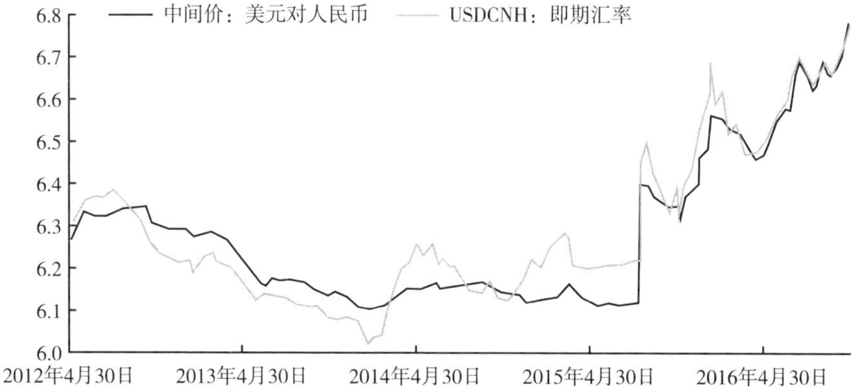

图8　人民币对美元在岸和离岸汇率走势

G.36
2016年国际大宗商品价格走势分析及2017年展望

袁剑琴*

摘　要：　2016年，全球经济复苏依然缓慢且不均衡，新兴经济体增长率下滑趋势难以得到有效遏制，但部分经济体需求提振，发达经济体深陷低增长、低投资和低通胀的循环，全球贸易、投资和生产率增长减缓，同时，英国脱欧、地缘政治的不确定性和中期金融风险上升进一步加剧了市场对全球经济发展的担忧。与此同时，商品与经济，一半是海水，一半是火焰，国际大宗商品价格强势反弹，但主要商品价格走势分化严重。展望2017年，主要新兴市场国家有望结束连续5年的下降，增速将小幅回升，并带动全球经济增长小幅加快。受全球有效需求提升，大宗商品价格有望继续上涨，但受美国大选影响，美元走势存在较大的不确定性，加之全球负利率环境引发的市场系统性风险增大，将导致大宗商品价格震荡上行。

关键词：　大宗商品　增长低迷　强势反弹　价格分化

一　2016年国际大宗商品价格走势分析

1. 国际大宗商品市场总体形势

2016年，受美元持续走弱、供需结构变动、金融投资加剧等因素推动，

* 袁剑琴，管理学硕士，国家信息中心经济预测部助理研究员，主要从事数量经济模型开发及应用、国际贸易、国际商品市场研究、全球价值链研究。

国际大宗商品价格经过短暂触底后，出现强劲反弹，开启新一轮的上升通道，并创年内高点，但主要商品价格分化严重，反映出市场对全球经济发展不确定性的担忧。

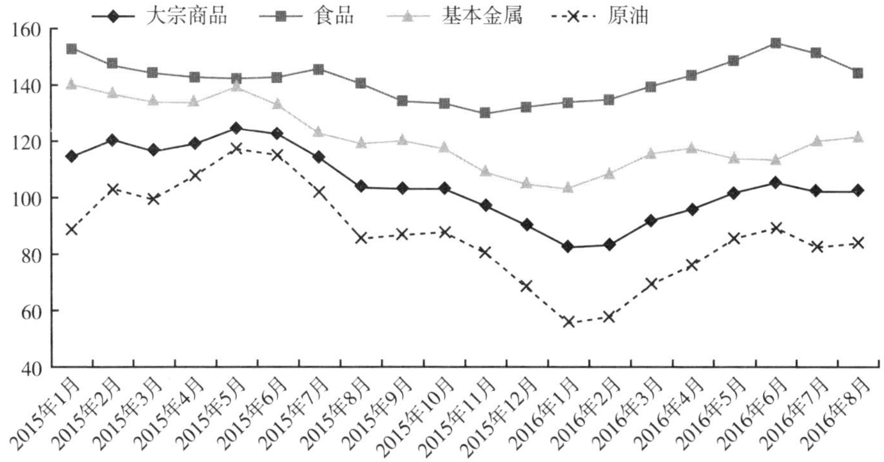

图1　2015年至2016年8月IMF国际大宗商品价格指数

资料来源：IMF初级产品价格统计。

作为大宗商品市场“晴雨表”的BDI指数自2月10日刷新历史低点290后一路上涨，并创年内高点941，截至9月底，反弹幅度达到206.2%。从国际货币基金组织（IMF）的初级产品价格统计来看，与2015年底相比，2016年大宗商品价格综合指数止跌回升，1～9月累计上涨12.6%。按商品类别来看，原油价格上涨幅度最大，累计上涨23.4%，基本金属和食品价格上涨幅度略低于石油，分别累计上涨13.4%和7.0%。本文将重点分析基本金属、粮食和黄金的价格走势。

2. 主要基本金属价格走势

2016年，基本金属价格走势出现分化，铜市疲软依旧，铜价低位震荡，铝和锌价则止跌回升，呈现震荡上行的态势，如图2和图3所示。截至2016年9月，伦敦金属交易所（LME）现货铜价格的谷峰差达到742.5美元/吨，谷底相对峰值下降14.7%；金属铝报收1660美元/吨，年内高点为

1694.5美元/吨，累计上涨13.5%；金属锌报收2355美元/吨，年内高点为2363.5美元/吨，累计上涨50.1%。

以伦敦金属交易所铜和铝价格走势为例，2016年，由于需求弱于市场预期，铜矿长期供应过剩以及铜精矿长单加工费长期坚挺，进而对铜价形成打压。据世界金属统计局（WBMS）公布的数据，2016年1～3月，全球铜市供应过剩7.7万吨，较2015年同期下降57.0%，因此，受供应过剩有所改善的影响，一季度，铜价由年初的4608美元/吨上涨到3月下旬的5068美元/吨，并且达到年内高点，涨幅为10.0%。3月下旬至4月上旬，尽管LME铜库存降至2014年8月以来低位145000吨，但美元上涨以及实体需求的季节性下行，使得铜价自高位回落。此后受中国经济数据转暖的提振，铜价小幅反弹，由于智利等大型铜矿企业拒绝减产，铜精矿供应过剩依然成为全年铜价忧虑所在，因此反弹过后，铜价承压下跌，进入震荡区间。

供应收紧，库存持续下降以及需求回升等因素是支撑铝价上涨的主要原因。2016年1月初，铝价延续了2015年以来的下降趋势，1月中旬价格触及下行通道的下边缘1449.5美元/吨，此后受中国供给侧改革的影响，库存和产量的持续下降以及美元疲软，铝的价格开始步入上升通道，4月底价格达到1664.5美元/吨的高点。5月，美联储加息预期推升美元，铝价小幅下跌，此后，在供应偏紧、需求增长的背景下，铝价回升，并震荡走强，9月底上升至年内高点1694.5美元/吨。

3. 主要粮食产品价格走势

2016年全球主要粮食产品价格相对较低且出现分化，与2015年底相比，小麦和玉米的价格分别下降21.9%和8.4%，大米和大豆的价格则分别上升16.9%和14.5%（见图4）。2016年全球大宗粮食延续了上年需求疲弱、产量和库存充足的行情，中国经济增速的下滑依然是拖累粮食需求降低的主要因素，从供给端来看，虽然厄尔尼诺现象导致短暂性的粮食减产，但区域间的此消彼长和恢复性的增产使得粮食供给依然充足。分品种来看，2016年大豆的供求关系趋紧，上半年厄尔尼诺现象引发的不利天气条件使得南美洲产量的下降抵消了美国产量的大幅增长，同时，由于全球对大豆及

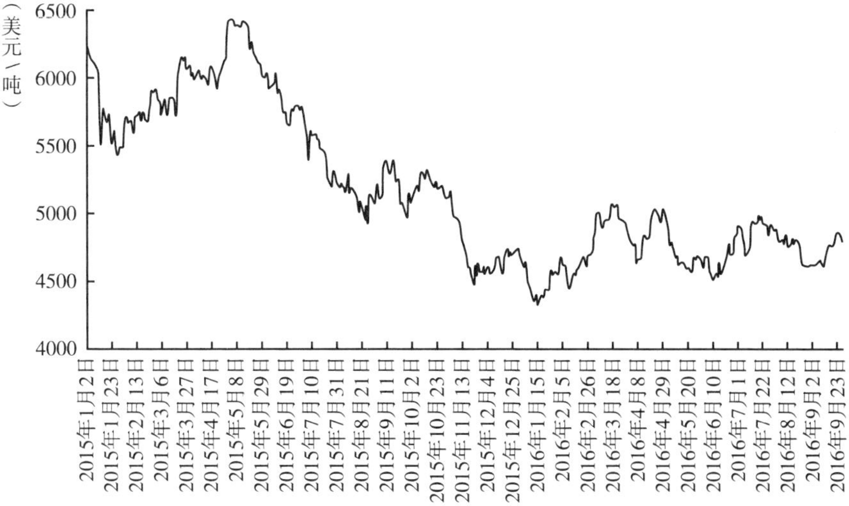

图 2　2015 年至 2016 年 9 月伦敦金属交易所铜的价格走势

资料来源：国际市场商品价格网。

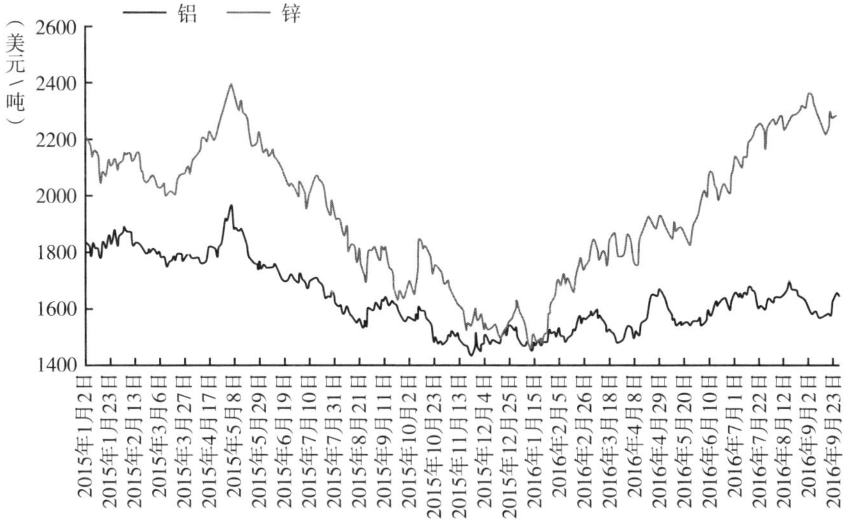

图 3　2015 年至 2016 年 9 月伦敦金属交易所铝和锌的价格走势

资料来源：国际市场商品价格网。

豆制造品需求的增加，大豆价格自3月以来持续上涨，7月随着主要产区收割面积的上调导致供应量和库存均增加，大豆价格承压下行。由于印度、俄罗斯和美国的丰产，2016年全球小麦供应充足，尽管需求增加快于供应增加，但库存仍保持较高历史水平，同时，库存消费比达到2001年以来的高点，都使全球小麦价格持续走低。据联合国粮农组织（FAO）最新发布的《粮食展望》，2016年小麦产量将达到7.42亿吨，增长1.2%，连续四年保持稳定增长，库存2.34亿吨也将达到创纪录水平。

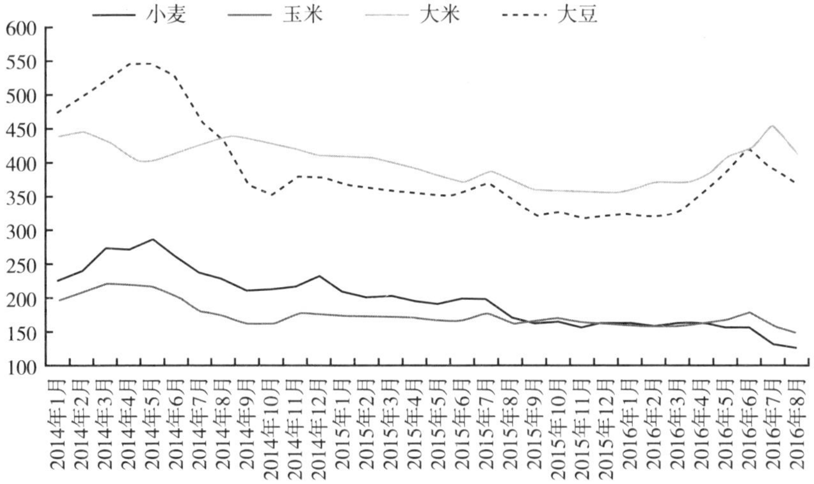

图4　2014年至2016年8月主要粮食产品价格走势（2005年=100）

资料来源：IMF初级产品价格统计。

2016年玉米市场维持平稳运行，1~3月玉米价格基本保持平稳，4~6月，由于巴西部分玉米产区天气干燥，国内供应紧张且产量前景预计受损，国际市场对美国玉米需求增加，推动美国玉米在全球市场的竞争力增强，需求强劲带动价格持续走强。进入下半年，美国玉米丰产抵消了因天气原因导致的巴西玉米减产，短暂的供不应求局面得到扭转，玉米价格又反转下行。由于极其干燥的天气造成亚洲所有主产区稻米减产，主要出口国供应趋紧，大米价格自5月以来稳步上升，8月随着菲律宾和其他主要大米生产国产量的恢复性增长，大米供不应求的局面得到扭转，因此，大米价格又重返下行轨道。

4. **黄金价格走势**

自2015年底触底后，2016年黄金价格一路“高歌前行”，总体呈现震荡上行的态势，截至9月底，黄金价格累计上涨23.7%。2016年初，由于美元的持续下跌，美元黄金“跷跷板效应”推动国际金价大涨，自此开启了新一轮的上升通道。此后，受全球负利率环境和美联储加息预期的反复影响，黄金价格宽幅震荡。下半年，英国顺利脱欧公投和美国较弱的通胀压力提升了黄金的避险需求，黄金价格一度上升至1372.6美元/盎司，达到自2015年以来的高点，此后，受美国大选不确定性以及美元指数的波动，黄金价格继续强势震荡（见图5）。

图5　2015年至2016年9月纽约商品期货交易所黄金价格走势

资料来源：国际市场商品价格网。

二　影响国际大宗商品价格走势的主要因素

2016年，主要国际大宗商品价格止跌回升，但价格分化严重。从经济基本面来看，目前，全球经济复苏依然缓慢且不均衡，新兴经济体增长率下滑趋势难以得到有效遏制，但部分经济体需求提振，发达经济体深陷于低增长、低投资和低通胀的循环，同时，全球贸易、投资和生产率增长减缓。从政策层面来看，英国脱欧引发了市场对全球经济发展的担忧和美国重估加息计划。此外，中国的供给侧改革、结构性调整带来的经济不确定性及货币、财政政策的不确定性使大宗商品价格宽幅震荡上行。

1. 需求增长助推大宗商品价格

2016 年以来，全球经济在低迷和分化中前行，发达经济体依然复苏乏力，部分新兴经济体需求增加推动了大宗商品价格的上涨。印度由于改革措施，使得可支配收入和投资增加，强劲的需求带动经济快速增长，根据印度统计局数据，2016 财年印度经济增长 7.6%，较上财年提高 0.4 个百分点。除印度外，中国需求的上升也大幅拉动了大宗商品的价格。2016 年，中国经济虽有所放缓，但增速依然处于较高水平。前三季度，中国经济保持 6.7% 的增速，在稳增长、去产能的综合作用下，国内需求得到提振，供求关系得到改善，从而推动国际大宗商品价格的回升。如国际镍业研究组织（INSG）数据显示，中国不锈钢生产扩大带动镍需求激增 1/3，全球镍市场供需缺口从 2 月的 6000 吨迅速扩大至 3 月的 8200 吨；并且据花旗银行数据，2016 年上半年，铁矿等大宗商品价格反弹的支撑因素主要来自中国钢厂原材料采购。同时，受厄尔尼诺极端天气的影响，全球主要粮食产品的产出受到重大影响，使大部分农产品出现短暂的供不应求，从而带动大宗商品价格的剧烈波动。

2. 美元持续走弱，美国加息预期大幅降低

2016 年以来，美国 GDP 增速持续放缓，虽然平均每月有 18 万的就业人口增加，但增幅的不可长期持续以及疲软的生产率增长，导致市场对美国经济前景的担忧，使得美元持续走弱，以及市场对加息预期的大幅降低，从而刺激了以美元计价的大宗商品需求。美元指数自年初的 99.6 的高点下行至 10 月的 98.6，期间 5 月 3 日一路下探至 92.6，创下 2015 年 2 月以来的新低。同时，6 月 24 日英国“脱欧”公投引发了全球外汇市场、贵金属市场、大宗商品市场以及债券市场等诸多市场的震荡，同时美国大选的不确定性进一步加重了市场的不确定性，使得美联储重估加息计划。

3. 全球流动性增强，大宗商品金融特性凸显

2016 年以来，多国释放流动性，在全球负利率环境和对避险需求升温的背景下，大宗商品的金融特性凸显，推动了大宗商品价格的上涨。据德银研报数据，随着“全球复苏”呼声再起，全球央行通过每年的资产购买向金融体系注入 2.5 万亿美元流动性，创下历史新高，同时，为提振经济和刺激通胀，2016 年 1 月，日本央行宣布推行负利率政策，将超额准备金存款利率由 0.1% 降至 -0.1%，这是除欧元区、瑞士、瑞典与丹麦之外，又一个实施负利率的国家。3 月，欧洲央行下调主要再融资利率至 0%，下调隔夜存款利率至 -0.4%，下调隔夜贷款利率至 0.25%，并于 9 月刷新了其持债规模，达到 1 万亿欧元，并且宣布对量化宽松项目进行为期六个月的扩展，该 QE 计划将持续到 2017 年 9 月。

三　2017年国际大宗商品价格形势展望

1. 对大宗商品价格走势的总体判断

在贸易疲软和低通胀的情况下，全球经济增长低迷，2017 年，全球经济依然在“慢”步中分化前行。发达经济体增长缓慢，潜在增长率低，产出缺口逐渐闭合，主要新兴市场国家有望结束连续 5 年的下降，2017 年增速将小幅回升，并带动全球增长小幅加快。根据 IMF 最新发布的《世界经济展望》，2017 年全球经济增长率为 3.4%，比 2016 年加快 0.3 个百分点，其中，美国、日本、欧元区的经济增长预期分别为 2.2%、0.6% 和 1.5%；主要新兴市场增速有望提升，但呈现分化增长。2017 年大宗商品价格整体具有上升空间，但美国大选后美元走势存在较大的不确定性以及全球负利率环境引发的市场系统性风险增大，将导致大宗商品价格震荡上行。根据 IMF 预测，2017 年大宗商品价格指数将比 2016 年上升约 8.5%，但部分商品价格存在受重大政策调整以及极端天气影响下出现阶段性下行和较大波动的可能。

2. 基本金属价格走势

2017 年，基本金属价格将承压上行。从供给角度来看，由于供应的持续增加和加工费用的不断上涨，在未来的一段时间内，LME 铜库存将达到新高；对于铝，作为全球最大的铝生产国，随着去库存、去产能的进一步推进，预计未来我国铝产量增速也将进一步放缓，供大于求的格局有望扭转。从需求角度来看，新兴经济体依然是基本金属需求强劲增长的主要来源，一方面，目前中国是基本金属的主要消费国，其消费量占全球需求的一半以上，另一方面，印度作为世界第二人口大国，工业基础差，基础设施落后，其经济的高速发展必然带来巨大的潜在需求，因此，在新兴经济体经济增速提升的背景下，市场对基本金属的有效需求增大，在供需双方的博弈下，基本金属价格将有所上升。根据 IMF 的预测，2017 年平均铜价为 4838.6 美元/吨，较 2016 年小幅上涨 1.6%；平均铝价为 1704.9 美元/吨，较 2016 年上涨 6.2%；平均锌价为 2297.9 美元/吨，较 2016 年上涨 12.9%。

3. 粮食价格走势判断

2017 年，在供应充足的支撑下，全球粮食市场将保持稳定，若厄尔尼诺作用持续，主要粮食品种价格仍将存在宽幅反弹的可能性。从供给角度来看，全球主要粮食产区的气象条件是影响粮食产量和国际粮食价格的主要因素。从目前所掌握的资料来看，美国国家气象局气候预测中心表示，厄尔尼诺作用将在 2017 年逐渐减弱，但拉尼娜现象出现的概率提高，从而影响粮食的产量。但由于拉尼娜现象造成的破坏通常小于厄尔尼诺，因此对粮食产量的影响有限，粮食供应将保持充足。从需求角度来看，在全球经济增长小幅加快的背景下，粮食有效需求将得到提振，部分粮食品种供大于求的局面也将有所扭转，因此，粮食价格将继续保持 2016 年的分化态势，根据 IMF 初级产品价格预测，2017 年，小麦、玉米和大米的平均价格将比 2016 年分别上升 2.2%、5.8% 和 15.9%，大豆的平均价格则在 2016 年的基础上小幅回落 0.1 个百分点。

4. 黄金价格走势判断

2017 年，黄金价格有望继续上涨，但上涨路径较为曲折。由于其极强的金融属性和避险属性，美元价格是影响黄金价格走势的主要因素。一方面，据IMF最新预测，美国经济比2016年早些时候预期的更为疲软，2017年将延续低速增长的路径，这将使美元承压，进而推动金价的上涨；另一方面，在当前全球主要央行都实行负利率政策的背景下，黄金保值避险属性被极大地增强，这进一步推高了黄金价格。然而，如果2016年美联储放缓加息步伐，2017年加息预期升温将会助推美元指数的上涨，从而黄金价格将出现阶段性回落。

G.37

2016年国际油价走势分析及2017年展望

牛　犁*

摘　要：2016年以来，在非欧佩克国家特别是美国原油大幅减产、技术性超跌反弹、美元相对走弱、全球宽松货币政策等因素影响下，国际油价呈现触底大幅反弹的走势。10月，Brent和WTI原油期货月均价格较年初反弹超过六成。展望2017年，全球经济仍将延续温和复苏态势，全球石油需求增量相对稳定，但地缘政治动荡等不确定性因素增加，会对石油市场带来冲击。从供给来看，欧佩克达成冻产协议，特别是随着油价回升，美国页岩油将会陆续复产，全球石油供应充裕。此外，美联储后续加息推动美元走强，金融监管加强将会抑制过度投资炒作。因此，总体来看，2017年国际油价将呈现稳中趋涨态势，进一步大幅上涨动能不足，初步预计，Brent和WTI原油期货均价为每桶52美元和51美元左右，分别上涨16.8%和18.6%左右。

关键词：国际油价　大幅反弹　稳中趋涨

* 牛犁，国家信息中心经济预测部宏观经济研究室主任，副研究员，主要研究国内外宏观经济、能源、国际油价等领域。

一　2016年国际油价触底大幅反弹

2016年初，国际油价延续了近一年半以来惯性下跌走势，Brent原油期货价格在1月20日跌至27.88美元/桶，创出自2003年11月以来12年多的新低；WTI原油期货价格在2月11日跌至26.21美元/桶，创出自2003年5月以来近13年的新低。此后国际油价大幅反弹，多次攀升至50美元之上，至10月底，最大反弹幅度接近100%，其中，Brent和WTI原油期货价格分别最大反弹了90.6%和96.9%。从月均价格来看，国际油价反弹六成以上，10月Brent原油期货均价较1月均价反弹了60.9%，10月WTI原油期货均价较2月均价反弹了63.4%。从累计均价来看，1~10月，Brent和WTI原油期货价格分别为每桶44.0美元和42.4美元，同比下跌21.3%和16.1%。总体来看，国际油价出现了趋势性触底反弹，在一个时期内，油价回到40美元以下的可能性较小。2016年底之前，国际油价大体上为每桶40~50美元之间运行，初步预计，全年Brent和WTI原油期货价格分别为每桶44.5美元和43.0美元，同比下跌17.0%和11.8%左右。

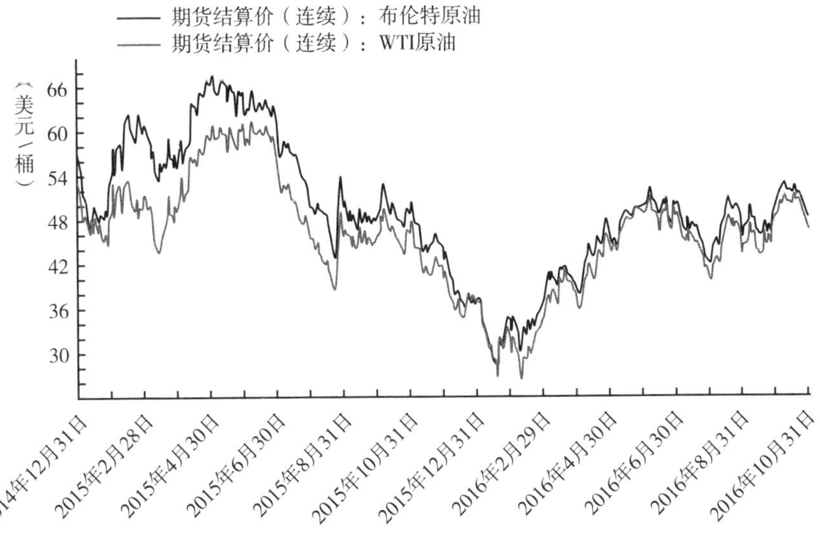

图1　2015年以来Brent和WTI原油期货价格走势

二 国际油价大幅反弹的成因分析

1. 非欧佩克国家尤其是美国石油产量大幅放缓

由于2014年下半年以来国际油价持续下跌，非欧佩克国家石油产量大幅减少。据美国能源情报署的预计，2016年非欧佩克国家石油日产量由2015年的增加159万桶转变为减少65万桶。其中减产最为突出的是美国，近几年来美国石油日产增量在100万桶左右，而进入2016年以来美国活跃钻井数量大幅减少，美国原油产量进入下降通道，预计2016年美国石油日产量减少43万桶，同比下降2.9%。此外，中国原油产量也明显放缓，2016年日产量减少22万桶，同比下降4.7%。全球石油减产较大地缓解了过剩压力，触发了国际油价的反弹。

2. 国际油价存在技术性超跌反弹需要

随着页岩油气革命的突破，美国石油产量大幅增长，页岩油成为调节世界石油市场的关键新增力量。然而，有研究显示，美国页岩油现金成本、边际开采成本分别为每桶30美元和60美元左右。2016年初，WTI油价每桶跌破30美元，已对页岩油开采和石油公司生产经营带来沉重打击。同时，持续下跌的油价不仅直接抑制石油勘探开采投资，也造成主要产油国财政预算收支压力加大。因此，经过持续下跌之后国际油价存在技术性超跌反弹的需要。

3. 美联储不断推迟加息使得美元走弱

2016年以来，美国经济复苏低于预期，美联储原定加息计划一拖再拖，导致美元指数在2～4月连续三个月下挫，4月美元指数平均水平较1月下跌4.6%。即便在6月底英国脱欧黑天鹅事件爆发后美元因避险功能有所走强，然而截至10月底，美元指数平均水平与上年同期基本持平，呈现总体疲弱态势。美元疲弱走势成为国际油价反弹的另一个重要推手。

4. 全球货币流动性处于宽松状态

2016 年以来，全球主要国家央行继续实施宽松货币政策，为了应对通货紧缩，欧洲央行和日本央行在实施量化宽松政策的基础上，甚至相继实施负利率政策。同时，美联储加息预期不断降温，截至 10 月底也未采取加息行动。此外，6 月，韩国、俄罗斯采取降息措施，8 月 4 日英国央行 7 年来首次降息。因此，全球货币流动性比较充裕，推动了资产价格飙升，原油、铁矿石、煤炭等大宗商品价格 2016 年初至今均出现了不同程度的反弹。

5. 从金油比价来看油价处于过低水平

金油比是国际黄金价格和原油价格的比值，金油比通常被看作判断大宗商品价格是否合理的重要参考指标。从 1974 年 1 月至 2016 年 10 月伦敦现货黄金与美国进口原油的月均价格比值来看，514 个月的金油比均值为 15.3，2016 年 1 ~10 月金油比为 33.7，其中 2 月高达 45.1，创 1974 年以来新高。金油比过高往往处于经济风险上行和大宗商品价格下行时期。金油比过分偏离均值，一方面，表明油价存在较大上调空间，另一方面，金油比异常伴随着地缘政治动荡升级，进而会推高油价。

三　2017年国际油价将保持稳中趋涨态势

1. 全球经济将延续温和复苏，石油需求将基本稳定

展望 2017 年，全球经济延续温和复苏态势，主要考虑到俄罗斯、巴西等新兴经济体可能摆脱衰退的因素，国际货币基金组织预期 2017 年世界经济将增长 3.4%，略好于上年，但其预测值存在向下调整的较大可能性。同时，全球经济低迷和分化导致反全球化逆风飞扬，保护主义、孤立主义和民粹主义盛行，国际贸易增长已连续多年低于全球经济增速。此外，美元后续加息，英国脱欧谈判，美、德、法等国大选，中东、东欧以及亚太地缘政治局势紧张等不确定性因素将导致全球经济的不确定性增大。

表 1　世界及主要经济体经济增长预测

单位：%

国家或地区	实际		预测	
	2014 年	2015 年	2016 年	2017 年
世界经济	3.4	3.2	3.1	3.4
发达经济体	1.8	2.1	1.6	1.8
美国	2.4	2.6	1.6	2.2
欧元区	0.9	2.0	1.7	1.5
日本	-0.1	0.5	0.5	0.6
新兴和发展中经济体	4.6	4.0	4.2	4.6
中国	7.3	6.9	6.6	6.2
印度	7.2	7.6	7.6	7.6
俄罗斯	0.6	-3.7	-0.8	1.2
巴西	0.1	-3.8	-3.3	0.5
南非	1.5	1.3	0.1	0.8
世界贸易总量	3.4	2.6	2.3	3.8
石油价格	-7.5	-47.2	-15.4	17.9

资料来源：IMF《世界经济展望》秋季报告，2016 年 10 月。

近几年来，全球石油需求增量相对稳定。根据国际能源署、欧佩克和美国能源情报署三大机构的预计，2017 年全球石油日需求增量分别为 120 万、115 万和 134 万桶，分别增长 1.25%、1.22% 和 1.41%。

表 2　全球石油需求变化预测

单位：百万桶/天

年度	2014	2015	2016	2017
OECD	45.86	46.41	46.53	46.60
美国	19.11	19.53	19.60	19.83
加拿大	2.41	2.41	2.37	2.32
欧洲	13.48	13.70	13.81	13.69
日本	4.27	4.12	3.98	3.88
其他 OECD	6.24	6.28	6.37	6.46
非 OECD	46.69	47.63	48.80	50.07
欧亚大陆	4.88	4.80	4.81	4.86

续表

年度	2014	2015	2016	2017
欧洲	0.73	0.74	0.75	0.76
中国	10.85	11.28	11.65	12.02
其他亚洲	11.81	12.24	12.8	13.34
其他非 OECD	18.42	18.58	18.79	19.09
世界总消费	92.55	94.04	95.33	96.67

资料来源：美国能源情报署，2016年10月。

2. 全球石油供应仍比较宽松

（1）全球石油生产将有所恢复

2016年9月28日，欧佩克达成八年来首个限产协议，准备将其日产量控制在3250万~3300万桶，相当于最多减产90万桶，俄罗斯等部分非欧佩克国家表示也会配合限产。但是，尼日利亚、利比亚和伊朗等国会获得限产豁免权，特别是随着油价回升美国页岩油将会陆续复产，全球石油供应仍比较充裕。因此，总体来看，全球石油供应将会有所恢复。根据美国能源情报署预计，2017年全球石油日供给量为9701万桶，较上年增加97万桶，同比增长1%。其中，欧佩克石油日产量将增加87万桶左右；美国日产量由跌转增，增加11万桶；加拿大增产潜力较大，日产量将增加27万桶，增长6%。

表3　全球石油供给变化预测

单位：百万桶/天

年度	2014	2015	2016	2017
OECD	25.81	26.82	26.35	26.51
美国	14.13	15.12	14.69	14.8
加拿大	4.39	4.51	4.52	4.79
墨西哥	2.82	2.62	2.51	2.43
北海	2.9	3.06	3.16	3.0
其他 OECD	1.57	1.5	1.47	1.49
非 OECD	67.54	68.99	69.69	70.5
OPEC	37.45	38.32	39.2	40.0
原油	30.99	31.76	32.45	33.03

续表

年度	2014	2015	2016	2017
其他石油气	6.46	6.56	6.75	7.0
欧亚大陆	13.89	14.1	14.26	14.34
中国	4.62	4.72	4.5	4.3
其他非 OECD	11.58	11.86	11.73	11.75
世界总产量	93.35	95.81	96.04	97.01

资料来源：美国能源情报署，2016 年 10 月。

（2）欧佩克石油剩余产能有所减少，美国页岩油存在一定复产空间

近年来，随着欧佩克产油国实行“保市场份额”的政策，主要产油国纷纷开足马力进行生产，同时，油价持续下跌拖累勘探开采投资，使欧佩克剩余产能有所下降。根据美国能源情报署预计，2017 年欧佩克原油剩余产能预计将为 121 万桶/天，较上年减少 13 万桶/天，低于过去十年平均约 225 万桶/天的水平。但是，随着欧佩克重启“限产保价”政策，其剩余产能有望回升。此外，当前调节全球石油供应的关键变量是美国的页岩油，而不再是欧佩克剩余产能。当国际油价回升至美国页岩油的现金成本以上后，其生产积极性会不断提升。

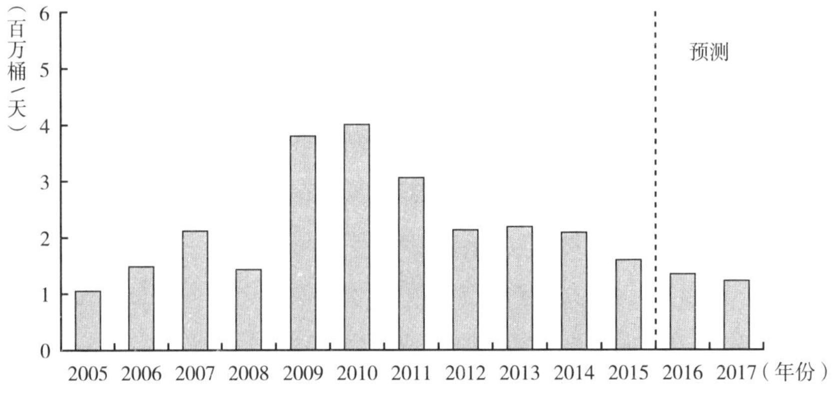

图 2　2005 年以来欧佩克原油剩余产能变化趋势

资料来源：美国能源情报署，2016 年 10 月。

（3）发达国家商业石油库存处于历史高位

近年来，发达国家石油需求基本稳定，其石油商业库存始终处于净增加状态。据美国能源情报署预计，2017 年末 OECD 国家商业石油库存将高达 30.73 亿桶，再次刷新历史最高纪录，可满足 OECD 国家 65.9 天左右的需求，远远超过过去五年平均水平的上限。

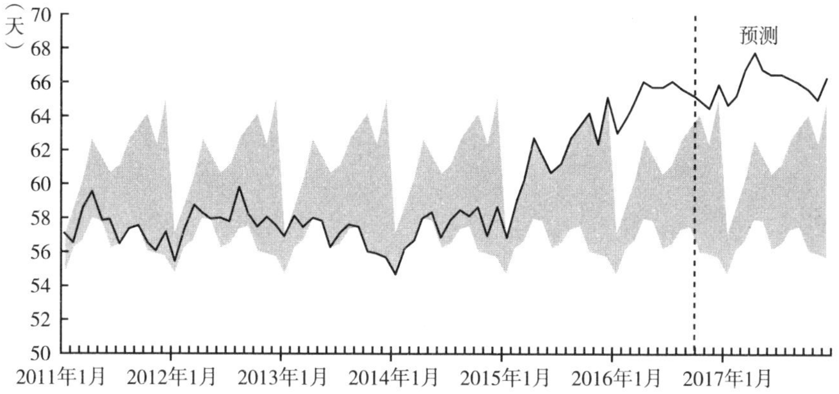

图 3　OECD 石油商业库存可供应天数变化

资料来源：美国能源情报署，2016 年 10 月。

3. 美元走势稳中偏强

尽管美元已经升值较多，美国过高的政府债务规模、贸易赤字等因素将会抑制美元进一步走强，但是，美国货币政策逐步回归正常化的方向不会改变，预期 2017 年美联储将有两次左右加息，仍将会吸引跨境资本回流美国，并支撑美元走强。此外，全球各种不确定性因素增加，美元的避险功能特性将更加凸显。因此，尽管美元上升空间有限，但仍会保持稳中偏强态势，对国际油价的影响并不显著。

4. 金融监管加强抑制石油期货市场投机炒作

2017 年，世界主要国家仍将保持宽松的货币政策，当然进一步降息、实施量宽的空间在缩小。同时，即便美国再次启动加息，预期影响大于实际作用，美国货币政策远未达到中性水平。因此，2017 年全球流动性仍将保

图 4　2002 年以来美元与 WTI 原油期价走势对比

资料来源：Wind 资讯。

持相对宽松。但是，国际金融危机以来，各国不断加强和完善金融监管。2008 年以来美国出台了多德 - 弗兰克法案和沃尔克法则，对大银行从事自营衍生品交易业务等实行了更严厉的监管和限制。因而近几年来商品期货市场的投机炒作明显减弱。2015 年以来，纽约商品交易所原油期货交易非商业性多头持仓量占比始终稳定在 30% 左右，非商业性空头持仓占比波动稍大些，大体在 13.5% 左右波动。总体来看，石油期货市场投机炒作对国际油价的影响趋于缓和。

5. 地缘政治局势始终是影响国际油价的重要因素

当前，地缘政治局势出现了一些新的积极变化，俄土关系改善对打击“伊斯兰国”乃至中东地缘政治格局产生重大影响；中菲关系出现重大反转将对南海局势产生后续重要影响。但是，美德法等主要国家大选会带来政局和政策的重大变化，中东地区乱局始终难以化解，美日等国不会放弃围绕南海、东海问题大做文章，朝核问题、韩国部署萨德导弹问题会加剧东北亚紧张局势。上述因素会影响国际经济贸易和投资正常增长，并对国际油价带来

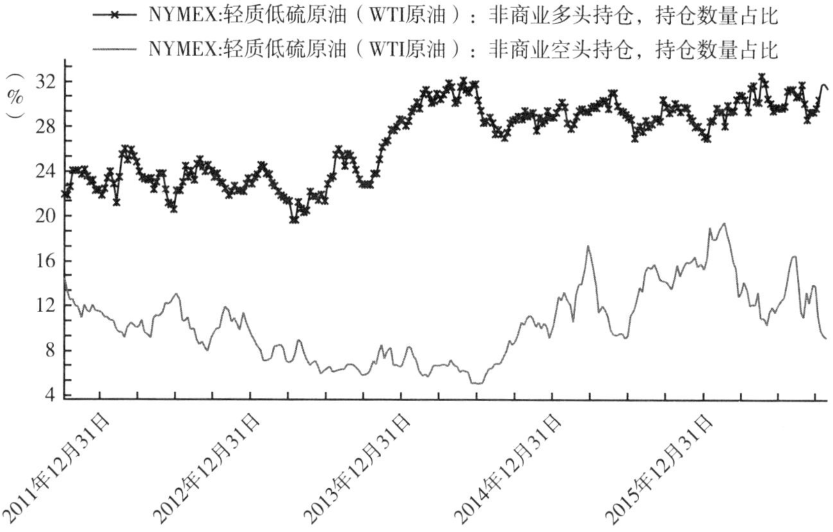

图5　2011 年以来纽约市场非商业性原油期货持仓比例

资料来源：美国商品期货交易委员会（CFTC）。

冲击。

综上所述，2017 年全球经济仍将延续温和复苏态势，全球石油需求增量相对稳定，但美、德、法大选，英国脱欧谈判，美元加息，地缘政治动荡等不确定性因素增加会对石油市场带来冲击。从供给来看，欧佩克产油国再次实施“限产保价”政策，俄罗斯等部分非欧佩克国家也会配合限产，但是尼日利亚、利比亚和伊朗等国会获得限产豁免权，特别是随着油价回升美国页岩油将会陆续复产，同时石油库存处于历史最高位，全球石油供应充裕，全球石油供求关系仍然较为宽松。此外，预期美联储加息两次左右推动美元走强，金融监管加强将会抑制过度投资炒作。因此，总体来看，2017 年国际油价将呈现稳中趋涨态势，进一步大幅上涨动能不足，初步预计，Brent 和 WTI 原油期货均价为每桶 52 美元和 51 美元左右，分别较上年上涨 16.8% 和 18.6% 左右。

近期，国际机构对国际油价走势预测做出上调。2016 年 10 月 IMF 秋季报告预计，2016 年、2017 年世界油价（WTI、Brent、Dubai 简单平均）为每桶42.96美元和50.64美元，同比下降15.4%和上涨17.9%。美国能源情报署《10月份短期能源展望》预计，2017年Brent和WTI原油期货价格分别为每桶50.99美元和49.99美元，同比均增长17.0%左右。2016年10月底，路透社调查显示，2017年Brent和WTI原油期货价格分别为每桶57.08美元和55.22美元。

G.38

2016年美国经济形势分析及2017年展望

赵硕刚*

摘　要：　2016年以来，美国经济增速和就业增长趋缓，物价温和上升，显示经济逐步趋近充分就业水平；货币政策正常化进程一再推迟，利率延续上年底以来的较低水平；美元汇率波动较大，总体保持在近年来的高位；总统大选对经济造成负面影响，增大了政策不确定性风险。未来美国经济增速虽将放慢，但非常规货币政策退出进程仍将在调整中延续，美元汇率在基本面和政策面支撑下有望维持强势，贸易保护主义可能在新总统上台后升温，而这都将对世界经济和中国经济以及中美关系发展产生不利影响，为此应积极采取措施予以应对。

关键词：　美国经济　货币政策　总统大选

一　美国经济形势分析及展望

1. 经济趋近充分就业增长水平

自2009年下半年结束衰退以来，美国经济温和复苏的势头已经保持了7个年头，而且近两年复苏步伐还有所加快，GDP增速由2013年的1.7%提升至2015年的2.6%，成为当前低迷世界经济中难得的一抹亮色。在经历

---

* 赵硕刚，经济学硕士，国家信息中心经济预测部，研究方向为世界经济。

了缓慢的经济回升之后，美国经济越来越接近充分就业水平。2016 年前三个季度，美国 GDP 环比折年率分别增长 0.8%、1.4%、2.9%，整体较上年同期显著放缓。但占美国经济总量近 70% 的个人消费开支增长平稳，对美国经济增长分别贡献 1.11 个、2.88 个和 1.47 个百分点，波动较大的主要是企业固定投资、库存。

表 1　美国主要经济指标增长率及其对经济增长的贡献

单位：%

GDP 增长率（经季节调整折年率）及构成对经济增长的贡献					
指标	2014 年	2015 年	2016 年		
			第一季度	第二季度	第三季度
国内生产总值	2.40	2.60	0.80	1.40	2.90
个人消费支出	1.95	2.16	1.11	2.88	1.47
私人国内投资	0.73	0.82	-0.56	-1.34	0.52
商品和服务净出口	-0.15	-0.71	0.01	0.18	0.83
政府消费和投资总额	-0.16	0.32	0.28	-0.30	0.09

资料来源：美国商务部经济分析局。

同时，美国就业市场继续改善，失业率在年初降至 5% 后基本保持稳定，为金融危机以来的最低水平。根据经济学定义，当经济达到充分就业状态时，实际的 GDP 增长水平将接近或等于潜在产出增长率。美联储 9 月议息会议后公布的最新数据显示，被视为经济完全就业的中长期失业率预估为 4.5% ~5.0%。美国国会预算办公室（CBO）预测的长期失业率是 4.9%。此外，高盛高华采取三种方法估算的美国结构性失业率均值为 4.7%，并预计年底劳动力市场将回归充分就业。

因此，短期内拖累美国经济的周期性因素已经逐步消退，但结构性因素仍制约着美国经济潜在增长水平的提高。从长期看，劳动生产率是决定美国经济增长潜力的关键指标。2010 年以来美国劳动生产率平均每年增幅不到 0.5%，远低于 2003 ~2007 年年均 2.5% 的增速。截至 2016 年第二季度，美国非农业部门劳动生产率更是连续三个季度下滑，创 1979 年以来劳动生产率下滑时间最长纪录。受劳动生产率下滑和人口老龄化等因素影响，美联储预计未来数年美国经济的潜在增长率仅为1.6%～2.2%，CBO预计的潜在增长率为2%，远低于历史平均水平。随着美国经济的继续复苏，美国经济逐渐接近充分就业水平，新增就业和GDP增速都将进一步向长期趋势水平靠拢，增速会进一步放缓。根据亚特兰大联储的计算，新增非农就业每月仅需达到17万人的平均水平，再过12个月美国经济就可以达到美联储预测的4.5%的充分就业下限。在此背景下，美国经济增速也将进一步回落至2%附近，根据OECD的预测，美国经济2016年仅增长1.6%，2017年增长2.1%。

2. 货币政策进入再调整期

2016年以来，美联储加息进程屡次受阻，目前，利率水平仍维持在上年底首次加息后的0.25%～0.5%，美联储加息预期次数从2016年初时的4次降至目前的1次。这既与年初金融市场大幅动荡、英国公投意外脱欧等外部风险有关，也与上半年美国经济复苏放缓，就业数据低于预期等内部因素有关。

2017年美联储货币政策仍面临着两难的抉择：一方面，随着美国经济接近充分就业水平，工资增长将推动通胀压力有所上升。当前美国物价下行压力主要来自能源和食品，价格上涨压力主要来自服务，这反映出美国国内需求回升正对物价构成向上推力。而国际大宗商品价格在2016年2月触底反弹，能源及进口价格下降等暂时性因素消退，2017年美国通胀可能进一步上升，美联储预计2017年核心PCE将达到2%的通胀目标。因此，单以实现就业和通胀目标的双重任务看，2017年美联储继续上调利率势在必行。但另一方面，在全球经济复苏不稳定、美元升值压力以及货币政策调整溢出效应加大的情况下，美联储加息的难度也在进一步加大。2016年以来，由美联储加息预期及国际金融市场动荡形成的负反馈循环已对美国经济造成一定影响，并导致加息进程受阻。

为此，随着美国经济趋向充分就业，美联储可能会对货币政策退出路径进行新的探索或调整。一是开始缩减资产负债表。在加息面临两难的困境下，削减资产负债表规模能在一定程度上弥补加息的弊端与不足。2016年，美联储已经做了这方面的尝试，年中纽约联储出售了4亿美元的国债和机构住房抵押贷款支持证券（MBS）。尽管在声明中美联储强调这并不代表货币政策的改变，但此次测试情况平稳可控，未来美联储可能将调整资产负债表和加息配合作为下一阶段的货币政策组合。二是讨论提升通胀率目标的可能。随着美国自然利率接近零，已有部分学者及美联储官员认为应提高通胀目标至4%，日本央行在2016年9月已将通胀目标由2%提高到2%以上。以4%的通胀目标计算，美联储名义利率可以提升至4%～5%的水平。这样短期内可以降低加息的紧迫性，并提升通胀预期，从而可能刺激更多投资和消费，长期看可以为应对下次危机提供更大的降息空间。总体来看，在当前世界经济形势下，美国货币政策正常化进程仍将延续，但美联储可能会对退出路径进行一定的调整以适应国内外经济形势的变化。

3. 美元汇率处于震荡上升期

2016年以来，美元走势波折，上半年受国际金融市场的剧烈动荡，美国经济数据连续低于预期影响，美元指数由接近99的高位逐步下挫到92以下，跌幅达到7.6%。而6月后，在英国公投意外脱欧、美国加息预期再度上升等因素的推动下，美元指数震荡反弹，已突破100点大关。尽管美元未能延续2014年下半年以来的持续上升态势，但整体上仍处于周期上升趋势之中。

历史上看，20世纪70年代布雷顿森林体系崩溃后，美元经历过两轮较为明显的持续升值阶段，第一次是1980～1985年，美元指数在5年时间内上涨近100%；第二次是1995～2002年，美元指数上涨近50%，涨势持续长达7年。美元两轮持续上涨的动力主要来自两个方面“领先”。一是美国经济基本面领先于其他国家进入复苏周期。当前美国经济虽有所放缓，但主要经济指标仍总体延续向好势头，自主复苏的内生动力得到进一步巩固，而欧元区、日本经济增长低迷，新兴经济体更处于探底求稳阶段，经济基本面将为美元走强提供坚实的基础。二是美国货币政策面领先于其他国家进入加息周期。当前欧元区、日本以及大多数新兴经济体都维持着进一步宽松的货币政策取向，而美联储已经于上年底启动加息进程，而且市场预期美联储

12 月再次加息的概率高达 95.4%。美联储再次领先于全球货币政策的转向，将支撑美元汇率走高。此外，地缘政治和金融市场动荡也是助推美元走强的重要因素。当前中东地区动乱局势可能再度恶化，英国退欧谈判存在较多不确定性且欧洲内部疑欧、退欧情绪升温，新兴经济体尚未企稳，这都将刺激对美元的避险需求。

但也要看到，美国经济增速在接近充分就业后将有所放缓，货币政策正常化进程也可能有所调整，加之大选后两党政治博弈为美国经济增添新的变数，美元过快升值将不利于出口，这也决定了美元升值的步伐将较上两轮周期更为平缓，2017 年美元也难以出现持续单边上扬的走势，更多地表现为调整中的走升过程，期间可能创出本轮升值周期新的高点。

4. 政府换届加大政策不确定性风险

美国大选不确定性已经对美国经济造成一定负面影响，而在大选结果尘埃落定后，特朗普及共和党赢得大选，美国政府经济政策的连续性将面临更大考验。

一是财政政策如何平衡促进经济增长与化解政府债务之间的关系。特朗普更加注重优先发挥财政对经济增长的刺激作用，寄希望于通过经济总量的扩大实现低税率下的财政平衡。为此主张大规模减税，并加大基础设施建设投资。然而，这都将加大美国财政负担，CBO 预计，到 2026 年公众持有的政府债务占 GDP 比重将由 73.6%攀升至 85.5%，创二战以来新高。

二是货币政策如何平衡保持适度宽松和推进利率正常化间的关系。特朗普不仅赞同对美联储货币政策进行审计的提案，更是多次公开质疑美联储的独立性，认为低利率政策催生资产价格泡沫，提出要撤换耶伦。尽管如此，特朗普抨击美联储更多出于竞选需要，其并不反对低利率政策。特朗普当选，美国低利率政策环境有望延续，但美联储可能将更多地面临来自总统或国会的政治压力及人事方面变动的可能，货币政策退出路径及决策进程也将面临更多不确定性。

三是贸易政策如何平衡国内产业保护和巩固贸易规则制定主导权间的关系。特朗普从参选之初就公开反对 TPP，并主张提高进口关税，重新就北美自由贸易协定进行谈判。这不仅帮助特朗普赢得了众多选民支持，而且分化了民主党的民意基础。美国未来以反倾销、反补贴等手段实施的传统贸易保护可能有增无减，而特朗普当选更将令美国乃至全球贸易保护主义急剧升温。

四是能源政策如何平衡发展化石能源和发展清洁能源之间的关系。在能源政策上，奥巴马政府支持“清洁能源计划”和巴黎气候协定；反对在美国近海、北极地区的石油开采，在可接受的范围内支持页岩油气发展。特朗普则更强调传统能源的开采利用，主张捍卫煤炭行业，呼吁增加化石燃料钻探，取消奥巴马政府对能源行业的限制，支持美国石油出口。因此，特朗普的能源政策主张将直接影响甚至决定美国未来的能源消费结构以及原油开采、生产和出口，由此将给国际原油价格带来更多的不确定性。

综合来看，特朗普当选，其在实际政策落实中尽管可能并不会像竞选中的主张一样激进，但仍将给美国经济带来更多的政策变数。

二　美国经济及政策调整对全球及中国经济的影响

1. 美国经济放缓将拖累世界经济增长，并对我国出口造成负面影响

根据世界银行数据，以汇率法计算，2012 年以来中美对世界经济增长的贡献率均为25% 左右。随着美国经济增长减速，世界经济也将面临一定的放缓压力。在最新的经济展望报告中，OECD 下调了 2016 年和 2017 年两年的世界经济增长预期，原因主要是发达国家增速放缓抵消了新兴市场国家经济形势好转对全球经济的改善。其中，美国 2016 年和 2017 年两年的 GDP 增长预估分别下调 0.4 个和 0.1 个百分点，至 1.4% 和 2.1% 。同时，美国经济放缓及中美贸易升温也将对我国出口造成一定冲击。2015 年中国成为美国最大的贸易伙伴，而 2016 年前 9 个月，我国对美国出口累计同比下降 7.8% ，不仅大于总体出口 7.5% 的降幅，也大于对欧盟、日本的降幅。

2. 美联储继续加息将引发国际金融市场波动，增大人民币贬值和资本外流压力

自启动货币政策正常化进程以来，美联储向利率正常化每迈出一步都势必造成国际金融市场的阶段性动荡。2017 年加息及美元保持强势的大趋势不会改变，也必然会造成国际资本流向和国际金融资产价格的大幅波动。在此期间，我国面临的人民币贬值和资本外流压力也将显著增大。2016 年下半年以来，随着美联储加息预期上升和美元升值，人民币对美元汇率中间价跌破 6.8∶1，为六年来最低水平。我国外汇储备也连续 3 个月下降，降至 3.16 万亿美元，创 2011 年 5 月以来的新低。

3. 美国对华政策短期示强的可能性较大，中美关系将面临新的磨合

特朗普当选，短期对华政策示强的可能性较大，可能延续“先抑后扬”的传统走势。特别是中美经贸摩擦短期内可能有所升温。特朗普竞选期间曾公开批评中国，表示应对中国商品提高关税来保护美国就业，并将中国指为汇率操控国。因此，美国在中美贸易摩擦解决、投资协定谈判中可能采取更为强硬的态度，设置更高门槛。

三　政策建议

一是推进出口市场多元化发展，加快推进自贸区建设。在力保发达国家传统市场份额的同时，大力开拓新兴经济体国家市场。鼓励企业充分利用 WTO 贸易争端解决机制，维护我国的经济权益。同时，抓住 TPP、TTIP 谈判遇阻的机遇，加快自贸区战略实施，加速区域全面伙伴关系、亚太自由贸易区建设。

二是稳定人民币汇率预期，加强跨境资本流动监管。以维持平稳的美元对人民币中间价稳定在岸市场汇率，以市场化手段干预离岸市场汇率，使在岸和离岸价差保持在合理水平，抑制套利及贬值预期的传导。进一步完善跨境资本流动统计监测体系，提高对跨境资金流出风险的监测和预警能力；鼓励吸收以直接投资为主的外资，严查虚假贸易和非法资本外逃；探索引入托宾税等价格工具调节跨境资本流动。

三是继续保持高层和各级别密切交往，发挥中美经贸关系“压舱石”作用。通过中美战略与经济对话等对话机制加强沟通和协调，发挥高层战略沟通的引领作用，推动中美增信释疑，避免战略误判，缩短大选后中美政治关系磨合期。推动中美以合作方式化解经贸摩擦，加强货币政策和汇率政策沟通，推动美国放宽高技术产品对华出口限制，平衡中美贸易，加快中美投资协定谈判，夯实中美互利共赢的经济基础。

四是寻求中美合作新亮点。美国基础设施老化现象较为严重，特朗普明确提出要开展大规模的基础设施建设。当前我国正在推进全球范围内的互联互通建设，中美可以发挥各自优势，开展基础设施建设合作，并将其作为中美合作新的突破点。

G.39

2016年欧洲经济分析及2017年展望

王灏晨*

摘　要：当前欧盟及欧元区经济总体呈温和复苏趋势失业率逐步下降，消费对经济的贡献率有所提高，物价指数缓慢上升，经济总体呈温和复苏态势。然而由于出口不力、银行风险提高、英国脱欧及美联储加息等产生的影响，欧盟经济增长力度和可持续性略显不足。在存款利率为负的情况下，欧洲央行实施连续宽松的货币政策以刺激经济，但效果有待观察。外贸投资协定签订不力也对欧元区的出口产生影响。预计2016年和2017年欧元区经济增速分别为1.7%和1.5%。

关键词：欧盟　经济复苏　英国脱欧　负利率

一　2016年欧洲经济运行情况

1. 经济持续增长，成员国趋势分化

伴随着2015年第四季度的稳步增长，欧元区经济在2016年上半年继续保持上升势头。前两个季度的GDP环比折年率增长分别为2.1%和1.2%（图1）。从国别看，一季度欧元区前三位的德、法、意三国的经济增长幅度超过英国（见图2），二季度的环比增速都低于一季度。德国二季度环比折年率近1.7%，主要得益于出口增长和进口下降。而法国环比折年率增长小

* 王灏晨，法学博士，国家信息中心经济预测部，研究方向为世界经济。

于0，主要原因是消费者支出疲软和商业投资下滑，外贸仅增长0.3%。同时洪水、罢工和街头抗议活动等影响了作为法国经济增长主要驱动力的消费支出。西班牙经济在上半年表现较为突出，GDP实际同比增长达3.4%，拉动了欧元区的经济增长。

三季度，欧元区经济继续呈现温和增长态势。西班牙仍保持较快的经济增长。但德国的增速放缓，GDP环比增长仅为0.1%，主要原因是企业产量缩减计划及8月新订单大幅下滑，其经济增长在未来一段时间将依赖于国内需求。而法国和意大利受到消费支出疲软的影响，增长陷于停滞。

英国经济在2016年上半年持续增长，其中，服务业对GDP的贡献大于建筑业和制造业。由于油价低迷等因素，通胀水平（CPI）也持续走低，未能达到英国央行制定的2%的目标。尤其是英国脱欧公投对金融市场造成极大冲击，英镑汇率、十年期国债等都表现出较强的震荡。直至英国央行采取降息措施后，经济逐渐企稳回升，8月经济数据好于预期，暂时摆脱脱欧结果带来的短期影响。但由于国外经济形势不稳定，且同欧盟的关系有待调整，英国可能通过进一步采取降息、货币宽松的手段刺激经济。

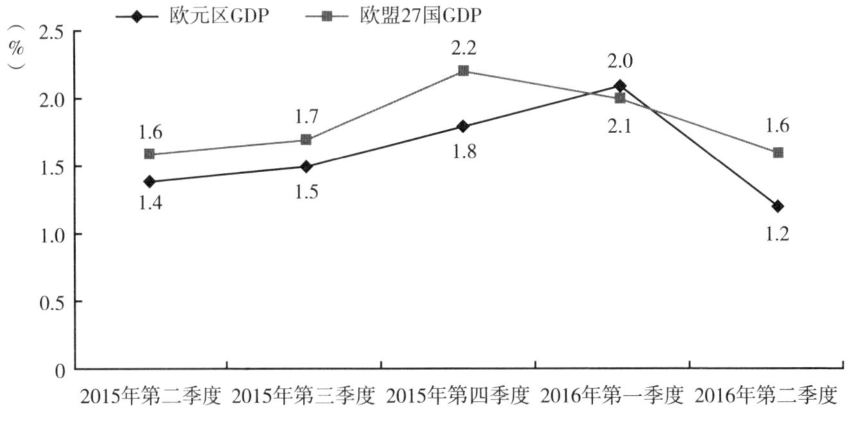

图1 欧元区、欧盟季调环比折年率

资料来源：欧盟统计局。

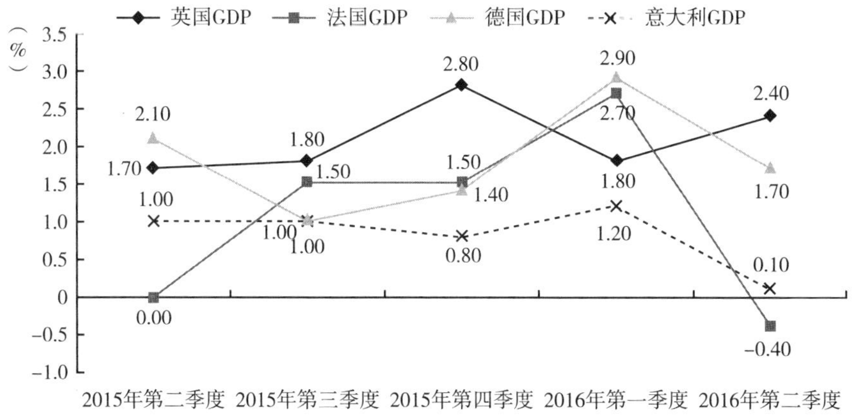

图2　欧洲四国经济季调环比折年率

资料来源：欧盟统计局。

2. 物价指数呈现回升势头

欧盟和欧元区一季度通缩压力较大，2月通胀年率分别从1月的0.3%跌至-0.1%和-0.2%，3月后小幅回升至0%（见图3）。受能源价格持续低位运行的影响，欧盟和欧元区的调和CPI年率在二季度的4月、5月两月又连续下跌。直到6月才转升至0.1%，核心通胀按年升幅更意外加快至0.9%。随着能源价格回升，量化宽松政策的实施，三季度的通胀年率也保持上升势头。尽管如此，距离2%的通胀率目标仍相去甚远。

与调和CPI的趋势类似，欧盟和欧元区的PPI在年初一季度下降后，从4月起同比出现回升（见图4）。二季度的PPI增长得益于能源价格的上涨，欧元区能源价格6月上涨达到2.4%。如果能够保持回升趋势，则欧元区有望摆脱持续通货紧缩。

3. 就业市场改善，失业率稳步下降

欧盟和欧元区的失业率在2016年稳步下降。欧盟27国失业率从1月的8.9%逐渐降低到8月的8.5%。欧元区失业率则从1月的10.4%降到4月的10.1%并持续到8月，这也是2011年7月以来的最低值。然而欧元区内各国的差异很大，德国仅为4.2%，希腊则高达23.3%。如果考

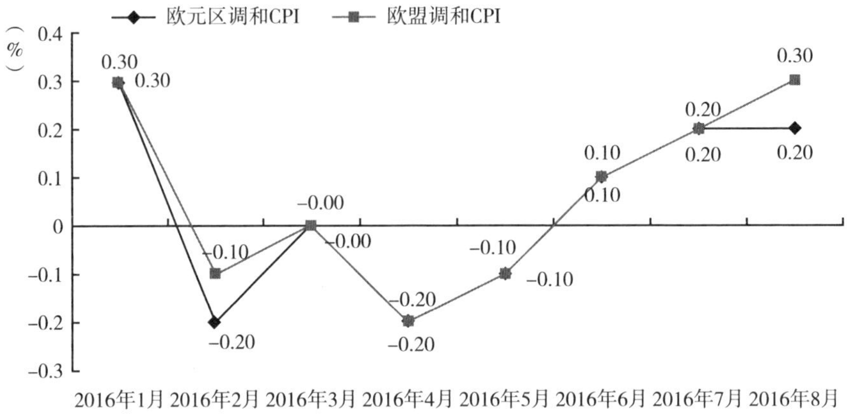

图3 欧盟及欧元区调和 CPI 同比增长

资料来源：欧盟统计局。

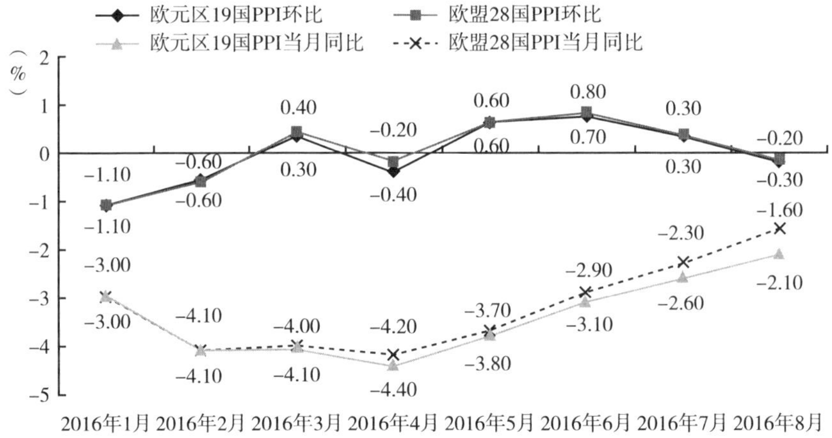

图4 欧盟和欧元区 PPI 同比及环比增长

资料来源：欧盟统计局。

察人口结构，则欧盟及欧元区 25 岁以下人口的失业率均在 18% 以上（见图 5）。

4. 出口增长显现颓势，贸易差额平稳

由于全球经济不景气，新兴市场国家经济发展遇到一定困难，2016 年欧洲的外贸出口也同样不景气。欧元区在 2016 年前两个季度各月的出口同

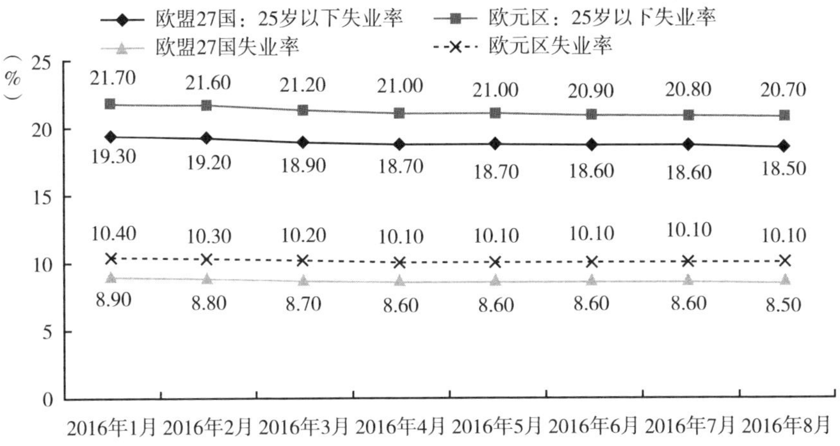

图5　欧盟和欧元区失业率及25岁以下失业率

资料来源：欧盟统计局。

比增长率在-2%~2%之间徘徊，对经济增长的贡献水平较低（见图6）。7月欧元区的出口同比更降至-9.5%，对经济增长产生一定拖累。随着下半年外需逐渐回暖，欧元区的出口增长加速，8月同比增长8.2%，经济的出口贡献率也有所回升。

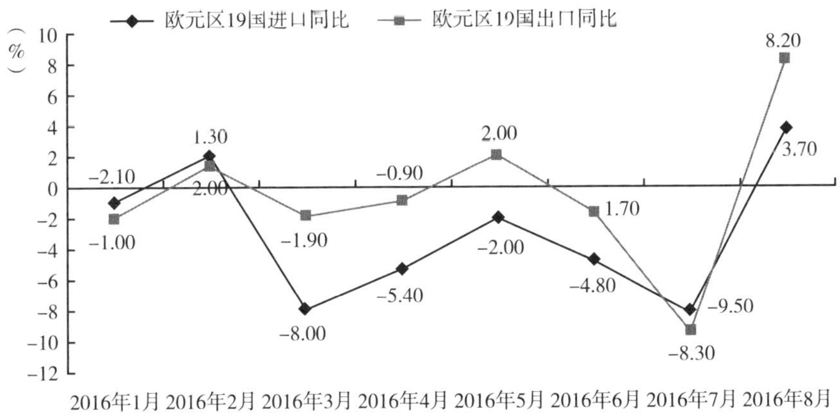

图6　欧元区19国进口同比及出口同比增速

资料来源：欧盟统计局。

2016年欧元区19国保持了贸易顺差。由于能源价格处于低位，因此尽管欧元区每月出口同比增长缓慢乃至出现负增长，但是进口的同比降幅更大。上半年除了2月进口同比增长外，其他各月都为负增长，且3月、4月都出现了同比5%以上的降幅，7月也出现了同比8%以上的降幅。这也使欧元区年内获得了较为平稳的贸易顺差。

然而欧盟28国的贸易差额低于欧元区的差额，在上半年徘徊于50亿欧元以下，保持了1~6月的贸易顺差（见图7）。贸易顺差从5月开始减少，到7月开始出现贸易逆差。

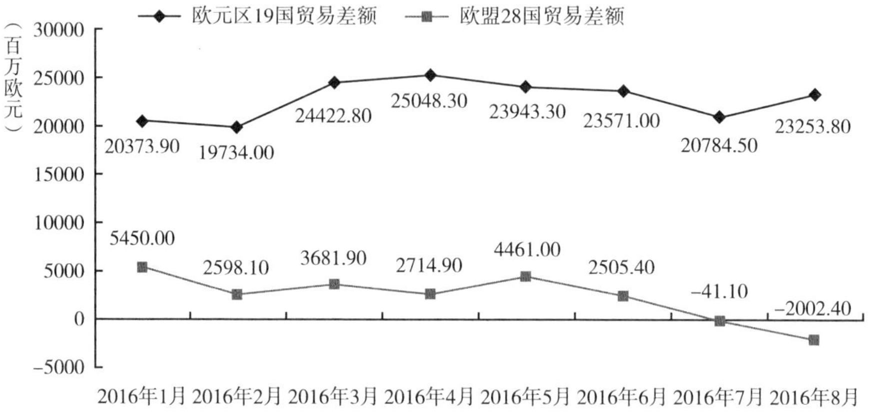

图7　欧元区及欧盟贸易差额

资料来源：欧盟统计局。

5. 服务业略优于制造业

与其他宏观经济指标反映的趋势类似，欧元区制造业采购经理人指数（PMI）在2016年第一季度出现大幅降低，这也是外部市场经济发展疲软、出口市场需求不足的表现。由于5月出口增加，带动6月新订单数增加，制造业PMI指数在6月升高，但随后6月、7月出口的大幅波动，使投资者对出口贸易呈观望态势，导致制造业订单减少，制造业PMI下降。随着8月出口水平再度大幅上涨，制造业PMI再度回升。由于国内消费对经济的贡献水平提高，服务业PMI在一季度降幅较小。在年初保持一定程度的平稳运行后，服务业 PMI 的 6 月数值下降至 52.8，并始终于 53 以下徘徊，并于 9 月跌至 52.2（见图 8）。

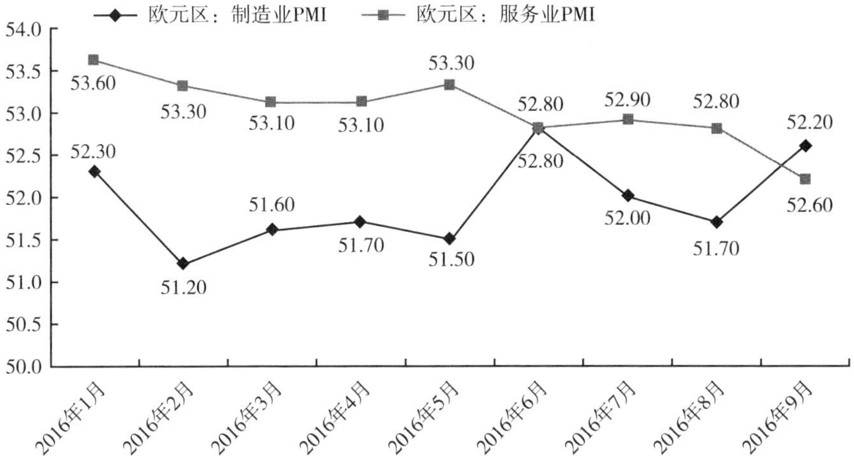

图 8　欧元区服务业 PMI 和制造业 PMI

资料来源：欧盟统计局。

从欧洲各国的情况来看，法国 9 月的服务业 PMI 在欧洲经济大国中表现最好，其制造业 PMI 也升至 49.5，好于预期，显示出经济存在上升势头。德国 9 月服务业 PMI 达到 50.9，高于预期的 50.6，但仍然是 16 个月以来最低值，但制造业 PMI 由于受到海外需求提高的刺激，升至 54.3，大幅优于预期，为德国第三季度 GDP 增速提供贡献。但意大利、西班牙的 PMI 表现不好，这意味着意大利经济有可能下行，而西班牙经济的增速会持续承压。

除欧元区国家外，英国 9 月的制造业和服务业 PMI 都好于预期。在脱欧公投后，英镑下跌带来的出口订单大幅提振了制造业活动。从这个角度也说明英国脱欧结果对英国经济的短期冲击已经减小，情况好于预期。

二　影响欧洲经济的主要因素

2016 年，影响欧洲经济发展的因素很多。在欧盟内部，有持续大规模量化宽松及负利率，德意志银行遭到重罚，英国脱欧并对其他欧洲国家起示范作用等因素；在欧盟外部，有石油价格波动，新兴市场国家增速放缓，美联储加息可能性增大等因素。这些因素对欧洲经济的影响很可能会延续至2017年。

1. 量化宽松延续，负利率刺激消费效果不佳

自2015年3月欧洲央行理事会宣布每月采购600亿欧元资产起，欧洲进入量化宽松时期。2016年3月，欧洲央行每月的资产采购被调高至800亿欧元。同时欧洲央行理事会宣布于2016年6月启动四个定向较长期再融资操作（TLTRO II），期限均为四年。量化宽松政策的实施给欧洲经济带来了一定的刺激，包括房地产市场回暖及以投资为目的的融资增加。但是，2016年各月的CPI仍然在0上下徘徊，离2%的年通胀目标相距甚远，量化宽松的目的尚未达成，也很难达到原定于2017年3月撤回货币刺激的条件，因此，欧洲央行可能会进行第三次量化宽松，其结果会使货币刺激总量超过1.7万亿欧元的目标。然而这种做法可能引起市场对货币融资的担忧，因此，欧洲央行准备以何种方式进行资产购买以及效果如何，需要在2017年加以关注。

2016年，欧洲央行继续实施负利率政策，维持存款利率－0.4%不变。目前负利率已经在欧盟、瑞士、瑞典及日本等地实施，以刺激消费并提高通货膨胀。尽管认为低利率对银行盈利是个挑战，但是尚未显示欧盟准备何时终止负利率。2016年10月，美国银行（BOA）的一项研究表明，这项政策适得其反，欧洲负利率国家的储蓄率不降反升，人们因为对未来的退休收入没有信心而更倾向于储蓄。

2. 银行业风险增大，加剧债务风险

欧洲银行业在2016年承压较重，风险性有所增加。38家欧洲银行和金融机构的服务指数2016年以来下跌24%。英国脱欧给欧元区经济带来短期冲击，欧洲银行业自身也面临坏账、低利率或负利率及内部市场不稳定、外部新兴市场增速放缓等多方面挑战。首先，负利率政策的实施，侵蚀了银行业短期借贷成本和长期借贷成本之间的利润。其次，欧洲多家银行在2008～2009年金融危机之后未能完成重组，导致当前经济形势不好的情况下积重难返。再次，欧洲银行的坏账问题严重。如意大利银行的坏账率高达17%，不良贷款规模占欧元区的1/3。最后，德意志银行遭到美国司法部开出的140亿美元罚单。尽管经过谈判，最终的和解金额会大幅减少，但“德银危机”仍被视为金融危机的前奏，而且其他银行也存在与抵押贷款证券相关的问题，可能面临罚款。这对欧洲银行业本已紧张的资本缓冲来说是雪上加霜。而对问题银行的救助，则可能进一步增加政府负担，加剧债务风险。

3. 英国脱欧的影响逐渐显现，经济政治风险并存

尽管2016年第三季度英国的部分经济指标表现好于预期，反映了脱欧的短期冲击对英国经济影响不大，但是英国准备于2017年4～5月启动英国脱欧进程。英国脱欧对德国、法国、荷兰将造成较为直接的经济冲击，从中长期看，对欧元也会产生影响。此外欧盟在对英谈判中也会表现强硬，要求英国为过去的承诺付款。从政治角度看，这一与“全球合作”相悖的行为，会在经济形势不良的情况下，引发民粹主义和极右翼势力的崛起。例如，意大利已于2016年12月进行宪法改革公投，而且现政府失利，总理辞职可能会引发脱欧公投，造成连锁反应，进而威胁欧盟的稳定。

4. 外部影响复杂多样，经济可能再受影响

（1）石油价格波动

随着乌克兰危机和中东动荡，石油价格自2015年起一路走低。尽管低石油价格在某种程度上比央行的货币刺激政策更有效，支撑了欧洲的内需，但持续至2016年第三季度的低油价，已经带来了低通胀，乃至通缩的风险。9月底，OPEC达成了减产协议，油价出现回升。但这会激励美国业者钻油，将生产增长时机提前从而拉低油价。特朗普当选新任美国总统后，其“能源自给”的政策主张也可能推动美国的石油生产。面对油价波动，防止低通胀顽固化将成为欧洲央行的重要任务之一。

（2）新兴市场经济增速放缓

近期大宗商品价格前景黯淡，这也使新兴市场国家中大宗商品出口国的自身经济出现疲软。南非、巴西、俄罗斯等国出口收入降低，影响进口能力。而美元逐渐走强以及货币政策收紧，既增加了新兴市场国家以美元计价的债务，又吸引这些国家的资本外流。这些因素都影响了新兴市场国家的需求和购买力，并影响到欧元区的经济复苏。

（3）美联储加息迫在眉睫

美联储加息传闻在2016年出现多次。目前，美国经济形势的支持性较好，加息可能性大增。尽管目前尚未加息，但截至10月，欧洲的股票和主动型共同基金已经分别连续34周和30周资金净流出。美国的股票型基金则在9月底美联储会议后吸纳42亿美元。因此，一旦美联储加息，已经处于负利率的欧洲经济，将无法阻挡资本流出至美国。

（4）投资谈判进展不一

2016年中，欧盟继续开展多项贸易投资谈判，但进展不一，且逆多顺少。进展较为顺利的是《中欧投资协定》。双方围绕文本开展第十二轮谈判，争取取得更大成果，并争取在2017年完成磋商。然而与此同时，多项谈判的进展并不顺利。首先是原定于2016年底通过的同美国开展的TTIP谈判，由于在农产品和政府采购等条款上美欧双方底线迥异且无法调和，于10月搁浅。尽管欧盟多国希望在美国总统大选后继续谈判，但新任美国总统特朗普对自贸协定持反对意见。其次是欧盟与加拿大的《综合经济贸易协定》（CETA）。德国、奥地利、比利时等多国民众因CETA可能影响自身利益而强烈抗议。10月21日在布鲁塞尔闭幕的欧盟峰会上，成员国未能就批准欧盟与加拿大的CETA达成一致。最后是《欧日自贸协定》。欧日双方原本希望在2016年底签署协定，但欧洲不愿开放对日本汽车和工程制造业的准入，进而与日本签署一个如TPP般效果有折扣的协定；而由于英国脱欧，日本认为欧盟的金融服务业客观上受到削弱，且欧盟的政治和社会一体化可能会不稳定，因此，双方基本无法在2016年达成协议。这些协议能否达成，对欧盟的对外贸易，也会产生一定影响。

三　2017年欧洲经济展望

1. 经济复苏较为缓慢，存在下行压力

2016 年中，得益于低油价和低大宗商品价格为消费和生产成本减负、低利率促进投资以及欧元相对美元贬值促进出口这几个因素，欧元区经济将继续温和增长。全球经济增长乏力、英国脱欧影响显现、美联储加息产生负溢出效应等因素都可能影响欧洲 2017 年的经济复苏。欧洲央行维持欧元区 2017 年 GDP 增速 1.7%，但国际货币基金组织（IMF）将该值调整为 1.5%。

2. 通胀水平保持温和上涨

随着石油价格出现回升，以及欧洲央行对欧元区的财政立场略偏扩张性，欧元区的通胀水平（CPI）在 2017 年有较大的可能性增加到 1% 以上，但仍处于历史低位，与设定的 CPI 达到 2% 的目标相差较大。这也使欧洲央行面临进一步货币宽松的压力。一些在 2016 年 CPI 为负值的国家，如意大利、西班牙、希腊等，将可能在 2017 年转为正值。

3. 就业形势继续改善

随着经济发展和通胀水平的温和上涨，欧元区的失业率将有可能进一步下降到 10% 以下，达到 2008 年全球金融危机后的一个较低水平，但相比于危机之前，仍然处于高位。希腊、西班牙和意大利等在 2016 年有较高失业率的国家，预计在 2017 年会有小幅降低。德国的失业率将继续保持较低水平。

G.40

2016年日本经济形势分析与2017年展望

张晓兰*

摘　要：　2016年，日本经济运行总体延续弱复苏趋势，一季度GDP环比增长0.4%，二季度GDP增长0.2%。从复苏态势看，占GDP 60%的私人消费相对疲弱、企业设备投资不振、制造业扩张放缓、通缩局面严峻，但贸易状况有所改善、就业形势较为乐观。受内外需求不足、投资疲软等影响以及人口老龄化等结构性问题制约，预计2017年安倍经济学将难以改变经济低迷态势。世界经济增速放缓、美国货币政策走向、英国脱欧与地缘政治冲突等外部风险，也将增加经济复苏的不确定性。2017年日本经济增速将低于2016年，经济低增长将“常态化”。对此，经合组织（OECD）9月也下调了日本2017年经济增速至0.6%。

关键词：　日本经济　通货紧缩　低增长　风险

一　2016年日本经济运行情况

1.经济复苏放缓，消费需求不振

2016年以来，日本经济延续了2015年的复苏趋势，但复苏过程中出现反复。在个人消费、政府支出、海外需求以及外国游客消费等因素带动下，

* 张晓兰，经济学博士，国家信息中心经济预测部，研究方向为世界经济。

一季度经济出现恢复性增长，GDP 环比折年率增长 1.7%，经济增速好于市场预期；二季度受住宅投资和公共投资拉动，经济增长 0.7%，连续两个季度实现正增长。出口的不断好转，弥补了居民与企业的消费疲弱，三季度经济环比增长 0.5%，延续前两个季度的增长，预计全年 GDP 将增长 0.7%。消费需求不振是制约日本经济快速复苏的主要因素之一，近两年来日本政府难以改变国内消费持续低迷的态势。一季度国内消费需求仍显不足，对经济增长贡献率仅为 0.2%。其中，私人消费环比增长 0.5%，虽时隔两个季度增长，但由于工资涨幅有限，居民消费意愿难以提升。尽管大企业夏季奖金增加，居民工资水平上升，而剔除物价因素后，其实际收入仅增 0.3%，且由于家庭消费节约意识较强，加薪部分多转化为储蓄，二季度内需对经济增长贡献率为 0.3%，私人消费需求微增 0.2%。三季度，国内个人消费缺乏增长动能，个人消费环比仅增长 0.1%

2. 出口降幅收窄，贸易收支有所改善

受世界经济复苏减速、外部需求疲软以及日元不断升值等因素影响，日本出口继续下滑，但前两个季度出口降幅收窄，贸易收支有所改善。一季度出口下降 7.1%，进口下降 10.7%，出口降幅低于进口降幅，贸易收支“扭亏为盈”。二季度出口下降 2.9%，进口下降 9.5%，降幅差进一步扩大。而且，受益于国际油价走低以及访日游客增加，日本 2016 年 1~6 月经常项目顺差升至 10.63 万亿日元（约为 1040 亿美元），同比增长 31.3%，创 2007 年以来的最高纪录。其中，货物贸易由同期的逆差 3754 亿日元转为顺差 2.35 万亿日元，创 6 年来最大顺差。尽管 7 月出口额同比下降 14%，创 6 年零 9 个月以来最大降幅；8 月贸易逆差为 187 亿日元，时隔 2 个月也再次出现逆差；但在集成电路和半导体等领域带动下，日本三季度出口出现大幅反弹，环比增长 2%，扭转前两个季度下降的颓势。

3. 制造业增长乏力，企业经营继续恶化

受国内有效需求不足、外部需求疲软等因素影响，2016 年日本制造业活动扩张速度放缓。3 月开始，制造业由扩张转为收缩，制造业采购经理人指数（PMI）从 3 月的 49.1 下降至 6 月的 48.1。7 月 PMI 虽升至 49.3，但仍低于50荣枯分界线；8月制造业活动显现扩张迹象，PMI指数6个月以来首次上升，但仅为49.5；9月PMI进一步升至50.4，略高于50荣枯线；10月因产出和出口新订单增加，制造业活动扩张步伐加快，而经济仍维持低速增长趋势。与此同时，企业经营业绩恶化，国际油价、英国脱欧等改变了大企业和外向型企业经营环境。一季度石油加工、有色金属等企业因石油等资源价格回落相继发生损失；二季度日元急剧升值致使企业业绩恶化，“机电”“汽车及配件”“机械”等出口行业利润大幅下滑，此前持续增长的内需型企业增长也陷入停滞。其中，制造业主营利润同比下降21.3%，非制造业主营利润同比下降10.8%。

4.通缩局面严峻，就业水平向好

在日本央行宽松货币政策刺激下，日本通缩局面依旧严峻，通胀水平不断下降。剔除生鲜食品后，1~2月CPI指数零增长，3月更是下滑0.3%，是自2013年6月以来的首次负值。由于国际大宗商品价格下行，国内市场空间狭小，二季度CPI指数持续负增长，剔除生鲜食品后，4月、5月、6月三个月CPI指数同比分别下滑0.3%、0.4%和0.5%，与日本政府制定的2%通胀目标渐行渐远。三季度以来，通缩局面未见缓解，7月、8月CPI指数均同比萎缩0.5%，且8月CPI指数连续6个月负增长。对此，日本央行可能在11月货币政策会议中调整通胀预期，并在季度评估报告中下调下一财年的通胀预估。相反的，就业形势较为乐观，失业率维持较低水平。一季度日本失业率稳中有降，就业水平不断向好，1~3月的失业率分别为3.2%、3.3%和3.2%。同时，2016年春季大学生毕业就职率达97.3%，连续5年上升，为1996年以来最高水平。二季度失业率继续保持较好水平，6月失业率受企业雇工意愿增强刺激，降至近21年来新低，显示就业环境正在持续改善，并且7月、8月失业率继续维持在3.0%左右的水平。

二 影响2016年日本经济的主要因素

在全球经济复苏趋势放缓下，安倍经济学的“新旧三支箭”对经济拉动作用有限，日本经济延续低增长趋势，主要经济指标仍现疲软。从深层次看，影响2016年日本经济增长的主要因素包括以下几个方面。

1. 日元升值抑制出口增长

2015年12月16日，美联储上调联邦基金利率25个基点，实施近7年的美元零利率政策宣告结束，美联储正式进入加息周期，国际金融市场出现动荡，资本急速流向安全性较高的日元资产，而英国“脱欧”和欧盟等多家央行相继实行负利率也在很大程度上加速资金流向日元资产，导致日元汇率持续走高，对日本经济产生多方面的负面影响。一是制造业收益显著恶化。日元升值不利于出口，打击了日本的出口，制造业上市公司主营利润同比大幅下降。二是企业设备投资谨慎。虽然企业设备更新需求较大，但日元升值促使进口消费品价格暴跌，削弱了企业利润，降低了企业投资和加薪的意愿。

2. 投资拉动作用增强

得益于庞大的债务规模有所缩小，日本公共投资出现增长，投资拉动经济增长的作用日益增强。一季度政府公共投资环比增长0.3%，私人住宅投资仅微降0.8%。虽然民间企业设备投资环比下降1.4%，主要受工程机械、电子通信和船舶等拖累以及年初金融市场动荡导致企业设备投资趋向谨慎等影响，但企业投资仍占GDP 15%的比重，是日本经济增长的重要因素之一。二季度投资拉动经济增长作用增强，2015财年补充预算、2016财年预算的提前执行，促使公共投资效果显现，日本政府公共投资环比增长2.6%；民间企业设备投资降幅较一季度降幅有所收窄，环比下降0.1%；住宅投资大幅增长5.0%，住宅开工数量明显上升，这与日本政府原计划2017年4月提高消费税率，房企预期将出现突击性住宅需求，负利率政策使住宅贷款利率下降以及遗产税征收力度有所加大等因素有很大关系。

3. 货币政策效果极为有限

为了刺激经济和提升通胀水平，日本央行连续实行多轮宽松货币政策并大胆出台负利率政策，但仍无法摆脱经济低迷、劳动生产率低和通货紧缩的压力。货币政策陷入“流动性陷阱”的趋势更加明显，货币宽松的政策空间和刺激效果已十分有限。日元贬值并未带来出口的大幅增长，反而造成其他国家货币竞争性贬值，对国内金融体系稳定性带来了不良影响。实际上，日本经济的未来并不能寄托于货币政策还有多少空间，而要取决于国内结构性改革的推进，才能解决日本经济长期存在的结构性问题与风险。另外，负利率的政策风险正在初步显现。负利率使国债市场长期利率转为负值，国债价格波动剧烈，并且国内利差缩小，金融机构收益遭受较大影响。

4. 经济面临“内忧外患”

2016 年以来，日本经济面临“内忧外患”，美联储 QE 政策走势、英国“脱欧”等外部因素对日本经济复苏产生重大影响，而熊本地震对经济的负面影响也较为明显。一是美联储开启加息进程，改变了全球资本流动性格局，日本股市、汇市受到大幅波动，加大了金融市场稳定性与经济复苏的风险。一方面，安倍经济学的股市财富效应削弱，居民的消费信心不足，消费心理蒙上阴影；另一方面，金融市场动荡加大了企业对经济前景的忧虑，企业设备投资的意愿下降。二是受累于英国“脱欧”、世界经济增速放缓和国际市场需求低迷等因素，出口对日本经济增长的拉动作用减弱。三是熊本地震拖累经济增长，据内阁府测算，熊本地震导致住宅、企业生产设备、道路等“存量资本”受损 2.4 万亿 ~4.6 万亿日元，相当于熊本、大分两县“存量资本”的 5% 左右。同时，汽车、电子等制造业生产活动因工厂停工及物流网中断遭受严重打击；二季度访日外国游客消费额也受地震影响下降 4.5%，时隔 3 年半再现负增长。此外，各国在货币和财政政策方面的差异化加大了全球宏观经济政策协调难度，在一定程度上阻碍了日本经济复苏进程。

三 2017年日本经济展望

展望 2017 年，尽管安倍内阁将采取各种措施提振经济，并将 2017 年 4 月上调消费税的计划推迟至 2019 年 10 月，但国内外的不确定性风险将在很大程度上阻碍经济快速复苏，预计 2017 年日本经济增速较 2016 年继续放缓，将维持在一个较低水平。

1. 安倍政策难以改变经济低迷态势

“安倍经济学”推出三周年以来，“新旧三支箭”不仅未能解决日本经济长期存在的结构性问题，而且距其制定的2%的通胀目标较远，经济增长依然在零上下徘徊。特别是安倍2016年年初不顾市场反对，使用非传统货币工具，大量购买政府公债，实行负利率政策。但受油价下跌与日元升值等因素交织影响，政策效果非常有限。同时，安倍政府2016年以来还密集出台了一系列经济政策，一是经济财政运营基本方针。推进2015年补充预算和2016年预算提前到位，2017年预算则注重财政支出改革，突出化解少子老龄化等结构性改革导向，社保领域有保有压，注意调动社会资本力量，官民合作加大研发投入，重点优先，杜绝浪费。二是1亿日元总活跃计划。破除少子老龄化带来的各种障碍，落实安倍经济学“新三支箭”，实现增长与分配的良性循环；推进劳动方式改革，提高生产率，改善育儿、教育及看护等条件与环境，促进女性就业，人口出生率提高至1.8的目标，综合施策实现看护离职率降至零，通过第四次产业革命等使GDP增至600万亿日元。三是2016年成长战略。要把经济良性循环转化为民间企业的实际行动，落实“官民10大战略项目”，2021年GDP增至600万亿日元，通过体制机制改革推进生产率革命，培养创新型人才，开拓海外市场。四是推迟消费增税。为了顺利摆脱通缩，安倍首相5月28日表示，将消费税率提高至10%的时间推迟至2019年10月。五是推出新的政策框架。日本政府通过了一个高达28.1万亿日元的QQE政策刺激方案，并在9月货币政策会议上将政策目标从扩大基础货币转向控制收益率曲线直到通胀稳步达到2%水平。在维持负利率政策的基础上，央行将引导作为长期利率指标的10年期国债利率降至0%左右。从表面上看，虽然这些政策在一定程度上能刺激经济复苏，但从长期看，其对经济增长的带动作用较弱，难以从根本上解决日本人口老龄化和全要素生产率下降等结构性问题，甚至会带来新的问题。例如，货币宽松政策刺激了投资总量，但投资对经济增长的边际效益降低，不但无法实现提振经济的目的，反而会增强经济对宽松政策的依赖。对此，预计安倍新刺激政策不会有太明显的效果，难以改变日本经济低迷态势的现实。

2. 经济低增长将“常态化”

从2016年日本经济复苏趋势看，经济增长动力不足，复苏基础不牢固，日本政府在9月月度经济报告中，连续6个月对国内景气程度维持“近期显弱但仍在平稳恢复”的基本判断。未来一年，日本经济仍将面临较大的挑战，低增长或将成为“常态”。一是需求不足抑制经济快速增长。一方面，日本企业加薪态度谨慎将降低居民消费意愿，导致内需对经济增长的贡献较弱；另一方面，全球经济增长低迷导致贸易增速放缓，而贸易保护主义抬头与贸易自由化进展缓慢也在一定程度上抑制了全球贸易的增长。世贸组织9月27日将2016年全球贸易增长预期由此前预测的2.8%大幅下调至1.7%，这说明了当前外部需求极其疲软。二是投资需求对经济拉动作用有限。日本经济依赖公共投资拉动的格局将持续下去，增加公共投资和刺激消费需求等举措将对2017财年实际增长率贡献0.3~0.5个百分点。同时，消费需求低迷也成为制约企业设备投资的一大因素。三是外部风险不确定性带来经济下行压力。美联储开启加息进程、英国“脱欧”以及石油等大宗商品价格走势等外部环境，是影响2017年日本经济运行的重要因素。地缘政治风险也是潜在因素之一，日本与周边国家的关系将直接影响到相互之间的经贸合作。此外，极端组织、恐怖分子、民粹主义等不确定事件，给日本政治经济生态带来诸多不稳定因素。

四　加强中日经贸合作潜力巨大

虽然日本经济低速增长给中日经济合作带来了一定的冲击，但中日经贸合作的潜力依然巨大，两国政府应加强以下领域的进一步合作，促进中日经济合作模式的转型升级。

1. 高端制造业合作空间巨大

随着我国经济进入新常态，以工业机器人产业为代表的高端制造业将进一步发展，为中日经贸合作提供契机。我国是全球最大的机器人市场之一，但当前每万名工人所拥有的工业机器人数量远低于发达国家。相反的，日本企业在工业机器人的各个应用领域中均占据重要地位，日本企业希望利用其技术优势全面开拓我国巨大的工业机器人市场。在从我国低端制造业撤离的同时，日本企业正在加大对我国高端制造业的投资，未来两国在高端制造业领域的合作空间巨大。

2. 节能环保领域投资合作潜力凸显

要解决我国经济增长中长期积累的资源与能源不足、环境污染等问题，除了积极进行经济结构调整和产业转型外，还必须加强对现有的高污染和高能耗的设备进行优化、升级。目前，我国正致力于绿色低碳、节能环保以及新能源等领域的发展，对节能环保领域的投资需求不断扩大。日本企业在上述领域富有经验，其所积累的丰富技术与治理经验是深化两国节能环保合作的重要基础。而且，我国可以通过引进日本的节能技术和环保设备，提高我国的能源利用效率，加强两国在节能环保产业的互利共赢。

3. 旅游地产投资合作呈现新亮点

企业“走出去”战略是我国政府提出的主动参与国际经济合作与竞争的重要决策。近些年来，我国企业对日本投资步伐加快，尤其是受日元贬值及我国游客赴日旅游热潮影响，我国企业正在加大对日本房地产、旅游等相关领域的直接投资。例如，2015 年 10 月，春秋航空公司旗下的春秋集团与日本阳光不动产公司合作，拟在日本主要旅游城市开设 15 ~20 家连锁酒店。未来，我国将进一步增加对日本在旅游度假和酒店设施等方面的投资，这将成为中日投资合作的新亮点。

4. 合作创新为经济增长注入新动力

中日两国均处于结构调整的关键期，在创新领域的合作潜力巨大。当前，中日科技合作已形成了政府和企业并举的局面。一方面，政府间的科技合作取得积极进展，特别是在能源和环境等方面进入新阶段；另一方面，在市场引导下，中日企业间的技术引进、转移和合作不断增加。此外，中日的高新技术产业合作也具有较大的空间。

G.41

2016年新兴经济体形势分析与2017年展望

程伟力*

摘　要：2016年初，新兴经济体金融市场经历了剧烈动荡，上半年经济增速放缓、通货膨胀高企、对外贸易下滑。下半年以来，新兴经济体出现明显的企稳迹象，工业生产复苏、外贸触底回升、通货膨胀见顶。展望2017年，大多数国家经济改革效应将会逐步显现，能源和大宗商品价格回归理性有助于改善外贸环境，潜在经济增速进一步上移，经济表现将明显好于2016年，预计经济增速为4.6%左右。在当前形势下，我国需要全方位扩大与新兴经济体的合作，积极推动世界经济格局的变化。

关键词：经济企稳　新兴经济体　通货膨胀　就业

一　2016年新兴经济体经济形势分析

1. 经济企稳迹象明显

2012年以来，新兴市场经济体增速明显放缓，一些国家出现持续衰退现象，国际舆论质疑新兴市场经济体的声音不绝于耳。但事实胜于雄辩，

* 程伟力，博士，国家信息中心经济预测部副研究员。

2016 年俄罗斯和巴西等被西方唱衰的国家表现出较强的韧性和反危机能力，经济企稳迹象明显，国际货币基金组织（IMF）在《世界经济展望》报告中上调了 2016 年新兴经济体增长预期。

受西方制裁及国际石油价格大幅回落的影响，2015 年俄罗斯 GDP 出现 3.7% 的负增长，西方社会普遍认为俄罗斯经济随时会崩溃，但俄罗斯并没有出现金融及国家主权债务危机。2016 年以来，经济逐步恢复增长，一季度 GDP 同比下降 1.2%，但二季度仅下降 0.6%。从工业生产数据来看，2 月结束了持续 12 个月的负增长，2016 年前八个月工业生产同比增长 0.4%。IMF 秋季《世界经济展望》预测，2016 年俄罗斯经济衰退 0.8%，但 2017 年将实现 1.1% 的增长，俄罗斯经济的复苏也将有效拉动独联体经济的增长。

2015 年巴西 GDP 下降 3.8%，2016 年以来继续处于衰退状态，前两个季度巴西 GDP 同比分别下降 5.4% 和 3.8%。但从环比数据来看，3 月以来巴西工业生产已经持续六个月实现增长，这表明当前巴西工业生产境况不断改善，开始触底缓慢回升。IMF 预计，2016 年巴西经济衰退 3.3%，但 2017 年将实现 0.5% 的增长。在资源价格回升以及巴西经济复苏的带动下，预计拉美和加勒比海地区 2017 年可以实现 1.6% 的增长。

2016 年前两个季度，印度经济同比分别增长 7.9% 和 7.1%，在主要经济体中增速位居榜首。印度经济增速保持领先地位的主要原因如下：一是能源和大宗商品价格回落大大降低了生产和消费成本，持续多年的通货膨胀得到控制，同时在很大程度上缩减了贸易赤字；二是改革的政策效应逐步显现，利用外资规模不断扩大；三是货币政策发挥了积极效应，之前的多次降息有效地促进了经济增长。

2. 通货膨胀出现见顶迹象

近年来，在发达国家面临物价下行压力的同时，新兴市场国家一直面临较大的通货膨胀压力。以 2015 年 9 月为例，巴西和俄罗斯 CPI 分别为 9.5% 和 15.7%，但这一局面在 2016 年得以改善；2016 年 9 月，两国 CPI 分别下降到 8.5% 和 6.4%，且呈现持续下降趋势。通货膨胀的下降为货币政策腾出了空间，10 月 19 日巴西央行四年来首次降息。

这些国家通货膨胀压力下降的原因主要有以下几点：一是全球粮食价格的大幅回落导致饲料和食品价格下降，由于食品在CPI中比重较大，直接推动物价下行；二是进口替代战略发挥了重要作用，2015年这些国家货币贬值导致进口商品价格上涨，由此形成输入型通货膨胀，进口替代战略促进了国内供给，减轻了对外部市场的依赖；三是改革政策发挥了积极效应，政府加大了对电力和天然气等垄断行业的监管力度，有效地遏制了关系国计民生的垄断产品价格的上涨；四是工业的复苏增加了国内供给。

3. 金融市场由动荡趋向稳定，对外贸易逐步复苏

受美联储货首次加息政策的影响，2016年初全球资本市场出现急剧下跌现象，新兴市场国家汇率大幅贬值，国际资本外流加速，印度、巴西和俄罗斯等新兴市场国家尤甚。为了稳定外汇市场，印度央行授意国有商业银行干预市场，其他国家也采取了积极的干预政策。在各国政策干预下，金融市场趋向稳定，从全年情况来看，金融市场表现明显好于往年。以俄罗斯为例，2016年前九个月资本净流出为96亿美元，与上年同期相比下降80%，而且外流的资本主要用于偿还遭受欧美国家银行以及企业的外债。与此同时，前九个月俄罗斯银行业实现利润约101亿美元，是2015年的4倍，这说明银行业风险增加的势头有所放缓。从外汇储备来看，自2015年下降到近年最低点之后，截至2016年9月又增加了400亿美元，再次恢复到4000亿美元的水平。

随着汇率市场的稳定，新兴市场国家对外贸易也逐步复苏，不论是商品出口还是进口下降幅度不断收窄，且逐步转正。2016年8月，俄罗斯商品进口同比增长13%，结束了持续三年之久的负增长，商品出口下降只有7.2%。9月，印度商品出口同比增长4.6%，商品进口同比下降2.5%；巴西商品出口158亿美元，同比下降2.1%；商品进口120亿美元，同比下降9.2%。剔除价格因素，上述三国的商品均出现了增长，对外贸易已经基本企稳。

4. 就业压力逐步显现，民生问题凸显

2013年和2014年，新兴经济体经济增长速度虽然放缓，但从统计数据来看对就业的影响似乎不是很大，失业率并没有上升。但是，持续的经济衰退最终导致了失业率的上升。2016 年 7 月，巴西失业率上升到 11.6%，比 2015 年高出 4.1 个百分点，比 2014 年高出 6.9 个百分点，在失业率下降的同时收入水平也在不断下降。

2016 年 8 月，俄罗斯失业率为 5.2%，虽然相对较低，但是，贫困人口的数量却在上升。据统计，收入低于最低生活标准的俄罗斯人数量已达到总人口的约 13%，但在经济危机前这个比例是 10%，贫困人口增加了将近 500 万。

在 1991 ~2013 年间印度的年均经济增速高达 6.5%，但在此期间印度创造的就业机会仅仅能够吸收一半的新增劳动力。印度 13 亿人口中约有2/3 的人口在 35 岁以下，如果这么多年轻人不能有效转化为人口红利，将会带来巨大的民生问题。

二 2017年新兴经济体发展的影响因素及趋势分析

1. 经济改革效应将会逐步显现

改革是新兴市场经济体的主旋律，为了应对国际经济环境变化带来的压力，各国都在加大改革的步伐，任何一项政策都有滞后效应，一系列政策的累计效应正在逐步显现。在遭受西方经济制裁之后，俄罗斯推出了系列“反危机”计划，加快实施进口替代战略、推动经济多元化、促进农业发展、积极扶持中小企业，并创立了“超前发展区”，从而为经济发展注入了新的活力。2016 年 8 月，印度国会上院通过了创立全国统一消费税的提案，这一提案已经多次提出，但均被否决，这一通过标志是新政府成立两年来的最大改革成果，必将推动印度形成一个拥有 13 亿人口的统一消费市场。高盛公司认为，印度是未来二十年全球“最具吸引力的消费市场”。面对持续的衰退，巴西政府在采取各种措施加大基础设施投资、降低贸易保护、促进经济多元化、提高创新能力。随着改革进程的加快和政治的稳定，巴西经济有望走出衰退，走向复苏。巴西经济虽然处于严重衰退之中，总统遭受弹劲，但仍然出乎意料成功举办了2016年奥运会，这也进一步增强了国际投资者的信心。阿根廷等国出现了一些改革的新气象，其在经历了多年的宏观治理混乱之后，改革派上台并迅速推进了一些以市场为导向的改革，这些经济政策必将推动经济持续发展。

2. 能源和大宗商品价格回归理性有助于改善新兴经济体贸易环境

2016年能源和大宗商品价格出现了非理性下跌，国际原油价格甚至跌破每桶30美元的价位，低于多数产油国的成本价格，并在很大程度上制约了全球新能源的发展，对世界经济的健康发展造成不利影响。2016年，尽管撒哈拉以南非洲几个重要经济体积极应对大宗商品收入下降对经济增长带来的不利影响，但仍摆脱不了经济停滞的局面，南非经济接近零增长，尼日利亚将出现1.7%的衰退，委内瑞拉GDP预计下滑10%，经济接近崩溃，即使经济实力最强的中东国家沙特也开始在国际市场上发债。无论是发达国家政府还是华尔街的投资者，都逐渐明白了“谷贱伤农”的道理同样适用于能源和大宗商品。在这一条件下，能源和大宗商品价格将在2017年恢复理性，从而将在很大程度上改善新兴市场经济体的贸易条件和环境。

3. 新兴市场经济体仍然保持相对较高的潜在经济增长率

影响潜在经济增长率的因素可以分解为资本、技术、劳动力和全要素生产率，从每一个增长要素来看，新兴市场国家都具有相对竞争优势。在基础设施建设方面，新兴市场国家明显落后于发达国家，潜在的投资增速必然远远超过发达国家，这也是我国三十多年经济保持持续快速增长的原因。在工业方面，新兴市场经济体大多处于工业化的初期或中期，工业投资增速同样会超过发达国家。新兴市场经济体可以通过吸收发达国家的成熟技术，发挥后发优势，实现跨越式发展。劳动力方面，新兴市场国家劳动力普遍年轻，人口优势容易转化为人口红利，从而促进经济快速增长。制度方面，新兴市场经济体更容易变革，从而提高全要素生产率。综上所述，在未来相当长的一段时期，新兴市场经济体仍将是全球经济增长的动力和源泉。

4. 金融市场仍存在出现剧烈动荡的可能

2016年初新兴金融市场已出现剧烈动荡，2017年仍存在这样的可能，主要原因如下，一是发达国家量化宽松的货币政策导致全球金融市场货币供给充裕，大量资金流入新兴金融市场。一旦美联储加息，这些资本很可能会快速撤离，导致证券与外汇市场直接受到严重冲击。二是近年来宽松的融资条件使一些新兴市场经济体信贷扩张，在全球利率上行的背景下，这些债务存在违约的可能。三是国内居民信心缺失，在本国货币贬值的情况下加快存款搬家，要么流向国外，要么转换为外币存款，从而加速外汇市场的动荡。四是一些游资可以通过做空新兴金融市场获利，投机行为将加剧市场波动。

5. 2017年发展趋势分析

通过以上分析可以看出，新兴市场经济体将逐步走出低谷，巴西和俄罗斯等国将结束衰退，实现复苏，尽管面临着美联储加息等不确定性因素，但有利因素占主导地位，预计2017年新兴经济体表现将好于2016年，重新主导世界经济增长格局。IMF预计经济增速为4.6%，比2016年高0.4个百分点，比发达经济体高2.8个百分点，对外贸易进一步复苏，通货膨胀压力继续下降。

三　政策建议

在新兴市场体中，我国与其他国家经济互补性强，我国也是绝大多数国家位居前列的经贸伙伴。但是，其他国家之间经济互补性不强，互为一般性经贸伙伴，这一现实决定了中国必然是推动新兴市场经济体发展的核心力量。当前发达国家经济增长乏力，新兴市场经济体经济发展面临严峻的挑战，我国经济存在下行压力但总体上平稳发展。在当前形势下，我国需要发挥雪中送炭的精神，发挥中流砥柱作用，全方位扩大与新兴市场经济体的合作，进一步扩大我国影响力，提升新兴市场经济体在国际治理中的地位，积极推动世界经济格局的变化。

1. 呼吁各国通过加快改革增强经济发展的动力

当前新兴市场经济体经济增速下滑，国际环境变化是外因，但关键还在于内因，通货膨胀居高不下是最好的佐证。内因的核心在于改革以及观念的滞后束缚了生产力。因此，在有关国际会议和高层访问中，应大力宣介我国大力推进改革开放的决心和做法，特别是在供给侧结构性改革方面，呼吁各国加大改革力度，提升自身经济发展能力和抗风险能力。同时，可以考虑加强官方和民间的政策和学术交流，借此扩大我国在新兴市场经济体中的软实力。

2. 充分发挥金砖银行与亚投行的作用

一些新兴市场国家经济互补性弱，经济来往并不密切，需要强化金砖银行与亚投行将这些国家密切联系起来的纽带和桥梁作用。同时，可以考虑积极推动金砖银行成为全球性开发银行。目前，南非最大的银行——南非标准银行已与金砖国家新开发银行就战略合作签署了一份谅解备忘录，旨在巩固两家银行间的紧密联系，支持双方客户在非洲等新兴市场发展业务。同样，金砖银行也可以与巴西、印度和俄罗斯以及其他区域性国际开发银行进行合作，共同开发第三方市场，这也可以为我国海外基建项目和国际产能合作提供多元化的金融支持。

3. 全面推动基础设施建设和产能合作

当前制约一些新兴市场国家经济增长的关键因素是基础设施建设的滞后和生产能力的不足，例如，作为农业大国，巴西农药自给率只有20%。因此，我国应呼吁各国加大基础设施建设和短板产业投资力度，尽快摆脱“低增长、高通胀”的困境。

G.42

英国脱欧进程展望及影响分析

赵硕刚　张晓兰*

摘　要：　英国公投退出欧盟不仅给国际市场增添了新的变数，也对全球治理以及世界经济复苏产生重大影响。目前来看，英国从公投脱欧到完成脱欧是一个漫长曲折的过程，各方利益博弈导致脱欧进程充满不确定性。国际货币基金组织预计，英国脱欧将使全球经济复苏放缓，使英国未来三年 GDP 增速累计减缓 1.4 个百分点，并在最新发布的报告中将 2017 年欧元区 GDP 增速由 1.6% 下调至 1.4%。英国脱欧在给我国经济带来挑战和不确定性的同时，也为我国推动"一带一路"建设与欧洲发展战略深度对接以及与中东欧贸易、产能合作等带来了新的契机。

关键词：　脱欧公投　英国　全球治理　"一带一路"

2016 年上半年，由英国脱欧公投结果不确定性引发的市场情绪波动不断发酵，造成国际金融市场大幅波动，尤其是 6 月 23 ~ 24 日公投最终以脱欧派获胜告终，使其成为 2016 年迄今为止最大的"黑天鹅事件"事件，随即在全球引发连锁反应，导致国际金融市场连续剧烈动荡，而且迫使英国首相卡梅伦宣布辞职，国内政坛陷入乱局，英国与欧盟及其他成员国间的关系

* 赵硕刚，经济学硕士，国家信息中心经济预测部，研究方向为世界经济；张晓兰，经济学博士，国家信息中心经济预测部，研究方向为世界经济。

更骤然紧张，加大了国际社会对欧洲一体化进程乃至世界经济前景的忧虑。作为全球有重要影响力的大国和中国重要的贸易伙伴，英国脱离欧盟将对中国经济产生长期深远影响。

一　英国脱欧前景展望

虽然英国脱欧公投结果已经出炉，而且新任首相特雷莎·梅已确认将在2017年3月前启动退欧谈判，但从公投退欧到实际退出欧盟，整个过程仍充满变数，而且考虑到公投结果对世界经济的影响及各国政府的反馈，英国公投后的不确定性不仅没有减少反而显著增加。

当前英国公投的结果只是英国单方投票决定离开欧盟，作为规定和调整欧盟与成员国间关系的基本法律文件，《里斯本条约》对欧盟成员国的退出机制做了专门规定，因此在没有走完退出程序之前，英国仍是欧盟成员国，依然要受到欧盟法律的约束。

按照退出程序，英国退欧首先需要由英国首相向欧洲理事会主席递交退欧文件，表达英国希望基于《里斯本条约》第50项条款商谈退出欧盟，之后双方将就英国与欧盟之间的未来关系进行谈判。根据《里斯本条约》第50条的规定，如果英国与欧盟最终未能达成协议，两年后英国将自动脱欧，但如果英国与欧盟其他27国一致同意延长谈判，那么谈判会延续到结束为止，谈判结束后英国才会退出欧盟。因此，退欧公投后英国何时正式脱欧有赖于两个时间节点，一是英国何时触发《里斯本条约》第50条，与欧盟启动退欧谈判；二是两年谈判期内双方能否达成退欧协议或者延长谈判时间上的一致。由于退欧谈判涉及英国和欧盟就现有条款细节的重新协商，还涉及各利益相关方的博弈，即便全部进程都很顺利，英国正式退出欧盟最早也在2018年。

英国与欧盟当前围绕退欧谈判的博弈已令英国退欧问题出现僵持化的迹象。一方面，由于英国在提交退欧文件时间上掌握主动权，而且需要时间制订脱欧谈判计划以争取自身利益最大化，特雷莎·梅将触发《里斯本条约》

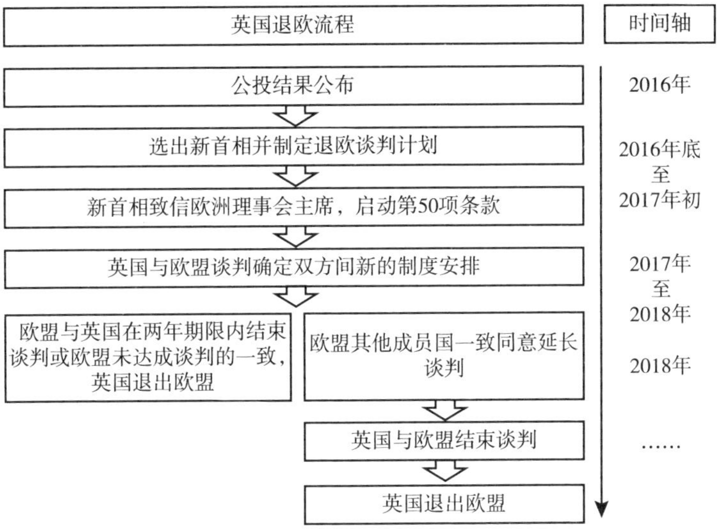

图 1　英国退欧流程

资料来源：作者根据相关资料绘制。

第 50 条的时间拖延至 2017 年一季度。另一方面，为防止英国公投影响持续发酵并引发其他国家效仿脱欧，欧盟态度趋于强硬，在公投后举行的首次欧盟峰会上欧盟及主要成员国领导人均表达了英国应尽快启动退欧谈判的态度，同时表示在英国递交退欧文件前欧盟与英国不会举行非正式会议。由于一旦启动退欧谈判主动权将由英国转向欧盟，而欧盟除了给予英国一定政治压力使其兑现诺言外，并没有合法的途径强迫英国开启退欧进程。因此，英国很可能将在各项谈判工作准备就绪后才会考虑正式提交退欧申请，难以将承诺的时间点大幅提前，最快也会拖至 2017 年初。

二　英国脱欧的影响分析

虽然英国脱欧公投引发的市场震荡已逐渐平息，市场情绪也开始转向乐观，但由于英国从公投脱欧到完成脱欧是一个漫长曲折的过程，由脱欧不确定性引发的国际金融市场动荡将伴随整个谈判进程。从中长期看，英国脱欧将给世界经济、全球经济治理格局等带来不同程度的影响，全球治理结构的稳定性将减弱。

1. 产生全球贸易转移效应

在很大程度上，英国脱欧将使得与其贸易投资关系密切的国家受到较大影响。一是从世界范围看，中国、韩国、俄罗斯、土耳其等非欧盟国家或将从英国脱欧中获利；二是从欧盟内部国家看，荷兰、比利时、爱尔兰等国可能出现进出口大幅波动；三是美国正在积极推动的“跨大西洋贸易和投资伙伴关系协定”（TTIP）谈判将受到影响。

2. 助涨欧美等发达国家的民粹主义及“逆全球化”浪潮

在英国决定脱欧后，西方反全球化思潮表现得愈发明显，这可能会遏制全球化进一步发展的势头，甚至在一些国家还可能出现“逆全球化”进程。首先，脱欧不是一件独立事件。2016 年美国总统大选标志着特朗普—桑德斯孤立主义潮流的强劲凸显；英国脱欧派的胜出也会鼓动法德及其他欧洲国家效法，这些事件均说明了英国脱欧正在与西方发达国家的民粹主义运动遥相呼应，在民主外衣下形成一股“反精英、反体制、反融合”的暗流。其次，欧美国家民粹主义的蔓延和反全球化以及区域经济一体化势力的抬头，将使全球经济治理陷入困境。在脱欧和右翼势力的双重阴影笼罩下，欧盟各成员国对移民政策的分歧会增大，欧美发达国家在未来可能会收紧移民政策。最后，民粹主义也会和贸易保护主义协同兴起。在当前形势下，未来双边或多边自由贸易协定或将受此影响并面临僵局，自由贸易理念将在未来遇到更大的挑战。

3. 加速全球治理格局“西降东升”的趋势

欧盟的建立与发展曾被全球视为区域经济合作的典范，英国脱欧既反映了自由贸易中资源流动不公平导致的成员国之间的矛盾，也反映出“民族国家”与“欧洲”的两种取向间的冲突，不仅对西方主导的国际规范构成了挑战，也预示着西方势力优势的减弱。与此同时，以金砖五国为首的新兴国家的经济正在迎头赶上，新兴经济体的集体崛起导致全球经济中心和权力重心“东移”。特别是在英国脱欧与欧盟逐渐萎缩的背景下，新兴国家正在从“被治理者”转变为全球经济治理的积极参与者和建设者。而且，世界银行、国际货币基金组织和世界贸易组织等正在进行结构调整与制度改革以适应新兴国家的崛起。此外，金砖国家也开始朝着制度化和正规化的方向发展，新成立的亚洲基础设施投资银行和金砖开发银行也在进一步补充和完善现有的国际金融治理体系。

三　英国脱欧对中国经济的影响

尽管英国脱欧将给世界经济和全球经济治理格局等带来诸多不确定性，但是作为全球第二大经济体，英国脱欧将为我国实现经济转型升级、加快人民币国际化、提升全球治理水平以及实施“一带一路”倡议等带来新的发展机遇。

1.“一带一路”倡议迎来新的契机

英国脱欧带来的地缘政治经济上的结构变化对我国“一带一路”倡议在欧洲的推进是个新的契机，一是加快与“容克计划”的对接。欧盟推出“容克计划”的目的在于促进基础设施、新能源、信息技术等领域的投资，这与我国“一带一路”战略互联互通和促进国际产能合作的意图相符，而我国企业“走出去”战略与“容克计划”的巨大资金需求是“一带一路”与“容克计划”对接的重要基础。二是密切与中东欧国家的合作。中东欧国家占“一带一路”60多个沿线国家的近1/4，其铁路交通、港口设施等是连接“一带一路”的重要组成部分，对欧亚及中欧贸易和人员等跨境流动起到至关重要的作用。另外，我国与中东欧国家较强的经济结构互补性也拓宽了彼此的经贸合作空间，“一带一路”建设与这些国家的发展需求高度契合。

2.加快人民币国际化进程

一方面，英国脱欧影响的进一步发酵或将导致英镑和欧元汇率震荡，致使全球优质货币短缺，对国际货币的需求将趋于多元化，这在很大程度上将提振国际市场对人民币资产的需求，为人民币国际化进程带来新的机遇。另一方面，伦敦作为全球第二大离岸人民币清算中心，为我国人民币国际化提供了跳板。英国脱欧会对伦敦全球金融中心带来一定的负面影响，欧洲其他金融中心有望顺势崛起。据最新发布的全球金融中心指数（GFCI），除伦敦外，法兰克福、巴黎、卢森堡、苏黎世、日内瓦等欧洲其他城市均有成为全球重要金融中心的潜力。显然，未来人民币离岸业务在欧洲将会有一个更加多元化的发展前景，更大的影响范围，我国在巴黎、法兰克福、卢森堡等地布局的人民币清算银行的活跃度也将随之提高，从而提升人民币的国际影响力和加速人民币国际化进程。此外，英国为了确保伦敦金融中心地位，也会进一步加大对人民币离岸中心建设的支持力度，为人民币以及中国金融机构提供更好的支持。

3. 提升我国在国际事务中的影响力和话语权

当前全球治理面临着诸多挑战：一是从2008年金融危机爆发至今，全球治理结构未得到实质性的改善；二是随着以“金砖国家”为代表的新兴经济体的崛起以及西方七国集团（G7）彼此间出现不同的利益诉求。显然，现有的全球治理结构既不能适应世界政治经济形势变化的需要，也难以有效管理全球性事务。英国脱欧事件的发生将进一步加速国际经济格局的变迁，致使全球治理体系呈现多元化和碎片化等特征。对我国而言，在杭州举办的G20峰会是一个具有重要象征意义的开端，也是一次很好的契机，将有利于提升我国在国际事务中的影响力和话语权。

四　政策建议

1. 密切跟踪脱欧后续事态发展

重点关注：一是英国国内政局动向。公投结果公布后，不仅英国执政的保守党及新首相面临带领英国与欧盟展开退欧谈判的难题，最大反对党工党也出现危机，影子内阁阁员大规模辞职。此外，主张留欧的苏格兰、北爱尔兰还出现了独立的声音，从而增加了英国国家统一的不确定性。二是英国与欧盟经贸安排走向。当前关于未来英国与欧盟经贸关系存在效仿挪威模式、瑞士模式、加拿大模式等多种可能，其最终结果仍有赖于双方利益博弈的结果，这将对我国与英国和欧盟间的贸易、投资协定谈判定位产生不同影响。三是英国脱欧后续进程对全球经济的溢出效应和各国反应。尽管公投对国际金融市场的冲击已逐步释放，但不排除因英国或欧洲其他国家政局变动而再次引发金融动荡的可能，而且退欧对实体经济的影响是一个逐步显现的过程，期间各国也会相应进行政策调整，进而产生新的不确定性。为此需要根据形势变化及时做出修正和评估，制定应急预案。

2. 准确把握全球经贸格局的新趋势与新特征

我国要顺应全球发展趋势，以负责任大国的身份积极参与全球治理，继续推动 IMF 和世界银行的治理结构调整，为发展中国家发声，提升新兴市场国家的代表性，真正让发展中国家从“外围被治理者”成为“治理参与者”。同时，我国应借助二十国集团峰会（G20）、金砖五国峰会、上合组织峰会等国际组织以及区域性合作组织对话平台发出全球治理的中国声音，推动 G20 和金砖五国向制度化和规范化方向发展。在全球治理的理念方面，我国应继续坚持 WTO 的基本精神，即非歧视、开放透明、公平基础上的自由贸易原则，警惕西方发达国家民粹主义、孤立主义和贸易保护主义的抬头。综合以上几方面，在英国脱欧的背景下，我国应从物质、制度、理念等方面提供更多全球公共物品，加快全球经贸和投资合作，从而引领全球治理的变革，推动建立公正合理的国际经济新秩序。

3. 及时调整对欧盟合作战略与布局

积极推动“一带一路”建设与欧洲发展战略深度对接，加快实现我国国际产能合作与欧盟“容克投资”计划对接，既要把加强对德、法关系及中东欧地区国家的经贸关系作为对欧合作重点，构建我国进入欧洲市场的新通道；又要重视和推动我国与中东欧国家的产能合作，在“16 + 1”合作框架下，继续丰富双方的合作机制，鼓励制度创新，推动地方产能合作以及第三方合作平台的发展。同时，我国也应拓宽和深化与中东欧国家在基础设施建设和高科技研发领域的合作。在基建方面，我国应继续推进蓉欧快铁、苏满欧货运班列、汉新欧货运班列、渝新欧货运专线的提速升级以及中国、波兰、白俄罗斯物流中心的全面优化。通过我国资本优势、基础建设经验和中东欧国家高素质人才优势的结合，来化解我国的过剩产能并解决中东欧国家就业和基础设施更新问题。在高新技术领域，中东欧国家自身工业基础雄厚，我国可以通过捷克、波兰等国将德国的高新技术引入国内。对此，我国应积极为中资企业与中东欧国家的高新技术企业创造交流合作平台，加强与中东欧知名高校和研究机构开展科研合作。

4. 加快推进与欧洲国家经贸投资谈判

脱欧事件会使英国和欧盟更加需要来自中国的贸易和投资往来，双方均有可能加快启动与中国的自贸区谈判。脱欧不仅能够使英国摆脱欧盟的约束，更加灵活地掌握自身政治和经济决策权，还会加大力度吸引中国投资，这也为双方开启自贸区谈判奠定了良好基础。考虑到英国脱欧后欧盟与我国签订投资协定的意愿可能会加强，中国应维系与欧盟在中欧投资协定谈判中的良好势头，同时积极考虑启动中欧自贸区谈判。在国际贸易谈判方面，我国应高度重视与欧盟合作中过剩产能的成本问题，在防止产能合作对欧盟市场造成压力的同时，要通过法律、贸易仲裁等有效手段，降低欧盟有可能对我国出口产品“双反”升级造成的负面影响。尤其要继续敦促欧盟履行《中国加入世贸组织议定书》第 15 条义务中所提到的终止对华反倾销的“替代国”做法。同时，还要积极与德国、法国进行双边磋商，在反对贸易保护主义等的问题上达成共识，从而推动欧盟承认我国市场经济地位。

G.43

中国制造业参与全球价值链的程度及竞争力研究

袁剑琴*

摘　要：　改革开放以来，特别是加入WTO以后，中国以高投资和廉价劳动要素投入为特征的模式融入全球价值链（GVC），并专注于劳动密集型、微利化、低技术含量的生产、加工、制造或组装，实现了贸易量的迅速扩大和制造业的高速成长，而且也推动了中国尤其是东部沿海地区经济全球化的深入和地区工业化水平的提高。尽管如此，中国制造业仍然处于国际垂直专业化分工体系的低层次，贸易的快速发展以及垂直专业化程度的提高并未给中国带来应有的利益。本报告通过采用贸易增加值核算法测算我国制造业参与全球价值链的程度、利益分配以及产业的国际竞争力，从而为我国制造转型升级提供数据支撑，并提供相应的政策建议。

关键词：　全球价值链（GVC）　垂直专业化　竞争力　转型升级

一　全球价值链的发展及趋势

经济全球化的发展使资源在全球范围内优化配置，国际分工日益呈现超

* 袁剑琴，管理学硕士，国家信息中心经济预测部助理研究员，主要从事数量经济模型开发及应用、国际贸易、国际商品市场研究、全球价值链研究。

越国家边界和产业边界、向产品生产过程中技术密集程度分工深化的趋势。随着国际分工格局沿着产业间分工－产业内水平分工－产业内垂直分工－产品内垂直分工的轨迹演进，垂直分工逐渐跨越国界变成分工领域的国际垂直专业化。在垂直专业化分工中，生产过程“被切分”成单独部分，可以分散在全球范围内进行，因此这种新的模式被定义为“任务贸易”。在任务贸易中，各国不再单纯出口最终产品，而是更倾向于专门负责生产过程的特定环节——产品价值由众多的价值环节构成，处于生产不同环节的企业及所在国家进行着从设计、产品开发、中间产品及最终产品的制造等各种增值活动，其相应创造的价值也并不均衡，由此产生了全球价值链的概念。全球价值链的形成是建立在新型国际分工体系基础上的，相关基础设施、贸易政策及跨国公司的发展也为全球价值链的形成提供了必要条件，在新型国际分工格局下，全球价值链呈现以下三大发展趋势。

1. 全球价值链不断扩张，发展中经济体在全球价值链中的作用不断增强

21 世纪，全球各经济体相互依赖程度将进一步提高，发展中经济体将更多地以海外布局的方式参与全球价值链，不断增强其在全球价值链中的作用。近年来，发展中经济体通过对外贸易和吸收投资，逐步融入国际生产体系和全球分工，更是通过以较低成本参与全球价值链，融入世界经济获得发展的新机遇。《2014 年世界贸易报告》中的数据显示，发展中经济体的全球价值链参与指数从 1995 年的 40. 5 上升至 2009 年的 50. 9，发达国家则从 39. 6 上升到 47. 2。

从对外投资和跨境并购的角度也能进一步反映出发展中经济体参与全球价值链的程度不断加深。联合国贸易发展组织《2016 年世界投资报告》中的数据显示，发展中经济体在全球外国直接投资流入方面保持了领先地位，2015 年，流入发展中国家的外国直接投资达到 7650 亿美元的历史新高，同比增长 9%，在接受外国直接投资总量排名全球前十的国家和地区中，有一半是发展中经济体，中国成为世界上最大的外国直接投资接受国。2015 年中国对外投资规模创下了 1456. 7 亿美元的历史新高，随着中国跃升为“净资本输出国”，企业参与全球产业链、供应链乃至价值链的重构节奏加快。

2. 全球化新格局继续推动全球价值链重塑与扩张

服务全球化作为全球价值链的最高阶段，对全球价值链的升级和扩张发挥着关键作用。20 世纪 60 年代以后，美国等发达国家陆续进入服务经济时代，90 年代初的时候全球服务业增加值占全球 GDP 的比重突破 60%，标志着全球服务型经济格局的初步形成。自 20 世纪 90 年代以来，信息产业革命使得服务业发生重大变革，新技术应用取得巨大突破，服务业知识化、专业化程度大大加强，服务业态和商业以及管理模式持续推陈出新，金融、会计、法律、设计等高端生产性服务业成为发达国家的新支柱产业。2008 年全球经济危机以来，全球价值链进入新的调整和重塑周期，以美国和德国为代表的发达国家推进“再工业化”和制造业回流，将进一步推动全球价值链的调整与升级。服务全球化也将引领全球价值链从制造主导向服务主导转变，服务贸易和外包将成为推动全球价值链不断分解、协作、外包和重组的关键节点和主线。

3. 科技革命和创新为全球价值链的发展带来新的机遇

随着经济全球化的不断加深，在研发国际化、模块化生产、合同制造、服务外包等新型商务模式的推动下，产业价值链在全球不断延伸、分解，基于价值链的国际分工体系初步形成。科技革命引领的技术创新不断塑造出新产业，新能源、新材料、节能环保、生物医药和高端制造业等新兴产业重塑了传统经济的形态，世界经济进入知识经济时代，全球的创新氛围达到历史新高，2012 年，美国研发强度达到 2.8%，日本为 3.4%，德国为 2.8%，欧洲到 2020 年战略目标是 3%，韩国和以色列则超过 4%，这标志着全球进入了高强度研发的发展阶段，更加专业的技术、知识和全球价值链的治理能力将成为企业确立竞争优势的核心要素。

二　全球价值链的测度方法

在全球价值链发展趋势下，本报告通过测度中国制造业参与全球价值链的真实贸易所得，分析我国制造业在全球价值链中的位置、参与程度以及产业的国际竞争力，从而为我国制造业产业升级提供政策支撑。

目前，国际上全球价值链测度的主流方法是贸易增加值核算法（KWW），该方法是一种基于后向关联的测度法，在投入产出分析的框架下，基于世界投入产出表，从总出口的视角，将一国的总出口分解为不同的增加值成分和重复计算项，实现总出口的完全分解，从而对各国贸易的真实利益分配进行测算，如图 1 所示。KWW 方法能够将中间产品贸易分解，进而得到各国在各生产环节的贸易附加，这是其他方法所不具备的特点。因此，本报告分析结论是基于 KWW 法，采用 1995～2011 年世界投入产出表（WIOD）测算得到。

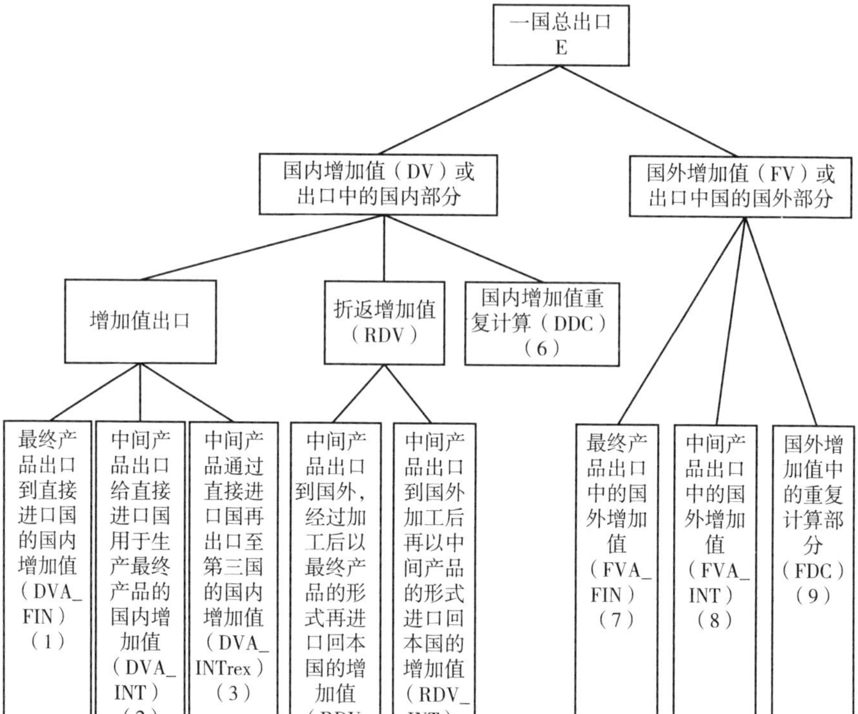

图 1　总出口分解示意

三 中国制造业参与全球价值链的程度及收益分析

1. 中国制造业贸易增加值总量全球第一

中国制造业逐步超越日本、美国和德国等发达经济体，成为全球主要经济体中贸易增加值最大的经济体。1995 年，中国制造业贸易增加值仅为 1117.7 亿美元，位居全球主要经济体第 8，其他制造业贸易增加值从高到低依次为德国、美国、日本、法国、英国、意大利和英国；1997 年，中国制造业贸易增加值达到 1366.3 亿美元，仍然位居全球第 8，此时，美国制造业贸易增加值超过德国，成为全球制造业贸易增加值最大的经济体；2002 年中国制造业贸易增加值增长 2156.2 亿美元，超过英国和意大利，位居全球主要经济体第 6，2007 年中国贸易增加值保持快速增长的趋势，成为全球第二大制造业贸易增加值经济体，2011 年，中国制造业贸易增加值迅速增长到 12945.9 亿美元，超越德国和美国，成为全球主要经济体中制造业贸易增加值最大的经济体。

我国制造业出口由依靠低技术制造业向中高技术制造业转变，高端制造业出口规模大幅提升。根据 OECD 的分类标准，我们将制造业分为低技术制造业、中低技术制造业、中高技术制造业和高技术制造业。1995 年，我国低技术制造业贸易增加值为 550.3 亿美元，占当年我国制造业贸易增加值的 49.2%，中高技术和高技术制造业贸易增加值则分别为 95.9 亿美元和 263.1 亿美元，分别仅占我国制造业贸易增加值的 8.6% 和 23.5%；到 2011 年，中高技术和高技术制造业贸易增加值分别达到 2654.7 亿美元和 4860.2 亿美元，二者在我国制造业贸易增加值中的比重达到 58.0%，其中，高技术制造业成为我国制造业中贸易增加值比重最大的行业，而低技术和中低技术制造业的比重则不断下降。

从制造业贸易增加值的增速来看，1995～2011 年，我国制造业贸易增加值年均增速达到 16.5%，高出全球平均水平 9.9 个百分点。其中，高端制造业增长最快，中高技术和高技术制造业增速分别达到 23.1% 和 20.0%。

美国、德国以及日本等发达经济体制造业贸易增加值增速均低于全球平均水平，分别仅为5.1%、5.3%和2.7%。

2. 我国制造业出口增加值率呈现下降趋势，制造业发展不平衡

从单位出口所获得的增加值来看，全球制造业每出口1000美元所带来的国内增加值呈现下降趋势，1995~2011年分别为749美元、744美元、711美元、656美元和667美元；中国制造业每出口1000美元带来的国内增加值略高于全球水平，总体也呈现下降的趋势，但在2011年有所上升，1995~2011年制造业每出口1000美元带来的国内增加值分别为820美元、837美元、782美元、710美元及737美元。与发达经济体相比，1995~2011年间，我国制造业整体出口增加值率低于日本，逐渐与美国相当，且高于德国和韩国。

从不同技术含量的制造业来看，我国高端制造业的出口增加值率最低，且远远低于低端制造业的出口增加值率，说明我国制造业发展不平衡，低端制造业具有较强竞争力，2011年，低技术制造业的出口增加值率达到851美元，中高技术和高技术制造业的出口增加值率则都仅为674美元。而欧美等发达经济体，虽然低技术制造业的出口增加值率也最高，但高端制造业的出口增加值率与低端制造业的水平大体相当，说明欧美等发达经济体的制造业发展较均衡，高端和低端制造业均有较强的竞争优势。

中国高端制造业的出口增加值率远远低于欧美等发达经济体，而低端制造业的出口增加值率却高于欧美等发达经济体。2011年我国高技术制造业的出口增加值率为674美元，美国、日本及德国则分别为805美元、822美元及676美元，对于低技术制造业而言，2011年我国的出口增加值率为851美元，远远高于美国和德国的817美元和726美元。

3. 中国主要以"进口供出口"方式参与全球价值链，且程度不断加深

与参与国际分工相比，参与全球价值链不仅包括产品生产过程的参与，同时也包括产品生产前端研究、设计以及后端营销、售后服务等的参与，因此，全球价值链的参与程度能更加全面地反映出一国参与国际分工的程度。我们将全球价值链的参与区分为前向参与和后向参与，分别用指标前向垂直专业化率（VS1）和后向垂直专业化率（VS）来衡量。所谓前向垂直专业化率（VS1）是指一国出口中作为中间品被其他国家进口的比重，反映出本国产品对其他国家供应链的贡献程度，后向垂直专业化率（VS）是指一国出口中进口中间品的比重，反映出本国出口对进口的依赖程度。

中国作为新兴工业化经济体的代表，主要以后向方式参与全球价值链，且呈现不断加深的趋势。新兴工业化经济体处在全球生产链的中下游，主要进行加工组装或贴牌生产，以“进口供出口”的方式参与到全球价值链中，对进口中间品的依赖性较强，表现出后向垂直专业化率高。从国家层面上来看，中国的后向垂直专业化率较高且增长较快，特别是在 2002 ~ 2007 年，中国参与全球价值链的程度明显加深，后向垂直专业化率上涨 7 个百分点，到 2007 年达到 24.7% 后，2011 年有小幅下降，1995 ~ 2011 年中国的后向垂直专业化率分别为 15.8%、14.1%、17.9%、24.7% 和 21.8%。

从行业结构来看，制造业也主要通过后向方式参与全球价值链，前后向垂直专业化程度均有所加深，但总体水平较低，2011 年，前向和后向垂直专业化率分别仅为 15.2% 和 23.5%。在制造业内部，除了传统的中低技术制造业，中国中高技术制造业也主要是通过后向方式参与全球价值链，并且高技术制造业的参与程度最高。1995 ~ 2011 年，传统制造业如造纸及纸制品业，印刷和记录媒介的复制业，橡胶和塑料制品业和金属制品业的后向垂直专业化程度不断加深；对于电气机械及器材制造业和化学原料及化学制品制造业、化学纤维制造业的后向垂直专业化程度虽然低于传统的中低技术制造业，但呈现加速上升的趋势，1995 ~ 2011 年其后向垂直专业化率分别为 12.1%、13.1%、15.8%、15.6% 和 16.1% 及 14.6%、19.8%、23.6%、24.1% 和 19.3%。

4. 中国制造业在全球价值链的中低端徘徊，中高技术制造业升级趋势明显

从全球价值链的分工来看，产品价值由众多的价值环节构成，处于生产不同环节的企业及所在经济体进行着从设计、产品开发、中间产品及最终产品的制造、营销等各种增值活动，其相应创造的价值也并不均衡。在产品的价值链中，一国/产业不论以何种方式参与，只要在价值生产过程中获得的价值越多，则越处于价值链的上游。因此，处于价值链上游的经济体主要从事附加值高的活动，表现为单位出口中所包含的国内增加值和折返增加值多，而国外增加值少；对于处于价值链下游的经济体而言，单位出口中所包含的国内增加值和折返增加值少，国外增加值多。将国外增加值分解为出口最终产品的国外增加值和出口中间产品的国外增加值，一般而言，若一国出口最终产品所包含的国外增加值比重上升，说明一国从事最终产品的加工组装活动位于价值链的底端；若一国出口中间产品所包含的国外增加值比重上升，则说明一国不再处于价值链的底端，正在进行产业升级。

首先，中国作为新兴工业化经济体，高端制造业单位出口中的国内增加值比重低于发达经济体，2011 年发达经济体美国、日本和德国高技术制造业单位出口的国内增加值比重为 80.5%、82.2% 和 67.6%，均高于中国的 67.4%，而国外增加值的比重则仅为 8.1%、11.3% 和 21.7%，低于中国的 22.5%；对于传统的低端制造业，与发达经济体相比，国内增加值和国外增加值比重都相对较高。因此，综合来看，中国高技术制造业单位出口的国内增加值比重低于发达经济体，而国外增加值比重高于发达经济体，总体来说，处于全球价值链的中下游。

其次，从折返增加值的角度来看，发达经济体制造业单位出口中的折返增加值比重高于中国，其中美国的比重最高，但与其他经济体的差距在逐步缩小，1995～2011 年，美国制造业单位出口中的折返增加值比重为分别为 8.8%、9.4%、11.26%、8.1% 和 5.8%；其次为德国，但呈现下降趋势，1995～2011 年其折返增加值比重分别为 2.7%、2.4%、2.3%、2.1% 和 2.1%；与此同时，中国的折返增加值比重不断上升，增速远远高于其他经济体，到 2011 年，中国折返增加值比重上升至 1.9%，高于日本 0.7 个百分点，1995～2007 年折返增加值比重分别为 0.4%、0.5%、1.0% 和 1.3%，其中，中低技术制造业的折返增加值最高，2011 年为 2.7%，高技术和中高技术制造业的折返增加值率上升较快，2011 年比 1995 年分别上升 1.97 个和 1.71 个百分点。

最后，从国外增加值的内容来看，我国制造业出口是以最终产品为主，虽然出口最终产品包含的国外增加值比重不断下降，但仍远远高于发达经济体。1995～2011 年制造业出口最终产品包含的国外增加值比重分别为 68.8%、66.7%、68.9%、64.1% 和 59.9%。在我国制造业内部，仅仅中低技术制造业出口是以中间产品为主，其余三类制造业均是以最终产品为主，但出口最终产品包含的国外增加值比重不断下降，如 1995～2011 年，高技术制造业出口最终产品包含的国外增加值比重为 67.4%、66.9%、72.0%、67.4% 和 64.5%，说明中国大部分制造业仍以加工组装方式为主，处在价值链的低端，但在逐步升级，不断向价值链的上游攀登。

四 中国制造业国际竞争力分析

从制造业贸易增加值的市场占有率来看，1995～2011 年，中国的国际市场占有率迅速提升，从 1995 年的全球第 8 位上升至 2011 年全球第 1 位，国际竞争力不断增强，超越美国、德国和日本，1995～2011 年中国的市场占有率分别为 3.7%、4.4%、6.1%、11.7% 和 15.6%。我国高技术制造业和低技术制造业的市场占有率上升最快，其中，2011 年高技术和低技术制造业市场占有率分别比 1995 年高 26 个和 11.8 个百分点，且 2011 年分别位居全球第 1 和第 2；中高技术制造业市场占有率相对较小，但全球排名上升最快，由 1995 年的第 19 位上升至 2011 年的第 4 位。

表 1　1995～2011 年我国不同制造业类型的国际市场占有率排名

类别	1995 年	1997 年	2002 年	2007 年	2011 年
低技术制造业	5	4	2	2	2
中低技术制造业	8	8	5	3	2
中高技术制造业	19	15	12	6	4
高技术制造业	8	7	5	1	1

从贸易增加值的比较优势来看，中国在传统制造业中的比较优势最强，且中高技术制造业的比较优势呈现不断上升的趋势。中国最具有出口优势的

部门主要为纺织业、纺织服装鞋帽皮革羽绒及其制品业、橡胶和塑料制品业和非金属矿物制品业等传统的中低技术制造业，且比较优势在不断下降；此外，中高技术制造业的出口优势在不断增强，主要为电气机械及器材制造业，1995～2011年，其RCA指数分别为1.39、1.29、1.68、2.58和2.58。与发达经济体相比，我国中高技术制造业的比较优势相对较弱，但高技术制造业已经凸显较强的优势。

表2　中国、美国与德国高端制造业RCA指数比较

类别	部门	中国		美国		德国	
		2007年	2011年	2007年	2011年	2007年	2011年
中高技术	化学原料及化学制品制造业	0.61	0.68	0.95	1.36	1.48	1.47
	通用专用设备制造业	1.02	1.10	1.11	1.09	1.97	2.07
	交通运输设备制造业	0.41	0.56	1.15	0.48	1.96	2.08
高技术	电气机械及器材制造业	2.58	2.58	1.05	3.56	1.05	1.04

五　政策建议

未来十年全球竞争将是价值链的竞争，面对美国等发达国家“再工业化”浪潮，以及国内传统制造业比较优势流失等多种挑战，中国必须建立起新的竞争优势，向全球价值链上游攀升，推动制造业和贸易结构的转型升级。

1.积极构建国家价值链，提升加工贸易参与国际分工的水平

由于我国加工贸易的零部件和原材料过度依赖进口，形成了研发和营销“两头在外”的模式，再加上加工贸易国内价值链过短，对配套产业的带动作用不足。因此，需要进一步调整加工贸易的方式结构，加快构建国内价值链。首先，尽快提高加工贸易料件的本地化率，加快零部件、原材料在加工贸易中从上游企业向下游企业的传递速度，提高加工贸易与国内原有产业的结合度；其次，参与加工贸易的企业应加强自身优势的培育，使跨国公司将更多的设计、生产、流通和服务环节放在中国，优化母子公司之间的分工关系，促使加工贸易由单纯生产向综合服务和全球运营方向转型。

2. 重视培育本土跨国公司，增强对全球价值链的控制力

经济全球化的本质是跨国公司的全球化，要提升对全球资源和经济的控制力，获取更大的贸易利益，就必须培育一批在全球范围内有一定竞争力的本土跨国公司。建议研究制定中国企业国际化的中长期发展战略，结合落实国家“十三五”规划出台相应的扶持企业国际化战略实施的配套政策，以及“走出去”发展战略，最大限度地吸收和利用全球高级生产要素，推动全球高级要素向中国集聚，发展和延长国内价值链，并鼓励国内企业向低产业梯度国家转移。政府除了在财税、金融、贸易便利化政策外，应在全球主要出口市场设立相应的贸易促进机构，为企业搭建国际贸易网络提供综合性服务平台等。

3. 多向零部件产品内分工倾斜，着力增强自主研发创新能力

中国是全球最大的中间品进口大国之一，通过研究发现，进口零部件与成套设备的溢出和带动作用差别很大。政府应该在最大限度地促进零部件进口技术溢出的基础上引导国内企业加强零部件产品的自主创新能力，突破“为出口而进口”的被动贸易模式，避免进口中间品对自主创新研发的替代，提升我国本土企业的零部件生产质量和工艺，走出我国核心零部件过分依赖国外的困境。

皮书起源

“皮书”起源于十七、十八世纪的英国，主要指官方或社会组织正式发表的重要文件或报告，多以“白皮书”命名。在中国，“皮书”这一概念被社会广泛接受，并被成功运作、发展成为一种全新的出版形态，则源于中国社会科学院社会科学文献出版社。

皮书定义

皮书是对中国与世界发展状况和热点问题进行年度监测，以专业的角度、专家的视野和实证研究方法，针对某一领域或区域现状与发展态势展开分析和预测，具备原创性、实证性、专业性、连续性、前沿性、时效性等特点的公开出版物，由一系列权威研究报告组成。

皮书作者

皮书系列的作者以中国社会科学院、著名高校、地方社会科学院的研究人员为主，多为国内一流研究机构的权威专家学者，他们的看法和观点代表了学界对中国与世界的现实和未来最高水平的解读与分析。

皮书荣誉

皮书系列已成为社会科学文献出版社的著名图书品牌和中国社会科学院的知名学术品牌。2016 年，皮书系列正式列入“十三五”国家重点出版规划项目；2012~2016 年，重点皮书列入中国社会科学院承担的国家哲学社会科学创新工程项目；2017 年，55 种院外皮书使用“中国社会科学院创新工程学术出版项目”标识。

中国皮书网

发布皮书研创资讯，传播皮书精彩内容
引领皮书出版潮流，打造皮书服务平台

栏目设置

关于皮书：何谓皮书、皮书分类、皮书大事记、皮书荣誉、
皮书出版第一人、皮书编辑部

最新资讯：通知公告、新闻动态、媒体聚焦、网站专题、视频直播、下载专区

皮书研创：皮书规范、皮书选题、皮书出版、皮书研究、研创团队

皮书评奖评价：指标体系、皮书评价、皮书评奖

互动专区：皮书说、皮书智库、皮书微博、数据库微博

所获荣誉

2008 年、2011 年，中国皮书网均在全国新闻出版业网站荣誉评选中获得“最具商业价值网站”称号；

2012 年，获得“出版业网站百强”称号。

网库合一

2014 年，中国皮书网与皮书数据库端口合一，实现资源共享。更多详情请登录 www.pishu.cn。

权威报告·热点资讯·特色资源

皮书数据库

ANNUAL REPORT(YEARBOOK) DATABASE

当代中国与世界发展高端智库平台

所获荣誉

- 2016年，入选“国家‘十三五’电子出版物出版规划骨干工程”
- 2015年，荣获“搜索中国正能量 点赞2015”“创新中国科技创新奖”
- 2013年，荣获“中国出版政府奖·网络出版物奖”提名奖
- 连续多年荣获中国数字出版博览会“数字出版·优秀品牌”奖

WWW.PISHU.COM.CN

成为会员

通过网址www.pishu.com.cn或使用手机扫描二维码进入皮书数据库网站，进行手机号码验证或邮箱验证即可成为皮书数据库会员（建议通过手机号码快速验证注册）。

会员福利

- 使用手机号码首次注册会员可直接获得100元体验金，不需充值即可购买和查看数据库内容（仅限使用手机号码快速注册）。
- 已注册用户购书后可免费获赠100元皮书数据库充值卡。刮开充值卡涂层获取充值密码，登录并进入“会员中心”—“在线充值”—“充值卡充值”，充值成功后即可购买和查看数据库内容。

社会科学文献出版社 SOCIAL SCIENCES ACADEMIC PRESS (CHINA) 皮书系列
卡号：1530227601468498
密码：

数据库服务热线：400-008-6695
数据库服务QQ：2475522410
数据库服务邮箱：database@ssap.cn
图书销售热线：010-59367070/7028
图书服务QQ：1265056568
图书服务邮箱：duzhe@ssap.cn

S 子库介绍
Sub-Database Introduction

中国经济发展数据库

涵盖宏观经济、农业经济、工业经济、产业经济、财政金融、交通旅游、商业贸易、劳动经济、企业经济、房地产经济、城市经济、区域经济等领域，为用户实时了解经济运行态势、把握经济发展规律、洞察经济形势、做出经济决策提供参考和依据。

中国社会发展数据库

全面整合国内外有关中国社会发展的统计数据、深度分析报告、专家解读和热点资讯构建而成的专业学术数据库。涉及宗教、社会、人口、政治、外交、法律、文化、教育、体育、文学艺术、医药卫生、资源环境等多个领域。

中国行业发展数据库

以中国国民经济行业分类为依据，跟踪分析国民经济各行业市场运行状况和政策导向，提供行业发展最前沿的资讯，为用户投资、从业及各种经济决策提供理论基础和实践指导。内容涵盖农业，能源与矿产业，交通运输业，制造业，金融业，房地产业，租赁和商务服务业，科学研究，环境和公共设施管理，居民服务业，教育，卫生和社会保障，文化、体育和娱乐业等 100 余个行业。

中国区域发展数据库

对特定区域内的经济、社会、文化、法治、资源环境等领域的现状与发展情况进行分析和预测。涵盖中部、西部、东北、西北等地区，长三角、珠三角、黄三角、京津冀、环渤海、合肥经济圈、长株潭城市群、关中—天水经济区、海峡经济区等区域经济体和城市圈，北京、上海、浙江、河南、陕西等 34 个省份及中国台湾地区 。

中国文化传媒数据库

包括文化事业、文化产业、宗教、群众文化、图书馆事业、博物馆事业、档案事业、语言文字、文学、历史地理、新闻传播、广播电视、出版事业、艺术、电影、娱乐等多个子库。

世界经济与国际关系数据库

以皮书系列中涉及世界经济与国际关系的研究成果为基础，全面整合国内外有关世界经济与国际关系的统计数据、深度分析报告、专家解读和热点资讯构建而成的专业学术数据库。包括世界经济、国际政治、世界文化与科技、全球性问题、国际组织与国际法、区域研究等多个子库。

法律声明

“皮书系列”（含蓝皮书、绿皮书、黄皮书）之品牌由社会科学文献出版社最早使用并持续至今，现已被中国图书市场所熟知。“皮书系列”的LOGO（）与“经济蓝皮书”“社会蓝皮书”均已在中华人民共和国国家工商行政管理总局商标局登记注册。“皮书系列”图书的注册商标专用权及封面设计、版式设计的著作权均为社会科学文献出版社所有。未经社会科学文献出版社书面授权许可，任何使用与“皮书系列”图书注册商标、封面设计、版式设计相同或者近似的文字、图形或其组合的行为均系侵权行为。

经作者授权，本书的专有出版权及信息网络传播权为社会科学文献出版社享有。未经社会科学文献出版社书面授权许可，任何就本书内容的复制、发行或以数字形式进行网络传播的行为均系侵权行为。

社会科学文献出版社将通过法律途径追究上述侵权行为的法律责任，维护自身合法权益。

欢迎社会各界人士对侵犯社会科学文献出版社上述权利的侵权行为进行举报。电话：010－59367121，电子邮箱：fawubu@ssap.cn。

社会科学文献出版社